LE LANGAGE DE LA FRANCE MODERNE

Robert E. Helbling

University of Utah

Andrée M. L. Barnett

LE LANGAGE

HOLT, RINEHART AND WINSTON   NEW YORK

DE LA

FRANCE

MODERNE

33550-0111

Printed in the United States of America

Preface

This text attempts to do justice to the two-fold meaning of the word *langage* used in the title : "The *Voice* and *Language* of Modern France."

While the book is essentially devoted to the study of the modern French idiom, it also gives certain "profiles" of contemporary French life. Every one of its fifteen chapters is based upon a substantial reading passage from a well-known periodical or newspaper dealing with some particular facet or problem of modern life in France.

Whereas a number of the articles describe in an objective and detached way some projects and enterprises of modern French society, as well as certain marked changes in its way of life, others express directly and with typical Gallic wit and eloquence the contemporary Frenchman's bewilderment about some of the more irksome aspects of our hectic machine age. Other reading selections deal specifically with student life in France or are direct expressions of the attitudes, apprehensions and aspirations of French youth generally known as the *Nouvelle Vague*. Thus the student will be able to look at France not only from the outside as an unparticipating bystander, but he will also be afforded an opportunity to identify himself with his colleagues in France and to consider the country and its problems from within.

The book is designed to provide intensive work in conversation and composition as well as a review of grammar on the third or fourth year college level. It is organized in such a way that each phase of the work may be handled separately or in combination with another.

In addition to the opening reading passage, each chapter contains the following :

a) a detailed questionnaire based on the reading selection;

b) explanations in French of idioms of particular interest or frequency which occur in the lead article;

c) a great variety of exercises designed to enrich the student's vocabulary and develop his skill in speaking, reading and writing idiomatic French;

d) a free English-French translation based on the subject of the reading passage, which encourages the use of idioms and words emphasized in the exercises;

e) a section on stylistics in which a few expressions and sentence constructions with a particularly French twist are briefly analyzed and explained;

f) topics for free composition based on the reading passage;

g) a review in French of the important and most difficult phases of French grammar taken from the French text, expanded to include related problems of general importance, with numerous exercises.

All explanations and directions in the text are given in French.

In the arrangement of the chapters some attention has been paid to the relative degree of difficulty in subject matter, style and vocabulary as well as to the length of each chapter.

All chapters represent fully integrated, separate units so that the instructor may select those which he thinks will best serve his purpose without regard for any arbitrary continuity, except for chapters 10, 11 and 14, 15 where the discussion and full treatment of the grammatical topics extends over two chapters.

Idioms and expressions singled out for discussion and drill are given in italics in the reading passage.

Stylistic features to be analyzed are indicated in the lead article by an asterisk.

In a few places, footnotes have been added to the reading passage to explain points of historic, cultural or social interest.

In the English-French translations an attempt has been made to strike a careful balance between the idiomatic flavor of certain expressions in the French text and the stylistic and idiomatic peculiarities of English. In cases where certain expressions would have made the English sentence more colloquial, but would have departed too much from the French, the authors preferred to use a less idiomatic phrase closer to the original French text.

An English-French vocabulary adapted to the idiomatic problems arising from the text comes at the end of each chapter and there is also a complete French-English vocabulary at the end of the book.

For those who wish to stress conversation practice, the questionnaire and a number of the vocabulary exercises will be of special value. If the emphasis is on composition, the instructor will probably want to include all the vocabulary exercises as well as the translations, the stylistic explanations and the topics for free composition. Occasional references to the grammar section may of course be required.

The authors feel that a text designed for advanced composition and conversation should contain first of all a series of lively topics which are apt to appeal to the cultural and intellectual interests of the mature student and are capable of stirring up his personal thought. Of equal importance is the more practical side of a text in composition: an ample number of imaginative exercises relating to idioms, vocabulary and grammatical forms, which will develop the student's capacity for self-expression in the new language. The present text is, therefore, not only a reference work or a grammar review but aspires to be above all a "workbook".

Experience has also convinced the authors that the student in an advanced composition class, although perhaps able to feel and appreciate the style of the great writers in the history of French literature, can hardly be expected, at this stage in his development, to imitate them successfully. Few Frenchmen could! The style of the reading selections in this text is quite within the student's reach. It is straightforward, idiomatic and modern, yet not without personal touches in those articles which were written by intellectuals and writers of status who are good stylists in their own right.

Some instructors may feel that in advanced composition classes samples of the writings of the great stylists in French literature must be submitted to the students' scrutiny; this method may

Table des Matières

1.

La jeunesse française d'aujourd'hui

On parle souvent de la jeunesse. Mais qu'en sait-on *au juste?*
Ne se fait-on pas à son propos des idées fausses?
Une enquête menée pendant plusieurs mois *auprès de jeunes*
Français de tous les milieux a donné les résultats suivants.
5 Les préoccupations morales sont aujourd'hui essentielles dans
la jeunesse. On a demandé à environ deux cents jeunes gens
quelle était la personnalité scientifique qu'ils admirent le plus.
On aurait pu croire que leurs *réponses* seraient *dictées par* des
considérations purement scientifiques. Il n'en a pas été du tout
10 ainsi et certains jeunes gens ont justifié leur choix uniquement
en fonction de valeurs morales. Ils ont nommé Einstein à cause de
sa personnalité morale et humaine, de son intégrité morale, de
sa bonté, de son humanisme.
   La jeunesse *actuelle* est *pour une large part* assez raisonneuse.
15 Quand *on discute* avec des jeunes *des motifs* qui les conduisent à
adopter telle ou telle *attitude* devant un problème donné, ils *font*
plus facilement *appel à des justifications d'ordre intellectuel* que
sentimental. On se méfie de la passion, du *coup de foudre.* On
cherche à raisonner l'amour lui-même. Le mot « amant » est
20 vieux, « mari » rajeunit. Les jeunes gens voient dans leur future
femme plus qu'une amoureuse, mais une épouse qu'ils souhaitent

1

douée * *de* solides *qualités* : femme d'intérieur, *femme de tête,*
bonne mère de famille, bonne ménagère. Le féminisme est *en
recul.* *Il est* relativement très peu de jeunes filles qui * souhaitent
continuer à travailler lorsqu'elles seront mariées. Deux pour cent
à peine désirent *embrasser un métier par goût de l'indépendance.* Le 5
mariage et l'existence familiale *font prime.* A part de rares exceptions, tous les jeunes désirent, une fois mariés, avoir * des enfants.
Deux est le chiffre le plus fréquemment cité.

Parallèlement au renouveau moral on remarque un renouveau
religieux. L'athéisme a perdu en violence.   10

Cette jeunesse raisonnable ne s'enthousiasme pas énormément·
L'observation est surtout vraie *en ce qui concerne les plus âgés* des
jeunes Français et le trait est nettement plus *accusé* chez les littéraires que chez les scientifiques. C'est en général chez ces derniers
que * l'on rencontre le plus *d'allant,* de dynamisme, de confiance. 15
La chose *au reste* s'explique. Les *chances d'avenir* d'un jeune technicien sont incomparablement plus grandes que celles d'un étudiant
en lettres ou en droit. Les progrès des sciences et des techniques
ouvrent aux jeunes qui se préparent aux carrières scientifiques
d'immenses horizons. Et les réussites spectaculaires de la technique 20
ont quelque chose d'exaltant qui *enfièvre* les jeunes imaginations.

Cet enthousiasme est communicatif. *Les effectifs* des diverses
facultés montrent qu'un nombre de plus en plus grand des
jeunes s'oriente vers les carrières scientifiques.

D'ailleurs, il est à noter que les effectifs globaux de l'Univer- 25
sité française auront plus que décuplé dans cinquante ans.

Il existe cependant *un malaise* dans l'Université. Presque tous
les jeunes font d'amères critiques à l'enseignement actuel qu'ils
jugent abstrait, * trop éloigné des réalités concrètes et pratiques.
Ils déplorent, de plus, la surcharge des programmes, le manque de 30
contacts entre maîtres et élèves, l'insuffisance des locaux.

Dans la jeunesse étudiante, un mot est aujourd'hui *fort à la
mode,* celui de « recherche ». *Quantité de* jeunes universitaires

voudraient pouvoir se consacrer à des recherches plutôt que d'enseigner. Les vocations pédagogiques semblent *effectivement* de moins en moins fréquentes. La situation de professeur de lycée paraît trop peu rémunératrice, et beaucoup de jeunes qui
5 se destinent en principe à l'enseignement, se préoccupent en réalité de trouver d'autres *débouchés*. Les scientifiques sont naturellement bien plus favorisés que leurs camarades des disciplines littéraires. *Cela ne va*, d'ailleurs, *pas* sans conséquences regrettables* pour l'Université elle-même, qui risque de perdre de nombreux
10 éléments de valeur.

Voilà, *à grands traits*, quelques-unes des principales caractéristiques de la jeunesse d'aujourd'hui telles qu'elles *se dégagent* d'un sondage fait avec objectivité et sans autre *propos* que celui de déterminer avec le plus de vérité possible *le visage* de cette
15 jeunesse.

(Condensé d'un article d'Henri Perruchot
dans *Pensée française*, janvier 1959, No. 1.)

Questionnaire

1. Comment l'auteur arrive-t-il aux conclusions qu'il donne dans cet article?

2. Quelles sont les préoccupations essentielles de la jeunesse actuelle?

3. Pourquoi les raisons que les jeunes donnent du choix d'Einstein comme personnalité admirable pourraient-elles surprendre à première vue?

4. Où les jeunes gens puisent-ils des arguments pour expliquer leur attitude devant les divers problèmes de la vie?

5. Quelles sont les qualités que les jeunes gens souhaitent trouver dans leur future épouse?

6. La plupart des jeunes filles trouvent-elles désirable de continuer à travailler après leur mariage?

7. Le féminisme est-il en progrès?

8. Que pensent les jeunes gens au sujet des familles nombreuses?

9. Quelle est la conséquence plutôt fâcheuse de la tendance raisonneuse de la jeunesse française?

10. Un renouveau simultané au renouveau moral a pris place en France. Lequel?

11. Quels sont les plus raisonnables parmi les jeunes gens?

12. Pourquoi trouve-t-on plus d'allant chez les scientifiques que chez les littéraires?

13. Quelles sont les études qui conduisent souvent à de belles situations?

14. Dans quelles facultés les étudiants s'inscrivent-ils de préférence?

15. Dans quelles proportions le nombre des étudiants universitaires français va-t-il probablement augmenter?

16. Quelles critiques les jeunes font-ils de l'organisation actuelle de l'enseignement?

17. Quel est le mot qui revient constamment dans la conversation des jeunes universitaires?

18. Pourquoi la situation de professeur de lycée a-t-elle perdu de son importance et de son attrait?

19. Les jeunes universitaires qui se destinent à l'enseignement ont-ils toujours l'intention de persévérer dans cette voie?

20. Parmi les étudiants qui cherchent une situation en dehors de l'enseignement, quels sont ceux qui ont le plus de chances de réussir?

21. Pourquoi l'université elle-même pâtit-elle de cet engouement pour les carrières autres que l'enseignement?

I. TOURNURES IDIOMATIQUES

Étudiez les expressions en italiques de l'article de tête expliquées ci-dessous :

au juste — exactement

Ne se fait-on pas — N'a-t-on pas, n'entretient-on pas?

Une enquête menée ... auprès de jeunes Français — Des recherches faites ... parmi de jeunes Français *réponses* ... *dictées par* — réponses ... inspirées par

en fonction de valeurs morales — par rapport à, en considérant des valeurs morales

actuelle — d'aujourd'hui

pour une large part — en grande partie, en majorité

on discute ... *des motifs* — on examine ... les motifs

attitude — disposition d'esprit

font ... *appel à des justifications* — ont ... recours à des démonstrations

d'ordre intellectuel — d'une nature intellectuelle

coup de foudre — amour subit, immédiat (dès la première rencontre)

douée de ... *qualités* — possédant des qualités ...

femme de tête — femme de jugement solide

en recul — en régression

Il est — (ici) Il y a

embrasser un métier — choisir un métier

par goût de l'indépendance — par prédilection pour l'indépendance

font prime — occupent la première place

en ce qui concerne les plus âgés — dans le cas des plus âgés

accusé — prononcé, fortement marqué

allant (nom) — entrain, enthousiasme

au reste — d'ailleurs, du reste

chances d'avenir — perspectives d'obtenir une belle situation

ouvrent ... *d'immenses horizons* — offrent ... de grandes possibilités

enfièvre — excite, stimule

Les effectifs — Le nombre d'élèves

un malaise — une inquiétude

Ils déplorent — Ils regrettent amèrement

fort à la mode — très en vogue, très courant

Quantité de — Beaucoup de, un grand nombre de

effectivement — réellement, en effet

débouchés — (ici) carrières, positions

Cela ne va ... *pas sans conséquences regrettables* — Cela s'accompagne ... de suites fâcheuses

à grands traits — dans les grandes lignes

se dégagent — ressortent, se détachent, apparaissent nettement
propos — but, dessein
le visage — les traits caractéristiques, le portrait

Exercice

Dans les phrases qui suivent, remplacez les tirets par une des
expressions indiquées à droite, dans la forme réclamée par le texte.

1. Ses besoins —— dépassent ses moyens
financiers.
2. Les journalistes —— auprès des réfugiés.
3. Sa réponse —— par le respect qu'il vous
doit.
4. Il —— sur les avantages de cette nouvelle
position.
5. Je ne vois pas —— où il veut en venir.
6. Il faut établir son budget —— ses revenus.

au juste
se faire des idées
mener une enquête
être dicté
en fonction de
actuel

*

7. Elle a envers tous une —— bienveillante.
8. C'est une question —— purement sentimental.
9. Il doit son succès —— à sa mémoire.
10. Lundi, le professeur —— l'existence de
Dieu.
11. Ils ne se connaissaient pas. Ce fut ——
et le mariage à bref délai.
12. Nous —— votre cœur plus qu'à votre
intelligence.

pour une large part
discuter de
attitude
faire appel à
d'ordre
le coup de foudre

*

13. Il l'a défendu —— la justice.
14. Il —— la carrière militaire.
15. —— des personnes qui semblent favo-
risées du sort.
16. La natalité est-elle —— en France?
17. Il a épousé une —— qui l'aide à merveille.
18. Elle est —— une bonne mémoire.

doué de
femme de tête
en recul
il est
embrasser
par goût de

19. Sur le marché mondial, le dollar ——.

20. La ressemblance entre père et fils est fort ——.

21. Un docteur en physique a aujourd'hui de belles ——.

22. La cause de l'accident était —— facile à comprendre.

23. —— le problème de l'éducation, les avis sont partagés.

24. Elle ne manque ni d'——, ni d'intelligence.

faire prime
en ce qui concerne
accusé
allant
au reste
chances d'avenir

*

25. Quel est —— de notre armée?

26. Nous —— cette situation scabreuse.

27. Le champ des recherches atomiques ouvre ——.

28. Cette année, les fourrures sont ——.

29. Les hommes de science sont —— par les succès des dernières années.

30. L'orateur sentit —— passer dans l'auditoire.

d'immenses horizons
l'effectif
fort à la mode
déplorer
un malaise
enfiévrer

*

31. Je lui ai vite exposé le problème ——.

32. Il faut séjourner dans le pays pour connaître le vrai —— de la France.

33. Je l'ai fait de —— délibéré.

34. —— étudiants écrivent très mal.

35. De cette conférence, trois points essentiels ——.

36. La standardiste avait —— oublié de me mettre en communication avec Paris.

37. A cinquante ans, l'homme moderne a rarement le choix entre plusieurs ——.

quantité de
effectivement
débouchés
à grands traits
se dégager
propos
visage

II. ÉTUDE DE VOCABULAIRE

A. Le mot **propos** peut prendre diverses significations.

1. *discours, parole*
   Ces propos m'ont déplu.
2. *but, dessein.*
   Son propos n'est pas moral.
3. *à propos — opportunément*
   Il est arrivé à propos.
4. *à tout propos — à chaque instant, pour n'importe quelle raison*
   Ils se plaignent à tout propos.
5. *hors de propos — à contretemps*
   Il est intervenu hors de propos.
6. *mal à propos — inopportunément, au mauvais moment*
   Il a parlé mal à propos.
7. *à propos — en parlant de cela, à ce sujet*
   A propos, j'irai à Paris dans une semaine.
8. *de propos délibéré — intentionnellement*
   Il lui a fait mal de propos délibéré.

DEVOIR: En suivant l'exemple de **propos**, étudiez les divers sens que peuvent prendre les mots suivants, employés seuls ou dans des locutions.

milieu	personnalité	dicter
nommer	motif	adopter
rajeunir	trait	accuser
carrière	faculté	situation
discipline	élément	

Complétez les phrases suivantes en employant un des mots que vous venez d'étudier et dont vous expliquerez le sens :

1. J'ai assisté à un dîner où j'ai rencontré de nombreuses —— du monde littéraire.
2. Il a été —— ambassadeur aux Indes.
3. Ce monsieur occupe une —— très en vue dans notre ville.
4. L'eau se compose de deux ——.
5. Les femmes préfèrent une mode qui a tendance à les ——.

6. Le —— d'un cercle s'appelle le centre.
7. Elle vient de finir une jolie tapisserie dont le —— est du 18ᵉ siècle.
8. Avez-vous —— réception de cet envoi?
9. C'est un fervent de la —— cartésienne.
10. La Sorbonne est le siège des —— des lettres et des sciences de l'Université de Paris.

B. Faites des phrases très courtes dans lesquelles vous emploierez les homonymes suivants.

1. cent — sang — sans — sent (*verbe*)
2. coup — cou — coût — coud (*verbe*)
3. part (*fém. et verbe*) — par — pars (*verbe*) — pare (*verbe*)
4. au — eau — os — haut
5. fort (*masc. et adj.*) — fors

C. Étudiez la différence de sens qui existe entre les divers mots de la famille de l'adjectif **neuf**, dérivés du latin *novus* (novum — novo — nuef — neuf) et de *novellus* (novellum — novel — nouveau).

Radical savant (Nov-)	*Radical populaire* (Nouv-)
novateur	nouveau
novice	nouvelle
noviciat	nouvellement
innover	nouveauté
innovation	nouvelliste
rénover	renouveler
rénovateur	renouvellement
rénovation	nouveau-né

DEVOIR: Indiquez trois mots basés sur le latin *alter* et trois sur le français **autre** du latin *alter* (altrum — altro — altre — autre).

D. Expressions idiomatiques contenant le mot **foudre** ou un de ses dérivés.

1. **Coup de foudre**
   Certains jeunes gens apprennent à s'aimer; chez d'autres, c'est le coup de foudre.

2. **Comme la foudre** — très vite
   Il est passé comme la foudre.

3. **Foudroyer**
   Sur la Bérésina, les troupes napoléoniennes furent foudroyées
   par les canons russes.

4. **Foudroyant**
   Le cyanure de potasse est un poison foudroyant.

DEVOIR: Cherchez des expressions idiomatiques et des dérivés
basés sur le mot **tête,** et employez ces mots et expressions dans
des phrases.

E. Étudiez la différence de sens entre les paires de mots suivants.

raisonnable	raisonneur
difficile	difficultueux

DEVOIR: Faites quatre phrases dans lesquelles vous emploierez
ces mots.

III. STYLISTIQUE

qu'ils souhaitent douée...
   qu'ils souhaitent voir douée... Notez l'ellipse de l'infinitif après
   souhaiter et l'accord de l'adjectif avec le complément direct.

Il est ... très peu de jeunes filles qui...
   Il est — équivalent de **il y a** employé dans un style relevé.
   En outre, notez la mise en relief du sujet par la construction
   relative. Comparez à : Très peu de jeunes filles souhaitent...

les jeunes désirent, une fois mariés, avoir...
   A relever l'interpolation participiale **une fois mariés** faisant
   fonction d'adverbe.

C'est ... chez ces derniers que...
   Mise en relief du complément de la préposition. Comparez à :
   Chez ces derniers, l'on rencontre...

qu'ils jugent abstrait
Ellipse d'un infinitif, en l'occurrence **être**, après le verbe
juger à l'instar du verbe **souhaiter.**

Cela ne va, d'ailleurs, pas
A noter l'interpolation de l'adverbe entre le verbe et la négation.

IV. TRADUCTION

Traduisez les phrases suivantes en employant autant que possible
des expressions contenues dans l'article de tête et discutées dans
les « tournures idiomatiques ».

1. A recent poll taken among American youth on their attitudes
and ways of thinking yielded interesting results.

2. One often entertains erroneous ideas about the younger generation's frame of mind.

3. American youth of today is known as the "silent generation."

4. They have, nevertheless, very pronounced likes and dislikes and
are quite concerned with problems of a moral and cultural rather than
a purely scientific nature.

5. Quite generally speaking, it may be said that they are endowed
with considerable reasoning ability.

6. They seldom resort to emotional justifications for their attitudes
but prefer arguments of a rational nature.

7. Thus, even in their attitude toward love and marriage, practical
and utilitarian considerations play a dominant role.

8. Love at first sight is looked upon with a great deal of mistrust.

9. Young men see in their future mate above all a good family
mother and housekeeper rather than a "lover."

10. They wish to marry a girl from about the same social background as their own.

11. And in large measure the girls are hardly intent upon continuing
a career after marriage.

12. In this respect, feminine emancipation seems to be in retreat.

13. Many young men do not launch into their professional careers
from inclination.

14. They choose their vocation according to the practical possibilities which it offers for the future.

15. Scientific careers leading up to independent research are especially in style.

16. One finds among students in the scientific fields a more confident and spirited attitude than among their colleagues in the humanities.

17. The latter, furthermore, consider teaching careers not remunerative enough and often seek other outlets for their knowledge and talents.

18. The younger generation is not easily aroused by the great humanistic ideals of the past.

19. It listens to the proponents of these doctrines with silent detachment but before committing itself to any idea, it soberly seeks personal security and comfort.

V. SUJETS DE COMPOSITION LIBRE

En écrivant sa composition, l'étudiant est invité à employer autant que possible les tournures et le vocabulaire de l'article de tête.

A. Décrivez les sentiments que les étudiants de votre institution ou vos amis se forment du mariage et de la carrière professionnelle.

B. Expliquez en détail les raisons et faites connaître les espoirs d'avenir qui vous ont décidé à entreprendre les études que vous poursuivez à présent.

C. Faites une description des personnalités très en vue que vous admirez le plus et donnez les raisons de votre choix.

VI. GRAMMAIRE

Les verbes pronominaux

Au point de vue du sens, les verbes pronominaux peuvent être *réfléchis* ou *non réfléchis*. Le pronom réfléchi a sa valeur pleine lorsqu'il joue le rôle d'un réel complément direct ou indirect :

On se fait à ce propos des idées fausses.

Elle se regarde dans la glace.

Ils se nuisent à eux-mêmes.

Parmi les réfléchis il y a des verbes *réciproques*. Ils ont la même forme que les verbes réfléchis, mais expriment une action que plusieurs sujets exercent l'un sur l'autre ou les uns sur les autres. La valeur réciproque du pronom est parfois mise en relief par des expressions telles que **l'un l'autre, l'un à l'autre, les uns les autres, mutuellement, réciproquement, entre eux** etc. :

Ils se louent l'un l'autre.

Les hommes se dupent les uns les autres.

Ils se querellent entre eux.

Ils s'admirent mutuellement.

Ils se félicitent réciproquement.

Le pronom réfléchi peut ajouter à un verbe *transitif* ou *intransitif* une valeur particulière. Le verbe pronominal est alors dit *non réfléchi*. Le pronom est « explétif » ou emphatique ou vague. La présence du réfléchi marque l'intérêt tout particulier que le sujet prend à l'action. Étudiez les nuances de signification dans les groupes de verbes ci-dessous :

aller	s'en aller
apercevoir quelque chose	s'apercevoir de quelque chose
crier	s'écrier
fuir	s'enfuir
amener	s'amener (*pop.*)
mourir	se mourir
plaindre quelqu'un	se plaindre de quelqu'un ou de quelque chose
saisir	se saisir de

Exercice

Complétez les phrases suivantes en employant selon le sens la forme ordinaire ou la forme réfléchie du verbe indiqué :

aller (s'en aller)

1. Il —— à Paris chaque été.
2. Ils —— en toute hâte.

apercevoir
1. Elle —— de son erreur.
2. Je —— mon frère assis sur un banc du parc.

crier (s'écrier)
1. Le corbeau —— qu'on ne l'y prendrait plus.
2. Elle ——: « au feu! »

fuir (s'enfuir)
1. Je —— à toutes jambes
2. Il la —— depuis quelque temps.

amener
1. Est-ce que tu ——?
2. Il —— son fils à mener l'affaire à bonne fin.

mourir
1. Le roi ——, il n'y a plus d'espoir.
2. Le roi —— à l'aube.

plaindre
1. Je le —— de tout mon cœur.
2. Il —— de son travail.

saisir
1. Elle —— de mon parapluie par mégarde.
2. Je ne —— que la fin de sa phrase.

NOTES

Après le semi-auxiliaire **faire** (parfois après **laisser**) et après **envoyer** et **mener** suivis de **se promener**, le pronom réfléchi du verbe à l'infinitif peut être omis :

Je l'ai fait asseoir dans mon bureau.
Les gardes ont laissé échapper un prisonnier.
Le directeur l'a envoyé promener.
Chaque après-midi, Mme Dupont menait promener les enfants.

Mais on dira aujourd'hui :

Je l'ai envoyé se faire couper les cheveux.

Le pronom réfléchi disparaît dans le cas des participes présent et passé des verbes pronominaux. Par contre, on le conserve au gérondif.

Pronominal réfléchi :

> Une femme **s'agenouille.** — Une femme **agenouillée.** (PARTICIPE
> PASSÉ) Elle s'est signée **en s'agenouillant** (GÉRONDIF — PAS DE
> PARTICIPE PRÉSENT).

Pronominal non réfléchi:

> Une femme **se meurt.** — Elle dépérissait à vue d'œil, **mourant
> de** chagrin. (PARTICIPE PRÉSENT).
> Elle restait aimable et souriante tout **en se mourant** d'un cancer.
> (GÉRONDIF — PAS DE PARTICIPE PASSÉ).

La forme pronominale est souvent employée en français là où l'anglais préfère le passif (voir pp. 143-144) :

> Le livre se vend 15 francs.
> Ces exercices se comprennent facilement.

L'accord du participe passé

Le participe passé d'un verbe s'accorde selon les règles suivantes.

1. Employé comme simple adjectif, le participe passé s'accorde avec le nom qu'il modifie :

> Dans les quelques lignes consacrées à cet établissement...
> Les guichets, fermés le dimanche, sont cause d'un surcroît de travail le lundi matin.

2. Dans le cas des verbes intransitifs qui ont pour auxiliaire **être,** il s'accorde avec le sujet de la phrase :

> Elle est allée au jardin.
> Messieurs, vous êtes arrivés un peu tard.

3. Employé avec **avoir,** le participe passé s'accorde avec le complément d'objet direct si ce complément précède le verbe de la proposition :

> La robe que j'ai achetée est d'une couleur mauve.
> *Mais on écrira :* J'ai acheté une robe bleue.

4. De même avec les *verbes pronominaux réfléchis,* il s'accorde avec le complément d'objet direct si ce dernier précède le verbe.

Notez que, dans ce cas, c'est souvent le pronom réfléchi qui fait fonction d'objet direct :

> Elle s'est extasiée devant cette peinture.
> Elle s'est levée à six heures.
> Ils se sont toujours dupés les uns les autres.
> Les libertés qu'il s'est permises sont de bien mauvais goût.
> *Mais on écrira* : Elle s'est lavé les mains.

5. Avec les *verbes pronominaux non réfléchis*, le participe passé s'accorde avec le sujet de la phrase :

> Elle s'en est allée il y a quelques minutes.
> Nous nous sommes vite aperçus de notre erreur.

[annotations manuscrites dans la marge]

NOTES

1. Les participes passés **couru, coûté, régné, valu, vécu** sont invariables au sens propre, mais varient au sens figuré :

> Les cent mètres qu'il a couru lui ont semblé interminables.
> Il ne se soucie guère des dangers qu'il a courus.

2. Si le complément d'objet précédant le verbe est l'objet direct de l'infinitif, le participe passé conjugué avec **avoir** reste invariable :

> La romance que j'ai entendu chanter.

Mais on écrira, en suivant la règle générale :

> La chanteuse que j'ai **entendue** chanter.

Dans ce cas, **la chanteuse** est l'objet direct du verbe conjugué **entendre** qu'il précède.

3. Si l'infinitif est sous-entendu, le participe passé reste toujours invariable :

> Il a fait tous les efforts qu'il a pu (faire).

4. Fait suivi d'un infinitif est toujours invariable :

> Voilà la robe que j'ai fait faire.

5. Avec **en** faisant fonction de complément d'objet direct, le participe passé reste invariable :

Des fleurs ? J'en ai cueilli ce matin.

6. Si **le** ou **l'**, complément d'objet direct, précède et équivaut à toute une proposition, le participe passé reste invariable :

Elle est plus belle que je ne l'avais imaginé (— que je n'avais imaginé qu'elle l'était).

Exercice

Dans les phrases suivantes, faites l'accord du participe passé s'il y a lieu.

1. Elle s'est fait —— faire une nouvelle robe.
2. Ils se sont plaint —— de ce restaurant.
3. Ces deux garçons se sont battu —— dans la rue.
4. Elle s'était promis —— de la convertir.
5. Elles se sont mis —— à travailler à sept heures.
6. Elle est rentrée le lendemain comme on l'avait prévu ——.
7. Les arbres que j'ai vu —— planter l'an dernier sont morts.
8. Nous lui avons envoyé —— son chèque.
9. Elles sont parti —— de bonne heure.
10. Les pages que j'ai lu —— ce matin sont très bien écrit ——.
11. Cette maison ne vaut plus les 30.000 dollars qu'elle m'a coûté ——.
12. Je n'oublierai jamais les années que j'ai vécu —— près de lui.
13. Les satisfactions que son amitié m'a valu —— sont à jamais gravé —— en moi.
14. On nous a servi au dîner la poule que j'avais vu —— plumer ce matin.
15. Voilà les chevaux que j'ai vu —— courir la semaine passée.
16. Ces deux familles se sont détesté —— et se sont nui —— pendant des années.
17. Elle s'est ri —— de ma bévue.
18. Elles se sont enfui —— en riant.
19. Ils se sont menti —— et trompé —— pendant toute une vie.
20. Tous se sont tu ——.

Les pronoms indéfinis

On

On assume toujours la fonction de sujet et s'emploie pour désigner :

1. *les hommes en général :*
   On parle souvent de la jeunesse.

2. *un nombre restreint de personnes indéterminées :*
   On (= les enquêteurs) a demandé cela à environ deux cents jeunes gens.

3. *une seule personne :*
   A-t-on mieux mangé aujourd'hui ? (On = la personne interrogée).

4. *la première personne du singulier :*
   Mais, vous savez bien qu'on vous aime. (On = je)

5. *la première personne du pluriel,* dans le langage populaire :
   On arrivera à Paris mardi soir. (On = nous).

Accord de **on**.

Le verbe est toujours à la troisième personne du singulier. L'attribut peut être féminin et pluriel :

   On est des jeunes gens raisonnables.
   On veut être indépendante.

Aujourd'hui, la plupart des auteurs accordent le participe passé suivant le genre et le nombre de la ou des personnes représentées par **on** :

   On est arrivés à Paris mardi soir. (On = nous)

Personne

Personne peut assumer la fonction de sujet ou d'objet et s'emploie de la façon suivante :

1. *sans négation :*

Qui avez-vous vu? Personne. (= pas une personne).
Il le fait mieux que personne. (= que n'importe quelle autre personne).

2. *avec négation :*

Ceci ne semble appartenir à personne. (= à aucune personne).
Je ne connais personne ici. (= aucune personne).

3. *au sens positif :*

Y a-t-il personne ici qui sache où il est? (Personne = quelqu'un).
Avant de mentionner personne, je ferai des remarques générales.
(Personne = qui que ce soit).

Accord de **personne**.

Le verbe est toujours à la troisième personne du singulier. Quand **personne** s'emploie au sens général, l'adjectif ou le participe passé se met au masculin :

Personne n'est sorti.

L'adjectif peut se mettre au féminin, lorsqu'on fait une comparaison avec une personne bien définie :

Je ne crois pas qu'il y ait personne qui soit plus adroite (qu'elle).

Dans l'expression **personne de**, l'adjectif reste invariable :

Je ne connais personne de plus adroit qu'elle.

Nul

Nul se réfère toujours à une personne, fait fonction de sujet seulement et s'accompagne obligatoirement de la négation; il peut s'employer aux deux genres mais reste toujours au singulier :

Nul d'entre eux ne veut y aller.
Nulle d'entre elles ne veut y aller.

Employé absolument, il se met au masculin :

Nul n'y a pensé, nul n'est venu.

Rien

Rien est employé comme suit :

1. *positivement :*
    Il était trop paresseux pour rien faire. (Rien = quoi que ce soit.)

2. *seul dans une réponse ou dans une exclamation :*
    Que fais-tu ? — Rien!

3. *sans **ne**, mais dans un sens négatif :*
    C'est un propre à rien.

4. *avec **que** :*
    Elle frémit rien qu'à ce nom.

5. *négativement avec **ne** :*
    Je n'ai rien à regretter.

6. *avec **moins**, signifiant **ne** ... **pas du tout** :*
    Elle n'est rien moins qu'intelligente.

7. *avec **de moins**, pour renforcer une affirmation équivalente :*
    Cette ébauche n'est rien de moins qu'un chef-d'œuvre. (= Cette ébauche est un pur chef-d'œuvre.)

8. *avec **de** et un adjectif :*
    Cela n'a rien d'anormal.

9. *dans certaines expressions figées :*
    C'est un homme de rien — C'est un homme de basse extraction.
    C'est un petit village de rien du tout — C'est un très petit village.
    Il se formalise de rien — Il se formalise pour peu de chose.
    Il se fâche pour un rien — Il se fâche facilement.
    Il a obtenu ce livre pour rien — Il a obtenu ce livre pour un prix très bas.
    Cela ne fait rien *ou* Cela n'est rien — Cela n'a pas d'importance.
    Il n'en est rien — Ce n'est pas exact, vrai.
    N'en faites rien — Ne faites rien à ce sujet.
    Faites comme si de rien n'était — Faites comme si rien ne s'était passé.

Pas un

Pas un ou **pas une** s'emploie de la façon suivante :

1. *par rapport à un autre nom ou pronom :*

    Pas un d'entre eux n'a parlé.
    Voilà dix étudiantes dont pas une ne connaît le français.

2. *absolument, avec* **comme** *:*

    Il est adroit comme pas un (plus que n'importe qui).
    Elle est adroite comme pas une.

Aucun

Aucun s'emploie comme pronom au pluriel seulement. Il s'accompagne ordinairement de **d'** et est toujours sujet :

    D'aucuns vous diront que cette ville est peu intéressante.

Aujourd'hui, **aucun** s'emploie le plus souvent comme adjectif; il est alors au singulier, à moins qu'il n'accompagne un nom toujours pluriel :

    Aucune idée raisonnable ne lui passe par l'esprit.
    Il n'a aucune idée raisonnable.
    Je n'ai eu aucuns frais.
    Avez-vous quelque objection? — Aucune. (contrairement aux apparences, **aucune** est adjectif, le nom **objection** étant sous-entendu.)

Exercice

Dans les phrases suivantes, remplacez les tirets par les pronoms indéfinis réclamés par le sens.

1. —a souvent besoin d'un plus petit que soi.
2. —— n'est prophète en son pays.
3. Que —— ne parle!
4. Il n'a —— à perdre.
5. —— de ces étudiants n'a obtenu le maximum.
6. —— se fait des idées fausses à propos des examens.
7. —— cherchent à raisonner l'amour lui-même.

8. La situation de professeur de lycée n'est —— de moins qu'une situation de second choix.

9. Cette vieille scie n'est plus bonne à ——.

10. —— que son regard plein de langueur montre qu'il est rongé de chagrin.

11. Je n'ai jamais —— entendu de plus raisonnable.

12. Vous le savez mieux que ——.

13. Il n'y a donc —— ici ?

14. La jeunesse actuelle n'est —— moins que sentimentale.

15. A l'heure actuelle, —— s'oriente de plus en plus vers les carrières scientifiques.

16. —— est rentré très tard.

17. Les jeunes filles disent : « —— ne veut pas être indépendante, mais épouse et mère ».

18. Il est méchant comme ——.

19. Ce film n'a —— d'intéressant.

20. Il y a une petite rivière —— du tout qui coule à l'extrémité de la ville.

VOCABULAIRE ANGLAIS-FRANÇAIS

The following general principles have been observed in setting up the English-French vocabularies in each chapter :

a) Direct cognates such as *talent* or cognates involving only minor and well known spelling differences such as *scientific—scientifique* have not been included.

b) Idiomatic expressions such as *to take a poll* are listed under the noun ; those involving a verb and other parts of speech are listed under the verb ; if there is no verb, the expression is given under the other principal part of speech or under the noun, if there is one ; where two nouns are involved, the idiom will be found under the first noun.

c) In some instances, phrases from the English translation have been matched with an approximate expression from the lead article ; for instance :

to inject new life into (under **life**)—*ressusciter ;*

to use up (their energies) *in everyday life* (under **use up**)—*user au jour le jour.*

Such expressions could obviously not be broken up into their component parts without misdirecting the student. These approximations also serve the valuable purpose of pointing up the inevitable differences of idiom and style between the two languages which one encounters in all translation and composition.

about *prep.*   à propos de, au sujet de, sur, concernant
about *adv.*   à peu près
above all   surtout, avant tout
according to   suivant, selon
among   auprès de, parmi
argument   raisonnement *m.*
aroused, to be —— s'enthousiasmer
attitude, spirited —— allant *m.*
confident —— espoir *m.*
background   milieu *m.*
from about the same social —— sortant à peu près du même —— social
career   carrière *f.*
   to continue a —— continuer à travailler, poursuivre une —— professionnelle
choose   choisir
colleague   confrère *m.*, collègue *mf.*
the ——**s in the humanities**   les ——s dans les humanités, les littéraires
comfort   confort *m.*
commit oneself to (**an idea**)   s'engager
concerned   préoccupé, -e
   to be —— se préoccuper de
deal, *n.*, **a great** —— grandement
detachment, with silent —— en silence et d'une façon détachée
dislike *n.*   antipathie *f.*
easily, not —— ne ... guère, ne ... pas facilement
emancipation, feminine —— émancipation *f.* de la femme, féminisme *m.*
emotional   émotif, émotive; affectif, affective
endowed (**with**)   doué, -e (de)
enough   suffisamment, assez

erroneous   faux, fausse; erroné, -e
even   même
family   famille *f.*
—— **mother**   mère de ——
find *v.*   trouver
frame of mind   état *m.*, disposition *f.* d'esprit
furthermore   du (au) reste, par ailleurs, en outre
generally speaking   d'une façon générale
generation, silent —— la génération du silence, de l'indifférence
younger —— la jeune génération
girl   jeune fille
hardly   ne ... guère
housekeeper   ménagère *f.*
humanistic   humaniste
idea   idée *f.*
   to entertain ——s   se faire des ——s
inclination, from —— par goût, par inclination
intent, to be —— **upon**   tenir à, souhaiter, avoir l'intention de; être résolu, -e à, déterminé, -e à
knowledge   savoir *m.*, connaissances *f.pl.*
known   connu, -e
   to be —— **as**   passer pour être, être —— comme
latter, the —— ces derniers
launch *v.*   se lancer
   to —— **into professional careers** —— dans telle et telle carrière libérale
lead up (**to**)   mener à
like *n.*   sympathie *f.*
listen (**to**)   écouter
love *n.*   amour *m.*
—— **at first sight**   coup *m.* de foudre *f.*

lover amoureux, amoureuse
marry épouser, se marier avec
mate *n.* époux, épouse; mari,
  femme
may pouvoir
  it — be said on peut dire
measure, in large — pour une
  large part
men, young — des jeunes
  gens
mistrust, to look upon with —
  se méfier de
nature, of a — d'ordre *m.*, d'une
  nature
nevertheless néanmoins, cependant, pourtant
offer *v.* offrir
on *prep.* au sujet de, à l'égard
  de, sur
outlet débouché *m.*
past passé *m.*
play *v.* jouer
poll enquête *f.*
  to take a — mener une —
possibilities, practical — for
  the future chances *f.* d'avenir
practical pratique
prefer faire volontiers appel à,
  préférer
pronounced prononcé, -e; accusé,
  -e
proponent défenseur *m.*, partisan
  m.
purely purement
quite generally speaking d'une
  façon (tout à fait) générale
rather (than) plutôt (que)
rational logique
reason *v.* raisonner

reasoning ability puissance *f.* de
  raisonnement *m.*
recently récemment
remunerative rémunérateur, rémunératrice
research *n.* recherche *f.*
resort (to) *v.* faire appel à
respect, in this — sous ce
  rapport, à cet égard
result résultat *m.*
retreat, in — en recul
role rôle *m.*
  to play a dominant — jouer
  le — principal, un — important
security sécurité *f.*
see (in) voir (dans)
seek chercher
seem sembler, paraître
seldom rarement, ne ... guère
soberly sobrement
student étudiant, -e
  —s in the scientific fields
  les —s dans les domaines
  scientifiques, les scientifiques
style, especially in — fort à
  la mode, très en vogue
teaching career vocation *f.* pédagogique
thus ainsi
today, of — d'aujourd'hui
toward envers
utilitarian utilitaire
vocation profession *f.*
ways of thinking façon(s) de
  penser
wish *v.* désirer
yield *v.* donner, produire
youth les jeunes, la jeunesse

2.

La France est-elle américanisée?

Depuis dix ans, nous avons beaucoup changé *sans trop nous en rendre compte*. Bien des détails de notre existence quotidienne se sont modifiés, *de nouvelles habitudes ont* imperceptiblement *gagné du terrain* en chacun de nous. Tout en professant une résistance de
5 principe à « l'américanisation », nous avons vu se multiplier autour de nous les signes d'une simplification de l'existence qui nous rapproche des Américains. Nous avons importé certaines de leurs manières d'être, car la standardisation *de type américain* était inévitable et *ne fera que croître** avec le progrès de notre
10 économie. Et ce nivellement des mœurs va très vite! si vite qu'*il nous échappe* parfois.

Il y a cinq ou six ans, on disait encore, avec ironie : « Zurich est complètement américanisée », ou bien : « Essen est une ville du Middle-West ». Dieu merci, les snack-bars *n'avaient pas encore*
15 *fait leur apparition* en France, car *c'eût été le commencement de la fin !* Eh bien! *nous y sommes.* Il y en a partout aujourd'hui, et avec self-service. *D'ici dix ans*, on ne saura plus manger chez nous. *Le sacro-saint repas* de midi ne sera plus qu'un souvenir : les bureaux fermeront à cinq heures, et *l'on donnera vingt minutes au*
20 *sandwich méridien.*

Les étrangers se plaignent déjà de la disparition de la cuisine

25

française. Mais la cuisine, et le plaisir qu'on en tire, cela prend du temps. *Cela prend* aussi *des légumes frais*, de la viande soigneusement choisie : choses qu'*ignorent superbement* les réfrigérateurs modernes. Bientôt nous aurons la semaine de cinq jours, et nous serons tous des « suburbains » vivant à cinquante kilomètres de 5 notre lieu de travail, et rentrant à la maison chaque soir, après une heure et demie de voiture, pour y trouver un repas froid et la télévision. Ce changement de nos mœurs s'accomplira avec la plus grande facilité : nous nous serons « américanisés » trois fois plus vite dans le temps que les Américains eux-mêmes.   10

Le paradoxe de la France, c'est que nous sommes lents à *nous mettre en branle* et rapides dans le mouvement. Nous avons les trains les plus rapides, le meilleur système de liaisons internationales par air et chemin de fer, une auto pour sept habitants — l'un des plus hauts chiffres du monde — un taux de naissances 15 remarquable, une économie aux vastes perspectives. Mais ces nouvelles énergies surgissent après un demi-siécle d'inertie relative. C'est à nous de nous y adapter psychiquement et intellectuellement, *dans les délais les plus brefs*. Les routines extérieures sont en train d'éclater : *reste à briser* les routines de l'âme. 20

Partout, aux échelons intermédiaires, une génération nouvelle attend impatiemment son tour de *prendre les leviers de commande*. Ces jeunes techniciens de la politique, de l'administration, de l'économie, ont entre trente-cinq et quarante-cinq ans. Compétents, pleins d'initiative dans leur domaine propre, ils ne contrô- 25 lent pas encore *de grands ensembles* et n'ont pas les moyens pratiques de changer les structures vieillies qui freinent leur action.

On les a nommés des « technocrates », péjorativement. La méfiance à l'égard des techniciens et des spécialistes est l'un de nos préjugés nationaux — une fausse interprétation des vertus 30 humanistes. En politique, par exemple, les techniciens doivent, en général, *se contenter d'un strapontin. Ils le supportent de plus en plus mal,* sachant qu'ils sont, présentement du moins, les seuls

modernisateurs de la nation. Mais ils ont tendance à « *penser la nation* » selon les seuls critères économiques, de sorte que la vie française est comme divisée en deux, malgré les efforts de certains théoriciens de l'État qui essaient de faire de l'économie l'axe
5 même de la politique.

Aux yeux de ces derniers, qui sont *au fait des méthodes américaines* et apprécient — plus que les Américains mêmes — la manière dont les spécialistes sont intégrés dans la vie politique des États-Unis, « l'américanisation » signifie, avant tout, la
10 simplification des méthodes.

Les jeunes techniciens voyagent de plus en plus : ils sont nombreux, depuis dix ans, à profiter des *bourses* et moyens d'échange. Beaucoup ont séjourné outre-Atlantique* assez longtemps pour en avoir tiré profit non seulement dans l'ordre de
15 leur spécialité, mais *sur le plan de l'expérience quotidienne.* J'en connais personnellement un certain nombre, les uns, anciens *boursiers*, les autres, voyageurs sans but bien défini, qui ont découvert ce truisme que la vie aux U.S.A. est tout aussi humaine qu'en France, et bien plus variée que l'image stéréotypée qu'ils
20 s'en faisaient avant d'y goûter.

(Extraits d'un article de Pierre Emmanuel
dans *Lectures pour tous*, novembre 1958, No. 59)

Questionnaire

1. Depuis combien de temps l'américanisation de la vie se fait-elle sentir en France ?

2. La mentalité française s'accommode-t-elle facilement de ce phénomène ?

3. Comment l'américanisation de la vie en France se manifeste-t-elle en général ?

4. Selon l'auteur, l'américanisation va-t-elle s'accélérant en France ?

5. Qu'est-ce que quantité de Français auraient pensé être le « commencement de la fin » il n'y a pas tellement longtemps ?

6.   Qu'arrivera-t-il au sacro-saint repas de midi d'ici dix ans? Pourquoi?

7.   De quoi les étrangers se plaignent-ils déjà?

8.   Qu'exige le plaisir qu'on tire de la cuisine française tradition-nelle?

9.   Quelle façon de vivre l'auteur entrevoit-il dans un proche avenir pour le citadin français?

10.   Pourquoi l'américanisation du pays s'opérera-t-elle plus vite en France qu'en Amérique même?

11.   De quels aspects de la vie française l'auteur paraît-il fier?

12.   Les générations des cinquante dernières années s'étaient-elles rendu compte des vastes perspectives économiques de la France?

13.   Quelles « routines » sont les plus difficiles à rompre?

14.   Qu'est-ce que la nouvelle génération attend avec impatience?

15.   Qu'est-ce qui fait défaut aux jeunes techniciens pour boule-verser les structures périmées?

16.   Quels sont les sentiments et préjugés nationaux qui s'expriment dans l'emploi péjoratif du mot « technocrate »? Et qu'en pense l'auteur?

17.   De quoi les techniciens doivent-ils se contenter dans le domaine politique?

18.   Quel semble être le danger qui résulte de la façon de penser unilatérale des jeunes techniciens?

19.   De quoi les jeunes techniciens profitent-ils de plus en plus?

20.   Quelle sorte de connaissances les jeunes techniciens acquièrent-ils lors de leurs séjours aux États-Unis?

I. TOURNURES IDIOMATIQUES

Étudiez les expressions en italiques de l'article de tête expliquées ci-dessous.

> *sans trop nous en rendre compte* — sans trop nous en apercevoir, sans bien le savoir, presque à notre insu
>
> *de nouvelles habitudes ont ... gagné du terrain* — de nouvelles habitudes ont ... avancé, progressé; se sont ... développées, répandues

de type américain — de genre américain, à la façon américaine, à l'américaine

ne fera que croître — prendra une importance de plus en plus grande, grandira de plus en plus

il nous échappe — il est imperceptible, nous ne l'apercevons pas

n'avaient pas encore fait leur apparition — n'existaient pas encore, n'étaient pas encore connus

c'eût été le commencement de la fin — cela aurait été désespérant; cela aurait été le comble

nous y sommes — nous y voilà, c'est arrivé

D'ici dix ans — Avant que dix ans ne soient révolus

Le sacro-saint repas (expression ironique) — Le repas vénéré, le repas si important

l'on donnera vingt minutes — on accordera, on consacrera vingt minutes à; on prendra vingt minutes pour

au sandwich méridien (*méridien* s'emploie très rarement dans ce sens) — au sandwich de midi, au déjeuner

Cela prend...des légumes frais — Cela suppose, comporte, exige... des légumes frais

ignorent superbement — se moquent dédaigneusement et avec une incertaine hauteur

nous mettre en branle — nous mettre en train, en marche, en mouvement; démarrer

dans les délais les plus brefs — dans le temps le plus court possible

reste à briser — il reste à briser, il faut encore briser, il reste à se débarrasser de

prendre les leviers de commande — prendre les rênes en main, prendre la direction

de grands ensembles — des affaires de grande envergure; de grandes entreprises

se contenter d'un strapontin — se contenter d'une place secondaire (*strapontin* au sens propre signifie un siège qui se relève et se rabat et que l'on emploie dans les autos ou les théâtres et cinémas pour augmenter le nombre de places assises.)

Ils le supportent de plus en plus mal — Ils tolèrent cela de plus en plus difficilement

« *penser la nation* » — concevoir la nation, se faire une image de la nation

au fait des méthodes américaines — au courant des méthodes américaines

bourses — (ici) bourses d'études, subventions, aide pécuniaire accordée à des étudiants en vue de leur faciliter la poursuite de leurs études

sur le plan de l'expérience quotidienne — en ce qui concerne leur expérience journalière, dans le domaine de l'expérience de tous les jours

boursiers — (ici) des étudiants qui ont reçu des bourses d'études

Exercice

Dans les phrases qui suivent, remplacez les tirets par une des expressions indiquées à droite, dans la forme réclamée par le texte :

1. Hier, le soleil —– vers les dix heures.
2. C'est un film ——.
3. La hausse des prix —— avec l'augmentation des salaires.
4. Nous roulions vite, mais ——.
5. Depuis le début de sa campagne électorale, notre candidat ——.
6. C'est un détail qui —– notre attention.

sans trop nous en rendre
  compte
gagner du terrain
de type américain
ne faire que croître
échapper à
faire son apparition

*

7. —— il aura pris sa retraite.
8. Il n'assiste jamais à ——.
9. On lui —— dix minutes pour exposer son cas.
10. Nous n'aurions pas cru en arriver là. Et pourtant ——.
11. Si les parents se mettent à préférer les « Westerns », ce ——.
12. Préparer un repas soigné, cela ——.

être le commencement
  de la fin
nous y sommes !
d'ici dix ans
la sacro-sainte séance
  académique
prendre du temps
donner

13. Il est nécessaire de finir ce travail —.

14. Il néglige — les tâches secondaires.

15. On — à l'aube.

16. De l'enseignement ? On en — peu de profit matériel, mais beaucoup de satisfaction personnelle.

17. Tous les sièges étant occupés, il a dû —.

18. — savoir s'il a reçu ma lettre.

reste à
tirer
superbement
se contenter d'un strapontin
dans les délais les plus brefs
se mettre en branle

*

19. On éprouve toujours une certaine angoisse au moment de prendre —.

20. Je — avec peine son humeur maussade.

21. C'est un homme capable, fait pour diriger —.

22. —, il est irréprochable.

23. Dans notre collège, nous avons chaque année —.

24. Il — des plus récentes découvertes scientifiques.

25. Elle — qui lui permettra de suivre des cours à la Sorbonne.

les leviers de commande de grands ensembles
supporter
être au fait (de)
obtenir une bourse
plusieurs boursiers
sur le plan moral

II. ÉTUDE DE VOCABULAIRE

A. Expressions idiomatiques basées sur le verbe **prendre**.

Dans les phrases suivantes, remplacez les mots en italiques en vous servant d'une expression idiomatique choisie dans la liste indiquée à droite :

1. Il *s'est enrhumé* au match de football.

2. Je *lui ai fait mes adieux* avant de quitter l'hôtel.

3. Il *est intervenu en faveur de* son ami.

4. Il *vieillit*.

prendre fait et cause pour
prendre son temps
prendre en considération
prendre froid

5. *Avez-vous tenu compte de* mes remarques ?   *prendre le large*
6. Il *ne se presse pas.*   *prendre congé de quel-*
7. Il *se fâche* pour un rien.   *qu'un*
8. Voyez-vous ce paquebot qui *s'éloigne du*   *prendre la mouche*
rivage ?   *le prendre au mot*
9. Il m'a offert de m'aider. J'ai *saisi l'occa-*   *prendre de l'âge*
sion d'accepter.

B. Donnez la signification des homonymes suivants. Puis, complétez les phrases qui suivent avec un des mots étudiés.

compte (*masc. et verbe*) — comte — conte (*masc. et verbe*)
sommes (*verbe*) — somme (*masc., fém., 2 sens et verbe*)
fin (*fém. et adj.*) — faim — feint (*verbe*)
fois — foie — foi
être (*2 sens*) — hêtre — êtres (ou *aîtres*)
croît (*verbe*) — croit (*verbe*) — croix
saint — sein — sain — cin(q)
plaît (*verbe*) — plaie — plaid

1. Il fait un petit —— après le dîner.
2. Qui veut la —— veut les moyens.
3. L'homme a —— doigts à chaque main.
4. Il a fallu l'amputer, la —— s'était envenimée.
5. La —— est une des quatre vertus cardinales.
6. Le —— est un arbre à écorce très lisse.
7. Le —— et la nouvelle sont généralement plus courts que le roman.
8. Chacun, en ce monde, porte sa ——.
9. Une âme saine loge dans un corps ——.
10. Nous —— le 1er du mois et je vous —— de me remettre la —— que vous me devez.

C. Les mots **type, signe, souvenir, cuisine, superbe** peuvent avoir diverses significations suivant le contexte. Complétez les phrases suivantes avec l'un de ces cinq mots :

1. Le —— italique a été inventé par Alde Manuce.
2. J'ai fait un —— dans la marge.
3. Je n'ai aucun —— de cet incident.

4. C'est un —— d'intelligence.

5. La —— française est renommée.

6. Quand les hirondelles volent bas, c'est —— d'orage.

7. Il a le —— américain.

8. Il m'a rapporté un joli ——· de son voyage en Europe.

9. C'est un drôle de ——.

10. Il lui a fait —— de la main.

11. Il est rentré de son expédition avec une mine ——.

12. Le —— de cette tragédie me fait encore frémir.

13. Dante a réservé aux —— une terrible punition.

14. Il est né sous le —— du Taureau.

15. La — de cet homme n'a d'égal que son manque d'intelligence.

16. Les Américaines ont des —— très modernes.

D. Dans les phrases suivantes, étudiez les nuances exprimées par la préposition **avec**. Rendez ces nuances en anglais.

1. Il était *avec* son frère.

2. Elle a fait faire cette jupe *avec* une vieille robe de sa mère.

3. Il s'est fâché *avec* lui.

4. *Avec* tous ses défauts, je le trouve très agréable.

5. Il est vif, intelligent, sympathique, et *avec* cela joli garçon.

6. Il est parti *avec* le jour.

7. Il a été ranimé *avec* de l'éther.

8. On l'a surpris *avec* un revolver.

9. Je ne crois pas qu'*avec* sa paresse innée il ait fait ce travail seul.

10. Que voulez-vous dire *avec* votre air moqueur ?

E. Familles de mots.

Économie, dérivé du grec, signifie· « ordre dans la conduite, dans la dépense d'une maison ». Les dérivés, au sens propre et au sens figuré, comportent tous cette idée d'« ordre ou réglementation d'une maison, d'une nation etc. »

un économe	économe	économiser
un économat	économique	
un économiste	économiquement	

DEVOIR : Formez de courtes phrases avec chacun de ces mots.

Une femme **dépensière** est le contraire d'une femme **économe**.
Indiquez trois antonymes pour les mots suivants.

économie   économique   économiser

Les mots suivants appartiennent à la même famille que le
verbe **échapper** :

échappatoire   escampette
échappée   escapade
échappé   rescapé
échappement

Expliquez ces mots et complétez les phrases suivantes avec
le mot convenable.

1. La dernière catastrophe aérienne a coûté la vie à 102 personnes.
   Il n'y a que trois ——.
2. Je suis dans une situation embarrassante. Il me faudrait trouver
   une ——.
3. Chaque semaine, la police locale est à la recherche d'un ——
   de prison.
4. A l'entrée de toutes les villes de France, on peut lire un
   écriteau portant les mots « —— libre interdit ».
5. Savez-vous quelle a été la dernière —— de ce garnement ?
6. Du balcon de sa villa, on pouvait jouir d'une merveilleuse
   —— vers la ville et la baie.

Donnez en français la signification des expressions idiomatiques
ci-dessous :

Il l'a échappé belle.
Il a pris la poudre d'escampette.

III. STYLISTIQUE ET ORTHOGRAPHE

ne fera que (croître) : *ne faire que*
L'expression **ne faire que** est employée ici dans le sens de
ne pas cesser de ou de **continuer à...** :

La standardisation ... ne cessera de croître, continuera à croître.

Comparez à :

Il n'a fait que passer une heure avec nous.

Dans cette phrase l'expression **ne faire que** suggère l'idée de **seulement** :

Il a seulement passé une heure avec nous.

Notez que dans ce cas **seulement** modifie **passer** et non pas **une heure.**

outre-Atlantique

Les composés de **outre** s'écrivent ordinairement avec un trait d'union.

Il a séjourné dix ans outre-Atlantique.
Les colonies d'outre-mer se séparent petit à petit de la mère-patrie.

Par contre, on écrit sans trait d'union :

Le bleu **outremer** est un bleu d'azur.
Vous l'avez puni **outre mesure.**
Il a **outrepassé** ses droits.

IV. TRADUCTION

Traduisez les phrases suivantes en employant autant que possible des expressions contenues dans l'article de tête et discutées dans les « tournures idiomatiques ».

1. Without noticing it very much, the French have changed their ways of life in the last few years.

2. Many new habits have spread throughout the country.

3. An American type of standardization is gaining ground everywhere.

4. Only a few years ago, a snack-bar in Paris would have been the "end of the world."

5. But in the meantime, these establishments have made their appearance.

6. In many cases, a lunch in the snack-bar already replaces the sacrosanct noon meal at home.

7. Many a Frenchman envisions in the near future the necessity of eating a cold evening meal in front of the television set.

8. The French are slow in picking up speed but then move along swiftly.

9. It is only now, after half a century of relative inertia, that the French are becoming aware of the vast economic potential of their country.

10. The younger generation is biding its time to take over command.

11. The young technicians still have to be content with a back seat.

12. But they are eager to do away with old institutions which only hamper their need for action.

13. They tend to refashion the whole nation in their minds according to purely economic criteria.

14. Many young technicians are taking advantage of the many scholarships and opportunities for student exchange offered in the U.S.A.

15. Thus, they have an opportunity not only to gain knowledge in their specialty but also to familiarize themselves with the American way of life.

16. In general, they find daily life in the States as human as in France and a good deal less stereotyped than they had anticipated.

V. SUJETS DE COMPOSITION LIBRE

En écrivant sa composition, l'étudiant est invité à employer autant que possible les tournures et le vocabulaire de l'article de tête.

> **A.** Depuis quelque temps, la France accueille, presque à son insu, certaines mœurs américaines qui se sont subrepticement infiltrées dans la vie française et la métamorphosent.
> En vous basant sur le texte de l'article de tête ou sur vos expériences personnelles, décrivez, aux points de vue pragma-

tique et culturel, le pour et le contre de cette adhésion quasi générale.

Ensuite, dites ce que vous pensez du nivellement des mœurs dans le monde occidental en général.

B. Les techniciens et « technocrates » jouent-ils un rôle important dans la politique américaine ? Dans quelle mesure ? Et leur influence est-elle souhaitable ?

VI. GRAMMAIRE

Emploi du plus-que-parfait et de l'imparfait du subjonctif comme conditionnel

Dans le style littéraire surtout, le *plus-que-parfait du subjonctif* remplace parfois le conditionnel passé. Il s'emploie alors dans la proposition conditionnelle aussi bien que dans la conclusion de la phrase et s'appelle la « seconde forme du conditionnel passé ».

1. *C'eût été* le commencement de la fin. (voir L'article de tête).
2. Rodrigue, qui *l'eût cru ?* — Chimène, qui *l'eût dit ?* (Corneille, LE CID).
3. Le père Rouault n'*eût* pas *été* fâché qu'on le débarassât de sa fille. (Flaubert, MADAME BOVARY).
4. Elle *eût* volontiers *assumé* cette obligation si l'événement lui *eût laissé* le temps de réfléchir et si je n'*eusse* point ainsi *disposé* de sa volonté par surprise. (Gide, LA SYMPHONIE PASTORALE).
5. Il n'*eût* pas *osé* la contredire même s'il en *eût eu* la force.
6. Cela m'*eût étonné* qu'il en parlât.
7. Il *eût été* très fier de cet hommage.

DEVOIR : Mettez au style du langage parlé les phrases conditionnelles ci-dessus.

Dans une proposition concessive, on peut employer *un imparfait du subjonctif* au lieu d'un conditionnel présent introduit par **alors même que, quand bien même**; ou d'un conditionnel présent avec inversion du sujet; ou d'un indicatif (présent ou imparfait) introduit par **même si**.

Il est à noter que cette construction exige l'inversion du sujet.

1. Fussiez-vous au fond des abîmes, la main de Jupiter pourrait vous en tirer (Fénelon, TÉLÉMAQUE).
2. Venez me voir, ne fût-ce qu'une heure.
3. Je le ferai, dussé-je en mourir.
4. Dussions-nous ne jamais nous revoir, nous garderons à jamais le souvenir de ces journées.

DEVOIR : Dans les phrases ci-dessus, remplacez le subjonctif imparfait par un conditionnel présent, un présent ou un imparfait de l'indicatif, selon que vous emploierez l'inversion, **alors même que** (**quand bien même**) ou **même si**.

L'accord de *demi, semi* et *mi*

Demi, semi

Demi et **semi** restent invariables quand ils précèdent le nom qu'ils qualifient; ils s'y rattachent par un trait d'union.

Une demi-douzaine. Les demi-dieux. Les semi-voyelles.

Le choix de **semi** ou **demi** est dans la plupart des cas fixé par l'usage.

a) Quand il suit le nom, **demi** s'y rattache par **et**; il s'accorde en genre seulement :

Trois heures et demie. Midi et demi. Minuit et demi.

b) **Demi** et **semi** placés devant un adjectif auquel ils se joignent par un trait d'union sont adverbes et invariables :

Une allée demi-circulaire. Des lettres semi-mensuelles.

c) **A demi**, locution adverbiale, n'exige pas de trait d'union :

Des statues à demi voilées. A demi mort. A demi fou. Faire quelque chose à demi.

Mi

Mi se joint au mot suivant par un trait d'union et reste toujours invariable.

a) Il se place devant un nom d'époque ou de mois pour former un nom composé qui prend l'article féminin :

La mi-février. La mi-printemps. La mi-carême.

b) Il se place comme adverbe devant des adjectifs ou des participes :

Les yeux mi-clos.

c) Précédé de la préposition **à, mi** se place devant certains noms, sans article :

A mi-corps. A mi-bras. A mi-chemin. A mi-hauteur.

Exercice

Dans les phrases suivantes remplacez les tirets par **mi** ou par la forme convenable de **demi** ou de **semi**.

1. J'ai une pendule qui sonne les —— heures.
2. Il n'entend jamais rien à —— mot.
3. Nous avons passé quatre journées et —— à visiter ce musée.
4. Je n'en prendrai qu'une —— tasse.
5. On l'a trouvée à —— morte.
6. Il s'est arrêté à —— côte.
7. Ils sont rentrés vers la —— août.
8. La leçon se termine à deux heures et ——.
9. J'aurai fini dans une —— heure.
10. C'est une revue —— annuelle.

Position et signification de certains adjectifs

Les adjectifs qui suivent changent de valeur et de nature ou même de sens selon leur position. Placés *après le nom*, ils retiennent leur sens propre ou leur nature d'adjectifs qualificatifs. *Avant le nom*, ils ont souvent les significations suivantes :

ancien — de vieille date	*pur* — simple
brave — bon	*rude* — fatigant
certain — indéterminé	*sacré* — maudit
différent — de nature différente	*seul* — unique

divers — de nature différente
fameux — grand, gros
grand — célèbre
pauvre — à plaindre
propre — avec un possessif, renforce
  l'idée de possession

simple — modeste
unique — seul
vague — indécis
vrai — véritable

Exercice

Dans les phrases suivantes, indiquez la place de l'adjectif mentionné en tête de chaque groupe, et qui modifie le nom en *italiques*.

seul

1. Il n'y avait qu'un *homme* dans ce restaurant.
2. C'est un *homme* sans famille, sans amis.

certain

3. Elle possède un *charme* assez indéfinissable.
4. C'est un *fait* qu'elle viendra ce soir.

divers

5. Nous venons d'étudier les *écrivains* de la période classique.
6. Voilà mes raisons; mais mon frère a des *raisons*.

différent

7. L'esprit et la mémoire sont-ils deux *choses*?
8. Les *emplois* de ce produit expliquent son succès.

propre

9. Pour bien écrire, il faut savoir employer les *termes*.
10. Il refuse de voir ses *frères*.

ancien

11. Sur ce *meuble*, il y a un *portrait* de ma grand'mère.

brave

12. J'admets que c'est un *homme*, mais serait-ce un *homme* devant le péril?

fameux

13. Il vient de commettre une *erreur*.
14. Le Corton est un *vin*.

grand

15. Pascal fut un *homme*.
16. Les meilleurs joueurs de basketball sont des *hommes*.

pauvre

17. C'est une *femme* qui n'a cependant pas l'air d'une *femme*.

pur

18. S'il avait la *conscience*, il ne vous débiterait pas des *mensonges*.

rude

19. Il faut avoir la *peau* pour faire ce *métier*.

sacré

20. Ce *voleur* n'a pas respecté les *vases* de votre église.

simple

21. Elle a les *goûts* que l'on s'attend à trouver chez une *servante*.

unique

22. Son *souci* est le bonheur de son *fils*.

vague

23. J'ai le *pressentiment* que ses *réponses* ne seront pas bien reçues.

vrai

24. Ce n'est pas un *copain*.
25. C'est une *histoire* que personne ne croit.

VOCABULAIRE ANGLAIS-FRANCAIS

advantage, to take —— of profiter de
anticipate imaginer, anticiper
appearance apparition *f.*
　to make their —— faire leur ——
backseat, to be content with a —— se contenter d'un strapontin
become, to ——. aware of (commencer à) se rendre compte de
case cas *m.*
　in many ——s dans bien des ——
century siècle *m.*
　half a —— un demi- ——

cold, *adj.* froid, -e
command, to take over—— prendre les leviers de commande
country pays *m.*
criterion critère *m.*
　according to purely economic criteria selon les seuls ——s économiques
do, to—— away with se défaire de
eager anxieux, anxieuse
eat manger
end *n.* fin *f.*
　the —— of the world le commencement de la ——; la —— des ——s

envision entrevoir
everywhere (un peu) partout
exchange scholarships moyens (bourses) d'échange
familiarize, to —— oneself (with) se familiariser (avec)
find *v.* trouver
future avenir *m.*
   in the near —— dans le proche ——
ground *n.* terrain *m.*
   to gain —— gagner du ——
habit habitude *f.*
hamper *v.* freiner
home, at —— chez soi
human *adj.* humain, -e
inertia inertie *f.*
knowledge connaissances *f. pl.*
   to gain —— s'acquérir des ——
life vie *f.*
   daily —— la —— quotidienne
lunch *n.* déjeuner *m.* (sandwich méridien)
   a —— in the snackbar un —— pris au snack-bar
many a maint, -e
meal repas *m.*
   noon —— —— de midi
   evening —— souper *m.*
meantime, in the —— entre-temps
mind, refashion in one's —— the whole nation "penser la nation"
move, to —— along swiftly être rapide dans le mouvement
need, —— for action impatience *f.* d'agir, besoin *m.* d'agir
new nouveau, nouvelle
notice *v.* se rendre compte de
   without ——ing it very much sans trop s'en rendre compte

now à présent, maintenant
old vieux, vieille
opportunity occasion *f.*, opportunité *f.*
   to have an —— avoir l'——
   ——ies for student exchange de nombreux moyens d'échange
potential *n.* potentiel *m.*
replace remplacer
sacrosanct sacro-saint, -e
scholarship bourse *f.*
slow lent, -e
specialty spécialité *f.*
   in their —— dans l'ordre de leur ——
speed, to pick up —— se mettre en branle
spread *v.* se répandre
standardization, an American type of —— une standardisation de type américain
still encore, toujours
stipend bourse *f.*
technician technicien *m.*
television set poste *m.* de télévision
tend avoir tendance à
throughout dans
thus ainsi
time, to bide one's —— attendre impatiemment son tour
way, ——s of life manières *f. pl.* d'être; façon *f.* de vivre
   the American —— of life la vie quotidienne aux États-Unis
year année *f.*
   the last few ——s ces dernières ——s
   only a few ——s ago il n'y a pas trop longtemps

3.

Étudiants américains
à la Cité Universitaire

La Cité Universitaire s'étend sur l'ancienne « zone » de Paris —
zone de baraques, de roulottes, de chiffonniers, de tondeurs de
chiens, de tireuses de cartes — qui fut expropriée avant d'être
détruite par le feu.

5 J'aime cette image du feu, symbole de pureté et de renaissance.
Sur l'emplacement de cette zone s'élève aujourd'hui un des plus
beaux « monuments » de l'amitié internationale : au milieu d'un
parc de 55 hectares, trente-cinq pavillons *où se coudoient les étudiants*
de cent nations.

10 La Cité est *une ville en marche :* elle se construit chaque jour.
Ainsi, en 1956, fut inaugurée la Maison de l'Allemagne; en
1957, celle de Cambodge; en 1958, celle de l'Italie. La Maison
du Brésil est presque achevée. Les prochaines « fondations »
seront sans doute celles de l'Iran, du Viet-Nam, de la Yougo-
15 slavie, de la Turquie, de l'Inde.

La Cité Universitaire doit beaucoup aux États-Unis. L'Amérique possède non seulement l'un des plus vastes « pavillons »
(il peut accueillir jusqu'à quatre cents étudiants) mais *elle est*
aussi à l'origine de la création de la Maison Internationale, cœur et
20 *clef de voûte* du système.

Imaginez, au centre géographique de la Cité, une vaste demeure : sur le parc, côté sud, une façade de quatre étages, et de cent cinquante mètres de long; au nord, deux ailes encadrent une terrasse. Les châteaux de Blois, d'Amboise et de Fontaine-bleau ont inspiré *l'ordonnance classique du bâtiment* ainsi que maints détails — tels les colonnes, les pilastres, les balustres — et jus- 5 qu'aux matériaux : tufeau, ardoise et brique.

Cette Maison Internationale est essentiellement un lieu où « les jeunes gens venus de tous les pays du monde » peuvent « en se rencontrant chaque jour au même foyer, apprendre à se connaître et à se comprendre ». Ce texte écrit dans le marbre 10 *témoigne à jamais de l'esprit des fondateurs.*

Mais la Maison Internationale est plus qu'*un lieu de rencontre.* Elle offre aux cinq mille résidents de la Cité, à leurs invités, et à quelques étudiants privilégiés, sa bibliothèque de vingt mille volumes, ses salles de sport et sa piscine, son restaurant qui 15 fonctionne *sur le régime* du « self service », son théâtre, sa salle de bal *qui passe pour être* la plus vaste et la plus charmante de Paris, et son salon de réception *qui évoque la grande galerie* de Fontainebleau — mais une galerie dont *le plafond porte, comme autant de constellations, les armoiries* des universités françaises et 20 étrangères !

Cet ensemble est extraordinairement animé et vivant. Cinéma, théâtre, discothèque, expositions, orchestres, concours sportifs font partie de la vie culturelle de la Cité. On y accueille *les meilleures troupes*; on y reçoit *des hôtes illustres.* Les résidents de 25 la Cité Universitaire *vont sans doute à la découverte de Paris*, mais Paris de son côté vient à eux.

Si la Maison Internationale rappelle par son style les châteaux du Val de Loire, la maison de la Grèce présente des colonnes et des architraves, celle de Cuba fait revivre le style colonial. 30 L'Espagne se souvient de ses palais, le Japon de ses temples. La Hollande et la Suisse *ont opté pour* l'architecture moderne (le pavillon de ce dernier pays a eu pour architecte Le Corbusier)

... de sorte que *sous certains aspects* cette Cité Universitaire rappelle, par la diversité de ses inspirations, l'Exposition Universelle de Bruxelles! Cependant, une harmonie existe dans cette diversité : elle provient, semble-t-il,* de l'immense tapis de gazon, planté
5 de beaux arbres, autour duquel les maisons sont disposées avec une certaine fantaisie.

La Cité est administrée selon le principe fédératif : le directeur de chaque pavillon est maître chez lui tout en dépendant de l'Université de Paris. Cependant le choix des étudiants, auxquels
10 est offerte cette existence privilégiée, obéit à des critères rigoureux : c'est ainsi qu'*on tient compte de* l'origine familiale (la préférence ira aux enfants de familles modestes ou nombreuses) — de la valeur universitaire (en règle générale les étudiants ne sont admis à la Cité qu'après deux ou trois années d'*études probatoires*)
15 — enfin de la valeur humaine du candidat. Pour ce dernier point *on s'appuie en grande partie sur* les témoignages des professeurs.

De plus, on essaie d'établir une juste proportion entre les différentes disciplines et les différentes nationalités.

La Cité accueille chaque année près de cinq mille étudiants,
20 dont environ 42% d'étrangers et 58% de Français ou de ressortissants de la Communauté française. Les jeunes filles y sont en minorité : elles ne représentent qu'un cinquième des résidents.

La Cité est une œuvre spirituelle. Elle n'a point été édifiée par décision administrative, mais construite grâce au labeur, à la
25 générosité, à la foi d'hommes de tous les pays.

Comme tous les directeurs de fondations, le directeur de la Maison des États-Unis *assume le rôle* délicat d'intermédiaire entre les résidents et fait montre d'initiative amicale et d'hospitalité. *Chaque étudiant est accueilli par lui*, conseillé dans ses études,
30 orienté et *muni des parrainages nécessaires* — le séjour de l'étudiant étranger en France *sera d'autant plus bénéfique que plus de portes lui seront ouvertes*.

La tâche du directeur est rendue très délicate par le fait que

la Maison des États-Unis n'*abrite* pas seulement des Américains.
Un des principes de la Cité est d'admettre dans chaque pavillon
un pourcentage considérable d'étudiants français et de ressortissants de diverses autres nations.

Ainsi, sur un total de quatre cents étudiants, la Maison des 5
États-Unis abrite environ deux cents Américains, tandis qu'une
cinquantaine de ressortissants des États-Unis *sont répartis dans*
d'autres pavillons. Pourtant il est à noter que tous les Américains
étudiant en France ne sont pas installés à la Cité Universitaire
ou dans d'autres endroits de Paris. *Il en est* beaucoup qui sont 10
inscrits dans l'une des *universités de province*, ce qui leur permet
un contact plus intime avec l'esprit et le cadre français.

La majorité des étudiants américains résidant à la Cité Universitaire poursuivent des études de langue et de littérature françaises. *En second lieu, vient un important contingent* d'artistes : 15
peintres et musiciens. La Maison des États-Unis est la seule *qui
dispose de studios insonorisés* destinés à leur usage.

Quelques étudiants, plus âgés, *se consacrent à la recherche, soit*
à l'Institut Henri Poincaré (hautes études mathématiques), à
l'Institut du Cancer, au Centre Atomique de Saclay *ou* dans 20
d'autres établissements du même type.

Une dernière catégorie qui n'est pas à négliger est celle des
étudiants en médecine qui n'ont pu trouver place dans les universités américaines et viennent s'inscrire à la Faculté de Paris.
Ils posent un problème « angoissant » au directeur, car, en général, 25
ils ne parlent pas très bien le français, et de ce fait 80% d'entre
eux *échouent*, me dit-on,* *dans leurs études.*

Pour poursuivre leurs études en France, beaucoup d'étudiants
américains bénéficient d'une aide pécuniaire provenant de bourses
instituées par différentes fondations, de bourses de voyage 30
offertes par les universités américaines, de bourses Fulbright
et autres.

Chaque année, par exemple, grâce aux bourses Fulbright,

étudiants, professeurs ou chercheurs américains au nombre
d'environ quatre cent cinquante viennent étudier en France.
D'autre part, trois cent cinquante Français bénéficient chaque
année de ces mêmes bourses et vont faire des études aux États-
5 Unis.

Les jeunes Américains et Américaines réussissent à combiner
à merveille l'« American way of life » et les habitudes françaises.
S'ils continuent à *attacher beaucoup de prix à leur petit déjeuner*
« à l'américaine » (arrosé de jus de fruits) servi à la Maison des
10 États-Unis, ils s'accommodent facilement du déjeuner et du
dîner français qu'ils prennent dans différents restaurants universitaires.

Je demande à plusieurs de ces étudiants ce que Paris leur a
apporté, en plus de leurs expériences académiques.

15 D'abord *ils ont noué des relations intéressantes avec des étudiants
étrangers.* Mais, chose étrange, ce sont les étudiants français
qu'ils fréquentent le moins. « Les étudiants français, dit le directeur*
de la Maison des États-Unis, *ont tendance à* se grouper entre eux,
par petits noyaux ».

20 *Cela tient au fait que* le Français de la Cité, *est d'abord un provincial.*
Il appartient à une espèce particulière, mais non *dénuée de vertus.*
Lucien Maury, historiographe de la Cité, a tracé de lui un savou-
reux portrait. Provincial, il apporte avec lui « l'écho, le parfum
et l'accent » de sa province. « Presque tous obéissent à d'assez
25 impérieuses préoccupations. L'étudiant moyen est d'abord un
candidat à un diplôme — à une série de diplômes. *Ménagers de la*
pension familiale, ou de *la bourse qui la supplée,* exacts comme des
notaires, ponctuels et appliqués, *ils ignorent le loisir.* Le camarade
étranger, souvent *mieux pourvu, disposant de plus de ressources* et de
30 liberté, *les juge avares de* leur argent et de leur temps ».

Mais *comment en vouloir à* cette jeunesse de se consacrer aux
études « avec une discipline jalouse » si l'on songe « aux sacrifices
de tant de modestes familles, *dont elle reflète une certaine âpreté,* et

cet ascétisme bourgeois, si spécial à la France ? L'étranger prétend explorer Paris. *Nos provinciaux ne s'y hasardent guère.* La vie laborieuse de nos étudiants *mesure chichement la part du sport,* de la distraction et du plaisir... ».

Ce que l'étudiant américain trouve surtout en France, c'est, ₅ le croirait-on, l'apprentissage de la liberté.

Cette liberté constitue pour chacun *une sorte de pierre de touche.* « Les plus faibles, dit le directeur de la Maison des États-Unis, *sont grisés par elle, emportés dans un tourbillon* de distraction et de plaisirs. Les plus forts trouvent, au centre même de cette liberté, ₁₀ leur véritable équilibre. Ils grandissent à son contact. Ils acquièrent une maturité nouvelle. Quand ils nous quittent, en général après deux ou trois années d'études, ils ont cessé d'être des étudiants : ils sont devenus des hommes ».

(D'après Mariane Kohler
dans *Pensée Française*, février 1960)

Questionnaire

1. Qu'est-ce qui se trouvait jadis sur l'emplacement actuel de la Cité Universitaire ?

2. Qu'est-il arrivé à l'ancienne « zone » de Paris ?

3. Qu'est-ce que la Cité Universitaire ?

4. Où se trouvent les divers pavillons ?

5. Combien d'étudiants le pavillon des États-Unis peut-il abriter ?

6. Qui a pris l'initiative de la création de la Maison Internationale ?

7. Où les architectes ont-ils puisé leur inspiration pour établir les plans de cette Maison ?

8. Décrivez la Maison Internationale.

9. Quel était le but des fondateurs de la Maison ?

10. A quoi servent les diverses salles de cette demeure ?

11. Comment la Maison Internationale contribue-t-elle à la vie culturelle de la Cité ?

12. Qu'est-ce qui a inspiré l'architecture des divers pavillons ?

13. Qui est l'architecte du pavillon de la Suisse?

14. Quel est le régime administratif de la Cité?

15. Comment recrute-t-on les étudiants qui sont admis à la Cité?

16. Quel est le pourcentage des étudiants étrangers?

17. En quoi consistent les fonctions du directeur de chacune des fondations?

18. La Maison des États-Unis n'accueille-t-elle que des étudiants américains? Pour quelles raisons?

19. La plupart des Américains étudiant en France se trouvent-ils à la Cité?

20. Quelles sont les études que poursuivent d'ordinaire les étudiants américains de la Cité?

21. Qu'est-ce que la Maison des États-Unis met à la disposition des artistes?

22. Quelles sont les difficultés que rencontrent les étudiants en médecine venus d'Amérique et inscrits à la Faculté de Paris?

23. Quel est le pourcentage des « recalés »?

24. Quelles sont les coutumes françaises que les étudiants américains adoptent facilement?

25. Quels sont les étudiants que les Américains de la Cité fréquentent le moins?

26. Pourquoi les étudiants français de la Cité se mêlent-ils difficilement aux étudiants étrangers?

27. A quoi l'étudiant provincial français se consacre-t-il presque exclusivement?

28. Quelle est la part du sport dans la vie universitaire d'un provincial?

29. Qu'est-ce que les Américains apprennent surtout à connaître au cours de leur séjour en France?

30. Que sont-ils devenus quand ils quittent la France?

I. TOURNURES IDIOMATIQUES

Étudiez les expressions en italiques de l'article de tête expliquées
ci-dessous :

La Cité Universitaire s'étend sur — La Cité Universitaire se
déploie, occupe

où se coudoient les étudiants — où les étudiants vivent côte à
côte, les uns auprès des autres

une ville en marche — une ville qui se développe, qui progresse,
qui change

elle est aussi à l'origine de la création — elle a aussi pris l'initiative
de la construction

clef de voûte — base, point d'appui, support central du système

l'ordonnance classique du bâtiment — la disposition, l'architecture
classique du bâtiment

témoigne à jamais de l'esprit des fondateurs — préserve pour
toujours les intentions des fondateurs

un lieu de rencontre — un lieu de réunion

sur le régime — suivant le principe

qui passe pour être — qui est réputée être, qui est considérée
comme

qui évoque la grande galerie — qui fait penser à, qui rappelle la
grande galerie

le plafond porte, comme autant de constellations, les armoiries — le
plafond représente les armoiries comme si c'étaient des
constellations

les meilleures troupes — ... de théâtre (sous-entendu)

des hôtes illustres — des invités illustres (*hôte* peut signifier
soit *host*, soit *guest*)

vont sans doute à la découverte de Paris — explorent sans doute
Paris, vont découvrir les beautés de Paris

ont opté pour — ont décidé en faveur de, ont choisi

sous certains aspects — à certains points de vue

on tient compte de — on considère

études probatoires — années d'études au cours desquelles ils doivent se montrer dignes d'être acceptés à la Cité

on s'appuie en grande partie sur — on se fie à, on se base principalement sur

assume le rôle — joue le rôle, remplit la fonction de

Chaque étudiant est accueilli par lui — Chaque étudiant est reçu avec amabilité par lui

muni des parrainages nécessaires — muni des répondants requis par le règlement de la Cité (parrain—*godfather*, en l'occurrence, *sponsor*)

sera d'autant plus bénéfique que plus de portes lui seront ouvertes — plus de portes lui seront ouvertes, plus son séjour sera profitable

abrite — reçoit, loge, héberge

sont répartis dans — sont placés ici et là, sont dispersés

Il en est — Il y en a

universités de province — universités situées dans les diverses provinces françaises

En second lieu, vient un important contingent — Ensuite, on trouve un important contingent

qui dispose de studios insonorisés — qui possède, qui offre des studios insonorisés

se consacrent à la recherche — se vouent, s'adonnent à la recherche

soit ... ou — ou ... ou, soit ... soit

échouent ... dans leurs études — ne réussissent pas ... dans leurs études

attacher beaucoup de prix à leur petit déjeuner — attribuer une grande importance à leur petit déjeuner

ils ont noué des relations intéressantes avec des étudiants étrangers — ils ont fait la connaissance d'étudiants étrangers souvent très intéressants

qu'ils fréquentent le moins — avec qui ils ont le moins de relations (de rapports)

ont tendance à — sont enclins à

par petits noyaux — par petits groupes intimes

Cela tient au fait que — Cela résulte du fait que, cela provient du fait que, c'est dû à ce que

est d'abord un provincial — est avant tout un provincial

dénuée de vertus — privée de vertus, sans vertus

Ménagers de la pension familiale — Ayant soin de dépenser économiquement l'argent que leur famille leur donne

la bourse qui la supplée — la bourse qui la complète, qui s'y ajoute

ils ignorent le loisir — ils ne connaissent pas le loisir, ils n'ont pas l'habitude d'avoir des loisirs

mieux pourvu — muni de plus d'argent

disposant de plus de ressources — ayant à sa disposition plus de facilités matérielles

les juge avares de — trouve qu'ils sont très parcimonieux dans l'emploi de

comment en vouloir à — comment garder rancune à, comment peut-on blâmer

dont elle reflète une certaine âpreté — dont elle reproduit une certaine dureté, une certaine rigueur

Nos provinciaux ne s'y hasardent guère — Nos provinciaux ne s'y aventurent pas souvent

mesure chichement la part du sport — accorde une bien petite place aux sports

une sorte de pierre de touche — une sorte d'épreuve

sont grisés par elle — perdent leur équilibre à cause d'elle

emportés dans un tourbillon — entraînés dans une ronde, dans une suite

Exercice

Dans les phrases qui suivent, remplacez les tirets par une des expressions indiquées à droite, dans la forme réclamée par le texte.

1. Les habitants de l'ouest américain ont gardé en grande partie —— des pionniers.
2. Un cours de conversation peut —— le cours de composition.
3. Le professeur —— de compliments.
4. Je —— rarement à lui donner des conseils.
5. D'ailleurs, il —— à rejeter tout conseil.
6. Je regrette qu'il fasse des réflexions —— de bon sens.
7. Voilà un étudiant sérieux qui —— entièrement à ses études.
8. Son intransigeance —— il a un caractère plutôt despotique.
9. Je n'ai pas de raison de —— à mon ami.
10. Le pays en est arrivé au point où il va devoir —— pour ou contre l'éducation à un degré supérieur.

opter
dénué
suppléer
avoir tendance
être avare
se hasarder
l'esprit
se consacrer
provenir du fait que
en vouloir

*

11. Cet étudiant —— très intelligent.
12. Il —— à l'appréciation de son chef.
13. Il faut —— de l'ambiance dans laquelle il a été élevé.
14. Dans sa famille, on —— l'inactivité.
15. Il travaille beaucoup et —— du plaisir.
16. Sa façon de vivre —— l'âpreté de sa jeunesse.
17. Il a souvent vécu aux côtés de gens —— que lui.
18. Il est devenu très hautain : il —— par son succès.
19. Il ne s'est pas laissé —— dans un tourbillon de plaisirs.
20. Il travaille à Washington où il —— un rôle important dans la diplomatie.

mieux pourvu
mesurer chichement la part (de)
attacher beaucoup de prix
ignorer
refléter
passer pour être
être grisé
tenir compte
assumer
emporter

II. ÉTUDE DE VOCABULAIRE

A. Étudiez les homonymes suivants et employez-les dans des phrases.

> cité (*fém. et verbe*) — citer
> maint(s) — main
> plus — plu (*verbe, 2 sens*)
> salle — sale (*adj. et verbe*)
> font (*verbe*) — fond (*masc. et verbe*) — fonds
> hôte — ôte (*verbe*) — haute
> celle — sel — selle (*fém. et verbe*)
> palais (*2 sens*) — palet
> point (*masc. et adv.*) — poing
> aux — eau — os (*masc. plur.*) oh!

B. Dans les phrases suivantes, étudiez la signification du verbe **prétendre** et remplacez-le par un des verbes indiqués à droite.

1. Il prétend explorer Paris.	*soutenir, affirmer*
2. Il prétend à cette position.	*vouloir, exiger*
3. Il prétend qu'il connaît Paris.	*avoir la ferme intention de*
4. Il prétend que vous partiez.	*aspirer à, avoir l'ambition d'obtenir*

C. Dans les phrases suivantes, étudiez la signification des verbes **évoquer** et **invoquer** et remplacez ces verbes par l'une des expressions indiquées à droite.

1. Il évoqua ses années d'enfance.	*Il allégua un prétexte*
2. Le poète invoqua les Muses.	*Il rappela*
3. Il invoqua un motif	*Il fit appel à*

D. Dans les phrases suivantes, étudiez la signification exacte de l'adjectif **rigoureux** et cherchez-en un synonyme dans la liste de droite.

1. Un jugement rigoureux	*précis (attentif, minutieux)*
2. Un hiver rigoureux	*rigide (strict, austère)*
3. Un examen rigoureux des faits	*rude (âpre, inclément)*
4. Une morale rigoureuse	*sévère (sans indulgence)*

E. Dans les phrases suivantes, étudiez la signification du nom **régime**:

    1. Il suit un régime sévère.

    2. J'ai acheté un régime de bananes.

    3. Le régime du fleuve est redevenu normal.

    4. Quels sont les avantages du régime monarchique?

    5. Le régime des prisons laisse à désirer.

    6. Ils sont mariés sous le régime de la communauté de biens.

    7. L'Ancien Régime, c'est le gouvernement français d'avant 1789.

F. Dans les phrases suivantes, étudiez les diverses significations du verbe **admettre** :

    1. Il a été admis à la Cité universitaire.

    2. Je l'ai admis parmi mes étudiants.

    3. Voilà une phrase qui admet plusieurs interprétations.

    4. J'admets que vous avez raison.

    5. Admettons qu'il soit allé où vous dites.

    6. J'admets qu'il y ait des circonstances atténuantes.

    7. Je n'admets pas qu'il aille seul à Paris.

    8. On n'a pas admis sa requête.

    9. Je n'admettrai aucune excuse.

    10. On ne l'a pas admis dans cette société.

G. Le verbe **suppléer** a deux significations distinctes :

suppléer quelque chose — ajouter ce qui manque, compléter

    Je suppléerai la différence pour arriver à la somme de 20 dollars.
    Dans son cas, une bourse supplée la pension de famille.

suppléer à quelque chose — remplacer

    La qualité supplée à la quantité.
    L'argent parfois supplée à l'intelligence.

Il faut dire **suppléer quelqu'un,** synonyme de *remplacer.*

    Le fils supplée le père dans la direction de l'usine.

H. Différence entre **échouer** et **échoir** :

échouer — s'effondrer, ne pas réussir.

a) avec **avoir** ou comme verbe *réfléchi,* il indique l'action :

> Sa barque a échoué sur un écueil de la côte du Calvados.
> Le bateau s'est échoué sur un banc de sable.

b) avec **être**, il indique l'état :

> Le bateau est échoué sur un banc de sable.

c) employé *au figuré* et toujours avec **avoir**, il se réfère à une personne :

> Il a échoué à son examen.

échoir — arriver par hasard. VERBE DÉFECTIF (**échoit-échoira-échéant-échu**) qui se conjugue avec **être** :

> Tel est le malheur qui lui échoit.
> Cette maison lui est échue en partage.

> EXPRESSION COURANTE : *Le cas échéant* — si le cas se présente.

REMARQUE : **échec** (emprunté au jeu des échecs) et **échouer** n'ont pas la même étymologie. Toutefois, **échec** donne lieu à quelques expressions courantes où se retrouve l'idée d'**échouer**

> **Il lui a fait échec** dans cette entreprise — Il a entravé son succès dans cette entreprise.
> **Il a éprouvé** (essuyé, subi) **un échec** — Il a subi un revers.
> Les armées alliées **ont tenu en échec** les Allemands — Les armées alliées ont enrayé l'avance des Allemands.
> **C'est un échec** — C'est un revers, un insuccès.

I. A noter : la différence de signification entre

> **sans doute** — probablement
> **sans aucun doute** — certainement.

J. Tel s'accorde presque toujours avec ce qui suit :

> **Telle** était l'**erreur** qu'elle a commise.
> Romans policiers et contes, **telles** sont ses **lectures** préférées.
> Les feuilles mortes couraient dans le vent **telle une troupe** de moineaux égarés.

K. Cherchez dans la liste de mots à droite un synonyme pour chaque mot de la liste à gauche :

1. cartomancienne	*orienter*
2. hutte en planches	*concours*
3. voiture de forains	*tireuse de cartes*
4. tournoi	*roulotte*
5. guider	*baraque*
6. pourvoir	*répartir*
7. distribuer	*bénéficier*
8. s'immatriculer	*contacts*
9. profiter	*munir*
10. relations	*s'inscrire*

L. Familles de mots. Étudiez les mots suivants et employez ceux qui vous sont le moins connus dans des phrases :

1. lieu
   local
   localiser
   localité
   locataire

2. bibliothèque
   discothèque
   pinacothèque

3. piscine
   piscivore
   pisciculture
   pisciforme
   poisson
   poissonnier
   poissonnerie
   poissonneux

4. constellation
   stellaire
   étoile
   étoiler

5. maître
   maîtrise
   maîtriser
   maîtrisable
   magister
   magistral
   magistrat
   magistrature

6. rigoureux
   rigueur
   rigorisme
   rigoriste

7. coude
   coudoyer
   coudée
   cubitus
   cubital

9. ordonnance
   ordonner
   ordination
   ordonnateur
   coordonner

8. clef
   clavier
   clavicule

10. foyer
    focal
    feu

III. STYLISTIQUE

Elle provient, semble-t-il, ...

« 80 % d'entre eux échouent, *me dit-on,* dans leurs études ».

Inversion dans l'incise.

Une incise se caractérise par le fait que

1) elle est indépendante du contexte
2) elle contient un verbe déclaratif
3) elle invertit le verbe et le sujet.

L'inversion se fait toujours suivant le type simple : — verbe — sujet (nom ou pronom) :

« Les étudiants français, *dit le directeur*, ont tendance à se grouper entre eux ».

« Les plus faibles, *fit-il* (*dit-il*), sont emportés dans un tourbillon de plaisirs ».

Notez la place des guillemets et comparez à l'anglais.

IV. TRADUCTION

Traduisez les phrases suivantes en employant autant que possible des expressions contenues dans l'article de tête et discutées dans les « tournures idiomatiques ».

1. Our university is spread over a large area.
2. It is a campus which is constantly expanding; the construction of new buildings is going on all the time.

3.   A large number of students from all over the States and a respectable contingent of foreign students mingle in its thirty odd buildings.

4.   The style and arrangement of the older buildings have been inspired by Greek classical architecture.

5.   For the more recent buildings the administration has decided in favor of very modern architecture.

6.   The Student Union Building occupies a key position in the lives of most students.

7.   It contains a movie theatre, a record library provided with soundproof listening rooms, various recreational facilities, a ballroom, lecture halls, an art gallery and restaurants.

8.   All the noteworthy visitors are received in this building, banquets are given and meetings held in their honor.

9.   Its ballroom is considered to be one of the biggest and most attractive in the city.

10.   The restaurants, with the exception of one, are "cafeterias", i.e., they operate on the principle of "self-service."

11.   Our university also has many dormitories, even housing for married students.

12.   The dormitories house students from all parts of the world.

13.   In order to choose the future residents of these dormitories, one must take into consideration the personal needs of the student as well as his academic standing.

14.   With respect to the students' general human qualities, the recommendations of their professors carry great weight.

15.   The director of the dormitory performs a rather delicate function.

16.   He must act as a kind of go-between among the residents of his dormitory and always show initiative and hospitality.

17.   In the case of foreign students he must also provide them with sponsors who will help the student to get acquainted with the people of our city.

18.   The more doors are opened to a foreign student, the more profitable will be his stay in our country.

19.   Some students, away from home, become intoxicated with the new freedom and are carried away in an incessant round of diversions and amusements.

20.   But others devote little time to sports and pleasure.

21.   This stems from the fact that they come from modest families which make great financial sacrifices to provide their children with a university education.

22.   These students do not want to fail in their studies and attach a great deal of importance to good grades.

23.   They often tend to gather in small groups to exchange views and ideas about their studies.

24.   Thus they strike up interesting friendships with other students who have also dedicated themselves to a life of study.

25.   For most students, university life puts their personalities to the test; some find in their very independance a source of strength and maturity.

V. SUJETS DE COMPOSITION LIBRE

En écrivant sa composition, l'étudiant est invité à employer autant que possible les tournures et le vocabulaire de l'article de tête.

A. Tracez le portrait de certains types d'étudiants de votre université : décrivez leur attitude morale et intellectuelle ainsi que leurs divertissements.

B. Décrivez la Maison des Étudiants de votre université et les principaux événements qui s'y déroulent au cours de l'année scolaire.

C. Donnez vos impressions personnelles de la vie académique et estudiantine dans votre université.

VI. GRAMMAIRE

L'emploi du présent de l'indicatif et des temps du futur

1. *Le présent*

En général, le présent indique que l'action a lieu au moment où l'on parle :

> Paul lit.

Il indique aussi un état habituel :

> Le texte conserve à jamais l'esprit des fondateurs.

Il énonce une vérité éternelle :

> Tout est bien qui finit bien.

Le présent peut aussi se présenter comme

— un futur immédiat

> J'arrive à l'instant.

— un présent « atemporel »

> Cette année, on prend des vacances.

— un « présent historique », c.à.d. un passé transposé dans le présent :

> Les autres s'enfuirent et moi, je restai là immobile. Tout à coup, la lampe **s'allume** et je **reconnais** mon père qui sortait pour faire sa promenade matinale.

2. *Le futur*

Il exprime ce qui est à venir par rapport au moment présent :

> Je partirai demain.
> Je pense qu'il partira demain.

A cause de sa formation (terminaisons d'**avoir** attachées à l'infinitif), le futur a retenu l'idée d'obligation contenue dans la périphrase « avoir à... » et est par excellence la forme du commandement :

> Tes père et mère honoreras. (*4ᵉ commandement de Dieu, version catholique*).
> Tu m'apporteras ces livres.

Le futur s'emploie aussi pour exprimer la conjecture :

> On sonne; ce sera le facteur.
> Le choix ira aux enfants de familles modestes ou nombreuses.

Deux futurs expriment la simultanéité dans l'avenir :

> Je lirai, il préparera ses cours.
> Je lirai et (tandis que, pendant que, quand, lorsque) il préparera ses cours.

Deux futurs accompagnés d'une indication dans l'ordre de la succession des actions soulignent la postériorité d'une action par rapport à l'autre. Mais cette postériorité est si minime qu'elle ne requiert pas la forme composée du futur, c.à.d. le futur antérieur :

> Je parlerai, puis ce sera votre tour.
> Aussitôt qu'il rentrera, je partirai.

Le « futur historique » transporte le lecteur de la narration d'un fait passé à la narration d'un fait postérieur et lui-même passé :

> Son mari mourut pendant la guerre. Elle **finira** par se remarier dix ans plus tard. Mais au cours de ces dix années, elle travailla jour et nuit pour élever ses deux enfants.

Le « futur de politesse », comme le conditionnel (voir p. 292), s'emploie pour atténuer une requête, une question, l'énoncé d'un fait :

> Pourrai-je vous accompagner ?
> Je vous ferai remarquer que je ne m'y connais guère.

NOTES

Ce qui est à venir, envisagé par rapport à un moment passé, est rendu par le « futur dans le passé », forme temporelle se présentant sous les dehors du conditionnel (voir p. 103 et p. 293) :

> Je pensais que je partirais le lendemain.

Le futur immédiat se rend soit par le présent du verbe **aller** suivi d'un infinitif

> Il va pleuvoir.

soit par un présent de l'indicatif souvent modifié par un adverbe (voir ci-dessus)

J'arrive à l'instant.

3. *Le futur antérieur*

Le futur antérieur souligne l'antériorité d'une action future par rapport à une autre action future. Les deux actions sont donc indiquées comme futures par rapport au moment où l'on parle, mais celle qui est exprimée par le futur antérieur a lieu avant l'autre :

J'aurai fini ce livre quand vous arriverez.

Le « futur de probabilité» est exprimée par la forme du futur antérieur :

Il n'est pas encore arrivé; il aura raté l'autobus.

NOTE : Le « futur de probabilité » peut aussi être exprimé par **devoir** suivi d'un infinitif :

Il doit rentrer sous peu.
Il doit être rentré.

REMARQUES GÉNÉRALES

Contrairement à l'anglais, le français emploie le futur ou le futur antérieur pour exprimer une action future après **quand, lorsque, dès que, aussitôt que, sitôt que** :

Quand vous rentrerez, venez me voir.
Dès que vous serez arrivé à Paris, écrivez-moi.
Prévenez-moi quand le médecin sera arrivé.

Le français n'admet ni le futur ni le conditionnel après un *si conditionnel :*

S'il rentre sous peu, je partirai.

Le français n'a pas de subjonctif futur; dans bien des cas, le subjonctif présent joue le rôle d'un futur :

Je désire qu'il vienne demain.
Il craint que vous ne reveniez pas.

Exercice

Dans les phrases suivantes, employez le temps convenable (présent ou futur) du verbe indiqué à gauche et donnez les raisons de votre choix :

1. *aller*	Ce soir, je —— au théâtre.
2. *adorer-aimer*	Un seul Dieu tu —— et —— parfaitement.
3. *sonner*	Dès que minuit ——, nous prendrons congé de vous.
4. *écrire*	En ce moment, il —— à sa mère.
5. *finir*	Quand il —— de lire ce livre, il vous le renverra.
6. *préparer*	Vous pourrez vous installer au jardin pendant que je —— le dîner.
7. *terminer —* *entonner*	Au moment où le président —— son discours, on —— l'hymne national.
8. *être*	La France —— un très beau pays.
9. *lire —* *expliquer*	Nous sommes bien d'accord : en premier lieu vous —— ce poème; ensuite vous le —— aux étudiants.
10. *oublier*	Tiens, Paul n'est pas venu aujourd'hui. Il —— que l'on avait changé la date de notre réunion.
11. *falloir*	Il refuse d'aller à cette réunion, mais pour finir, il —— bien qu'il accompagne les autres.
12. *être*	Un pas de plus et vous —— mort!
13. *aller*	Dépêchez-vous, le train —— partir!
14. *avoir*	S'il —— son diplôme, cela ne veut pas dire qu'il aura aussi une situation.
15. *aller —* *rentrer*	Non, je ne serai pas ici. A dix heures, je —— en ville. Mais je —— avant midi.
16. *vouloir*	S'il —— aller en Europe cet été, il devra trouver un remplaçant.
17. *descendre*	Nous arrivons à l'Opéra. Vous ——, Madame?
18. *devoir*	On frappe à la porte; cela —— être le voisin.
19. *recopier*	Vous —— ce devoir à l'encre.
20. *tourner*	La terre —— autour du soleil.

VOCABULAIRE ANGLAIS-FRANÇAIS

acquainted, to get —— faire la connaissance de

act (as) *v.* agir (en tant que, comme)

among entre, parmi

amusement plaisir *m.*, amusement *m.*

architecture, Greek classical —— architecture *f.* grecque

area terrain, *m.*

arrangement ordonnance *f.*

art gallery galerie *f.* d'art

attractive attrayant, -e

ballroom salle *f.* de bal

banquet, to give ——s organiser des banquets

building édifice *m.*, bâtiment *m.* **the more recent** ——s les ——s (les) plus récents

campus, a —— **which expands consistently** c'est un « campus » qui s'élargit constamment. (Le campus est une ville en marche)

carry away emporter

case, in the —— **of** dans le cas de

child enfant *mf.*

choose choisir

city ville *f.*

come (from) venir (de)

consideration, to take into —— tenir compte de

considered, to be —— **to be** passer pour être

construction, —— **of new buildings is going on** il (le campus) se construit

contain contenir

country pays *m.*

deal, a great —— beaucoup

decide, to —— **in favor of** opter pour

dedicate, to —— **oneself to** se consacrer à

devote (to) consacrer (à)

diversion distraction *f.*

door porte *f.* **the more** ——s **are opened..., the more profitable...** plus de ——s seront ouvertes..., plus bénéfique...

dormitory dortoir *m.* —— **manager** directeur du ——

exception, with the —— **of one** à l'exception d'un seul

expand s'élargir

facilities, various recreational —— toutes sortes d'installations de récréation, des salles de jeux

fact fait *m.* **to stem from the** —— tenir au

fail échouer à

financial pécuniaire

for quant à

foreign étranger, étrangère

freedom liberté *f.*

friendship amitié *f.* **to strike up** ——s nouer des ——s

function *n.* fonction *f.* **to perform a** —— assumer une ——, jouer un rôle

gather se grouper

go-between *n.* intermédiaire *mf.*

grades, good —— distinctions académiques

groupe, in small ——s par petits noyaux

have disposer de, avoir

help *v.* aider

home, away from —— loin de chez soi

honor, held in their —— à leur honneur

house *v.* abriter, héberger

housing *n.* demeures *f. pl.*, bloc *m.* de ——

importance, to attach —— to attacher de l'importance *f.* à

independence, in their very —— au centre même de leur indépendance *f.*

intoxicated, to become —— (**with**) être grisé,-e par

lecture hall salle *f.* de conférence

life vie *f.*

university —— la vie universitaire, estudiantine

a —— of study une vie d'études

married marié,-e

meeting réunion *f.*

mingle se coudoyer, s'entremêler

most la plupart de

need *n.* besoin *m.*

noteworthy illustre

number *n.* nombre *m.*

a large —— of students un grand —— d'étudiants

odd environ

old(er) vieux, vieille

operate fonctionner, marcher

order, in —— to pour, afin de

others d'autres

own *adj.* propre

part, from all ——s of the world de tous les coins du monde

people, —— of our city les citoyens *m.* de notre ville

personality personnalité *f.*

pleasure plaisir(s) *m.* amusement(s) *m.*

position, to occupy a key —— être la clef de voûte

principle, on the —— of sur le régime de

profitable bénéfique

provide (with) munir de

quality, general human ——s des qualités humaines

rather plutôt

receive recevoir

recommendation témoignage *m.*

record *n.* disque *m.*

—— library discothèque *f.*

respect, with —— to en ce qui concerne, quant à

room, listening —— studio *m.*

round, in an incessant —— dans un tourbillon

self-service auto-service *m.*

show *v.* faire montre de, montrer

some certains, certaines

soundproof insonorisé, -e

sponsor(ship)s parrainages *m.*

spread, to be —— over s'étendre sur

standing, academic —— valeur *f.* académique, universitaire

States, from all over the —— de toutes les régions, de tous les coins des États-Unis

stay *n.* séjour *m.*

strength force *f.*

student étudiant, -e

Student Union Building la Maison des Étudiants

studies études *f.*

tend (to) tendre à

test, to put to the —— être une pierre de touche (pour)

time, all the —— chaque jour

little —— peu de temps

university education, to provide with a —— donner une formation universitaire

views, to exchange —— and ideas (about) discuter de

visitor hôte *m.*

weight, to carry —— avoir beaucoup de poids *m.*, (on) s'appuyer en grande partie sur (les recommandations)

well, as —— as ainsi que

4.

Une institution : Le Michelin

Le plus grand succès de *l'édition française* ? L'ouvrage qui a le plus d'influence sur ceux qui le lisent ? Ce n'est ni le dernier prix Nobel ni un des grands prix littéraires de France. Il s'agit d'un gros livre rouge plus précieux à l'automobiliste qu'*une roue de secours :* le guide Michelin. Son *tirage* — 290.000 — progresse tous les ans, et il est pratiquement *épuisé* dans les jours qui suivent *sa mise en vente*, au début du printemps.

Le Michelin, qui signale les bons restaurants de Paris et de province en faisant précéder leur adresse d'une, deux ou trois « étoiles », selon leurs mérites, *a ses fanatiques*. Sans perdre un instant, ils comparent la dernière édition aux précédentes pour découvrir, avant de s'y rendre, quels établissements ont gagné ou perdu l'un de ces précieux symboles.

Si le Guide Michelin a ainsi conquis leur confiance, *c'est qu'il* utilise* une équipe de « spécialistes » qui vont systématiquement déjeuner ou dîner dans les restaurants dignes d'intérêt. Six d'entre eux « travaillent » toute l'année et six autres pendant la belle saison seulement. Ils ne vont jamais deux fois dans le même restaurant, de crainte d'être mieux traités qu'*un client de passage*. *Pour mettre au point* une liste de deux cents restaurants bon marché, ils ont imposé à leur estomac cinq mille expériences

67

gastronomiques. Ce sont les lecteurs du Michelin eux-mêmes qui
leur indiquent quels restaurants ils doivent juger : en une année,
la rédaction du Guide a reçu 70.000 lettres prodiguant des
conseils.

Les réclamations sont rares. Quelques dizaines à peine. Lors- 5
qu'elles sont justifiées, Le Michelin *s'efforce de faire rembourser
l'addition en litige.*

Voici les nouveautés marquantes de cette année. Si les onze
« trois étoiles »[1] répartis aux quatre coins du territoire français
se sont maintenus intégralement, il convient de signaler que les 10
cinq fourchettes[2] de « La Tour d'Argent » sont devenues rouges,
ce qui est une sorte de Prix Nobel. Dans les quelques lignes
consacrées à cet établissement on signale maintenant un « petit
musée de la table » qui est « à voir » et une nouvelle spécialité :
les « beignets André Terrail ».   15

« Maxim's » garde ses trois étoiles et ses cinq fourchettes. Mais
celles-ci sont encore noires.* Un restaurant de la Place Beauvau,
en devenant « self service », a perdu ses deux étoiles, tandis
qu'un établissement du Quartier Latin, où se retrouvent *nombre
d'intellectuels* et d'artistes, est privé de l'unique qu'il avait aupara- 20
vant. *En revanche*, un nouveau deux étoiles apparaît : sa promotion,
sollicitée par plusieurs gastronomes parisiens, a été *entérinée* par
le Michelin. *Un petit bistrot dans le XVIIIme* où officie un chef
virtuose des sauces délicates, *se voit attribuer* une étoile pleinement méritée. Il en est de même pour deux autres restaurants 25
dont les propriétaires, malgré leur succès, gardent quelque
amertume quand ils confient à *leurs habitués :** « *Dire qu'ils* me
l'ont fait attendre treize ans... »   .

(Pensée française, juin 1959)

---

[1] Dans la France entière, il n'y a que onze restaurants dans la catégorie des
« trois étoiles ».
[2] Voir la page explicative du Michelin.

Le Confort · Comfort

Hôtel de grand luxe		Luxury **hotel.**
Hôtel de luxe.		Top class hotel.
Hôtel très confortable		Very comfortable hotel.
Hôtel d'un bon confort		Good average hotel.
Hôtel simple, assez confortable . .		Plain but fairly comfortable hotel.
Hôtel très simple mais convenable .		Very plain but adequate hotel.
Restaurant de grand luxe		Luxury **restaurant.**
Restaurant de luxe		Top class restaurant.
Restaurant très confortable		Very comfortable restaurant.
Restaurant d'un bon confort		Fairly comfortable restaurant.
Restaurant simple, convenable . . .		Plain but good restaurant.

Notre classement est établi à l'usage des automobilistes de passage. Dans chaque catégorie, les établissements sont cités par ordre de préférence.

We have classified the hotels and restaurants with the travelling motorist in mind. In each category they have been listed in order of preference.

La Table — page 34 — Cuisine

Une des meilleures tables de France: vaut le voyage . . . .
Table excellente, mérite un détour .
Une bonne table dans sa catégorie. .

One of the best tables in France, well worth the journey.
Excellent cuisine, worth a detour.
A good restaurant for its class.

Spécialités culinaires

Nous en indiquons trois au maximum aux maisons recommandées pour leur table. Elles ne figurent pas toutes au même menu et ne sont souvent servies qu'à la carte ou au prix fixe le plus élevé.

"Spécialités"

A maximum of three are indicated for any hotel or restaurant recommended for its cuisine. They are not all served in the same menu and often only "à la carte", or in the most expensive set meal.

Vins locaux

Nous en signalons deux au maximum. Ils doivent être de bonne qualité et d'un prix raisonnable; ils sont généralement d'une récolte récente et servis en carafe. Nos grands vins traditionnels figurent, bien entendu, sur toutes les cartes.

Local wines

A maximum of two are shown. They should be of good quality and reasonably priced. They are usually of a recent vintage and are often served « en carafe ». The traditional great wines of France are of course on every wine-list.

Repas soignés à moins de 8,50 francs — page 30 — Good meals for less than 8.50 francs

L'Agrément — page 46 — Amenity

Il est indiqué par un signe rouge :
Hôtels agréables. . . . .
Restaurants agréables . . . . . .
Vue agréable exceptionnelle. . .
Vue étendue exceptionnelle. . .
Cadre très agréable . . . . . .
Situation très tranquille, isolée .

Mont Blanc
Cévènnes
« Parc fleuri »

Red print is used to indicate :
Pleasant hotels.
Pleasant restaurants.
Exceptionally attractive view.
Exceptionally extensive view.
Very pleasant surroundings.
Quiet and secluded situation.

Le dîner à l'hôtel · Dinner at the hotel

Lorsque le dîner n'est pas exigé, les chambres sont indiquées en caractères gras (voir page 14).

30 ch

Where dinner is not obligatory the number of rooms is shown in bold type (see p. 14).

Le Guide Michelin n'est pas un répertoire de tous les hôtels et restaurants, ni même de tous les bons hôtels et restaurants.

Notre but est, pour chaque localité, de citer un nombre d'établissements proportionnel à son importance. Comme nous cherchons à rendre service à tous les automobilistes, nous sommes amenés nécessairement à indiquer des établissements de toutes les classes et à n'en citer que quelques-uns de chaque sorte.

The Michelin Guide is not a list of all hotels and restaurants nor even of all the good hotels and restaurants.

Our aim is to give a certain number of establishments for each town in proportion to its importance. Since our purpose is to be of service to all motorists we naturally have to include hotels and restaurants of all categories, showing only some of each.

(Extrait du *Guide Michelin, 1960*)

AIX-EN-PROVENCE <⊲⊳> B.-du-R. ㉟-③. G. **Côte d'Azur** et **Provence** – 52 217 h.
Alt. 177 – Stat. therm.; Casino (**AY**) – 🔧 d'Aix-Marseille 8,5 ③ – 🔾🔟⁻.

Principales curiosités :
Cathédrale St-Sauveur ★ (tapisseries flamandes ★★, triptyque du Buisson ardent ★★);
Cloître St-Sauveur ★ ; Cours Mirabeau ★ ; Musée des Tapisseries ★ ; Vieux Hôtels.
Autres curiosités : Bibliothèque Méjanes ★★ (**BY H**); Musée Granet ★ (**CZ M**); Église
Ste-Marie-Madeleine (Vierge ★, triptyque de l'Annonciation ★) (**CY A**).
Office du Tourisme, pl. Libération 📞 2.93 – A. C., 13 r. Frédéric-Mistral 📞 4.74

Paris 766 ⑤ – Arles 74 ⑤ – Avignon 75 ⑤ – Grenoble 248 ① – Lyon 296 ⑤ – Manosque
54 ① – Marseille 31 ③ – Nice 186 ② – Nîmes 107 ⑤ – Toulon 80 ② – Valence 195 ⑥.

🏨❀ **Roy René**, 14 bd Roi-René 📞 3.02 « Terrasse fleurie » Rep 3. 15. Spéc. : Loup
 grillé et flambé au fenouil, Brochette de rognons grillés provençale, Oreiller du Roy (pâtisserie). Vins :
 Château de Beaulieu, Château Simone – **70 ch** 15/45 – P 48/75 – 🍽️. Change. . . . . **BZ r**

🏨❀ **Riviera "Le Pigonnet"** (Swellen), rte Marseille 📞 21.52 « Jardin ombragé et
 fleuri » 🐕, Rep 3,20. 16/20. Spéc. : Pâté de grives, Poulet sauté à l'estragon, Tian à la provençale
 (plat de légumes au gratin). Vins : Château de Selle, Estandon – **36 ch** 14/38 – P 37,50/50,50 – 🍽️.
 Change. . . . . **AZ t**

🏨 **Thermes Sextius**, 55 cours Sextius 📞 1.18, 🍴, (piscine), Rep 3. 15 **stc – 56 ch** 14/
 29,50 **stc** – P 38/51 **stc**. – Change . . . . **AX s**

🏨 **Nègre-Coste**, 33 cours Mirabeau 📞 1.22, Rep 2,75. 8/14 – 39 ch 14/30 **stc** – P 34/47
 stc – 🍽️. Change. . . . . **BY b**

🏨 **Caravelle** (sans rest), 29 bd Roi-René 📞 29.61, Rep 2,50 – **28 ch** 18/32 **stc**. **CZ z**.

🏨 **Europe** (sans rest.), 3 r. Masse 📞 2.17 – **30 ch** 13,50/26,50 **stc** – 🍽️ 🍴 🚿 📞. 🍽️.
 Change. . . . . **BY v**

🏨 **Cardinal** (sans rest.), 24 rue Cardinale 📞 14.49, Rep 2,50 – **14 ch** 9,50/21,50 **stc** –
 🍴 🚿wc 🛁 📞. . . . . **CZ s**

🏨 **Relais St-Christophe**, 2 av. Victor-Hugo 📞 1.24, Rep 2,75. 7,50/15 **stc** – 35 ch
 10/25 **stc** – P 28/35 **stc** – 🍽️ 🍴 🚿wc 🛁 📞. 🍽️. . . . . **AZ a**

🏨 **Provence** (sans rest.), 23 r. Espariat 📞 3.39, Rep 2 – **20 ch** 7,50/18,50 – 🍽️ 🍴 🚿wc
 🛁 📞. . . . . **BY k**

🏨 **Renaissance** (sans rest.), 4 bd République 📞 4.22 – **35 ch** 9,30/26,40 **stc** – 🍽️ 🍴
 🚿wc 🛁 📞 . . . . **AY h**

🏨 **Moderne** (sans rest.), 34 av. Victor-Hugo 📞 5.16, Rep 2,50 – **26 ch** 9/20 **stc** – 🍽️ 🍴
 🚿 🛁 📞. Change. . . . . **AZ h**

XXXX ❀ **Vendôme**, pl. Libération 📞 1.00 « Cadre provençal et belle terrasse ombra-
 gée » Rep 12/18. Spéc. : Loup grillé et flambé au fenouil, Carré d'agneau à l'arlésienne,
 Tournedos gardianne. Vins : Château Simone, Château Ste-Roseline . . . . **AY f**

XX **Glacier**, pl. Libération 📞 1.95, Rep 7/13. . . . . **AY d**

XX **Brasserie Casino**, 8 pl. Jeanne-d'Arc 📞 4.01, Rep 7/12. . . . . **AY e**

XX **Brasserie Royale**, 17 cours Mirabeau 📞 01.63, Rep 6,50/12. . . . . . . **BY v**

XX **Croix de Malte** (fermé nov.) (Cuisine provençale) (avec ch.), 2 r. Vauloo 📞 11.58,
 Rep (fermé dim.) 2. 7 – **21 ch** 7/18 **stc** – P 18/22 – 🍽️ 🍴 🚿 🛁 📞. 🍽️. . . . . . **AY g**

X **Opéra**, 2 r. Lacépède, Rep 6,50/9,50 **stc**. 🍴. . . . . **CY n**

Au NO par ⑤
Motel Relais du Soleil, (à 2,5 km sur N 7) 📪 📞 1.57 Aix-en-Provence, 🍴, Rep 7/
 14 **stc** – 12 ch 23/45 **stc** – P 39/45 **stc** – 🍽️ 🚿 🛁 📞. 🍽️.

XX **Aub. de la Calade** (fermé oct.) (avec ch.), **à la Calade** (6 km sur N 7) 📪 📞 26
 Puyricard, Rep (fermé mardi) 2,50. 8.50/20 – 10 ch 10/25 **stc** – 🍽️ 🍴 🚿 🛁. 🍽️. 🐕 (ch).

Au Tholonet (③) : 7 km par N 7 et D 64) – 📪 Aix-en-Provence :

XX **Thomé "La Plantation"** (Rest. de plein air) (fermé du 15 janv. au 15 fév. et
 vendr. en hiver), 📞 14 Tholonet, Rep 9,50/18.

A Meyrargues (① : 16 km) : 🏨 et XXXX ❀ ❀ (avec ch.) : voir à Meyrargues.

📫 Gar. Central, 4 av. Belges 📞 0.79. **CITROEN.** | Maurel, pl. Alliés 📞 1.30.
Clinique Auto, 16 r. F.-Dol 📞 21.18. | Ricard, 30 bd République 📞 2.44. **PEUGEOT.**
Escudier, 14 av. Belges 📞 4.27 **FIAT, SIMCA.AV.** |
Auto-Conflance, 28 bd République 🅽 📞 0.83. . | ❤ Azur Pneus, 7 cours Gambetta 📞 23.87.
. . . . **RENAULT.** | Maurel, 32 cours Sextius 📞 15.44.
Gar. Côte d'Azur, 2 crs Gambetta 📞 19.60 **FORD.** | Michel, 31 bd A.-Briand 📞 3.97.
Gar. Majestic, 3 r. A.-Lefèvre 📞 0.89. | Pyrame, 9 bd République 📞 11.88.
Gar. Sud Autom., 2 bd Charrier 📞 4.35. **BERLIET.** | Rome, 13 bd J.-Jaurès 📞 16.54.
                                          | Roques, 31 bd Gambetta 📞 22.41.

(Extrait du *Guide Michelin, 1960*)

Questionnaire

1. Quel est le livre qui intéresse le plus les Français ?
2. Quelle est la couleur de ce livre ?
3. Quel est son titre ?
4. Quel est son tirage annuel ?
5. Quand paraît-il en librairie ?
6. Quand l'édition est-elle presque toujours épuisée ?
7. Parmi les renseignements donnés par ce guide, quel est celui que les lecteurs apprécient le plus ?
8. Quels sont les signes qui indiquent un bon restaurant ?
9. Peut-on se fier aux recommandations de ce guide ?
10. Qui décide des mérites d'un restaurant ?
11. De combien de personnes se compose l'équipe des juges ?
12. Combien de restaurants ont-ils dû visiter avant de pouvoir dresser la liste de deux cents restaurants bon marché ?
13. Qui suggère les restaurants à juger ?
14. Malgré toutes les précautions, le Michelin doit-il parfois intervenir en cas de réclamations et que fait-il alors ?
15. Combien y a-t-il de restaurants français qui ont mérité trois étoiles ?
16. Où se trouvent ces restaurants ?
17. La liste de ces excellents restaurants a-t-elle été altérée cette année-là ?
18. Quel était le symbole qui précédait le nom du restaurant parisien « La Tour d'Argent » ?
19. Qu'est devenu ce symbole cette année-là ?
20. Que signifie ce changement ?
21. Que peut-on voir dans cet établissement ?
22. Quelle est la nouvelle spécialité de cette maison ?
23. Qu'est-ce qu'un beignet ?
24. Où se trouve le restaurant « Maxim's » ?
25. Fait-il partie des restaurants les mieux cotés de France ?
26. Où y a-t-il des restaurants « self service » à Paris ?

27. Pour quelle raison un restaurant de la place Beauvau a-t-il été privé de ses deux étoiles?

28. Dans quel arrondissement se trouve le bistrot qui récemment s'est vu attribuer une étoile?

29. Pourquoi a-t-il mérité cette étoile?

30. Pourquoi le succès de deux autres restaurants est-il mêlé d'une certaine amertume?

Questionnaire sur Aix-en-Provence

1. Où se trouve Aix-en-Provence?

2. Quelle est la distance en kilomètres qui sépare cette ville de Paris? Et de Marseille?

3. A combien de mètres au-dessus du niveau de la mer cette ville est-elle située?

4. Qu'est-ce qui attire les touristes à Aix-en-Provence?

5. Quelles sont les principales curiosités de cette ville de province?

6. A quel hôtel d'Aix-en-Provence descendriez-vous si vous étiez en quête d'une situation très tranquille?

7. Quel est le restaurant qu'un gourmet choisirait certainement? Pourquoi?

8. Pour quelle raison un touriste séjournant à Aix-en-Provence et friand d'un bon repas serait-il tenté de faire une excursion à Meyrargues?

9. Citez trois vins locaux de bonne qualité.

10. Si vous êtes descendu au « Pigonnet », de quelle spécialité culinaire auriez-vous envie d'essayer?

11. Quel est le dessert que vous recommande le Michelin si vous dînez au « Roy René »?

12. Y a-t-il un garage Ford à Aix-en-Provence? Quelle en est l'adresse? Et le numéro de téléphone?

I. TOURNURES IDIOMATIQUES

Étudiez les expressions en italiques de l'article de tête expliquées ci-après.

l'édition française — les livres édités, publiés en France

une roue de secours — une roue et un pneu de rechange

tirage — le nombre d'exemplaires imprimés; (l'expression *tirer à* 100.000 [*exemplaires* ou *copies*] se dit couramment des journaux, revues, éditions de livres)

épuisé — entièrement vendu, liquidé (devrait s'appliquer à *l'édition* plutôt qu'à *tirage*)

sa mise en vente — sa publication. Dans le langage de l'édition : la parution

étoiles — (ici) astérisques

a ses fanatiques — a ses adeptes, ses partisans passionnés

c'est qu'il — c'est parce qu'il

un client de passage — un client qui ne fait que passer

Pour mettre au point — Pour composer le mieux possible

Les réclamations — Les critiques, les plaintes, les revendications

s'efforce de faire rembourser l'addition en litige — tente d'amener le restaurateur à rendre au client le montant de la note contestée

nombre d'intellectuels — un grand nombre d'intellectuels, bien des intellectuels

En revanche — En compensation, d'autre part

entérinée — ratifiée

Un petit bistrot — Un petit café

dans le XVIIIme — dans le XVIIIme arrondissement de Paris

se voit attribuer — apprend qu'on lui attribue

leurs habitués — leurs clients habituels

Dire qu'ils... — Quand on pense que le Michelin...

Exercices

A. Complétez les phrases suivantes par une des expressions indiquées à droite, dans la forme réclamée par le texte :

1. Dans le dictionnaire, les mots commençant par un *h* aspiré sont souvent indiqués par un ——.
2. Il n'a pas pu nous accompagner ce soir. ——, il sera des nôtres demain.
3. Cette pharmacie est située au bout de la ville et a peu de clients ——.
4. Non, ce livre n'est pas encore paru. On s'attend à ce qu'il —— dans un mois.
5. La première édition est —— depuis janvier dernier.
6. Nous nous sommes rencontrés dans un petit —— du Boulevard St. Germain.
7. Cet orateur est d'une lenteur exaspérante. Et —— il n'a pas encore fini !

dire que
mettre en vente
bistrot
de passage
astérisque
en revanche
épuisé

*

8. Toutes les autos devraient avoir une —— en cas de crevaison.
9. Ce que vous venez d'écrire n'est pas mal ; mais la conclusion a besoin de ——.
10. Les points —— ont été discutés en dernier lieu.
11. Sa promotion vient d'être —— par le conseil des régents.
12. Pour plus de sûreté, je vais lui adresser une —— écrite.
13. Quelles sont les nouveautés marquantes de —— de cette année ?
14. Tout mouvement littéraire a ses ——.
15. Il habite dans un joli petit appartement, situé dans le XVIᵉ ——.

réclamation
mettre au point
fanatique
entériné
roue de rechange
arrondissement
l'édition française
en litige

B. Dans les phrases suivantes, remplacez les mots en italiques par une des expressions indiquées à droite, employées dans l'article de tête.

1. Il y *est allé* la semaine dernière.
2. Ce guide *indique* les curiosités de l'endroit.
3. J'y suis allé *tout de suite*.
4. Elle a *décelé* plusieurs erreurs dans ce texte.
5. Nous *employons* un nouveau texte.
6. Elle passe *le printemps et l'été* sur la Côte d'Azur.
7. On est bien *servi* dans cet hôtel.
8. On lui *donne constamment* des conseils comme à un enfant.
9. Vos réclamations ne sont pas *fondées*.

sans perdre un instant
traiter
justifié
découvrir
se rendre
prodiguer
la belle saison
signaler
utiliser

*

10. Quels sont les changements *notables* dans la mode actuelle ?
11. Au Café de la Paix, à Paris, on rencontre des gens des *diverses parties* du monde.
12. *Il faut* indiquer ici la source de votre citation.
13. C'est *une espèce* de disgrâce que d'être envoyé en province.
14. On n'a *écrit* que quelques lignes *sur* cet auteur dans l'Encyclopédie.
15. Il a *demandé avec insistance* cette place de secrétaire.
16. Il s'est vu *conférer* une mention spéciale.
17. Il a réussi *en dépit de* son manque de recommandation.
18. *C'est aussi le cas de* son ami.

solliciter
il en est de même pour
attribuer
il convient de
quatre coins
une sorte
consacrer à
marquant
malgré

II. ÉTUDE DE VOCABULAIRE

A. Étudiez l'emploi idiomatique des mots de la famille du verbe **tirer** :

  1. Il a les traits tirés.
  2. Elle est tirée à quatre épingles.
  3. Votre explication est tirée par les cheveux.
  4. C'est un tire-au-flanc.
  5. Quel malheur! Trois bouteilles de vin et pas de tire-bouchon!
  6. L'oiseau s'enfuit à tire d'aile.
  7. Je me suis tiré d'un mauvais pas.
  8. Cela m'a tiré une épine du pied.
  9. Il y a du tirage entre ces deux frères.
  10. Le tirage de la loterie aura lieu jeudi.

B. Étudiez les mots ci-dessous qui contiennent une idée de **début**, puis leurs antonymes. Ensuite, complétez les phrases qui suivent avec l'un des synonymes de **début** :

Synonymes	*Antonymes*
commencement	fin, terminaison, limite, borne
origine	achèvement, terme
aube	crépuscule
premier pas	chant du cygne
introduction	
entrée en matière	conclusion
préambule	
exorde	péroraison
avant propos	
préface	postface
prologue	épilogue

  1. C'est toujours le —— qui coûte.
  2. Je suis allé en Europe au —— de l'été dernier.
  3. On me dit que vous écrivez une thèse sur les —— de la poésie épique en France.
  4. Dans la ——, les auteurs ont indiqué en détail leur méthode de travail.
  5. Plusieurs oraisons de Cicéron ont un —— ex abrupto.

Complétez les phrases suivantes avec un antonyme de **début** :

1. Ils sont rentrés de France à la —— de Septembre.
2. J'attends avec impatience l'—— de cette aventure.
3. Bossuet a prononcé des oraisons funèbres dont les —— sont des chefs-d'œuvre.
4. Il a atteint la —— de ses forces.
5. Les —— sont aussi difficiles à écrire que les introductions.
6. Cet ouvrage constitue le —— de ce compositeur.

C. La famille du mot **roue**. Remplacez les tirets par une des expressions indiquées à droite :

1. Une machine qui servait autrefois à filer est un ——.
2. La plus mauvaise —— d'un chariot fait toujours le plus de bruit.
3. Un homme sans principes et de mauvaises mœurs est un ——.
4. Battre quelqu'un excessivement c'est le —— de coups.
5. Un muscle qui produit le mouvement de rotation est un muscle ——.
6. Une machine qui fonctionne en tournant est une machine ——.
7. Le mouvement de la terre autour du soleil est un mouvement de ——.
8. Ce mouvement s'appelle le mouvement ——.
9. C'est un roué; mais cette fois, sa —— est trop évidente.

rouerie
roue
roué
rouet
rotation
rotatif
rouer
rotateur
rotatoire

Expliquez les expressions idiomatiques suivantes :

1. Il a poussé à la roue.
2. Le paon fait la roue.
3. C'est la cinquième roue d'un carrosse.
4. La roue de la fortune.

D. La famille du mot **fourche**.

Le mot **fourche** peut avoir plusieurs significations :

a) long manche terminé par deux ou trois dents en bois ou en fer;

b) endroit où un chemin se ramifie dans plusieurs directions;

c) partie du cadre d'une bicyclette où entre la roue.

EXERCICES : Formez de courtes phrases où **fourche** aura chacune de ces significations.

Dans les phrases suivantes, remplacez les tirets par un des dérivés du mot *fourche* indiqués à droite.

1. Un ustensile de table en forme de fourche est une ——.	*fourchette*
2. Il a —— sur une voie de garage.	*fourchu*
3. Le pied des ruminants, divisé en deux, est un pied ——.	*fourché.*
4. Ce qui se sépare en branches par l'extrémité est ——.	*bifurqué*
5. Il y a eu un grave accident d'automobile à la première —— de la route principale.	*bifurcation*

Expliquez les expressions idiomatiques suivantes :

1. La langue lui a fourché.
2. Monsieur Dupont est une belle fourchette.
3. Passer sous les Fourches Caudines.

Complétez les phrases qui suivent avec une des expressions indiquées à droite (mots de la famille de *tirer*, *roue* et *fourche*), dans la forme réclamée par le texte :

1. Continuez tout droit puis, là où le chemin ——, tournez à droite.

2. Quand il entre dans un salon, il s'empresse de —— devant les dames.

3. Méfiez-vous de lui : c'est un —— qui ne respecte rien.

4. Il est dommage que le —— de cette estampe soit défectueux.

5. On l'avait cru mort. Heureusement, après un court séjour à l'hôpital, il ——.

6. Il avait les traits —— de quelqu'un qui a beaucoup souffert.

7. La calomnie vole toujours à ——.

8. La durée de la —— du soleil est d'environ 25 jours et demi.

9. Avez-vous déjà vu filer la laine au ——?

10. Tout lui souriait. Puis, un jour, on lui a jeté des bâtons dans les ——.

11. N'ayant rien mangé ce matin, je vais déjeuner à la ——.

12. Le jardinier a oublié sa —— près du parterre de roses.

roue
tire d'aile
tirer
rouet
s'en tirer
rotation
roué
bifurquer
faire la roue
tirage
fourchette
fourche

E. Le mot **ouvrage** peut avoir diverses significations suivant le contexte :

a) le produit d'un ouvrier
b) le travail
c) une production littéraire
d) l'œuvre
e) des travaux de fortification
f) un volume

Dans les phrases suivantes, expliquez la signification du mot **ouvrage** et remplacez-le par un synonyme.

1. Nous avons tous les ouvrages de Voltaire.
2. Je viens de faire relier cet ouvrage.

3. Il s'est mis à l'ouvrage sans délai.
4. Les Français se croyaient en sécurité derrière les ouvrages de la ligne Maginot.

F. Le verbe **épuiser** a les significations suivantes :
   a) tarir, mettre à sec
   b) traiter à fond
   c) consommer
   d) priver de ressources
   e) rendre stérile
   f) affaiblir
   g) lasser
   h) user

Dans les phrases suivantes, expliquez la signification du verbe **épuiser** et remplacez-le par une expression verbale équivalente.
   1. L'été, ayant été très sec, a épuisé notre citerne.
   2. Il n'a parlé qu'une heure et n'a pu épuiser son sujet.
   3. Le blocus continental devait épuiser l'Angleterre.
   4. Perdu dans le désert, ayant épuisé tous ses vivres, il ne lui restait plus qu'à attendre un miracle.
   5. Ce terrain est épuisé, il faut le fertiliser avec de l'engrais.

G. Le verbe **dire** est souvent employé au lieu d'un autre verbe au sens plus précis. Dans les phrases suivantes, remplacez **dire** par un verbe plus explicite :
   1. Alors, c'est dit, nous partons demain.
   2. Je vous dis de vous en aller.
   3. Il vous fait dire qu'il sera libre à 5 heures.
   4. Je ne trouve rien à dire à votre travail.
   5. Que dites-vous de ce livre ?

Expliquez les expressions idiomatiques suivantes qui contiennent toutes le verbe **dire** :
   1. Servez-vous si le cœur vous en dit.
   2. Ils partiront ensemble. Cela va sans dire.
   3. Ce nom ne me dit rien.

4. Ainsi dit, ainsi fait.

5. La poésie, en général, ne me dit pas grand'chose.

6. Qu'il se le tienne pour dit.

7. Cela en dit long sur son caractère.

8. Ah! vous l'avez dit, c'est un paresseux!

9. Je ne m'occupe guère du qu'en dira-t-on.

10. Il ne se le fit pas dire deux fois.

Exercice

Dans les phrases suivantes, remplacez les tirets par l'une des expressions indiquées à droite, équivalant à **ouvrage, épuiser** ou **dire**, dans la forme réclamée par le texte.

1. Les guerres successives ont —— la France.

2. Vous n'avez pas —— le sujet à fond.

3. Il y a plusieurs —— de Molière qui manquent à la bibliothèque.

4. Je ne sais comment lui expliquer cette règle. J'ai —— toute ma patience.

5. Il est arrivé à l'heure ——.

6. Que —— ce mot?

7. Il a fait un long voyage et est arrivé ici hier soir tout à fait —— de fatigue.

8. L'actrice principale a mal —— son rôle.

9. Voici de nouveaux exercices. Qu'en —— -vous?

10. Il est arrivé au poste de directeur. Qui l'eût ——?

œuvres
rompu
signifier
croire
penser
affaiblir
user
convenir
réciter
traiter

III. STYLISTIQUE ET PRONONCIATION

c'est qu'il utilise

C'est que introduit une explication qui souligne fortement la cause.

Mais celles-ci sont encore noires

Mais n'oppose pas ici ce que suit à ce qui précède; il correspond à **cependant, pourtant.** Exemple :

Il est intelligent mais superficiel.

Mais s'emploie aussi pour renforcer l'idée de la phrase ou
exprimer l'impatience. Étudiez :

Il m'a froissée, mais froissée!
Mais, que voulez-vous dire?

habitué

Dans les mots suivants, indiquez si l'**h** est aspiré ou non :

habitué	hutte	honteux	huis-clos
héroïque	hors d'œuvre	hasard	haine
haricot	huissier	halo	hollandais

IV. TRADUCTION

Traduisez les phrases suivantes en employant autant que possible
des expressions contenues dans l'article de tête et discutées dans
les « tournures idiomatiques ».

1. France's annual best-seller is not a prize-winning novel as one
might expect.

2. It is rather a hefty red volume which is as indispensable to a
car-owner as is a spare tire.

3. It is usually out of print within a few days after it comes out.

4. This guidebook to the hotels and restaurants in Paris and in
the provinces has its avid fans.

5. As soon as the latest edition is published, they compare it
with the preceding one in order to find out which establishments have
acquired one of the precious symbols.

6. If the Michelin guides have won the confidence and acclaim
of the public, it is largely due to discreet methods of investigation.

7. A crew of full-time and part-time specialists make the rounds of
the restaurants and hotels of the country.

8. They subject their stomachs to thousands of gastronomic feasts, but never go to the same place twice for fear of being treated better than a transient guest.

9. The readers of the guidebook themselves shower these specialists with advice about the restaurants (which ought) to be judged.

10. Complaints are very rare; if they do occur the publishers of the guidebook endeavor to have the amount of a contested bill reimbursed.

11. Five red forks are the symbol for a kind of gastronomic Nobel prize awarded only to the most distinguished establishments.

12. The criteria for judgment seem arbitrary at times.

13. The adoption of self-service may cause the deletion of the precious symbols.

14. Or, the promotion of certain restaurants may be confirmed only after long entreaties on the part of many a gourmet.

V. SUJETS DE COMPOSITION LIBRE

En écrivant sa composition, l'étudiant est invité à employer autant que possible les tournures et le vocabulaire de l'article de tête.

A. Décrivez comment vous choisissez un restaurant dans une ville étrangère.

B. Aux États-Unis ou au Canada, y a-t-il une institution comparable au Guide Michelin? Décrivez les méthodes employées dans votre pays pour déterminer la qualité d'un restaurant.

VI. GRAMMAIRE

L'infinitif après certains verbes de perception

Le verbe de perception **voir** peut être suivi d'un infinitif au sens vaguement passif. Dans ce cas, **voir** devient verbe pronominal, le pronom réfléchi ayant la fonction d'objet indirect de l'infinitif tandis que celui-ci assume la fonction d'objet direct de **voir** et est lui-même suivi d'un objet direct.

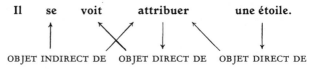

Il   se   voit   attribuer   une étoile.

OBJET INDIRECT DE   OBJET DIRECT DE   OBJET DIRECT DE

Ce qui veut dire :

Il voit qu'on **lui** attribue **une étoile.**   *ou*
Il voit qu'une étoile lui **est attribuée.**   (SENS PASSIF)

Étudiez la stylistique des phrases suivantes :

Je suis content de me voir décerner ce prix.
Elle s'est vu imposer bien des tâches désagréables.

Le verbe **entendre** s'emploie souvent avec la même construction quasi passive mais ne demande pas l'emploi du pronom réfléchi :

J'ai entendu mentionner mon nom. — I heard my name (being) *mentioned.*
Elle a entendu dire bien des mensonges au sujet de son fiancé.
J'ai entendu chanter l'air des clochettes de Lakmé.
J'ai entendu tirer des coups de fusil.

Cependant, les verbes de perception peuvent être suivis d'un complément d'objet direct qui, à son tour, fait fonction de sujet de l'infinitif. En anglais, cette construction s'appelle couramment « subject-accusative » :

J'ai vu cet homme entrer dans le magasin (*ou :* J'ai vu entrer cet homme ...). — I saw this man enter (*or :* entering) the store.
Elle a senti son enfant frisonner de peur.
Nous avons souvent entendu chanter cette grande cantatrice (*ou :* ... cette grande cantatrice chanter).

NOTE : La distinction entre les deux constructions de phrase est importante pour l'accord du participe passé :

J'ai entendu chanter cette belle chanson. — Je l'ai **entendu** chanter.
Nous avons entendu cette cantatrice chanter. — Nous l'avons **entendue** chanter. (Voir p. 16)

Les verbes de perception, ainsi que certains verbes exprimant un état d'âme tels que **croire**, s'emploient souvent dans la forme pronominale avec le participe passé d'un autre verbe. Dans ce cas, ce participe passé a un sens passif et fait fonction d'adjectif verbal modifiant le sujet du verbe de perception :

> Elle s'est vue placée dans une situation difficile.

Ce qui veut dire :

> Elle a vu qu'elle était placée dans une situation difficile.

Autres exemples :

> Elle s'est sentie blessée à mort.
> Elle s'est crue dépourvue d'argent.

Comparez les deux phrases suivantes :

> Ils se sont **vus envoyés** en Angleterre du jour au lendemain.
> Ils se sont **vu envoyer** des tas de télégrammes.

Notez que dans la première phrase, le participe passé de **voir** s'accorde mais non pas dans la seconde. Pourquoi ?

Exercice

Dans les phrases suivantes, employez l'infinitif ou le participe passé du verbe indiqué à gauche tout en expliquant l'accord du participe passé et la stylistique de la phrase :

1. *entourer*   Je me suis vu —— d'ennemis.
2. *attribuer*   Elle s'est vu —— des talents qu'elle n'a pas.
3. *blesser*   Ils se sont sentis profondément ——.
4. *accuser*   Elle s'est crue —— d'une manière injuste.
5. *imposer*   Nous nous sommes vu —— des besognes ignobles.
6. *placer*   Ils se sont trouvés —— l'un près de l'autre.
7. *dire*   As-tu entendu —— des choses défavorables à son sujet ?
8. *atteindre*   Vous vous êtes crus —— par ses remarques..
9. *gronder*   Nous avons souvent entendu notre voisine —— ses enfants.
10. *mordre*   Il s'est vu —— par un chien enragé.

Distinction entre l'adjectif verbal et le participe présent

Dans certains verbes, la forme de l'adjectif verbal diffère de celle du participe présent :

précédent : ADJECTIF VERBAL. Je l'ai acheté l'année précédente.
précédant : PARTICIPE PRÉSENT. Elle avançait, précédant son mari.

Il en est de même des formes suivantes :

Adjectif verbal	*Participe présent*
affluent	affluant
communicant	communiquant
différent	différant
provocant	provoquant
fatigant	fatiguant
convaincant	convainquant
suffocant	suffoquant
vacant	vaquant
excellent	excellant

Exercice

Dans les phrases suivantes, remplacez les tirets par la forme de l'adjectif verbal ou du participe présent du verbe indiqué :

1. différer
    Ils étaient d'avis ——.
    —— son départ, il est retourné à son bureau sans tarder.

2. communiquer
    Nous avons pris deux chambres ——.
    Je lui avais écrit, lui —— mon avis.

3. provoquer
    Elle a des allures assez ——.
    Il a reculé brusquement, —— ainsi un terrible accident.

4. fatiguer
    C'est un travail plutôt ——.
    Il pense qu'en me —— il finira par me faire fléchir.

5. convaincre

En le —— de son erreur, je lui ai fait de la peine.
J'ai dû céder devant ses raisonnements ——.

6. suffoquer

Il fait ici une chaleur ——.
Il s'en est allé, —— de colère.

7. vaquer

Il a entendu parler d'un poste —— dans une université de l'est.
Les tribunaux —— au mois d'août, le juge était parti pour la
Côte d'Azur.

Emploi et orthographe de *quelque*

Quelque ne s'élide que devant **un** ou **une**. Il peut être adjectif
et variable ou adverbe et invariable.

Comme adjectif, il modifie un nom qui le suit immédiatement ou
dont il est séparé par un adjectif :

Cela m'a coûté quelques heures de travail.
Quelques efforts que vous deviez faire, ne vous découragez pas.
Il y a encore quelques belles fleurs dans le jardin.

NOTE: **Quelque(s) ... que**, adjectif, suivi d'un verbe au subjonctif,
devient **quel(s), quelle(s) que** lorsqu'il est un adjectif attribut
du verbe **être** :

Quels que soient les efforts que vous deviez faire, ne vous
découragez pas.

Comme adverbe, il modifie un adjectif lorsque celui-ci n'est pas
suivi d'un nom, un participe ou un adverbe. Il a alors le sens de
si et est suivi de **que** :

Quelque charmante qu'elle soit, elle ne me paraît pas sincère.
Quelque satisfaits qu'ils soient, ils ont encore des progrès à faire.
Quelque rapidement qu'elle y aille, elle arrivera trop tard.

Devant un nom de nombre, il signifie **environ** :

Il a quelque dix mille dollars d'économies.

Exercice

Dans les phrases suivantes, orthographiez **quelque, quelque ...
que,** ou **quel ... que** correctement :

1. —— jeunes qu'elles paraissent, elles sont loin d'avoir vingt ans.
2. —— étranges que paraissent ses intentions, je les crois bonnes.
3. —— prudemment que vous vous y preniez, vous rencontrerez
des difficultés.
4. —— soit le jour où vous irez chasser, je vous accompagnerai.
5. —— soit la profondeur de mes sentiments pour lui, je ne me
sens pas digne de son affection.
6. Il y a —— erreurs dans votre lettre.
7. J'ai lu récemment —— articles bien intéressants.

VOCABULAIRE ANGLAIS-FRANÇAIS

about en ce qui concerne
acclaim *n.* acclamation *f.*
acquire acquérir, gagner
advice conseil *m.*
   to shower —— prodiguer des
   ——s
amount, to have the —— **of the
contested bill reimbursed**
faire rembourser l'addition en
litige
arbitrary arbitraire
award *v.* décerner, accorder
best-seller, France's annual ——
le plus grand succès annuel de
l'édition française
bill *n.* addition *f.*
   contested —— —— en litige
car-owner automobiliste *mf.*
cause *v.* mener à, causer
come out (**of book**) mise *f.* en
vente, parution *f.*
complaint réclamation *f.*
confidence confiance *f.*
   to win the —— **and acclaim**
gagner la —— et l'accueil

confirm entériner
crew équipe *f.*
criterion critère *m.*
day jour *m.*
   within a few ——**s after** dans
les ——s qui suivent
deletion perte *f.*, suppression *f.*
discreet discret, discrète
distinguished distingué, -e
due *adj.*, **to be** —— **to** être dû,
due à
edition, the latest —— la dernière
édition
   as soon as the latest —— **is
published** dès la parution de
——
endeavor *v.* s'efforcer
entreaty démarche *f.*
establishment établissement *m.*
expect imaginer
   as one might —— comme on
l'imaginerait
fans, avid —— des fanatiques *mf.*
fear, for —— **of** de peur de, de
crainte de

feast, gastronomic ——s des expériences gastronomiques, des festins *m.*
find *v.*, **to —— out** découvrir
fork *n.* fourchette *f.*
go aller
gourmet gastronome *mf.*, gourmet *m.*
guest client, -e
transient —— —— de passage
guide-book guide *m.*
—— to the hotels and restaurants —— qui signale les (bons) hôtels et restaurants
hefty gros, -se
indispensable précieux, précieuse; indispensable
investigation enquête *f.*
judge *v.* juger
judgment jugement *m.*
kind *n.*, **a —— of** une sorte de, une espèce de
largely largement
many a maint, -e
may pouvoir
method méthode *f.*
——s of investigation ——s de faire des enquêtes *f.*
novel, prize-winning —— (literary work) grand prix littéraire
occur, if they do —— s'il y en a
order, in —— to afin de
part, on the —— of de la part de
preceding précédent, -e
precious précieux, précieuse
print, out of —— (son) tirage (est) épuisé

prize *n.* prix *m.*
publication, immediately upon —— dès la parution *f.*, publication *f.*
publisher éditeur *m.*
rather plutôt
reader lecteur, lectrice
red rouge
reimburse rembourser
restaurant, ——s to be judged restaurants à juger
rounds, to make the —— of parcourir, aller systématiquement dans
same même
sanction *v.* entériner
seem paraître, sembler
shower *v.* prodiguer
spare tire pneu *m.* de rechange, roue *f.* de secours
specialist, full-time and part-time ——s des spécialistes dont certains travaillent toute l'année, d'autres pendant la belle saison seulement
stomach estomac *m.*
subject *v.* imposer à
symbol, to be the —— of représenter, être le symbole de
themselves eux-mêmes
thousands des milliers *m.*
times, at —— à l'occasion
treat *v.* traiter
twice deux fois
usually d'habitude, de coutume
win *v.* gagner

5.
Pour ou contre l'accent

Notre ami André Brincourt a reçu la lettre suivante d'un téléspectateur :* « La télévision semble se faire le conservatoire des accents défectueux.... Une des missions de notre télévision nationale devrait être d'apprendre aux différentes régions françaises la façon officielle de parler le français. La plupart ont *l'accent du Midi* plus ou moins prononcé, *plus ou moins guéri.* Je demande alors qu'on engage un Alsacien, un Bourguignon, un Bayonnais et *un gars de ch'Nord...* »

Tout, dans cette lettre, *me fait bondir.*

Une des plaies majeures de la France est sa *centralisation apoplectique.* Ce caillot de sang à la tête, ce Paris où se concentrent les usines, les lignes de chemins de fer et d'avions, les ministères, les éditeurs, les théâtres, les studios de cinéma, de radio, de télévision...

Louis XIV est le père de la Révolution française, nous expliquaient jadis nos professeurs d'histoire. Il a brisé la vie provinciale de la France. Il a déraciné la noblesse qui était une source de vie *dans les Périgueux ou les Coutras,* ou dans ses terres, parmi ses paysans. Transplantée parmi les marécages stériles de Versailles, cette aristocratie n'est plus devenue qu'*un essaim doré de budgétivores.*

La Révolution est née de cette centralisation et de ces abus,

90

qu'elle s'est empressée d'ailleurs de développer à son tour, ainsi
que tous les régimes successifs : Empire, Troisième et Quatrième
Républiques.

Et notre téléspectateur trouve ce fléau encore trop bénin.
5 Il veut détruire la merveilleuse complexité de nos accents.
Comme si le gouvernement décidait par décret :* « *Désormais* il
n'y aura plus en France quatre cents espèces de fromages. Il
n'y aura plus de vin de Bordeaux, d'Anjou, de Bourgogne,
d'Alsace, de Beaujolais, de Provence, de Béarn.... On ne fabri-
10 quera plus qu'un fromage officiel et un vin national ».

La manière officielle de parler le français... *Il ne peut s'agir que
d'*une syntaxe et d'un vocabulaire officiels. Mais un accent officiel!
Quelle pauvreté!* Et quel mépris de la miraculeuse diversité
d'un pays qui est une Europe en miniature!

15 D'ailleurs cette manière officielle, quelle serait-elle?* Ce ne
pourrait être en aucune façon l'accent de Paris, ces sons râpeux
qui s'échappent d'*un gosier bloqué au tournevis*.

Les laryngologues vous expliqueront pourquoi la plupart des
grands orateurs français sont du Midi : Mirabeau, Gambetta,
20 Jaurès... C'est dans le Midi que *la voix*, bien à l'aise dans une
gorge dilatée par la chaleur, *prend le mieux ses assises* et *s'épanouit
à l'abri des laryngites* des brumes.

La plupart ont l'accent du Midi plus ou moins prononcé, plus
ou moins guéri. Notre téléspectateur considère l'accent du Midi
25 comme une maladie, alors qu'il est la santé de la voix et que
l'accent parisien, lui, est *l'accent des angines.**

Dans mon Midi on méprise *le parvenu qui est* « *monté à Paris* »
et qui, *revenant passer ses vacances au pays*, « *parle pointu* ». Garder
son accent est la marque d'une personnalité forte. Dans ses
30 lointaines ambassades et au sommet de la gloire, Paul Claudel[1]
avait gardé son parler de Champagne. La grande Colette[2] *mâchait*

---

[1] *Claudel, Paul :* diplomate et écrivain français (1868-1955).
[2] *Colette, Gabrielle :* romancière française (1873-1954).

ses mots avec la rocaille de Bourgogne. Brassens[3] fait sentir qu'il
est de Sète et Trenet[4] de Narbonne. Un ail bordelais parfume la
voix de Mauriac.[5] Et M. René Coty[6] n'a point rougi de porter
sous les lambris de l'Élysée l'accent des bocages normands.

Je demande alors, conclut sarcastiquement notre censeur, 5
qu'on engage un Alsacien, un Bourguignon, un Bayonnais et un
gars de ch'Nord.

Mais bien entendu ! Notre télévision « nationale » nous doit une
syntaxe et un vocabulaire corrects, les mêmes à Aurillac et à
Morlaix. Mais, au lieu de nous offrir *des élocutions fades et molles*, 10
elle doit aussi devenir le conservatoire de tous ces accents, d'une
saveur et *d'une couleur à ravir*, qui nous permettent de retracer,
les yeux fermés, la carte sonore de la France.

Cela dit,* je dois vous *faire un aveu*. Je suis Bigourdan. *Or*, il
paraît que mon séjour prolongé à Paris m'a affligé d'un « accent 15
pointu ». Croyez bien que je le regrette. Et *n'en ai-je pas plus de
mérite* à m'être *fustigé* moi-même ?

(Extrait du *Figaro*, 5-6 septembre 1959,
« Chronique », Paul Guth)

Questionnaire

1. D'après le téléspectateur quelle devrait être l'une des missions
de la télévision nationale ?

2. Quel est l'accent de la plupart des personnes engagées par la
télévision nationale française ?

3. Quelle est, pour l'auteur de cet article, une des plaies majeures
de la France ?

---

[3] *Brassens, Georges :* chansonnier et compositeur français.
[4] *Trenet, Charles :* chansonnier français.
[5] *Mauriac, François :* écrivain français (1885-   ).
[6] *Coty, René :* homme politique français (1882-   ), dernier président de la
IVe République.

4. Quelles sont les raisons qu'énumèrent les professeurs d'histoire pour expliquer que Louis XIV est le père de la Révolution française?

5. La Révolution a-t-elle remédié à la situation qui l'a produite?

6. Quelle comparaison amusante Paul Guth fait-il entre vin, fromage et accent?

7. Pourquoi l'accent parisien ne peut-il pas servir de modèle?

8. Pourquoi la plupart des grands orateurs français étaient-ils du Midi?

9. Citez trois grands orateurs français. Où sont-ils nés?

10. Pourquoi le téléspectateur emploie-t-il le mot « guéri » pour qualifier l'accent de beaucoup de commentateurs de la télévision française?

11. Quel est, d'après l'auteur de l'article, l'accent qui dénote la santé de la voix?

12. Que dit-on dans le Midi d'un Méridional qui rentre au pays avec l'accent parisien?

13. Quelle est l'une des marques d'une personnalité forte?

14. D'où était Claudel? Et Colette?

15. Qui est Mauriac?

16. Pourquoi l'accent de Mauriac a-t-il un parfum d'ail?

17. Qui est René Coty? Où est-il né? Où réside le président de la République Française?

18. Quelle est la partie de la langue française qui ne doit pas varier d'une région de la France à l'autre?

19. Y a-t-il une façon officielle de parler le français?

20. D'après Paul Guth, qu'est-ce que la télévision française devrait préserver?

21. Quelle est la ville natale de Paul Guth?

22. Pourquoi a-t-il perdu l'accent de sa province?

23. Paul Guth est-il content d'avoir perdu son accent régional?

24. Pourquoi a-t-il un certain mérite à avoir écrit cet article?

25. Comment s'appelle le journal dans lequel cet article a paru?

26. Pourquoi peut-on dire que la France est une Europe en miniature?

27. Quelle critique l'auteur fait-il de Paris?

28. Peut-on trouver une diversité d'accents aux États-Unis? Donnez des exemples.

I. TOURNURES IDIOMATIQUES

Étudiez les expressions en italiques de l'article de tête expliquées ci-dessous.

l'accent du Midi ... plus ou moins guéri — l'accent du Midi ... plus ou moins corrigé

un gars de ch'Nord — un jeune homme de ce nord. On entend aussi *d'cheux* (de chez) *nous*

Tout ... me fait bondir — Tout ... m'indigne

Une des plaies majeures — Une des grandes calamités

centralisation apoplectique — centralisation qui éclate dans la tête, dans la capitale

dans les Périgueux ou les Coutras — dans les villes telles que Périgueux ou Coutras

un essaim doré de budgétivores — une multitude bourdonnante de personnes richement parées qui ruinent l'état (*budgétivore* est créé sur le modèle de *carnivore, omnivore,* etc.)

Désormais — A partir du moment actuel, dans l'avenir

Il ne peut s'agir que de — Il peut être seulement question de

un gosier bloqué au tournevis — une gorge hermétiquement fermée

la voix ... prend le mieux ses assises — la voix est émise avec le plus d'ampleur, est le mieux posée

(la voix) s'épanouit à l'abri des laryngites — (la voix) sort pleinement sans crainte des laryngites

l'accent des angines — l'accent des personnes qui ont mal à la gorge

le parvenu qui est « monté à Paris » — le nouveau riche qui a quitté sa province pour s'installer à Paris

revenant passer ses vacances au pays — revenant passer ses vacances dans son pays, dans sa province, dans sa ville, dans son village, dans son pays natal

« parle pointu » — a l'accent un peu perçant et méticuleux du Parisien

mâchait ses mots — parlait indistinctement, avec une énonciation épaisse, comme avec des cailloux (rocaille) dans la bouche *sous les lambris de l'Élysée* — sous les plafonds richement décorés du palais de l'Élysée, résidence du président de la République

Mais bien entendu! — Mais naturellement! Mais bien sûr!

des élocutions fades et molles — une prononciation insipide, sans marque personnelle et sans conviction

d'une couleur à ravir — d'une couleur, d'une tonalité admirable, ravissante

faire un aveu — confesser quelque chose

Or — Et d'autre part, et voilà que

n'en ai-je pas plus de mérite — est-ce que je ne mérite pas d'être félicité?

fustigé — châtié, puni, critiqué sévèrement

Exercices

A. Dans les phrases suivantes, remplacez les tirets par une des expressions indiquées à droite.

1. Il a d'autant plus de —— à être à l'heure qu'il habite très loin de l'université.

2. Cette robe est d'un modèle ——.

3. Je suis arrivé en retard et je ne sais pas de quoi il ——.

4. Ses manières hypocrites et cauteleuses me ——.

5. Il devait arriver à 8 heures. —— il est 9 heures et quart. Allons-nous attendre davantage?

or
faire bondir
à ravir
mérite
s'agir (de)

B. Complétez les phrases suivantes par un des mots indiqués à droite et employés dans l'article de tête.

1. Le —— national de musique et d'art dramatique a été fondé à Paris en 1795.

2. L'homme parviendra-t-il jamais à éviter l'épouvantable —— qu'est la guerre?

3. Elle eut une jeunesse —— de tout mécompte.

4. J'espère que cette triste leçon l'aura —— de sa témérité.

5. Au cœur de l'été, les roses —— en quelques heures.

6. Ce journaliste ne craint pas de —— les hommes les plus en vue.

7. Ces examens oraux ne donnent pas entière satisfaction. —— nous aurons de temps en temps un examen écrit.

fléau
désormais
guérir
conservatoire
s'épanouir
fustiger
à l'abri

II. ÉTUDE DE VOCABULAIRE

A. Donnez la signification des homonymes suivants et introduisez-les dans une courte phrase.

1. père — pair (*masc., 2 sens et adj.*) — perd (*verbe*)
2. terre — taire — ter
3. vin — vint (*verbe*) — vainc (*verbe*) — vingt — vain
4. voix — vois (*verbe*) — voie
5. point (*masc., adverbe et verbe*) — poing

B. Un **laryngologue** est un spécialiste du larynx. Comment s'appelle

— celui qui s'adonne à l'astrologie?

— un médecin qui s'occupe spécialement de la physiologie de la femme?

— celui qui s'occupe de la science et de la connaissance des mots sous tous leurs rapports?

— celui qui pratique l'art de reconnaître le caractère d'une personne d'après l'examen de son écriture?
— celui qui connaît les langues anciennes?
— celui qui s'occupe de la science qui traite des monuments de l'antiquité?
— celui qui s'occupe de radiologie?
— celui qui s'occupe de la science des phénomènes sociaux?
— celui qui s'occupe de la partie de la philosophie qui traite de l'âme?

C. Le mot **accent** peut signifier :

a) élévation ou abaissement de la voix sur certaines syllabes
b) prononciation particulière
c) expression de la voix
d) signe qui se met sur une voyelle
e) intensité de touche dans la peinture

Formez cinq phrases où le mot **accent** a des significations différentes.

D. Un habitant de Bordeaux s'appelle **un Bordelais.** Comment s'appelle un habitant de la Bourgogne?
de la Champagne?
du Bigorre?
du Midi?
de Périgueux?
de Charleville?
de Nice?

E. *Confusion de sens.* Étudiez la signification des deux groupes de mots ci-dessous. Puis, complétez les phrases suivantes en employant le mot propre.

1. officiel — officieux

a) Sa nomination n'est pas encore ——.
b) J'ai appris de source —— que sa nomination allait sortir d'un jour à l'autre.

2. jadis — naguère

    a) Au temps ——, les dieux résidaient au sommet de l'Olympe.

    b) Je connais Dinard. J'y ai passé —— un mois de vacances.

F. Certains noms se présentent sous le genre masculin et sous le genre féminin. Leur étymologie est ordinairement tout à fait différente et par conséquent leur signification l'est aussi. EXEMPLE : **la tour — le tour.** Dans l'exercice suivant, remplacez les tirets par l'article ou par l'adjectif possessif réclamé par le nom.

tour

    1. Il a fait —— tour du monde en 80 jours.

    2. Elle se retire toujours dans —— tour d'ivoire.

manche

    3. —— manche du couteau est en argent.

    4. —— manche de ma chemise est déchirée.

mode

    5. Les femmes suivent — mode de très près.

    6. —— mode subjonctif est la pierre d'achoppement de bien des étudiants étrangers.

voile

    7. Il faut tendre —— voile selon le temps.

    8. Je savais que Marie voulait entrer en religion mais j'ignorais qu'elle avait pris —— voile la semaine passée.

poste

    9. Nous avons acheté —— poste de T.S.F. à ondes courtes.

    10 Quand on court —— poste, on obtient rarement un bon résultat.

pendule

    11. —— pendule est une horloge d'appartement à poids ou à ressort.

    12. Son mouvement est réglé par —— pendule.

physique

    13. —— physique expérimentale se base sur l'expérience.

    14. Il a —— physique agréable.

mémoire

    15. Il vient de présenter —— mémoire très intéressant qu'il va faire publier.

    16. Il a —— mémoire extraordinaire.

greffe

17. C'est un employé —— greffe.
18. —— greffe est une opération très délicate.

crèpe

19. —— crèpe de Chine est une soie plus épaisse que l'organdi.
20. —— crèpe est une petite galette frite à la poêle.

geste

21. En passant, il m'a fait —— geste de la main.
22. —— geste de Roland est un chef-d'œuvre.

couple

23. J'ai acheté —— couple de poulets.
24. Mon ami et sa femme font vraiment —— couple charmant.

poêle

25. Ce poisson sera meilleur si vous le faites frire à —— poêle.
26. Nous devrions avoir —— poêle à charbon en cas de panne d'électricité.

hymne

27. —— hymne est un poème en l'honneur d'un dieu ou d'un héros.
28. —— hymne est une ode sacrée qui se chante à l'église.

parallèle

29. Le tropique du Cancer est —— parallèle de l'hémisphère septentrional.
30. Pour résoudre ce problème, il faut d'abord tirer —— parallèle.

G. *Féminin des adjectifs.* Certains adjectifs ont un féminin irrégulier. Exemple : **blanc, blanche.** Donnez le féminin des adjectifs suivants :

bénin — malin — favori — coi — hébreu.

III. STYLISTIQUE ET ORTHOGRAPHE

téléspectateur

Les composés de **télé** s'écrivent sans trait d'union :
télémètre, téléphone, télégraphie, téléguider, téléindicateur, téléphérique, télérécepteur, téléviseur.

Comme si le gouvernement décidait par décret...

Proposition comparative hypothétique introduite par **comme si,** où la conclusion fait défaut et peut être aisément sous-entendue.
Étudiez :

Cette proposition n'est pas acceptable. Comme si l'on décidait qu'il n'y aurait plus de vacances.

Il lui est impossible de faire ce rapport en une semaine. Comme si on lui demandait d'écrire sa thèse en un mois.

Mais un accent officiel ! Quelle pauvreté !

Ceci pourrait se rendre par : *Mais quelle pauvreté ce serait s'il n'y avait qu'un accent officiel !*

La juxtaposition de phrases inorganiques exprime spontanément une émotion forte, une explosion du sentiment.

D'ailleurs cette manière offiicelle, quelle serait-elle ?

Quelle est employé pour questionner sur la nature, la qualité aussi bien que sur l'identité de la manière de parler.

l'accent parisien, lui, est l'accent des angines.

Le pronom disjonctif **lui** est employé ici pour souligner l'idée d'opposition qui pourrait aussi se rendre par : *l'accent parisien, au contraire, est l'accent des angines*, ou *quant à l'accent..., c'est...*

Cela dit,... — Cela ayant été dit, ou *Après avoir dit cela*

À l'instar du latin, le français construit aussi d'une façon absolue le participe passé passif.

DEVOIR : En vous inspirant du texte étudié, formez cinq courtes phrases où vous emploierez ces exemples de stylistique.

IV. TRADUCTION

Traduisez les phrases suivantes en employant autant que possible des expressions contenues dans l'article de tête et discutées dans les « tournures idiomatiques ».

1. It appears that the television network in France is developing into a conservatory for faulty accents.

2. Most announcers have a more or less "corrected" southern accent.

3.   Some viewers find that television should spread a proper, official mode of pronunciation through all parts of France.

4.   Others are angered by such attempts.

5.   One of the chief plagues of France is the excessive centralization of the country's cultural and economic life in Paris.

6.   History professors like to point out that in a sense Louis XIV was the fountainhead of the Revolution.

7.   He uprooted the country nobility who were a vital force in their various provinces and transplanted them to Versailles where they became but a bunch of voracious "budget-eaters" (parasites).

8.   The attempt to destroy the beautiful diversity of accents is absurd.

9.   As if the Government could decree that from now on there would be only one kind of wine, one brand of cheese or one accent in the country.

10.   If one discusses the official mode of speaking, one can mean little else than an official syntax and vocabulary.

11.   In many parts of France, the emancipated man who has gone to Paris and returns with an excessively articulated Parisian accent is held in contempt.

12.   Adherence to an accent seems to be a mark of a strong personality.

13.   Television must, indeed, become a conservatory of accents so that the audience will become even better acquainted with the phonetic idiosyncrasies of the French language.

V. SUJETS DE COMPOSITION LIBRE

En écrivant sa composition, l'étudiant est invité à employer autant que possible les tournures et le vocabulaire de l'article de tête.

Discutez la question de l'accent à la télévision américaine sous les aspects suivants :

a) L'unification de l'accent est-elle plus désirable en Amérique qu'en France ?

b) Si tel est le cas, quelle sorte d'accent devrait faire prime? Et pour quelles raisons?

c) Une révision de la syntaxe et du vocabulaire employés à la télévision s'impose-t-elle?

VI. GRAMMAIRE

Le discours indirect

Le discours indirect répète des propos tenus par une personne, c.à.d. des propos tenus par celui qui parle ou par ses interlocuteurs :

DISCOURS DIRECT : « Je n'ai pas faim ».
DISCOURS INDIRECT : J'ai dit que je n'avais pas faim.

DISCOURS DIRECT : (Il s'écria) : « J'irai seul ».
DISCOURS INDIRECT : Il s'écria qu'il irait seul.

Le discours indirect dépend d'un verbe déclaratif exprimé ou sous-entendu. Le mode et le temps du verbe dans la proposition subordonnée sont déterminés d'abord par le temps du verbe employé au discours direct et ensuite par la règle de la concordance des temps, c.à.d. par le temps du verbe déclaratif.

1. Si le verbe déclaratif est au présent de l'indicatif ou au futur, le temps de la subordonnée sera le même que celui du discours direct.

2. Si le verbe déclaratif est au passé ou au conditionnel, le temps de la subordonnée prend la forme passée du temps employé au discours direct : l'imparfait remplace le présent, le plus-que-parfait remplace le passé composé, le futur du passé remplace le futur simple et l'impératif devient un subjonctif imparfait dans la langue littéraire ou un subjonctif présent dans la langue parlée. Étudiez le tableau suivant :

Discours direct	*Discours indirect*
Il dit (dira) :	Il dit (dira)
« Elle **est** malade.»	qu'elle **est** malade.
« Elle **a été** malade.»	qu'elle **a été** malade.
« Elle **sera** malade.»	qu'elle **sera** malade.
«**Prends** garde!»	qu'elle **prenne** garde.

Discours direct	*Discours indirect*
Il disait :	Il disait
« Elle **est** malade.»	qu'elle **était** malade.
« Elle **a été** malade.»	qu'elle **avait été** malade.
« Elle **sera** malade.»	qu'elle **serait** malade.
« **Prends** garde!»	qu'elle **prît (prenne)** garde.

3. Notez que dans la phrase : « Il disait qu'elle serait malade », **serait** est un *futur du passé* — c.a.d. un temps qui indique un futur par rapport à un moment du passé, et non un conditionnel présent dont il n'a que la forme.

NOTES :

Dans un discours indirect contenant plusieurs propos, la répétition de la conjonction **que** n'est pas nécessaire :

Il lui conseilla de déclarer à ses parents qu'elle partait en voyage; elle irait d'abord à Londres et pensait se rendre ensuite à Paris.

Pour éviter des répétitions ennuyeuses, le verbe déclaratif peut être entièrement omis :

Elle réfléchit longuement : il avait probablement raison; ce serait un moment pénible, mais elle se devait de prendre une décision ferme.

Une interrogation indirecte peut être introduite soit par une conjonction soit par un adverbe ou même par un pronom relatif :

Je me suis demandé **si** cet arrangement lui convenait.
Je voudrais savoir **comment** vous auriez agi en pareilles circonstances.
Je me demande **ce qui** lui est arrivé.

Le **si** *interrogatif,* contrairement au **si** employé dans une *subordonnée* conditionnelle, peut être suivi d'une des formes du futur en accord avec la règle de la concordance des temps :

Je me demande s'il **sera allé** en Italie et s'il s'y **plaira**.
Je lui demandais si elle **viendrait** nous voir demain et si elle **aurait terminé** ce travail avant midi.

Exercices

A. Remplacez les tirets par la forme convenable du verbe indiqué :

   1. *terminer*   On se demande s'il —— ses études en juin.

   2. *pouvoir*   Je ne sais comment il —— arriver à le faire.

   3. *souffrir*   Vous ne comprendrez jamais combien je —— l'an dernier.

   4. *être*   Je ne trouve pas de mots pour vous décrire quelle —— sa joie chaque fois qu'il me voit arriver.

   5. *pouvoir*   Je me demandais qui —— l'aider.

   6. *aller*   Je lui ai demandé à quel cinéma il —— la veille.

   7. *être*   Elle lui a fait savoir qu'elle ne —— heureuse que lorsqu'il aurait terminé cette tâche.

   8. *servir*   Il ne savait pas à quoi —— cet ustensile rouillé.

   9. *aider*   Il a promis qu'il nous —— s'il le fallait.

 10. *devoir*   Nous ne savions pas encore avec qui nous —— partager ce bureau.

 11. *rentrer*   Il lui demanda pourquoi elle avait dit qu'elle —— avant midi.

 12. *se retrouver*   Il n'a pas dit à quelle heure on ——.

 13. *s'absenter*   On m'affirme qu'il —— toute la semaine dernière.

 14. *aller*   A ce moment-là, je n'avais pas encore décidé si je —— en Europe en juin ou en juillet.

 15. *s'agir*   Je ne savais pas de qui il ——.

B. Prenez le passage de l'article de tête qui commence par « Louis XIV est le père de la Révolution française » et transposez-le au discours indirect en employant comme introduction

a) « Nos professeurs d'histoire nous expliquent »,

b) « Nos professeurs d'histoire nous expliquaient ».

C. Faites-en autant avec le passage commençant par « Désormais il n'y aura plus en France... » en employant comme introduction « Comme si le gouvernement décidait que... ».

Emploi et accord de *tout*

Tout peut être *nom, pronom, adjectif* ou *adverbe.*

1. Comme nom, il s'emploie au masculin singulier :

Le tout et les parties.
Risquer le tout pour le tout.

2. Comme pronom indéfini, son pluriel est **tous** (prononcez le **s** final)

Il sait tout.
Tout est bien qui finit bien.
Tous sont venus.
Chacun pour soi et Dieu pour tous.

3. Comme adjectif, **tout** s'accorde en genre et en nombre avec le nom qu'il modifie :

Tout homme a deux pays, le sien et puis la France.
Il est arrivé à toute vitesse.
Il a fini tous ses devoirs.
Toutes les femmes sont jolies.

4. Comme *adverbe*, **tout** est normalement invariable :

Tout intelligents qu'ils sont, ils doivent travailler avec application.

Cependant, il varie, pour raison d'euphonie, quand il est placé devant un adjectif féminin commençant par une consonne ou un **h** aspiré :

Elle est toute honteuse de son erreur, et toute triste.

Mais on écrira :

Elle est tout occupée de ses études.

NOTES

1. **Tout**, adjectif, précédant des noms de genre différent doit se répéter devant chacun d'eux :

Tout garçon ou toute fille de moins de quinze ans doivent être accompagnés de leurs parents.

2. Tout, adjectif, modifiant un nom de ville féminin est au masculin si l'on a en vue la population de cette ville : **Tout Rome.** On dit aussi **Le Tout-Paris, Le Tout-Rome** pour dire *tout ce qui compte à Paris, à Rome.*

3. Toute autre : dans cette expression, **tout** est adjectif et variable quand il modifie le nom; il signifie alors *n'importe quel* :

> Donnez-moi toute autre chose.

Ce qui signifie :

> Donnez-moi n'importe quelle chose autre que celle que vous me donnez.

Tout est adverbe et invariable quand il modifie **autre**; alors il signifie *complètement :*

> Je désire tout autre chose.

Ce qui veut dire :

> Je désire une chose entièrement autre.

Exercice

Remplacez les tirets par la forme correcte de **tout**.

1. —— les hommes sont mortels.
2. J'ai perdu —— confiance en lui.
3. Je le lui ai écrit en —— lettres.
4. Il est venu me voir —— les jours.
5. —— homme a ses défauts.
6. Le —— Paris s'y retrouve chaque automne.
7. Voici la liste de mes amis : envoyez une invitation à ——.
8. Mes questions ? —— sont restées sans réponse.
9. Elles y sont allées —— les deux.
10. Elle arrive —— de suite.
11. Il habite —— près du bois.
12. Marie a beaucoup maigri, elle est —— autre.
13. Ces choses sont —— simples.
14. Cette route est —— droite.
15. Il a une vie —— intérieure.

16. Elle est arrivée —— haletante.
17. Chacune d'elles était —— étonnée d'avoir sitôt fini que moi.
18. —— habile qu'elle est, elle n'a pas réussi.
19. —— hardie qu'elle est, elle n'a pas osé aller seule dans ce quartier.
20. Vous avez une —— autre apparence.
21. Je pense à —— autre chose.
22. —— autre personne l'aurait blâmé.
23. Il ouvrit les fenêtres —— grandes.
24. Ils étaient tristes et —— bouleversés.
25. Elle est —— bonté.
26. —— rois qu'ils sont, ils doivent obéir à la loi.
27. Tous les jardins étaient —— en fleurs.
28. Il est —— yeux et —— oreilles.
29. Voilà une robe —— laine.
30. J'aurais refusé —— autre place.

Accord de *cent* et de *mille*

Cent

Cent prend un *s* s'il est multiplié :

Cent, deux cents, trois cents.

Il reste invariable si, dans ce même cas, il est suivi d'un autre nombre :

Deux cent vingt. Trois cent cinquante. Deux cent mille hommes.

Il varie devant **millier, million, milliard** :

Trois cents milliers d'hectares. Deux cents millions de dollars.

Il reste invariable quand il est employé à la place d'un adjectif numéral ordinal :

A la page trois cent.

Exercice

Mettez la forme convenable de **cent** :

1. Ce livre a plus de trois —— cinquante pages.
2. Je suis arrivé à la page deux ——.

3. Il me reste à lire deux —— pages.
4. Ce terrain a environ deux —— mille pieds carrés.
5. Il vient d'hériter de deux —— millions de francs.
6. Si j'avais deux —— milliers de francs, je me lancerais dans cette affaire.
7. Il a presque —— ans.

Mille

Mille est un adjectif numéral cardinal et reste invariable :

Cela coûte deux mille francs.

D'après la grammaire de l'Académie, il s'écrit **mil** dans les dates quand il est suivi d'autres nombres : l'an mil deux cents. Cependant, le Larousse du XXe siècle admet dans ce cas les deux orthographes, c.à.d. **mil** et **mille.**

Exercice

Écrivez en toutes lettres :

1. La bataille d'Hastings eut lieu en 1066.
2. L'an 1000 fut une année de misère.
3. Il a moins de 50.000 francs de rentes.
4. On a chargé 31.000 tonnes de charbon.

VOCABULAIRE ANGLAIS-FRANCAIS

accent, a more or less "corrected" southern —— l'accent *m.* du Midi plus ou moins guéri
adherence garder *v.* attachement (à)
anger *v.* irriter
announcer speaker (*néol.*)
appear paraître, sembler
articulated, excessively —— "pointu, -e"
as if . . . comme si ...
attempt *n.* tentative *f.*
audience téléspectateurs *m.pl.*

beautiful beau, belle
become devenir
   to —— even better acquainted se familiariser encore davantage
budget-eaters, voracious —— budgétivores *m.* (*néol.*)
bunch *n.* essaim *m.*
can *v.* pouvoir
cheese fromage *m.*
chief *adj.* majeur, -e
conservatory conservatoire *m.*
contempt, to hold in —— mépriser
decree *v.* décider par décret *m.*

destroy détruire
develop, to —— into se faire, devenir
discuss parler de
diversity diversité *f.*
faulty défectueux, défectueuse
find *v.* trouver
force, vital —— source *f.* de vie
fountainhead père *m.*, source *f.*
go, to —— to Paris "monter" à Paris (*fam.*)
history histoire *f.*
—— professor professeur d'——
idiosyncrasy particularité *f.*
   to become acquainted with the phonetic ——ies of the French language arriver à retracer, les yeux fermés, la carte sonore de la France
indeed en effet
kind *n.* espèce *f.*, sorte *f.*
like *v.* aimer
man homme
   the emancipated —— l'—— émancipé
mark *n.* marque *f.*
mean *v.*, **one can —— little else than...** il ne peut s'agir que de ...
mode façon *f.*, manière *f.*

an official —— of pronunciation (speaking) une —— officielle (et propre) de prononcer (parler)
most la plupart de
nobility noblesse *f.*
   country —— —— provinciale
one seul, -e
others d'autres
part *n.* partie *f.*
   through all ——s of France dans toutes les ——s, toutes les régions de la France
personality personnalité *f.*
plague *n.* plaie *f.*
point out faire ressortir
province province *f.*, région *f.*
return *v.* rentrer
sense, in a —— en un sens
some certains, certaines
so that de sorte que
spread *v.* propager
strong fort, -e
such *adj.* ce, cette; tel, -le
television, —— network télévision *f.*
uproot déraciner
viewer téléspectateur *m.*
vocabulary vocabulaire *m.*
wine vin *m.*

6.

Chapeau, Mesdames

De Liège, une grande fabricante de fournitures de mode m'écrit : « La France *détient le monopole* mondial de la création de la mode. *A grands frais de modèles,* nous venons chercher directives, idées, inspirations. Ne croyez-vous pas que *pareil privilège comporte* aussi *des obligations?...* Depuis quelque 5 temps, nous, étrangers, nous nous demandons si, dans ce domaine, la France n'est pas victime d'une entreprise économique. »

Ma correspondante relève les persécutions qui s'abattent sur le chapeau de femme. Cinéma, radio, télévision *le prennent pour* 10 *cible.* Journaux, magazines *en font des gorges chaudes.* Les revues professionnelles même *suivent le mouvement.* Tous *crient haro sur le chapeau.* Au point que mes clientes s'abonnent* de plus en plus aux revues suisses et allemandes. Les dames belges gémissent : « Je voudrais bien quelque chose, mais pas ce qu'il y a sur les 15 gravures, c'est affreux. »

Le chapeau de femme est devenu le pelé, le galeux. Pour faire rire à peu de frais, on cite les chapeaux entonnoirs, cruches, pots de chambre. Récemment encore on s'est gaussé d'un échafaudage de tulle noir qui ressemblait à une touffe de paille 20 de fer. *On a traîné aux gémonies* les chapeaux-casquettes. Bref, certains semblent considérer le chapeau comme l'accessoire désopilant d'une clownerie.

Il y a là un phénomène social important. Depuis cette guerre *le débraillé sévit*. Le chapeau *semble l'apanage de* formes de vie
5 qu'*une certaine évolution bat en brèche*. La femme à chapeau* craint d'être rejetée dans *le passé des vieilles lunes*. On a fait du chapeau le symbole des frivolités bourgeoises, *des papotages périmés*, des loisirs enfouis autour des tasses d'un thé à jamais refroidi.

Une des plus grandes maisons de couture française n'a pas
10 craint de *porter le coup de grâce* au chapeau, il y a quelques années, en lançant le foulard. Alors que l'agriculture *manque de bras*, ce nouveau venu a l'insolence d'une parodie. Dans mon enfance ma grand-mère des Pyrénées, pour aller aux champs, portait ce foulard, qu'on appelait chez nous « le mouchoir ». C'était la
15 coiffure de travail des paysannes. Que dirait-elle, aujourd'hui, si elle le voyait adopté par des femmes de milliardaires?

Les coiffeurs, eux aussi,* ont porté des coups mortels au chapeau. Ils ont fait de tels progrès dans le traitement des cheveux, dans leur teinture, que les femmes préfèrent souvent, pour leur
20 parure, leurs propres cheveux, qui sont à elles,* à un chapeau, qui n'est après tout qu'un corps étranger.

Ce mépris du chapeau a des conséquences économiques graves. La femme porte, en principe, trois fois plus de chapeaux que l'homme, parce qu'elle en change plus souvent.

25 Pour faire un chapeau d'homme, depuis la première manipulation de la matière jusqu'à son arrivée sur la tête du consommateur, il faut dix heures. Pour faire un chapeau de femme, surtout dans la « haute mode », entièrement artisanale, il faut beaucoup plus encore.

30 Une usine employant dix mille ouvriers à huit heures par jour,* soit quatre-vingt mille heures multipliées par *trois cents jours ouvrables*, représente vingt-quatre millions d'heures par an. L'industrie du chapeau, même moribonde, emploie encore, pour

la France métropolitaine, l'équivalent de dix usines de dix mille ouvriers chacune.

Je sais bien, Mesdames, que chaque fois que vous allez acheter un chapeau, ou chaque fois que vous décidez de le remplacer par un foulard, vous ne vous dites pas : « Je vais faire travailler 5 ou *réduire au chômage* une industrie qui occupe du personnel pendant vingt-quatre millions d'heures par an ». Je sais aussi que, si l'on veut *vous pousser à* porter de nouveau un chapeau, il doit être charmant et ne pas *vous changer en épouvantail.*

Dans l'ancienne France* les favorites du roi *lançaient la mode.* 10 Les favorites de ce roi aux quarante millions de couronnes qu'est le public ce sont aujourd'hui les vedettes.* Parce que telle vedette du cinéma avait daigné orner son front d'une rose à un gala à l'Opéra, l'industrie de la rose a ressuscité. Je m'adresse à elle aujourd'hui. Daignez porter quelquefois un chapeau! Mesdames 15 les modistes, *cotisez-vous* pour lui en offrir un! Mais alors, qu'il soit ravissant celui-là! Qu'il ne ressemble pas à une marmite! Essayez! *Vous m'en direz des nouvelles !*

(Extrait du *Figaro*, 14-15 novembre 1959,
« Chronique », Paul Guth)

Questionnaire

1. Selon la correspondante de M. Guth, que détient la France?
2. A quelle condition les fabricants de fournitures de mode viennent-ils chercher leur inspiration en France?
3. Qu'est-ce que ces fabricants se demandent depuis un certain temps?
4. Pourquoi récemment les clientes de la correspondante s'abonnent-elles plus volontiers aux revues suisses et allemandes qu'aux revues françaises?
5. Qui s'en prend au chapeau de femme?

6. Qu'est devenu le chapeau de femme?

7. Qu'est-ce qu'on écrit pour faire rire aux dépens des chapeaux?

8. Qu'est-ce qui fait prime depuis la deuxième guerre mondiale quant à la façon de s'habiller?

9. De quoi le chapeau est-il devenu le symbole?

10. De quelle manière une grande maison de couture française a-t-elle porté le coup de grâce au chapeau?

11. Pour quelle besogne la grand'mère de M. Guth portait-elle jadis un foulard?

12. Pourquoi les coiffeurs, eux aussi, ont-ils contribué à amener la crise du chapeau?

13. Pourquoi le mépris du chapeau de femme a-t-il des conséquences économiques graves?

14. Combien de temps prend la fabrication d'un chapeau d'homme?

15. Quelle est l'importance de l'industrie du chapeau en France?

16. Si l'on veut pousser la femme à porter de nouveau un chapeau, comment faudra-t-il la rassurer?

17. Qui lançait la mode dans l'ancienne France?

18. Qui la lance aujourd'hui?

19. Pour quelle raison l'industrie de la rose a-t-elle ressuscité?

20. A quoi M. Guth engage-t-il les modistes?

I. TOURNURES IDIOMATIQUES

Étudiez les expressions en italiques de l'article de tête expliquées ci-dessous :

détient le monopole — possède le monopole

A grands frais de modèles — En dépensant beaucoup pour des modèles

pareil privilège comporte ... des obligations — un tel privilège entraîne, implique ... des obligations

le prennent pour cible — en font l'objet de leurs attaques

en font des gorges chaudes — s'en moquent ouvertement

suivent le mouvement — suivent le courant, font de même

crient haro sur le chapeau — s'élèvent avec véhémence contre
le chapeau

On a traîné aux gémonies — On a couvert d'opprobre

le débraillé sévit — la mise négligée règne

semble l'apanage de — semble être le privilège de, appartenir
exclusivement à

une certaine évolution bat en brèche — une certaine évolution
attaque vivement

le passé des vieilles lunes — le passé lointain

des papotages périmés — des bavardages de salons d'autrefois

porter le coup de grâce — donner un coup mortel

manque de bras — manque de travailleurs

trois cents jours ouvrables — trois cents jours consacrés au travail

réduire au chômage — réduire à l'inactivité

vous pousser à — vous décider à, vous encourager à

vous changer en épouvantail — vous rendre laides à faire peur;
un *épouvantail* est un mannequin mis dans les champs pour
effrayer les oiseaux

lançaient la mode — donnaient le ton, créaient la mode

cotisez-vous — unissez-vous pour contribuer à une dépense

Vous m'en direz des nouvelles — Vous serez surprises du résultat

Exercice

Dans les phrases qui suivent, remplacez les tirets par une des
expressions indiquées à droite dans la forme réclamée par le
texte :

1. Nous allons —— pour acheter un magnétophone.
2. Qui a —— la mode du "new look"?
3. Cet homme —— un secret.
4. En général, les esprits faibles ——.
5. Il est entré dans leurs bonnes grâces ——
cadeaux.
6. Ce candidat essaie de —— le programme
de son adversaire politique.

détenir
suivre le mouvement
à grands frais de
se cotiser
battre en brèche
lancer

7. Je l'ai —— à faire un voyage en Europe.

8. Beaucoup de travailleurs ont été —— à cause d'une crise dans l'industrie métallurgique

9. Un jour férié est le contraire d'un jour ——.

10. Essayez de ce canard à l'orange. Vous m'en ——.

11. Le manque de responsabilité est —— de la jeunesse.

12. Ses dernières pertes lui ont ——.

pousser
ouvrable
l'apanage
porter le coup de grâce
réduire au chômage
dire des nouvelles

II ÉTUDE DE VOCABULAIRE

A. Faites des phrases très courtes dans lesquelles vous emploierez les homonymes suivants :

frais (*masc. et adj.*) — fret — fraye (*verbe*)

adresse (*fém., 3 sens, et verbe*)

soit (*verbe*) — soi — soie

leurs — leur — leurre (*masc. et verbe*)

sont (*verbe*) — son (*masc., 2 sens et adj.*)

allez (*verbe*) — allée — aller (*masc. et verbe*)

B. Le nom **frais.** Expliquez les expressions suivantes :

1. Il fait de grands frais.
2. Les frais sont à la charge du vendeur.
3. Il faut toujours prévoir qu'il y aura des faux frais.
4. Ils se sont mis en frais pour nous.
5. Je n'ai rien gagné, c'est tout juste si j'ai fait mes frais.
6. En Espagne, on vit à peu de frais.
7. Il voyage aux frais de la princesse.
8. Il a réussi à peu de frais.
9. Voilà 50 dollars pour vos menus frais.
10. Heureusement que Robert était là pour faire les frais de la conversation.
11. L'administration n'intervient pas dans les frais de déplacement.
12. J'en suis encore une fois pour mes frais.
13. Ces meubles sont entrés aux États-Unis exempts de frais de douane.

C. Le verbe **comporte.** Donnez un équivalent anglais puis un équivalent français pour expliquer les nuances de sens du verbe **comporter** tel qu'il se présente dans les phrases suivantes :

1. C'est une situation délicate qui comporte bien des précautions.
2. L'eau comporte deux éléments.
3. Il faudrait trouver une autre méthode qui comporte moins de difficultés.
4. Nous devons penser aux conséquences fâcheuses que cette décision pourrait comporter.
5. Réfléchissez que cette randonnée comporte de grandes fatigues.
6. Les dangers que comporte ce travail sont plus nombreux qu'on ne pense.

D. Le nom **domaine.** Donnez un équivalent anglais puis un équivalent français pour expliquer les nuances de sens du mot **domaine** tel qu'il se présente dans les phrases suivantes :

1. C'est une question qui n'est pas de mon domaine.
2. Il possède un vieux domaine sur les bords de la Loire.
3. Cet ouvrage est tombé dans le domaine public.

E. Le verbe **relever.** Donnez un équivalent anglais puis un équivalent français pour expliquer les nuances du sens du verbe **relever**, tel qu'il se présente dans les phrases suivantes :

1. Il a relevé le gant.
2. Il a relevé cette affirmation.
3. J'ai relevé deux fautes dans votre traduction.
4. Il faudrait relever les salaires.
5. Il a été relevé de ses fonctions.
6. Il a été relevé de ses vœux.
7. C'est un mets très relevé.
8. Quand on l'a relevé, il était mort.
9. Nous allons relever le mur du côté ouest.
10. On a relevé les troupes à 3 heures.
11. Le ton de cette peinture demande à être relevé.
12. Il a relevé le col de son pardessus.
13. J'ai relevé le numéro de sa plaque d'automobile.
14. Il relève de maladie.
15. Il est parvenu à relever son commerce.

F. Le nom **lune**, famille de mot. Donnez la signification des mots suivants :

luné	lunetterie
lunette	lunaire
lunetier	lunatique

Complétez les phrases suivantes avec l'un des mots étudiés ci-dessus :

1. C'est un garçon étrange, un caractère ——.
2. Le mois —— a 29 jours et demi.
3. Galilée est l'inventeur d'une ——.
4. Il est inapprochable : il est mal —— aujourd'hui.
5. Je dois aller chez un ——, car j'ai cassé mes lunettes.

Expliquez les expressions idiomatiques suivantes qui contiennent le mot **lune** :

1. lune de miel
2. au clair de lune
3. demander la lune
4. vouloir prendre la lune avec les dents
5. la pleine lune
6. la lune rousse

Dans les phrases suivantes, remplacez les tirets par une des expressions ci-dessus :

1. La lune qui suit Pâques s'appelle la ——.
2. Ils ont passé leur —— à Mexico City.
3. La lune qui suit le premier quartier s'appelle ——.
4. Les enfants gâtés ont l'habitude de toujours ——.

III. STYLISTIQUE

Au point que mes clientes s'abonnent...

Au point que indique la conséquence et est suivi de l'indicatif.

De sorte que, suivi de l'indicatif, est synonyme de **au point que**; suivi du subjonctif, il indique le but et est synonyme de **afin que** :

Je m'approvisionne directement à la ferme **de sorte que j'ai** du beurre et de la caillebotte tout frais.

Donnez-lui quelques conseils **de sorte qu'il ne fasse pas** cet achat au petit bonheur.

La femme à chapeau..

A peut marquer la caractérisation : La femme *qui se distingue de celle qui est sans chapeau.* **A** peut aussi être interprété comme dénotant une valeur possessive :

La femme **ayant** un chapeau.

Les coiffeurs, eux aussi,...

Pronom disjonctif employé pour renforcer le sujet.

qui sont à elles

Emploi du pronom disjonctif pour exprimer la possession.

employant ... à huit heures par jour,...

A sert ici à caractériser la manière, les circonstances :

à raison de huit heures par jour

Dans l'ancienne France

Dans s'emploie au lieu de **en** avec un nom accompagné d'une détermination. Comparez : en France, dans la France méridionale, dans la France de Louis XIV.

ce sont ... les vedettes

L'usage hésite entre *c'est* et *ce sont* devant un pluriel. Cependant, *ce sont* met en relief le substantif tandis que *c'est* insiste sur l'importance de l'action. Comparez :

C'est les fleurs que j'aime — Ce que **j'aime** c'est les fleurs.
Ce sont les fleurs que j'aime — Voilà **les fleurs** que j'aime.

IV. TRADUCTION

Traduisez les phrases suivantes en employant autant que possible des expressions contenues dans l'article de tête et discutées dans les « tournures idiomatiques ».

1. Many American couturiers and milliners still look to France for new ideas and trends in fashion.

2. Paris is still the fashion capital of the world.

3. Lately, however, women's hats have come under fire from the French press, even from professional journals.

4.   Radio and television follow the trend by ridiculing and denouncing hats on every occasion.

5.   They take great delight in pillorying the newest hat creations.

6.   The cause of these developments can be found in a certain social phenomenon.

7.   Ever since the last war, casual attire has become the order of the day.

8.   The hat has become the symbol of outdated customs such as the tea party.

9.   One of the big fashion houses has not hesitated to do completely away with the hat by promoting the scarf.

10.   At a time when agriculture is short-handed, this newcomer to the world of fashion contains an element of irony.

11.   A few decades ago, peasant women used to wear a scarf to work in the fields.

12.   The hairdressers have developed their art to a point where many women prefer their own hair-do as an adornment rather than a hat which is after all but an artifact.

13.   This contempt for the woman's hat may have serious economic consequences since women wear about three times as many hats as men do.

14.   The manufacturing of a fashionable man's hat, from the first treatment of the material to the time of its appearance on a man's pate, requires about ten hours.

15.   The creation of a woman's hat of high fashion, entirely the handiwork of skilled labor, takes much longer.

16.   Although moribund, the hat industry in metropolitan France still employs the equivalent of ten factories of 10,000 workers each.

17.   It is, of course, clear that a lady about to buy a scarf will not say to herself: "I am going to close down an industry that employs personnel during 24 million hours per year."

18.   In Old France the King's favorites gave rise to new fashions.

19.   Nowadays the favorites of that King with 40 million crowns, the people, are the screen and television stars.

20.   The other day, one of them, by adorning her forehead with

a rose on the occasion of a gala performance at the Opera, injected new life into the rose industry.

21. Why don't you hat designers take up a collection to offer her a hat?

22. But then, it ought to be an alluring one! One hat does not resemble a pot! You would be surprised what might come of it!

V. SUJETS DE COMPOSITION LIBRE

En écrivant sa composition, l'étudiant est invité à employer autant que possible les tournures et le vocabulaire de l'article de tête.

A. Que pensez-vous du mépris qu'on manifeste envers le chapeau de femme? En êtes-vous partisan ou non? Pour quelles raisons?

B. Décrivez les diverses façons de s'habiller qui sévissent ces jours-ci parmi les étudiants de votre université.

C. Votre communauté se laisse-t-elle facilement influencer par les nouveautés de la mode ou non? Quelles en sont les raisons, à votre avis?

VI. GRAMMAIRE

L'ARTICLE

L'article défini

A. *Fonction*

1. L'article défini s'emploie pour déterminer le nom qu'il accompagne, pour en indiquer le nombre et le genre.

2. De plus, l'article défini peut exprimer une idée de possession, particulièrement lorsqu'on se réfère aux parties du corps :

Il a les mains froides.

3. Il sert à préciser des indéfinis :

Les autres.

4. Il transforme la forme comparative de l'adjectif en forme superlative relative :

COMPARATIF : Il est meilleur coureur que son ami.

SUPERLATIF : C'est le meilleur coureur.

5. Il accompagne un nom pris dans son sens général (ainsi employé, il s'appelle en anglais "generic article") :

La vie est belle.

J'aime la musique.

Je préfère les journaux français aux journaux américains.

B. *Omission*

L'article défini est omis dans les circonstances suivantes :

1. Avec un nom vague, faisant souvent fonction d'adjectif :

Il est assis à table.

Mais on dira : Il est assis à la table de la salle à manger.

Un vase de cristal.

Mais : Les reflets du cristal.

2. Dans des locutions prépositionnelles :

Il est à côté de sa mère (à côté de — près de).

Comparez à : Il est resté aux côtés de sa mère (aux côtés de — au chevet de).

3. Dans les compléments prépositionnels :

Il travaille en chambre (en chambre — à l'intérieur).

Mais on dira : Il travaille dans la chambre (la chambre dont on parle).

4. Dans les noms en apposition où celle-ci a une importance secondaire :

Louis XIV, roi de France.

Mais on dira : Louis XIII, le père du peuple.

5. Dans les énumérations à valeur générale :

La famille était au complet, père, mère et enfants.

(*au lieu de :* ... le père, la mère et les cinq enfants).

6. Devant certains noms désignant des êtres ou des objets uniques :

Pâques tombe en avril cette année.

7. Devant les noms des mois, des jours de la semaine :

Il est arrivé lundi.

Mais : Il ne fait pas son cours le lundi (= chaque lundi).

8. Dans les proverbes :

Pauvreté n'est pas vice.

9. Devant des noms communs mis en apostrophe :

Officiers et soldats, en garde!

L'article indéfini

A. *Fonction*

1. L'article indéfini indique l'indétermination qui se présente sous plusieurs formes : présentation vague, présentation métaphorique d'un type et présentation d'un inconnu complet :

Un homme vint à passer.

Il a des manières excentriques.

C'est un Tartuffe.

Je cherche un Mr. Jones.

2. L'article indéfini met l'emphase dans l'exclamation :

Vous êtes d'une candeur!

3. Au pluriel, il peut mettre l'emphase sur le nombre :

Il a travaillé des heures et des heures.

4. Il met l'emphase sur le manque de notoriété :

Nous passions nos vacances à Sugny, un petit village à la frontière française.

B. *Omission*

L'article indéfini est omis dans les circonstances suivantes :

1. Dans les locutions figées telles que :

mettre fin, demander grâce, faire peur, faire signe etc.

2. Devant un nom indiquant la quantité :

Il a avalé force bonbons. (*Style littéraire*).

3. Dans certaines négations ou interrogations :

Jamais prêtre n'avait tant souffert. (*Style littéraire*).

Est-il prêtre qui ait tant souffert ?

4. Après des prépositions :

Il l'a regardée sans mot dire.

5. Dans des phrases impersonnelles :

Il fait mauvais temps.

6. Dans certaines expressions contenant **c'est** :

C'est folie. (Omission facultative. « C'est de la folie » et « c'est une folie » s'entendent tout aussi fréquemment. *Mais on dirait :* « C'est de la stupidité »; et l'on doit dire : « C'est dommage »).

7. Devant le nom attribut à valeur d'adjectif :

Il veut devenir médecin.

Mais : C'est un médecin capable.

8. Devant un adjectif pluriel, **des** est ordinairement remplacé par **de**. Cependant, la tendance moderne est de conserver **des** :

J'ai cueilli de belles fleurs.

Ses étangs sont grands : ce sont des petits lacs.

9. Des est omis après des expressions adverbiales ou des verbes intransitifs suivis de la préposition **de** :

Le train est comblé de marins.

Il a besoin de pièces de rechange.

Il doit se passer de plaisirs.

10. Des est remplacé par la préposition **de** après les adverbes de quantité (**pas, point, plus, peu, assez,** etc.) sauf après **bien** :

Il n'a pas de soucis.

Il a bien des ennuis.

Comparez l'emploi de **pas**, adverbe de quantité, à celui de **pas**, simple négation :

Ce ne sont pas des hommes.

11. Des est remplacé par la préposition **de** dans les propositions négatives qui retiennent un élément de quantité, à moins que ces propositions n'expriment une forte opposition :

> N'achetez pas de pommes aujourd'hui.
> N'achetez pas des pommes, achetez plutôt des poires.

L'article partitif

A. *Fonction*

1. L'article partitif indique une partie d'un tout, d'une « substance » :

> Il boit du lait.

2. Il est employé avec des noms abstraits :

> Il lui a fallu du courage pour réussir.

3. Il s'emploie au sens métaphorique ou figuré, avec les noms d'auteurs, d'artistes, de types :

> J'ai lu du Camus hier soir.
> Cela ressemble à du Picasso.
> Il y a du Tartuffe en lui.

B. *Omission*

L'article partitif est omis ou remplacé par **de** dans les cas suivants :

1. Après les adverbes de quantité :

> J'ai peu de confiance en lui.

2. Après **pas** (ou **point**), adverbe de quantité :

> Il n'a pas d'aplomb.

Comparez à l'emploi de **pas** comme simple négation :

> Ce n'est pas du lait frais.

3. Après des adjectifs, des expressions adverbiales ou des verbes intransitifs suivis de la préposition **de** :

> L'étang est plein d'eau.
> Il a besoin de repos.
> Elle se gave de sucrerie.

NOTE : Dans les locutions verbales devenues des tournures figées, l'article est omis à cause de l'unité même de l'expression :

> Il nous est venu en aide.
> Il a toujours envie de me taquiner.
> L'avion a pris feu sur le tarmac.

Emplois particuliers des articles défini et indéfini

1. L'article devant un nom de famille :

> Il vient d'épouser une Villefranche.
> Les Dupont sont venus nous voir hier.

2. L'article devant un nom propre pris au figuré :

> Je viens d'acheter un Modigliani.

3. L'article devant un nom propre déterminé :

> Avez-vous vu le Voltaire de Houdon ?
> Avez-vous étudié le Montaigne de la période sceptique ?

4. L'article « à l'italienne » :

> Il n'a pu assister au gala de la Callas à l'Opéra de Paris.

5. L'article à valeur péjorative :

> C'était du temps de la Du Barry.

6. L'article devant un nom de ville accompagné d'une épithète :

> La Rome Antique.

7. L'article devant les noms des jours de la semaine pris dans un sens particulier :

> Il est arrivé le lundi de la semaine dernière.

8. L'article à valeur déterminative :

> Des deux voitures, je préfère la Renault.

9. L'article jouant le rôle de distributif :

> Cela coûte 500 francs la douzaine.
> Il y va le mardi (= chaque mardi).

10. L'article à valeur démonstrative :

J'arrive à l'instant.
Le beau coucher de soleil !
Allez, les enfants !
Il a eu l'amabilité de me répondre immédiatement.
J'ai l'espoir qu'il viendra demain.
Il n'est pas sorti de toute la journée.

11. L'article emphatique :

Le homard mayonnaise.
Il veut faire le malin.

Exercices

A. Étudiez la valeur des articles en italiques dans les phrases suivantes, extraites de l'article de tête :

1. De Liège, *une* grande fabricante.
2. est devenu *le* pelé, *le* galeux.
3. des tasses d'*un* thé à jamais refroidi.
4. *Une* usine employant ...
5. Pour faire *un* chapeau d'homme ...
6. Les coiffeurs ont porté des coups mortels *au* chapeau.
7. *Les* revues professionnelles suivent le mouvement.
8. considérer *le* chapeau comme l'accessoire désopilant d'une clownerie.
9. porter *le* coup de grâce ...
10. On a fait du chapeau *le* symbole des frivolités bourgeoises ...
11. *une* certaine évolution ...
12. Une *des* plus grandes maisons ...
13. *des* femmes de milliardaires ...
14. occupe *du* personnel ...

B. Dans les phrases suivantes, extraites aussi de l'article de tête, indiquez la raison de l'omission de l'article :

1. A grands frais de modèles ...
2. Ne croyez-vous pas que pareil privilège ...
3. la France n'est pas victime ...
4. Le chapeau de femme ...

5. Cinéma, radio, télévision ...
6. la coiffure de travail ...
7. par an
8. changer en épouvantail
9. fournitures de mode
10. nous venons chercher directives, idées, inspirations.
11. prennent pour cible ...
12. paille de fer
13. l'apanage de formes de vie ...
14. bat en brèche
15. La femme à chapeau
16. manque de bras ...
17. nous, étrangers, ...
18. les chapeaux entonnoirs, cruches ...
19. un échafaudage de tulle noir ...
20. trois fois plus de chapeaux ...
21. de tels progrès
22. quarante millions de couronnes

C. Dans les phrases suivantes, remplacez, s'il y a lieu, les tirets par un article ou par la préposition **de**.

1. En France, il y a —— nombreux monuments historiques.
2. —— nouvelle de Maupassant que je lis pour le moment, est très intéressante.
3. Ce n'est pas —— nouvelle qui a pour cadre Paris.
4. Qu'est-ce que —— philosophie?
5. Qu'est-ce que —— paradoxe?
6. Il a —— tort de se répéter continuellement.
7. Catherine de Médicis, —— reine de France, était Italienne.
8. Il a —— pieds gelés.
9. Il achète tout à —— bon marché.
10. Ces souliers coûtent 20 dollars —— paire.
11. Auriez-vous —— bonté de m'écrire tout de suite?
12. Je lui ai fait —— signe.
13. Il a fait —— signe de la croix.
14. J'ai bien —— ennuis.
15. Il n'a pas —— courage.
16. Il y a peu —— hommes raisonnables.

17. Elle ne veut plus lire —— poésies.
18. Démosthène ne buvait que —— l'eau.
19. Il a toujours peur —— autres.
20. Il a peur —— complications imprévisibles.
21. Elle porte toujours —— belles robes.
22. C'est —— plus belle ville de la région.
23. Il viendra certainement —— lundi, car il vient toujours —— lundi.
24. —— argent est un métal.
25. Il faut —— argent pour vivre en ce monde.
26. —— soie est une étoffe précieuse.
27. Il faut —— soie, —— laine ou —— coton pour faire cette robe.
28. N'attendez-vous pas —— vacances avec impatience?
29. Les Américains n'aiment guère —— viande saignante.
30. Mais ils mangent beaucoup —— crème glacée.
31. Que voulez-vous boire? —— lait? —— eau?
32. —— Dupont nous ont fait visite dimanche dernier.
33. Cet enfant ne se comporte pas bien à —— table.
34. Le Lusitania a sombré en —— mer.
35. Adieu —— veau, —— vache, —— cochon, —— couvée!
36. A —— bon chat, —— bon rat.
37. Connaissez-vous l'histoire de —— Brinvilliers, cette empoisonneuse célèbre qui finit par être décapitée en 1676?
38. Cet édifice date —— Paris de Napoléon III.
39. Oh! —— joli petit garçon!
40. Il est — professeur à Harvard.
41. Il est revenu avec —— plaisir.
42. Jamais —— homme n'avait tant travaillé.
43. Le loup mangea force —— moutons.
44. C'est —— pure folie que de vouloir partir par avion ce soir.
45. Elle est de —— beauté remarquable!
46. Un jour il se repentira de toujours faire —— fanfaron.
47. Il lui a fallu —— jours et —— jours pour y arriver.
48. Il vient de Lucerne, —— très jolie petite ville sur le Lac des Quatre Cantons.
49. C'est —— véritable phénix.
50. Il se croit sorti de —— cuisse de —— Jupiter.

VOCABULAIRE ANGLAIS-FRANÇAIS

about *adv.* à peu près
—— **to . . .** sur le point de ...
adorn orner
adornment parure *f.*
  as an —— pour (leur) ——,
  comme ——
after après
  —— **all** —— tout
ago il y a
alluring ravissant, -e
although bien que, quoique
appearance apparition *f.*, arrivée
  f.
artifact corps étranger
attire, casual —— débraillé *m.*
buy *v.* acheter
close down réduire au chômage
collection, to take up a —— se
  cotiser
contempt mépris *m.*
course, of —— bien entendu,
  évidemment
creation, the newest hat ——s les
  créations de chapeaux les plus
  récentes
crown *n.* couronne *f.*
custom coutume *f.*
  outdated ——s —— s périmées
day jour *m.*
  the other —— l'autre ——
delight *n.*, **to take great** —— **in**
  se plaire grandement à
denounce crier haro sur
designer, hat —— modiste *f.*
do, to —— **completely away with**
  porter le coup de grâce à
during pendant
each chacun, -e
employ employer
factory usine *f.*
fashion *n.* mode *f.*
  high —— la haute ——
  Paris is still the —— **capital of**

  the world Paris détient
  toujours le monopole mondiale
  de la création de la ——
fashionable à la mode
field champ *m.*
  to work in the ——s (aller)
  travailler aux ——s
fire *n.*, **women's hats have come**
  under —— **from . . .** ... ont
  pris pour cible le chapeau de
  femme
forehead front *m.*
found *v. pp.*, **can be** —— **(in)**
  résider (dans)
France, in Old —— dans
  l'ancienne France
gala performance gala *m.*
give, to —— **rise to new fashions**
  lancer la mode
hair-do cheveux coiffés, coiffure, *f.*
hairdresser coiffeur *m.*
handiwork, entirely the —— **of**
  skilled labor entièrement artisanal, -e
hesitate hésiter
hour heure *f.*
  . . . requires about 10 ——s il
  faut environ dix ——s pour...
house maison *f.*
  fashion ——s —— s de couture
ideas, new —— **and trends in**
  fashion directives, idées et inspirations
industry industrie *f.*
  hat —— —— du chapeau
irony ironie *f.*
  to contain an element of ——
  contenir un élément d'—— (avoir
  l'insolence d'une parodie)
journal, professional —— revue
  professionnelle
king roi *m.*
  —— **with 40 million crowns**
  —— aux 40 millions de couronnes

lady dame
lately récemment
life, to inject new —— into ressusciter
look, to —— to France for (new
  ideas and trends in fashion)
  aller chercher (directives, idées
  et inspirations) en France
manufacturing, the —— ...
  requires pour faire, produire,
  fabriquer ... il faut ...
many bien des, beaucoup de
material n. matière f.
metropolitan métropolitain, -e
milliner modiste mf.
moribund moribond, -e
newcomer nouveau venu m.
nowadays aujourd'hui
occasion, on every —— à toute
  occasion
offer v. offrir
order n., to become the —— of the
  day sévir
own adj. propre
pate tête f., caboche f. (fam.)
peasant woman paysanne f.
people peuple m.
personnel, to employ ——
  occuper du personnel
phenomenon phénomène m.
pillory v. traîner aux gémonies
  f.pl.
point, to a —— where ... à tel
  point que ...
pot marmite f.
prefer (rather than) préférer (à)
press n. presse f., les journaux m.
  et les magazines m.
resemble ressembler

ridicule v. faire des gorges
  chaudes (de)
say v., to —— to oneself se dire
scarf foulard m.
  to promote the—— lancer le——
serious grave; sérieux, sérieuse
shorthanded, to be —— manquer
  de bras
since (as, in as much as) comme
  (ou participe présent du verbe
  dans la proposition)
star n., screen and television ——s
  vedettes f. de cinéma et de télévision
still adv. encore (de nos jours),
  toujours
such as tel, -le que
surprised, you would be ——
  what might come of it vous
  m'en direz des nouvelles !
take v., to —— much longer
  requérir bien plus de temps
tea, —— party thé m. de 5 heures,
  goûter m.
time n., at a —— when à une
  heure où
  to the —— of jusqu'à
treatment manipulation f.
trend directive f., mouvement m.
  to follow the —— suivre le
  mouvement
war n. guerre f.
  ever since the last —— depuis
  la dernière ——
wear v. porter
woman femme
worker ouvrier, ouvrière
year an m.
  per —— par ——

7.

Écrasés par un piéton

On dit que les académiciens des sciences, en 1798, élurent le général Bonaparte dans la section de mécanique. (Et *leur attente fut dépassée*, car il commença vite à mécaniser tout le monde.)

Or ce que je voudrais voir naître, c'est un dictateur mécanique,
5 qui mettrait de l'ordre dans la circulation à Paris. Je viens d'apprendre que le grand record du monde à la marche, 13 km 776 en une heure, a été établi par le Suédois Hardmo. *Je le vois d'ici*, long, maigre, et végétarien.... Et je sens, nous sentons tous un terrible complexe d'infériorité. Nous, en auto, *nous ne faisons pas**
10 *toujours cette moyenne*, dans Paris!*

J'ai une voiture normale (n'étant pas de ces fous qui achètent *un engin de grand sport* pour n'être plus dépassés que par les « deux chevaux »).¹* Mais mes dernières performances sont pitoyables! Avant-hier soir, entre la gare d'Austerlitz et le Figaro,² un
15 encombrement m'a envoyé vers la rue de Rivoli. (La manœuvre d'Annibal,³ le débordement par la droite, *qui lui a bien réussi* avec

---

¹ La Citroën 2 CV, voiture à prix abordable, qui abonde dans toute la France. L'auteur suggère ici que moins la voiture est puissante plus grand est le désir de son propriétaire de battre en vitesse les autres voitures.
² Le siège du journal *Le Figaro* se trouve aux Champs Élysées.
³ Allusion à la tactique d'Annibal, célèbre général carthaginois (241-183 av. J.-C.), qui, au cours de ses batailles avec les Romains, s'est à plusieurs reprises tiré

131

des éléphants.) Dans Paris, elle est impossible. J'ai fait 7 kilomètres en 36 minutes ce soir-là;* soit* *du 10 de moyenne.* Même
en venant d'Austerlitz,[4] je n'avais pas l'impression d'une victoire.
Et ce soir, *la forme venant,* j'ai foncé de la gare Montparnasse à
l'Opéra : 5 kilomètres en 25 minutes. Moyenne : 12.   5

Léger progrès. Je n'ai tué personne et j'ai eu de la chance.
Car dans les deux cas il était 17 h. 30 environ. *C'est en somme une*
assez bonne heure. Les piétons à cet instant-là sont vifs. La preuve
en est qu'ils sont *les premiers à avoir bondi hors des bureaux.*

Quelques-uns sont si actifs qu'*ils s'entraînent à l'automachie,* [10]
science nouvelle qui évoque celle de Dominguin.[5] *Les midinettes*
se servent de leurs petites jupes comme muletas. D'autres s'installent
au milieu de la rue, à l'exemple de certains intrépides des courses
landaises[6] qui ne bougent pas « même quand la vache leur souffle
sur le ventre », comme on dit là-bas.* *De purs héros.* Mais *ils* [15]
finissent souvent à l'hôpital.

Non, ce n'est pas la plus mauvaise heure. *La congestion augmente*
à 18 h. 30, devient infernale à 19 heures, *épuisant les nerfs* de tout
le monde. (Est-ce pourquoi la préfecture souhaite *qu'on décale les*
sorties des bureaux ?) De ces hautes armoires que sont les maisons [20]
du centre,* toute une humanité dégringole hors des étages, comme
des pommes d'un tiroir. Beaucoup, inspirés par le mot trottoir,
trottent vers leur voiture pour voir *quel papillon un supplétif aura*

---

d'un mauvais pas en faisant déborder ses éléphants par la droite afin d'attaquer
l'ennemi de flanc.

[4] Allusion à la victoire de Napoléon 1er sur les Autrichiens en 1805 près d'Austerlitz, village de Tchécoslovaquie.

[5] Fameux matador espagnol.

[6] Les Landes, plaine de 14.000 km², située près de Bordeaux, jadis sablonneuse,
marécageuse, inculte et malsaine, mais transformée par un assèchement méthodique
en une région prospère. On y fait l'élevage de mulets et de bœufs. Chaque année,
les villes et les villages des Landes organisent des courses de taureaux où, contrairement à la corrida espagnole, il n'y a aucune effusion de sang et où l'on emploie non
des bœufs mais des vaches. Il serait peut-être plus approprié d'appeler ces spectacles
des courses de « vaccomachie ». Ces courses sont précédées, comme à Pampelune,
en Espagne, par le défilé désordonné des bovins, auquel se mêle un public enthou-
siaste et intrépide. C'est à ce défilé que pense l'auteur.

collé sur leur pare-brise. Les chasseurs de papillons brésiliens n'ont pas de plus vives émotions que le Parisien moyen. Nous aussi, nous avons des douzaines de races : *le motif des papillons change si souvent* qu'on ne s'ennuie jamais.

5 Que faire ? *Prendre l'autobus, géant aux rares passages, où des génies malsains soufflent un triple courant d'air* par trois portes[7] s'ouvrant ensemble ? Il ne va pas plus vite que l'auto, sauf la nuit où *il devient spoutnik.* Le métro ? Bien sûr. J'y rencontre en ce moment tous les présidents d'Automobile Club ! Et *il en sera* 10 *ainsi tant que** tous les pays du monde encourageront le citoyen à acheter une voiture, puis jetteront sur lui des agents pour l'empêcher d'en descendre.

Le métro est seul à battre un coureur à pied. Près de Sceaux, il roule à 60. Entre la Chapelle et la Mairie-d'Issy, la ligne 12 15 réalise du 21 de moyenne. Et, sur sa voie impériale,[8] la métro-route n⁰ 1, Vincennes-Neuilly, il établit à 27 de moyenne un record inégalable, sauf par un Louison Bobet[9] se glissant entre les voitures.

C'est bien pourquoi je rencontre aussi sous terre des amis 20 conseillers municipaux, qui ne savent plus quel conseil donner.

Quittant le volant après mon 10 à l'heure réussi au prix d'une longue tension nerveuse, je me suis demandé pourquoi maints pionniers de l'auto *avaient* risqué leur fortune et leur haut-de-25 forme[10] ou *mis en jeu* leur santé et leur vie. Était-ce pour que nous circulions de nos jours dans la ville que nous a laissée

---

[7] L'auteur exagère. Un petit nombre seulement d'autobus parisiens ont trois portes.

[8] Première ligne de métro établie en 1898. C'est la ligne « Impériale » car plusieurs stations sur son parcours évoquent le souvenir de certains rois et empereurs français : Étoile, Tuileries, Palais Royal, Louvre, etc.

[9] Coureur-cycliste, gagnant de plusieurs grandes épreuves et héros du Tour de France dans les années 50, très admiré par les sportifs français.

[10] Symbole de la haute position sociale qu'ils avaient atteinte grâce à leur influence dans le monde industriel et financier.

Napoléon III?[11] Nous gagnons, par exemple, en cette année 1960 un kilomètre sur le fiacre de la belle époque[12] dont la moyenne était de 9 à l'heure; nous perdons 3 km 776 sur *un piéton bien profilé*.

Comprenez pourquoi les amis qui m'ont vu assis au volant, 5 et consterné,* m'ont dit que *j'avais l'air du* « Penseur » de Rodin. (Et entre parenthèses l'œuvre de Rodin n'a jamais été un penseur. C'est un monsieur qui attend sa femme!)

(Extrait du *Figaro*, 27-28 février 1960,
« Chronique », Hervé Lauwick)

Questionnaire

1. Qu'est-ce qui a inspiré à l'auteur de l'article les remarques un peu amères qu'il fait au sujet de la circulation à Paris?

2. Que désire ardemment ce Parisien?

3. Que détient le record du monde à la marche?

4. Pourquoi l'automobiliste parisien se sent-il mortifié quand il évoque la performance du marcheur suédois?

5. Quelle est la moyenne réalisée par un automobiliste moyen conduisant à Paris à la fin de l'après-midi?

6. Expliquez le jeu de mots de cette phrase : « Même en venant d'Austerlitz, je n'avais pas l'impression d'une victoire ».

7. Quelle est la distance qui sépare la Gare Montparnasse de l'Opéra?

8. Vers quelle heure la circulation à Paris atteint-elle son maximum d'intensité?

9. Comment se comportent les piétons parisiens?

10. Qu'est-ce que l'auteur entend ici par « papillon »? Pourquoi?

---

[11] Malgré les améliorations apportées par le Baron Georges Haussmann (1809-1891), préfet de la Seine sous Napoléon III, le Paris de 1860 ne s'accommode guère de la circulation moderne.
[12] Nom donné aux années de la fin du 19e siècle, période de grande prospérité et de vie facile.

11.   Où les agents de police déposent-ils les avis de contravention?

12.   Pourquoi l'auteur croit-il que le Parisien moyen éprouve autant d'émotions que le chasseur de papillons brésiliens?

13.   Que propose la préfecture pour tenter de remédier au problème de la circulation à Paris?

14.   Pour quelles raisons l'autobus est-il un piètre moyen de transport?

15.   Qui l'auteur rencontre-t-il dans le Métro?

16.   A quelle allure le Métro roule-t-il dans les environs de Sceaux?

17.   Quelle est la moyenne de vitesse du métro dans Paris?

18.   Quelles sont les suggestions émises par les conseillers municipaux?

19.   L'automobiliste parisien va-t-il plus ou moins vite qu'un fiacre, un piéton moyen, un champion de la marche?

20.   Comment l'auteur, assis au volant de sa voiture, se sent-il?

21.   Quelle comparaison ses amis ont-ils faite lorsqu'ils l'ont rencontré ce soir-là?

22.   Que dit l'auteur, de façon un peu désinvolte, de la statue de Rodin appelée ordinairement « Le Penseur »?

I. TOURNURES IDIOMATIQUES

Étudiez les expressions en italiques de l'article de tête expliquées ci-dessous :

leur attente fut dépassée — leurs désirs ont été plus que comblés
Je le vois d'ici — Je l'imagine
nous ne faisons pas toujours cette moyenne — nous n'atteignons pas toujours cette vitesse moyenne à l'heure
un engin de grand sport — une machine de grand sport, une auto de course
qui lui a bien réussi — qui lui a valu d'être victorieux
du 10 de moyenne — 10 kilomètres à l'heure
la forme venant — me sentant en forme, me sentant capable d'aller vite, l'habitude aidant

C'est en somme une assez bonne heure — C'est après tout un moment plutôt favorable

les premiers à avoir bondi hors des bureaux — les premiers qui sont sortis en courant de leurs bureaux

ils s'entraînent à l'automachie — ils s'exercent à l'art de taquiner les automobilistes (*automachie* : néologisme taillé par l'auteur sur le patron de *tauromachie*)

Les midinettes se servent de leurs petites jupes comme muletas — Les midinettes (surnom donné aux jeunes ouvrières parisiennes de la couture et de la mode) font usage de leurs petites jupes comme les toréadors se servent de « muletas »

De purs héros — De vrais héros

ils finissent souvent à l'hôpital — ils échouent finalement à l'hôpital

La congestion augmente — L'intensité de la circulation augmente et crée des embouteillages

épuisant les nerfs — affaiblissant les nerfs

qu'on décale les sorties des bureaux — qu'on échelonne les heures de sortie des bureaux

quel papillon un supplétif aura collé sur leur pare-brise — quel avis de contravention un agent de police auxiliaire aura collé sur leur pare-brise

le motif des papillons change si souvent — la raison des contraventions varie si souvent

Prendre l'autobus, géant aux rares passages — Prendre l'autobus, immense véhicule qui passe peu souvent

des génies malsains soufflent un triple courant d'air — les passagers créent un courant d'air malsain en montant et en descendant simultanément par trois portes (*des génies malsains* — de petits démons qui s'attaquent à votre santé)

il devient spoutnik (néol.) — il roule très vite

il en sera ainsi tant que — cette situation restera telle aussi longtemps que

Le métro est seul à battre un coureur à pied — Le métro est le

seul moyen de locomotion qui puisse battre un coureur
à pied; il n'y a que le métro qui aille plus vite que...
Quittant le volant — En descendant de voiture
avaient ... mis en jeu — avaient ... mis en danger
un piéton bien profilé — un piéton qui a un beau profil, mince et
musclé à force d'être entraîné à la marche
j'avais l'air du — je ressemblais au

Exercice

Dans les phrases suivantes, remplacez les expressions en italiques
par une tournure appropriée et tirée des expressions discutées
ci-dessus :

1. *Il descendait de voiture* au moment où je suis arrivé.
2. C'est un travail *éreintant.*
3. Pour tenter de diminuer l'embouteillage du matin, on a
   échelonné les heures d'ouverture des magasins.
4. Cette toile *semble être* un Matisse.
5. C'est un *véritable* chef-d'œuvre.
6. Il me fait des visites *peu fréquentes.*
7. Elle a *hasardé* sa situation.
8. *J'emploie* cette table *en guise de* bureau.
9. *Il n'y aura rien de changé aussi longtemps* que nous devrons vivre
   avec lui.
10. J'ai peur de tous les *instruments* électriques.
11. Il doit être bien malheureux, rien ne *tourne à son avantage.*
12. S'il continue ces escroqueries, il *échouera* en prison.

II. ÉTUDE DE VOCABULAIRE

A. Donnez la signification des homonymes suivants. Puis, complétez les phrases en employant un des mots étudiés :

sot — saut — sceau — seau
air (*2 sens*) — aire — ère — erre (*verbe*)
sous — sou — soûl

faire — fer — ferre (*verbe*)
terre (*fém. et verbe*) — taire
voie (*fém. et verbe*) — voix — vois (*verbe*)
prix — pris (*verbe*) — prie (*verbe*)
volant (*masc. et part. prés. de 2 verbes*)
dur — dure (*verbe*)
su (*verbe*) — sue (*verbe*)
établit (*verbe*) — établi (*masc. et verbe*)
manœuvre (*masc., fém. et verbe*)

1. C'est un champion du —— en hauteur.
2. Il —— toute la journée dans les bois.
3. Il veut —— la vérité.
4. Demande au maréchal ferrant qu'il —— ton cheval à glace.
5. Il a été élu par 6 —— contre 3.
6. Ce vin était délicieux et j'en ai bu tout mon ——.
7. Cet avion, —— trop bas, s'est écrasé contre la montagne.
8. Ce —— gagne 600 francs de l'heure.
9. Je vous —— de vous asseoir.
10. Cette conférence —— depuis 2 heures.
11. Le menuisier a laissé le rabot sur son ——.
12. On —— quand il fait trop chaud.

B. *Nuances de signification.* Quelle différence y a-t-il entre les mots groupés ci-dessous?

être élu — être nommé	mettre de l'ordre dans — organiser
un engin — un ustensile	ensemble — simultanément
pédestrement — piètrement	égaler — égaliser
pitoyable — piteux	dernier — ultime
personnage — caractère	le motif — la raison

Dans les phrases suivantes, remplacez les tirets par l'une des expressions mises en opposition ci-dessus et expliquez le sens du mot choisi :

1. Les préfets sont —— par le président de la République, qui est lui-même —— par le peuple.
2. Il vient de —— cette nouvelle série de cours.
3. Le coutelas était un —— de guerre; c'est aussi un —— de cuisine.

4. Quels sont les principaux —— de ce roman ? Étudiez le —— de chacun d'eux.

5. J'y suis allé la semaine —— pour solliciter une —— entrevue.

6. Ils sont partis —— pour Paris, dans un avion de la Sabena.

7. On a écroué le coupable, mais on ne connaît pas —— de son crime.

8. Je suis rentré chez moi ——.

9. Elle est rentrée chez elle par la pluie et je l'ai trouvée dans un —— état.

10. J'ai passé deux heures à —— ces tiroirs.

C. *Synonymes :* choisissez dans la liste de droite un synonyme pour chacun des mots de la liste de gauche :

1. vite	*auto*
2. voiture	*remuer*
3. encombrement	*rapidement*
4. réussi	*excepté*
5. intrépide	*descendre rapidement*
6. bouger	*plusieurs*
7. augmenter	*embouteillage*
8. dégringoler	*peu fréquent*
9. rare	*voiture de place*
10. sauf	*exécuté avec succès*
11. battre	*se faufiler*
12. se glisser	*accroître*
13. maints	*vaincre*
14. fiacre	*brave*

III. STYLISTIQUE

Nous, en auto, nous ne faisons pas...

Le premier **nous** est un pronom disjonctif qui renforce le second **nous**, un pronom personnel sujet.

dans Paris !

—— à l'intérieur de Paris, dans le centre de Paris.

Comparez à l'expression **à Paris**.

pour n'être plus dépassés que par les « deux chevaux ».

— pour être seulement dépassés par les « deux chevaux ».
Ici, **pour** n'indique pas le but, mais introduit une action indépendante de la volonté. Par exemple :

> Il se mit au lit pour ne plus se réveiller.
> Il s'arrêta une demi-heure pour retravailler ensuite avec une ardeur renouvelée.

ce soir-là

— un soir assez distant, c.à.d. le soir dont il a été question auparavant. Par exemple : à cet instant-là.

soit (du 10 de moyenne)

Forme verbale qui sert de conjonction et signifie **c'est-à-dire**.
Par exemple : Une livre anglaise, **soit** 453 grammes environ.

là-bas

— dans un lieu assez distant.
Familièrement, *là-bas* indique un endroit assez vague : **Mon livre doit être là-bas.** Il est à noter qu'aujourd'hui on emploie plus volontiers **là** que **ci** : **Me voilà** plutôt que **me voici**, quand il n'y a pas d'idée d'opposition.

> Christine est-elle là (at home)? — Non, elle n'est pas là (here).

De ces hautes armoires que sont les maisons du centre

Tournure analytique : **que sont** — car elles sont cela.

tant que...

— aussi longtemps que.
Il peut aussi signifier **à tel point que** : Elle pleura tant qu'elle en devint malade.

qui m'ont vu assis au volant, et consterné

Et sert *ici* à mettre l'emphase sur l'adjectif qui le suit et indique qu'en parlant, il y a une élévation de la voix.

IV. TRADUCTION

Traduisez les phrases suivantes en employant autant que possible des expressions contenues dans l'article de tête et discutées dans les « tournures idiomatiques ».

1. We would like to have a kind of engineering czar named in modern cities to put order into metropolitan traffic.

2. As a car owner, one begins to suffer from an inferiority complex when one learns that the world record in walking is almost 14 km per hour.

3. Inside Paris, at 7 p.m. for instance, it is often impossible to attain that average in one's car.

4. After some training, you can get up to an average speed of 12 km.

5. And then you are lucky if you do not run over a pedestrian.

6. At 5:30 it is relatively easy to drive home, for at that time pedestrians are rather alert.

7. They were the first to jump out of their offices.

8. There are some who are so energetic that they practice the art of bullfighting right in the middle of town.

9. The young typists and stenographers use their skirts as capes to divert the attention of the approaching behemoths.

10. Some men, imitating some intrepid heroes of bullfight fame, stand in the middle of the street and do not budge even when the beast (automobile) "breathes hotly down their necks"

11. In Paris, traffic jams become unbearable at around 6:30 and drive people out of their minds.

12. This may be the reason why the city fathers recommend staggering the closing hours for certain offices.

13. At that time a whole mass of humanity comes rolling out of the cupboard-like downtown buildings, like apples falling out of a drawer.

14. Some, inspired by the word "trottoir", trot over to their cars only to find a little piece of paper stuck to the windshield.

15. Butterfly collectors cannot experience any more excitement than the average Parisian discovering a new traffic ticket.

16. There are as many types of traffic fines as there are species of Brazilian butterflies.

17. What should one do? Take the bus where little unsavory demons blow air right into your face from all sides?

18. Furthermore, the bus does not go any faster than a car except at night, when it travels with lightning speed.

19. The metro (subway) is the only means of transportation that can outclass a sprinter.

20. In the subway it is not surprising to meet the presidents of all the automobile clubs.

21. Getting out of his car, after having done no more than 10 km per hour, our Parisian driver asks himself why so many industrial pioneers risked their lives and fortunes in order to develop the automobile.

22. In our era, we travel one kilometer faster per hour than did our forebears in the horse and buggy days and we go almost four kilometers an hour slower than a pedestrian in good physical condition.

V. SUJETS DE COMPOSITION LIBRE

En écrivant sa composition, l'étudiant est invité à employer autant que possible les tournures et le vocabulaire de l'article de tête.

A. Décrivez comment vous vous rendez de chez vous à l'université ainsi que les obstacles et délais que vous rencontrez et subissez généralement en cours de route.

B. Quelles mesures a-t-on prises dans votre ville pour alléger ou éviter la congestion de la circulation? Faites-en une description détaillée.

C. Exposez vos propres idées pour améliorer les conditions de la circulation dans votre ville.

VI GRAMMAIRE

La voix passive

La voix passive présente l'action comme subie par quelqu'un ou quelque chose :

>Paul a été complimenté par son père.
>Son attente fut dépassée.

A. *Particularités*

1. Les verbes transitifs indirects et les verbes intransitifs (excepté **obéir**) ne peuvent pas avoir de forme passive :

>VERBES TRANSITIFS DIRECTS :
>Mon travail l'a satisfait. — Il a été satisfait par mon travail.

>VERBES TRANSITIFS INDIRECTS :
>Mon travail lui a plu. (On ne dit pas : *Il a été plu par mon travail*).

>VERBES INTRANSITIFS :
>Il a dormi deux heures (*pas de voix passive*).

Cependant, on dira :

>On doit obéir à la loi. — La loi doit être obéie.

2. La voix passive s'emploie en français si l'on veut insister sur l'importance du sujet subissant l'action en comparaison avec le peu d'importance de l'agent :

>Le grand record du monde à la marche a été établi par le Suédois Hardmo. (*Comparez à :* Le Suédois Hardmo a établi le grand record du monde à la marche).

3. Le français préfère remplacer la tournure passive par la forme pronominale lorsque l'agent est négligeable ou non exprimé :

>Cette partie de l'opéra se chante à quatre voix.
>Cette maison s'est construite en six mois.

(Dans ce cas, la phrase active équivalente se construira avec le pronom indéfini **on** : On chante cette partie de l'opéra à quatre voix.)

La tournure réfléchie est impossible si le sujet du verbe peut être compris comme étant le seul agent de l'action :

> D'habitude, les criminels sont fusillés à l'aube.
> *Non pas :* D'habitude, les criminels se fusillent à l'aube.

4. Le passif impersonnel comporte une certaine emphase :

> Il a été décidé qu'on partirait à 5 heures du matin.
> (*Comparez à :* On a décidé qu'on partirait à 5 heures.)

B. *Différence entre état et action :*

> Le travail est achevé. — ÉTAT.
> Le travail s'achève. — ACTION ACTIVE-PASSIVE.
> Le travail est achevé par un autre entrepreneur. — ACTION PASSIVE.

Il n'y a pas de « passive in progress » dans les langues romanes :

$$
\textit{The door is being closed.} \left\{ \begin{array}{l} \text{La porte se ferme.} \\ \text{On ferme la porte.} \\ \text{On est en train de fermer la porte.} \end{array} \right.
$$

Si un verbe est employé comme *verbe d'action*, l'agent s'introduit au moyen de **par** :

> Tout à coup, il fut entouré par ses amis.

Si, par contre, un verbe est employé comme *verbe d'état*, l'agent s'introduit par **de** :

> Toute sa vie, il fut entouré d'amis sincères.

Exercices

A. Dans les phrases suivantes, analysez les formes verbales au point de vue de la voix et du temps employés :

> 1. Ce sapin a été planté il y a deux ans.
> 2. La porte s'ouvre.

3. La fenêtre est fermée.

4. Le noir ne se porte pas ce printemps.

5. J'étais étonné de le voir.

6. Il a été tué à la guerre de 1914.

7. Cette maison a été construite par un architecte de mes amis.

8. Une telle maison se construit en trois mois.

9. Cette petite fille est bien élevée.

10. Elle a été élevée par sa tante.

B. Dans les phrases suivantes, remplacez la forme active par la forme passive ou un équivalent :

1. L'étudiant a lu ce livre.

2. Le professeur nous expliquera cette règle.

3. Je doute que ce critique explique bien le dernier poème.

4. On ne dit plus cela aujourd'hui.

5. Il est regrettable que ce soit Paul qui ait perdu cette grosse somme.

6. On ouvre le musée à 10 heures.

7. Mes amis l'ont invité à dîner.

8. Une haie vive entourait le jardin.

9. On sert le déjeuner de midi à 2 heures.

10. Les arbustes qu'on a plantés l'automne dernier sont déjà bien vigoureux.

C. Dans les phrases suivantes, remplacez la forme passive ou son équivalent par la forme active :

1. Il y a des exceptions, comme il sera indiqué plus loin.

2. Cette maison est habitée par le président.

3. La paix fut signée à Versailles.

4. Il en a été prévenu sans ambages.

5. Pierre aurait été dépassé par sa sœur Françoise.

6. De nouveaux magasins vont s'ouvrir dans notre quartier.

7. Il a été décrété que je serai toujours le bouc émissaire.

8. Cette blouse n'a pas été bien lavée.

9. Christine aura été admirée de tous.

10. Cet arbre devra être taillé en automne.

Les prépositions *à* et *de*

A

1. A vient du latin *ad* et indique
un endroit vers lequel on va :
> Il va à Paris.

une chose vers laquelle on tend :
> Il aspire aux honneurs.

un moment :
> Il arrivera à 5 heures.

un endroit :
> Il demeure à Paris.

la possession (après **être***) :*
> Ce livre est à moi.

la manière :
> Il y est allé à pied.

2. Son origine latine a été influencée par *apud* (avec) dont il conserve la signification dans des phrases telles que :
> La dame aux Camélias.
> La femme au chapeau.
> Achille aux pieds légers.

3. Il a été contaminé par *ab* qui marque l'éloignement et la suite ou la conséquence :
> On l'a soustrait à cette influence néfaste.
> A ces mots, il fit un mouvement de recul.

4. A sert à unir le verbe et son complément d'objet indirect et d'objet prépositionnel :
> Il reproche à son ami d'être parti sans l'attendre.
> Il a désobéi à ses parents.
> Il ne peut plus subvenir à ses besoins.

5. A sert aussi à introduire un complément d'adjectif :

C'est agréable à l'oreille.

6. Devant un infinitif, **à** exprime vaguement un but ou un résultat :

Je n'ai rien à dire.
C'est à craindre.
Il se met à travailler.
Il en vient à ne plus rien oser faire seul.
Donne-lui ses livres à porter.

De

1. De provient du latin *de* et introduit l'objet d'un nom, d'un verbe ou d'un adjectif pour exprimer

l'origine :

Un vin de France.

l'extraction :

Il sort d'un milieu excentrique.

la cause :

J'ai honte du mensonge.

la matière :

Une table de bois.

le moyen, la manière, l'instrument :

Il arrive d'un pas alerte.

la possession (après un nom) :

Le livre de Paul.

la caractérisation :

Un homme de grand cœur.

l'agent d'un verbe d'état au passif :

> Il est aimé de tous.

2. Il indique aussi

l'apposition :

> La ville de Paris.

le partitif avec des expressions de quantité :

> Il a peu d'argent.

l'attributif :

> Il le traite de sot.

3. Il introduit

un adjectif à valeur d'attribut :

> Une table de libre.

un complément de temps :

> de 2 à 4 heures.

un complément de lieu :

> Il habite à 10 lieues de là.

un complément de durée :

> Nous n'avons pas eu de neige de tout l'hiver (= pendant tout l'hiver).

4. De devant un infinitif sert à marquer la cause, l'origine :

> Il doute d'avoir réussi.
> Il s'abstient de parler.
> Il décide de partir.
> Il a fini de parler.
> Il vient de rentrer.
> Je te demande de le faire.

Exercice

Dans les phrases suivantes, employez la préposition, simple ou contractée avec l'article, selon le sens et la construction de la phrase :

1. Goûtez —— ce vin et dites-moi ce que vous en pensez.
2. Il a renoncé —— ce voyage.
3. Vous avez manqué — vos amis.
4. Nous avons acquiescé —— sa demande.
5. L'homme ne doit pas attenter —— sa vie.
6. Il joue —— piano.
7. Je regrette de ne pouvoir accéder —— vos désirs.
8. Il ne nuit —— personne.
9. Son intégrité lui a permis de résister —— toute brigue.
10. Ce vieillard a survécu —— tous ses enfants.
11. Le fils doit succéder —— père dans la direction des affaires.
12. Cela n'équivaut même pas —— deux tiers de l'ouvrage.
13. Pourquoi ne vous adressez-vous pas —— l'agent de police ?
14. Reportez-vous —— directives que je vous ai données.
15. Il proteste —— son innocence.
16. Il s'est abstenu —— tout commentaire.
17. Il s'est abonné —— *Figaro*.
18. Vous n'avez pas satisfait —— conditions stipulées.
19. C'est lui qui a présidé —— banquet annuel.
20. Avez-vous assisté —— ce concert ?
21. Je tiens beaucoup —— ce stylo à bille.
22. Vous ne mangez pas ; vous avez à peine goûté —— votre dessert.
23. Et le voilà maintenant qui doit toucher —— son capital !
24. J'ai emprunté 5.000 dollars —— mon père.
25. Elle s'est acheté une robe —— soie.
26. Ce travail manque —— profondeur.
27. Je souhaite —— votre ami de faire un excellent voyage.
28. Alors, tu ne veux plus —— ces plaisirs auxquels tu tenais tant ?
29. Nous jouons rarement —— cartes.
30. Je me méfie —— ses compliments.

VOCABULAIRE ANGLAIS-FRANÇAIS

after après
air, to blow —— souffler un
 courant d'air
almost presque
apple pomme *f.*
around autour de
as . . . en tant que ...
ask, to —— oneself se demander
attention, to divert the —— (of)
 distraire l'attention (de)
average *adj.* moyen, -ne
average *n.* moyenne *f.*
 to attain an —— faire, atteindre
 une ——
beast bête *f.* (vache *f.*)
become devenir
begin commencer
behemoth monstre *m.*
 approaching ——s ——s qui
 s'approchent
blow *v.* souffler
Brazilian brésilien, -ne
budge bouger
building maison *f.*, édifice *m.*
 downtown —— édifice du
 centre
bullfight corrida *f.*, courses *f.* de
 taureaux *pl.*
 of —— fame de la corrida, des
 courses de taureaux
bullfighting tauromachie *f.*
 to practice the art of —— s'entraîner à la ——, l'automachie
 (*néol.*)
butterfly papillon *m.*
 —— collector chasseur de ——s
cape muleta *f.*
car voiture *f.*, automobile *m.* or *f.*
 to get out of one's —— quitter
 le volant
car owner automobiliste *mf.*
 as a —— en tant qu'——

city ville *f.*
 —— fathers conseillers municipaux
closing hours sorties *f.*
come, to —— rolling out dégringoler, tomber
condition, in good physical ——
 bien profilé, -e
cupboard armoire *f.*
 ——-like downtown buildings
 les (hautes) ——s que sont les
 maisons du centre
czar, a kind of engineering ——
 une sorte de dictateur mécanique
demon génie *m.*
 little unsavory ——s des ——s
 malsains
develop développer
discover découvrir
do faire
 to —— no more than ne pas
 —— mieux que
 What should one ——? Que
 —— ?
drawer tiroir *m.*
drive *v.*, **to —— home** rentrer en
 auto
driver chauffeur *m.*, automobiliste *mf.*
easy facile
energetic énergique
era époque *f.*
 in our —— à notre ——
even même
except à part, sauf, excepté
excitement, to experience ——
 éprouver de vives émotions
face *n.* figure *f.*
fast vite
find *v.* trouver
fine (traffic ——) *n.* contravention *f.*

first premi-er, -ère

forebears, —— in the horse and buggy days (use as a symbol of the "good old days": le fiacre de la belle époque. An exact equivalent for "horse and buggy days" does not exist in French.)

furthermore et qui plus est, en outre, d'ailleurs

go (vehicle) aller, rouler

to —— slower than perdre sur

hero intrépide *mf.*, héros *m.*

hour heure *f.*

per —— à l'——, en une ——

humanity, a whole mass of —— toute une humanité

imitating à l'exemple de

inferiority complex complexe *m.* d'infériorité

to suffer from an —— sentir (souffrir de) un ——

inside dans

instance, for —— par exemple

jump *v.* bondir, sauter

learn apprendre

life vie *f.*

their lives leurs ——s

lucky, to be —— avoir de la chance

many, as —— as autant ... que

means *n.* moyen *m.*

—— of transportation —— de transport

meet *v.* rencontrer

metropolitan métropolitain, -e

middle milieu *m.*

right in the —— of au plein —— de

mind, to drive someone out of his —— épuiser les nerfs de quelqu'un

named, we would like to have —— on voudrait voir naître

neck, to breathe down one's —— souffler sur le ventre de quelqu'un

new nouv-eau, -elle

night nuit *f.*

office bureau *m.*

often souvent

only to + *inf.* pour ne ... que

order, in —— to afin de

order ordre *m.*

to put —— into mettre de l'—— dans

out of hors de

outclass battre

... that can —— ... capable de ——, ... qui puisse ——

paper, a little piece of —— un petit papier, un bout de ——

pedestrian piéton *m.*

people tout le monde

pioneer pionnier *m.*

industrial —— —— industriel

practice *v.* s'entraîner à

rather assez, plutôt

reason, this may be the —— c'est peut-être pourquoi

recommend recommander

risk *v.* risquer

run *v.*, to —— over écraser, tuer

side *n.* côté *m.*

from all ——s de tous les ——s

skirt *n.* jupe *f.*

some beaucoup

there are —— who il y en a qui ...

species espèce *f.*

speed *n.*, to get up to an average —— of 12 km faire du 12 de moyenne

to travel with lightning —— rouler comme l'éclair, devenir spoutnik (*néol.*)

sprinter coureur *m.* à pied

stagger décaler

stand *v.* s'installer, se camper

stenographer sténographe *mf.*, sténodactylo *mf.*

stick *v.* coller

street rue *f.*, chaussée *f.*

subway métro *m.*
surprising étonnant, -e
take *v.* prendre
  to — **the bus** — le bus
then, and — et encore
time, at that — à cette heure
town ville *f.*
traffic circulation *f.*, trafic *m.*
  — **jams** congestion *f.*, embouteillages *m.pl.*
  — **ticket** avis *m.* de contravention
training, after some — la
  forme venant

travel, to — **faster than** gagner
  sur
trot *v.* trotter
  to — **over to** — vers
type *n.* espèce *f.*, sorte *f.*, genre *m.*
typist dactylo *mf.*
unbearable insupportable
use *v.* se servir de
walking *n.* marche *f.*
why pourquoi
windshield pare-brise *m.*
word mot *m.*
world record le grand record du
  monde

8.

Un phénomène linguistique : l'anglomanie

DO YOU SPEAK BARAGOUIN?

Fêtons *la remise des coupes* Émile de Girardin[1] aux vainqueurs *des Journées* sans accident de vocabulaire... C'est fort bien. Mais pourquoi ne parlons-nous plus qu'un mauvais anglais? Et faudra-t-il créer les Journées du baragouin?

5 Je vois que l'on propose un « expressway » au-dessus de Paris. Ne pourrait-on dire : route directe? Cet été les Anglais auront des « camps », mot britannique; nous aurons des « campings », mot inexistant. En même temps que « l'expressway », naît cette semaine « l'auctionnaire » (C'est le gros garçon qui va *estimer les*
10 *haricots* à Arpajon.[2] Je n'invente rien!) Et ne dites pas que l'anglais est utile parce que bref.* C'est souvent vrai, pas toujours. « Réservation » ne vaut pas « location »... « Limitations » est pesant, « limites » est léger. Et que penser de* « personnalisé », de « miniaturisé » au lieu de « réduit », et de « vos activités ». « Votre
15 activité » ne vous suffit-elle pas?

Si « héliport » est précieux et « pin up » difficile à remplacer,

---

[1] Journaliste français né à Paris (1806-1881). Il transforma la presse en abaissant le prix des journaux et en faisant d'eux de grands organes de publicité.
[2] Ville de Seine-et-Oise, connue pour ses cultures maraîchères et sa foire aux haricots.

153

il est exaspérant de lire « *grand standing* », qui ne se dit jamais en anglais en ce sens, pas plus que « footing » n'y signifie marcher. Et « blue jeans » (pour pantalon), et « sun jeans » (*pour changer*) et « twin set »... J'ai demandé à Janine ce que c'était. Elle m'a dit : « Mais tu ne sais rien... C'est un 'pull over' et un 'cardigan'! » 5

« All right... all right! » *Je m'incline*. Mais que penser aussi des mots à la mode, *grimpant à l'assaut du français* comme les crabes d'une plage? Le « sigle », et le « *sous le signe* », et ce laid « détendu » *qui sent la lâcheté* et ce « décontracté », *quatre vilaines syllabes*, pour dire « calme » ? Et cet « *insolite* » *qu'on applique à tout* depuis un 10 mois?

Et ces « *incidences* » au lieu de simples effets, et ces conditions remplacées par le prétentieux « impératifs », tout ce lourd baragouin *qui jetait hors de lui Molière*.

On « contrôle » une course, on ne la domine plus. On achète du 15 « fuel » pour l'hiver prochain. Pourquoi pas de « l'oil » au lieu d'huile pour la salade?

Le langage français *se gonfle à éclater*. Lisez les manuels techniques du commerce. On y tient des « séminaires » (« seminars ») pour discuter de « motivation » et pour *accrocher le « prospect* ». 20 On nous dit même que, s'il s'agit d'un chapeau de bébé (je n'invente encore rien), « il n'y a plus 'motivation' directe, mais indirecte ». En français : ce n'est pas le bébé qui paie et *qu'il faut séduire*, mais les parents, *qui l'enfourneront d'autorité* dans un chapeau trop grand.   25

Naguère, *si vous aviez une panne* à la maison, pardon, « at home », dans votre « living » de « grand standing », un ouvrier venait, travaillait, *tout allait bien*. Plus d'ouvriers!* « Des techniciens qualifiés viendront effectuer les vérifications nécessaires. » Et ils ne viennent pas, *et ça ne marche plus*... Est-ce vrai, oui ou non? 30

Cette semaine, on m'a soumis un appareil d'avion où « une compensation de *permitivité* permet le jaugeage de *capacitance* ». Il ne fait plus beau. Il n'y a plus de vent. Il y a des « jet streams ».

Oh! *viens ça*, criait Panurge[3] à l'étudiant limousin qui voulait l'impressionner... Viens ça, *que je te donne un tour de pigne !*...
Heureusement, je sais l'anglais.* Partons en vacances. Courons vers un « snack-bar », la « cafeteria » étant médiocre et la « cavié-
5 téria »[4] chaude en été. Laissons la « station car » au « parking », montons, après « réservation » dans un avion à « turboprop » d'une grande « flexibilité ». Pendant que le pilote lit sa « check list » et « teste » que sa *VFR* n'a pas de « fading », *carrons-nous dans le siège* « fonctionnel », l'hôtesse tire déjà les boissons du
10 « deep freeze », l'avion *prend le* « *range* »... « Relax, relax » (car en vrai anglais je ne dis pas « relaxons »), et *filons à l'étranger*, vers un pays amical où tout le monde parle français, ce vieux français d'il y a trente ans !...

(Extrait du *Figaro*, 18 juin 1960,
« Chronique », Hervé Lauwick)

ENTENTE CORDIALE OU ANGLOMANIE ?

15   Une aimable correspondante anglaise qui surveille « avec amusement » l'introduction de mots anglo-saxons dans la langue française se demande où nos compatriotes *ont bien pu trouver* ces expressions « qui semblent souvent aussi étrangères aux Anglais qu'aux Français ». Elle m'assure avoir vu dernièrement un restau-
20 rant auto-service qui portait l'inscription LE SELF DES SELFS ! Mais *le premier prix revient sans conteste* à ce magasin de confection du quartier des Champs-Élysées *qui arbore fièrement l'inscription* « Sissy's Shop ». L'auteur de cette enseigne serait peut-être bien
25 étonné si on lui expliquait le véritable sens du mot « Sissy ».
    Il est très probable que beaucoup de ceux qui emploient des termes anglais *ignorent les rudiments de la langue* à laquelle ils empruntent ou croient emprunter.* Dans une annonce intitulée

---

[3] Personnage du *Pantagruel* de Rabelais.
[4] Caféterie au sous-sol.

« Shopping Libre », un magasin de la rue Tronchet propose à son élégante clientèle *un assortiment de* « *pulls* » parmi lesquels un étrange « pull laine, fully fashion ». Il n'est pas besoin d'être *un angliciste patenté* pour remarquer ce solécisme; il eût fallu* dire, comme le fait du reste un magasin du boulevard Montmartre, 5 « fully fashioned ».

Dans un ordre d'idée un peu différent, il est permis de se demander s'il est opportun pour un journaliste d'*émailler ses articles* d'expressions étrangères *douteuses* ou peu connues.

Nos savants même *tombent parfois dans cette manie*. L'auteur 10 d'une intéressante étude sur les paysages agraires *parle à six reprises* d'« openfield » ce qui ne l'empêche pas d'employer, apparemment dans le même sens, des locutions françaises : campagnes ouvertes, paysages ouverts, champs ouverts... S'il y a tant d'équivalents français, à quoi bon recourir à* un terme 15 anglais ?

Dans les pays de langue anglaise, « symposium », qui signifie repas, réunion où l'on boit en compagnie, a pris le sens de colloque, et, par extension, recueil d'études sur un sujet de science ou de philosophie. Je sais que certains groupes médicaux de langue 20 française *emploient volontiers* « symposium », mais ce n'est pas une raison suffisante pour le substituer à débat, congrès ou colloque. Car, si *son accoutrement grec impose* et même *en impose à plus d'un*, il me semble que « Symposium »... *ne s'impose pas !*

(Extraits d'un article de Robert Le Bidois paru dans *Le Monde*,
Sélection hébdomadaire, 14-20 avril 1960)

Questionnaire

1. Pourquoi l'auteur du premier article suggère-t-il qu'on crée les journées du baragouin ?

2. Quel est l'équivalent français de l'« expressway » ?

3. Quel est le mot que les Français emploient pour désigner un campement de touristes ?

4. Que va faire un marchand de légumes à Arpajon?

5. Quelle raison les anglomanes donnent-ils pour l'emploi de mots anglais en français?

6. Quelle signification les Français donnent-ils à l'expression « grand standing » ?

7. Que veulent dire les Français anglomanes par « le footing est l'exercice le plus complet » ?

8. Quelle est en bon français la signification de « séminaire » ?

9. Comment s'appellent aujourd'hui les ouvriers?

10. Qu'est-ce qu'un siège « fonctionnel » ?

11. Qu'est-ce qu'une hôtesse de l'air?

12. Selon l'auteur, où faut-il aller aujourd'hui pour entendre du bon vieux français?

Entente cordiale ou Anglomanie

1. Pourquoi la correspondante anglaise est-elle à la fois amusée et étonnée?

2. Qu'est-ce qu'un magasin de confection?

3. Pourquoi l'enseigne d'un magasin des Champs Élysées est-elle fort amusante?

4. Que veut dire le magasin de la rue Tronchet par « Shopping Libre » ?

5. Pourquoi l'inscription que porte ce « pull » de laine est-elle fautive?

6. Croyez-vous qu'il soit opportun pour un journaliste français d'employer beaucoup d'anglicismes?

7. Donnez trois mots français signifiant « openfield ».

8. De quelle langue le mot « symposium » provient-il?

9. Que signifie-t-il au point de vue étymologique?

10. Dans quel sens est-il employé aux États-Unis?

11. Donnez-en trois équivalents français.

12. L'auteur de l'article croit-il que ce mot doive nous en imposer et s'imposer?

13. Comparez le style des deux articles de tête.

I. TOURNURES IDIOMATIQUES

Étudiez les expressions en italiques dans l'article de tête expliquées ci-dessous.

la remise des coupes — remise des prix aux lauréats à qui on donne souvent une coupe (*cup*) comme symbole de leur succès. (Il s'agit ici d'un concours de vocabulaire offert aux écoliers de Paris.)

des Journées... — jours spéciaux... marqués par quelque événement, tels que « Journée du travail », ou « Journée du combattant » etc., d'où la majuscule

estimer les haricots — déterminer le prix des haricots

« *grand standing* » — haut degré d'excellence; de « grand standing » — de luxe, tout à fait à la mode

pour changer — (*ironique*) pour suivre le même procédé

Je m'incline — J'accepte respectueusement (*ici* employé d'une façon ironique)

grimpant à l'assaut du français — attaquant le français

« *sous le signe* » (*de*) — en bon français : sous l'enseigne (de), sous l'égide (de), sous les auspices (de)

qui sent la lâcheté — qui est teinté de, imprégné de lâcheté

quatre vilaines syllabes — quatre syllabes qui sonnent mal, qui écorchent l'oreille

« *insolite* » — qui déroge à l'habitude ou à la règle (mot bien français, mais employé aujourd'hui à tort et à travers)

qu'on applique à tout — qu'on fait servir à tout

« *incidences* » — terme qui existe en français mais qui appartient proprement au domaine des mathématiques

qui jetait hors de lui Molière — qui mettait Molière en colère

On « contrôle » une course, on ne la domine plus: contrôler — vérifier, surveiller; *dominer* — montrer une grande supériorité

se gonfle à éclater — s'enfle au point de se briser en éclats, augmente démesurément

accrocher (pop.) *le « prospect* » — attirer le client en perspective *qu'il faut séduire* — à qui il faut plaire pour le persuader

qui l'enfourneront d'autorité — qui le feront entrer (comme les pains dans un four), de gré ou de force, sans le consulter

si vous aviez une panne — si vous aviez un arrêt accidentel (d'électricité, de gaz, d'eau, etc.)

tout allait bien — tout marchait bien, tout s'arrangeait, (*ici*) tout recommençait à fonctionner

et ça ne marche plus — et rien ne fonctionne plus, et tout est en panne

permitivité ... capacitance — termes d'électricité employés en anglais et francisés; *permitivity* — specific inductive capacity of a dielectric material; *capacitance* — measurement of the capacity of storing charge in an electrical system

viens ça (archaïque) — viens ici

que je te donne un tour de pigne ! (archaïque) — que je te batte, que je te donne une râclée, une fessée, une rossée (fam.)

VFR — Very High Frequency : type de radio le plus couramment employé dans les avions

carrons-nous dans le siège — mettons-nous à l'aise dans le siège

prend le « range » — prend le cap

filons à l'étranger — allons-nous-en vite à l'étranger

*

ont bien pu trouver — sont parvenus à trouver

le premier prix revient sans conteste — la palme est due sans la moindre discussion

qui arbore fièrement l'inscription — qui déploie avec fierté l'enseigne

ignorent les rudiments de la langue — ne connaissent pas les premiers principes de la langue

un assortiment de « pulls » — une collection de tricots, de chandails

un angliciste patenté — un licencié en anglais, un professeur d'anglais

Dans un ordre d'idée un peu différent — Dans un domaine quelque
  peu distinct de celui-ci
il est permis de se demander s'il est opportun — on peut désirer
  savoir s'il est convenable
émailler ses articles — parsemer ses articles (de); introduire ci
  et là dans ses articles
douteuses — peu exactes, mal employées
tombent parfois dans cette manie — s'adonnent parfois à cette
  habitude ridicule
parle à six reprises — parle six fois, à six endroits différents
emploient volontiers — aiment employer
son accoutrement grec — ses dehors grecs, son origine grecque
impose — est imposant
en impose à plus d'un — inspire un très grand respect à beaucoup
ne s'impose pas — n'est pas le mot qu'on doit nécessairement
  employer

Exercice

Dans les phrases qui suivent, remplacez les tirets par une des
expressions indiquées à droite, dans la forme réclamée par le
texte.

1. A combien —— -vous cette maison?
2. Cette semaine, les coureurs du Tour de
France vont —— des Pyrénées.
3. Si une —— d'électricité devait durer plus
d'un jour, le pays serait paralysé.
4. Votre idée me ——, mais j'hésite à
l'accepter.
5. Votre baragouinage me ——.
6. Après bien des ruses, il est parvenu à ——
la position qu'il désirait.
7. Puisqu'il fallait attendre, elle —— dans
un fauteuil et s'est mise à lire.
8. On nous a —— dans un compartiment
bondé.

séduire
jeter hors de soi
grimper à l'assaut (de)
enfourner d'autorité
panne
se carrer
accrocher
estimer

9. Arrêtez de pomper! Ne voyez-vous pas que cette chambre à air ——.

10. Lundi, je dois —— le plan de ma dissertation.

11. Tous ces compliments —— trop la flatterie pour être vrais.

12. Une panacée est un remède qu'on —— à tous les maux.

13. Ce livre est presque introuvable. Où avez-vous —— cet exemplaire?

14. Votre chien est vraiment racé. Je parie que le premier prix lui ——.

15. J'ai rencontré Paul. Il —— fièrement son nouvel uniforme.

16. Cet étudiant n'est pas suffisamment préparé pour suivre votre cours; il ignore les —— du sujet.

rudiment
revenir sans conteste(à)
appliquer
se gonfler à éclater
soumettre
arborer
pouvoir bien trouver
sentir

*

17. Il n'est pas nécessaire d'être un linguiste —— pour savoir qu'un adverbe ne modifie pas un nom.

18. Vous parliez de politique. Pour rester dans le même ——, puis-je vous demander ce que vous pensez de ce candidat?

19. Pour bien écrire, il ne suffit pas de —— votre texte d'expressions idiomatiques.

20. Je crois vous l'avoir dit à ——.

21. Les Français emploient —— des mots anglais sous prétexte que l'anglais est plus bref.

22. Souvent, les expressions empruntées aux langues étrangères sont plutôt ——.

23. Il parle le français avec une rapidité déconcertante qui —— aux profanes.

24. La plupart de leurs suggestions sont excellentes mais toutes ne —— pas.

émailler
plusieurs reprises
en imposer (à)
s'imposer
douteux
ordre d'idée
volontiers
patenté

II. ÉTUDE DE VOCABULAIRE

A. Donnez la signification des homonymes suivants. Puis, complétez les phrases qui suivent en employant un des mots étudiés.

tombe (*fém. et verbe*)
manie (*fém. et verbe*) — manille (*fém.*)
scie (*2 sens*) — si (*masc., conj., et adverbe*)
boit (*verbe*) — bois
débat (*masc. et verbe*)
remise (*fém., 2 sens et verbe*)
coupe (*fém., 2 sens et verbe*)
tient (*verbe*) — tiens (*verbe*) — tien
faut (*verbe*) — faux (*fém. et adj.*)
lit (*masc. et verbe*) — lient (*verbe*) — lie
filons (*verbe, 2 sens*) — filon (*pop.*)

1. L'œil était dans la —— et regardait Caïn. (*Victor Hugo*)
2. Savez-vous jouer à la ——?
3. Il y avait ici une —— que l'on a transformée en garage.
4. Les prix augmentent. Pensez à ce que vous payiez il y a dix ans pour une —— de cheveux.
5. Un —— vaut mieux que deux tu l'auras (*proverbe*).
6. —— vous voulez la paix, préparez la guerre.
7. On représente souvent la mort armée d'une ——.
8. Elle a eu une vie très malheureuse. En voilà une qui peut dire qu'elle a bu son calice jusqu'à la ——.
9. Puisque la route est droite, —— à toute allure.
10. Nos manteaux se ressemblent. Je ne peux jamais distinguer le mien du ——.
11. Il m'agace à fredonner sans cesse cette —— à la mode.

B. Dans les phrases suivantes, remplacez les anglicismes en italiques par une expression française choisie dans la liste à droite.

1. Adressez-vous à ce guichet pour la *réservation* de vos places.

2. Il faut que chacun connaisse ses *limitations.*

3. J'ai téléphoné à un *technicien* pour qu'il vienne réparer mon chauffe-bain.

4. Il a préféré une *station car* à une décapotable.

5. J'ai laissé ma voiture au *parking.*

6. Allons déjeuner *à la cafétéria.*

7. Hier soir, après le théâtre, nous sommes rentrés chez eux pour *prendre un petit snack.*

8. Le pilote *lit sa check list.*

9. *L'auctionnaire* va estimer la valeur des tableaux avant la vente.

10. Il est difficile de bien accomplir une tâche quand on n'est pas *décontracté.*

11. Nous allons acheter du *fuel* pour l'hiver.

12. Il y a des *jet streams* sur l'Atlantique.

13. Il *teste* son moteur.

ouvrier plombier
parc de stationnement
dans un restaurant auto-service
limites
relire la liste des vérifications
faire un repas léger
location
calme
le commissaire-priseur
carburant
mettre à l'épreuve
voiture à carrosserie canadienne
flux d'air rapide à haute altitude

C. Dans les phrases suivantes, expliquez la signification des mots en italiques. Ils sont correctement employés. Comparez leur emploi correct à leur signification anglicisée dans l'article de tête.

1. Ce jeune homme est entré au *séminaire* l'an dernier.

2. Il n'a pas pu *contrôler* les dépenses de sa femme.

3. Ce professeur de dessin est un bon *technicien* mais n'est pas artiste.

4. Sous quel *signe* du Zodiaque êtes-vous né?

5. Certains touristes préfèrent le *campement* au séjour à l'hôtel.

6. Les ressorts de ce fauteuil sont *détendus.*

7. Il n'a aucune *flexibilité* de caractère.

8. Je crois avoir entendu un bruit *insolite.*

9. Je me demande ce qui a bien pu *motiver* sa visite.

10. En France, beaucoup de maisons comprennent une salle à manger et un *salon*, faussement appelé living.

D. Dans la liste de mots à droite, choisissez l'expression française qui traduit correctement le mot anglais de la liste à gauche.

1. deep freeze
2. a snack
3. to have a snack
4. fading
5. blue jeans
6. cardigan

un gilet de tricot
une chute d'intensité
un casse-croûte
un pantalon de coutil
manger sur le pouce
un congélateur

E. Étudiez l'emploi des verbes en italiques dans les expressions suivantes. Formez des phrases en employant ces expressions.

porter une inscription
arborer une inscription
emprunter à une langue étrangère
intituler une annonce
proposer un assortiment de
    cravates *à* quelqu'un
remarquer un solécisme
émailler d'expressions

recourir à un terme anglais
tomber dans une manie
prendre un certain sens
substituer un mot *à* un autre
en imposer à quelqu'un
estimer des haricots
se carrer dans un siège

F. Famille du mot **manie.** Étudiez les dérivés suivants et remplacez les tirets dans les phrases ci-dessous par le mot convenable.

maniaque
mélomane
mythomane
gallomane
cleptomane
morphinomane
bibliomane

mélomanie
mythomanie
gallomanie
cleptomanie
morphinomanie
bibliomanie

1. La manie du mensonge s'appelle la ——.
2. Celui qui s'adonne à l'habitude morbide de l'usage de la morphine est un ——.
3. Un —— est possédé d'une manie quelconque.
4. Celui qui aime la musique avec passion est un ——.
5. La —— est la manie du vol.
6. Celui qui admire passionnément la France est atteint de ——
7. La passion excessive pour les livres s'appelle la ——.

III. STYLISTIQUE

parce que bref

— parce que c'est court

Ellipse du sujet et du verbe après **parce que (puisque, d'où, de là**, etc.), fréquente dans le style moderne (voir p. 261, p. 314).

Et que penser de... ?

Que suivi d'un infinitif se rencontre souvent avec des verbes tels que **faire, dire, répondre, manger,** etc. Par exemple : *Que lui répondre ? Que dire en pareille circonstance ?*

Plus d'ouvriers !

— Il n'y a plus d'ouvriers.

Phrase elliptique pour mettre le sujet en valeur et donner plus de rapidité au discours. Autre exemple : *Pas d'ennuis !*

je sais l'anglais

savoir implique une idée de profonde connaissance; **connaître** exprime une idée de simple relation ou de contact. Étudiez les exemples suivants :

Paul sait qu'il sera puni.
Connaissez-vous cet homme?
Savez-vous s'il fait chaud dehors?
Il connaît plusieurs langues romanes.
Elle sait ce poème par cœur.
Je ne connais pas ce poème.
Elle sait ce qui lui convient.

Notez qu'on emploie **connaître** exclusivement en parlant d'une personne, mais **savoir** en parlant d'un fait.

ils empruntent ou croient emprunter

Emploi absolu de **emprunter**. Il faut sous-entendre « leurs mots » ou « ces mots ».

il eût fallu...

— il aurait fallu.

Emploi de la seconde forme du conditionnel dans un style littéraire (voir p. 37).

à quoi bon recourir à... ?

Tour elliptique: *à quoi cela sert-il de... !* Fausse interrogation (rhetorical question) où l'effet obtenu est beaucoup plus fort que ne serait l'effet produit par la réponse négative équivalente : *Il n'est pas nécessaire d'avoir recours à...*

IV. TRADUCTION

Traduisez les phrases suivantes en employant autant que possible des expressions contenues dans l'article de tête et discutées dans les « tournures idiomatiques ».

1. A certain type of anglomania is on the loose in France.

2. It assails the bastion of conventional French with a horde of words imported from Anglo-Saxon countries.

3. The proponents of the new jargon claim that English is more concise.

4. But there is much evidence to the contrary; for certain short French words, the anglomaniac must often resort to words that consist of four or five unpleasant syllables whose sound grates on the ear.

5. And what is more, most people who borrow freely from English do not master even the elements of that language.

6. Yet, in their advertisements and on their business signs they proudly display English words and slogans.

7. These signs often make one wonder where in the world they could have unearthed such expressions.

8. Even journalists and scientists fall a prey to the mania and intersperse a host of unnecessary anglicisms in their articles.

9. The classic example is the modern use of the word "symposium" whose Greek etymology, as every educated Frenchman knows, suggests the idea of a drinking party.

10. While some drinking may be going on in the off-hours of a scientific or scholarly colloquium and while the Greek origin of the word may impress many people, the purist of the French language does not think that the word need be used in this new sense.

V. SUJETS DE COMPOSITION LIBRE

En écrivant sa composition, l'étudiant est invité à employer autant que possible les tournures et le vocabulaire de l'article de tête :

A. Discutez les aspects avantageux et désavantageux de l'infiltration de mots anglais dans le français d'aujourd'hui. Illustrez vos opinions par des exemples tirés du texte et des exercices.

B. L'anglais est censé être une langue très hospitalière aux mots étrangers. Croyez-vous qu'il en est toujours ainsi de nos jours ? Quoi qu'il en soit, quels nouveaux jargons croyez-vous pouvoir discerner autour de vous ?

VI. GRAMMAIRE

Emploi particulier des pronoms démonstratifs

Celui (celle, ceux, celles)

Celui-là *attire l'attention sur ce qui vient d'être énoncé :*
C'est un bon livre que celui-là.

Celui-là *peut renforcer la désignation :*
Et celui-là qui vient d'entrer, comment s'appelle-t-il ?

Celui de *désigne la possession :*
C'est celui de Paul.

Celui de *peut aussi avoir un sens partitif :*
Ce sont celles de mes cousines que je préfère.

Celui qui *peut s'employer à la place de* **quiconque** :
Celui qui étudie bien a des chances de réussir.

Ce

Ce *peut avoir une valeur neutre :*
Ce n'est rien.

Ce *peut avoir une valeur précise :*
Quel jour est-ce ?

Ce *peut être* :

a) *sujet devant* **pouvoir** *et* **devoir** :
> Ce doit être son jour de congé.

b) *objet d'une préposition* :
> Sur ce, je m'en vais.

c) *antécédent d'un pronom relatif* :
> Voilà ce que vous avez à faire.

Ce que *peut s'employer dans l'exclamation* :
> Ce que je le plains !

C'est ... que *souligne l'importance de l'attribut* :
> C'est une excellente comédie que cette nouvelle pièce.

C'est ... que *souligne aussi l'importance du complément* :
> C'est à vous que je m'adresse.

C'est que *a une valeur explicative* :
> Si j'y suis allé, c'est que j'en avais envie.

Ceci et cela (*fam.* : ça)

Ces deux pronoms démonstratifs indéfinis s'emploient comme sujet ou comme objet de n'importe quel verbe :
> Cela m'intéresse — Cela peut être vrai.
> N'oublie pas cela.

Voici et voilà

Ces deux expressions s'emploient *en guise de verbe avec un objet direct* : Voilà un bon livre.

> AVEC UN PRONOM PERSONNEL : Me voilà enfin seul.
> AVEC UN INFINITIF : Voici venir les roses.
> AVEC UN PRONOM RELATIF : Voilà qui m'étonne.

Voilà ... que est synonyme de **il y a ... que** et de **depuis** quand on se réfère au temps écoulé :
> Voilà deux heures que je l'attends. — Il y a deux heures que je l'attends. *Ou :* Je l'attends depuis deux heures.

Exercice

Dans les phrases suivantes, remplacez les tirets par le pronom démonstratif réclamé par le sens et par la construction grammaticale de la phrase :

1. —— deux ans qu'elle a quitté l'Europe.
2. —— est vous qui devez y aller.
3. S'il a choisi la médecine, —— cela lui plaisait.
4. —— fut un beau mariage.
5. —— qui est arrivé ne me surprend pas.
6. —— que vous avez choisi vous convient à merveille.
7. —— il peut être ambitieux!
8. Retiens bien —— : tôt ou tard il devra s'expliquer.
9. —— rira jaune qui se croit déjà vainqueur.
10. —— une excellente idée.
11. Quels sont —— de vos cours que vous préférez?
12. Il fait toujours —— qui sait tout.
13. J'aime leurs réflexions, surtout —— de Pierre.
14. Il faut vous plier à ces restrictions, surtout à —— voulues par les lois de l'honneur.
15. —— va de soi.
16. —— vrai qu'il a raison.
17. Mais, avec tout ——, il a l'air malheureux.
18. —— doit être un beau film.
19. —— tu peux parfois être énervant!
20. Je n'ai pas pu trouver plus belle maison que ——.

Ce ou il (elle) avec le verbe être?

Ce s'impose lorsque être indique l'identité entre le sujet et le complément :

> Qu'est-ce que cet édifice? C'est un musée.

Ce est identique à musée. Ce n'est qu'un sujet apparent servant à annoncer le sujet musée.

> Cette chose est-elle vraie? Oui, c'est une chose vraie. — Oui, c'est vrai.

Le pronom **il (elle)** s'impose lorsque le complément du verbe **être** qualifie le sujet :

Comment est Marie? Elle est grande.

Elle et **grande** ne sont pas identiques; **elle** est le sujet réel remplaçant **Marie**; **grande** qualifie **elle (Marie).**

Étudiez les phrases suivantes :

C'est un médecin. (**Ce** est identique à **médecin**).

Il est médecin dans une ville de l'ouest.(**Médecin** ... qualifie **il**).

C'est un bon professeur. (**Ce** est identique à **bon professeur**).

Il est professeur à la Sorbonne. (**Professeur** ... qualifie **il**).

NOTE : Dans les phrases suivantes la forme **c'est** indique une certaine subjectivité de la part de celui qui parle tandis que **il est** reste objectif, rationnel :

C'est bon de vous revoir.

Il est bon d'arriver à temps.

C'est bon de vous revoir. — Je suis très heureuse de vous revoir. *Ou :* Vous revoir me fait un grand plaisir. (*Personnel*).

Il est bon d'arriver à temps. — Il convient d'arriver à temps. (*Généralité, impersonnel*).

AUTRES EXEMPLES :

C'est préférable d'y aller.

Il est préférable de taper cela à la machine.

Dans les phrases suivantes, remplacez les tirets par le pronom réclamé par le sens :

1. Ne prenez pas ce livre; —— est mon livre.
2. —— est vieux.
3. Mais —— est une excellente édition.
4. Est—— vrai que l'on pourra sous peu aller faire un voyage à la lune ?
5. On vous a dit que je partais la semaine prochaine; —— n'est malheureusement pas vrai.

6. Qui est ce monsieur? —— est un grand ami à moi.
7. Que fait-il? —— est un médecin.
8. Est-il installé dans cette ville? Non, —— est médecin à Paris.
9. Cette jeune fille est-elle capable? Oui, —— est une excellente étudiante.
10. —— est intelligente et studieuse.
11. —— est beau de mourir stoïquement.
12. On a de chez moi une vue superbe. —— est surtout beau au soleil couchant.

VOCABULAIRE ANGLAIS-FRANÇAIS

advertisement réclame *f.*
anglomaniac anglomane *mf.*
assail (to —— the bastion of) grimper à l'assaut de, assaillir
borrow emprunter
claim *v.* dire, prétendre, affirmer
colloquium colloque *m.*
conventional conventionnel, -le
country pays *m.*
display *v.* arborer
drinking, some —— may be going on on boira certainement un peu
ear oreille *f.*
  to grate on the —— écorcher l'——
educated instruit, -e
element rudiment *m.*, élément *m.*
etymology étymologie *f.*
evidence, —— to the contrary preuve *f.* contraire
freely volontiers, librement
Greek grec, grecque
horde horde *f.*, légion *f.*, foule *f.*
host foule *f.*
hour, off——s heures libres
idea idée *f.*
impress (many people) en imposer à (plus d'un)
intersperse émailler (de)

know savoir
  as (every Frenchman) ——s comme le sait (tout Français)
language langue *f.*
loose, to be on the —— faire des ravages *m.*
mania manie *f.*
master *v.* maîtriser
more, and what is —— (et) qui plus est
must *v.* devoir
need be used s'imposer
new nouveau, nouvelle
often souvent
party réunion *f.*
  **drinking —— —— où l'on boit en compagnie *f.*
people, most —— la majorité des gens *m.*
prey, to fall a —— to tomber dans
proponent partisan *m.*
proudly fièrement
purist puriste *mf.*
resort (to) *v.* avoir recours à, recourir à
scholarly académique
scientist savant *m.*, homme de science
sense, new —— emploi nouveau

short   court, -e
sign, business —— enseigne *f.*
such   tel, telle
suggest   suggérer
syllable   syllabe *f.*
think   penser
type   espèce *f.*
unearth   déterrer,   dénicher,
  trouver
  **where in the world they could
  ever have** ——**ed**   où ils ont
  bien pu ——

unnecessary   inutile, peu nécessaire, superflu, -e
unpleasant   vilain, -e
use *n.*   emploi *m.*
while   tandis que
wonder *v.*   se demander
  (these signs) make one ——
  en regardant (ces enseignes) on
  se ——e
word   mot *m.*
yet   pourtant, cependant

9.

Retour de vacances

Onze Mois pour rêver aux prochaines.

Au commencement il y avait le rêve.

Amoureusement caressé pendant onze mois de l'année, vision bleu azur qui se superposait en transparence à tous les gestes
5 et faits quotidiens, petit cinéma individuel avec des arrière-plans de montagne ou de mer... Pendant onze mois, *l'homme trime* le jour, bâille le soir et *rechigne contre son joug.* Le douzième mois, il fait ce qui lui plaît. Il s'évade. Il devient enfin lui-même.

Monsieur A. est employé de banque* à Paris. Jeune encore,
10 mais déjà légèrement chauve. Avec sa femme qui est vendeuse, et ses *deux gosses*, il campe souvent pendant le week-end. Jusqu'à présent, toutes les années, *ils allaient chez les parents* dans la Creuse. Cette année, les enfants sont assez grands, cette année (*en a-t-on assez parlé*),* on s'évade vraiment. *De tout.* Cette année,
15 on campe sur la Côte d'Azur. Au bord d'une mer scintillante, sur *une plage presque blanche à force d'être claire*, et, par-dessus tout cela, l'odeur sauvage du romarin...

Monsieur B. est un instituteur. Il enseigne dans la banlieue d'une grande ville* du Nord. Il lit beaucoup, il rêve. Depuis six
20 mois déjà, *il a retenu sa chambre* dans un petit hôtel de Saint-

173

Tropez.[1] Pourquoi Saint-Tropez? Il a lu des reportages dans des magazines, il s'est vu — enfin — *dans une ambiance intellectuelle,* parmi des artistes, des écrivains... Comme on doit bien parler,* *en dégustant un pastis,* avec des hommes libres, *sans tabous,* sans préjugés...   5

Monsieur C., commerçant à Lyon, *n'a* pendant onze mois de l'année, *qu'une vision en tête.* Il vend, il calcule, il organise, il parle aux clients, mais, dans sa tête, il y a des poissons. *Des dizaines de poissons, frétillants,* argentés, pas immenses, non, mais d'une taille acceptable, des dizaines de poissons au bout de sa 10 ligne... Des poissons qui l'attendent dans un petit lac vert et profond, le lac d'Aiguebelette, dans les Alpes...

Vers la Terre promise.

Et c'est ainsi que nous nous sommes tous retrouvés sur les routes : Vespas,[2] 2 CV,[3] 403 Peugeot,[4] 4 CV Renault,[5] tous, 15 *chargés comme des ânes, armés jusqu'aux dents de cartes Michelin, piaffant d'impatience,* dépassant dans les tournants, tous, en route vers la terre promise, le coin personnel du paradis, le paradis d'avant le serpent. Sur la route, bien sûr, il y a du monde sur la route, mais là où nous allons...   20

Là où nous allons, aussi!

Cette année, un nouveau mot a été employé pour le camping, le camping « *concentrationnaire* ». Monsieur A. a trouvé, à Cavalaire, *une pinède* presque entièrement déboisée — les tentes avaient remplacé les arbres. Oui, *la mer était* bleue, oui, elle était 25

---

[1] Petite ville maritime située sur la Côte d'Azur, fréquentée surtout par des personnages très en vue parmi la jeune génération. Prononcez : sɛtRɔpɛ.
[2] Motocyclettes de marque italienne.
[3] Voiture de deux chevaux vapeur; ici, celle qui est fabriquée par les usines Citroën.
[4] Voiture de catégorie moyenne fabriquée par les usines Peugeot.
[5] Petite voiture économique de quatre chevaux vapeur provenant des usines Renault.

étincelante, comme dans la chanson, mais au loin, bien au loin, car une dense humanité remuante *agitait l'eau jusqu'à la rendre boueuse. Des parasols et des chaises-longues hérissaient la plage.* Dans le village, pour *garer la voiture*, pour *faire son marché*, c'était une
5 lutte sauvage. Des voitures munies de haut-parleurs passaient en hurlant des annonces publicitaires. *Des snack bars déversaient leurs ritournelles imbéciles. Des Vespas* passaient, *vrombissantes*... L'odeur sauvage du romarin? Où était-il, le romarin?

Avec sa tête à soi.

10   Saint-Tropez? Jamais Monsieur B. n'admettra à quel point il a été surpris. Aucun magazine, aucune photo ne l'a préparé à ce qu'il allait trouver... *Quel nom donner à ce grouillement*, à cette horde d'envahisseurs, à ce bal costumé? Dans le petit port, les voitures tournaient, *sans savoir où se poser*, entre la mer où les
15 mâts tremblaient au vent et les terrasses de café où il n'y avait *pas une table de libre.* * Les yeux écarquillés*, Monsieur B., seul devant son pastis (gêné dans ses mouvements par de nombreux coudes), regarde la parade. Certaines femmes, *fagotées en vedettes de cinéma se dandinent* en petites *robes en carreaux de Vichy* et dentelle. D'autres
20 affectent une innocence un peu perverse, avec leurs chapeaux de paille et *mouchoirs-femme-fatale* autour de la tête, et leurs longs pantalons collants, en soie. Et les hommes! Enfin *libres de se déguiser, ils se baladent* en faux « Saint-Germain-des-Prés »,[6] en faux « blousons noirs »[7] ou alors s'exposent en petites culottes et
25 chemises couleur framboise écrasée, buste nu.*

Tristement, Monsieur B. a dû s'avouer qu'il n'y a rien de plus triste que d'arriver à un bal masqué avec sa tête à soi. Sa tête de tous les jours. Même dans sa banlieue il ne s'était senti

---

[6] Ceux qui affectent les excentricités de certains pseudo-« existentialistes ». C'est dans les cafés du vieux quartier de St. Germain-des-Prés, à Paris, qu'est né l'existentialisme.

[7] Nom donné aux voyous adolescents organisés en bandes et portant très souvent des blousons noirs en cuir.

à ce point « *en dehors* », et *pour ce qui est de parler* à quelqu'un...
ces gens-là étaient trop pressés pour s'engager dans *un bout de causette.*

Monsieur C. a attrapé un seul poisson. Le premier jour. Les
vingt-neuf autres jours, rien, *ce qui s'appelle rien.* Pourtant tous les 5
jours, toute la journée, il était sur son bateau, qu'il avait loué,
au milieu du lac, immobile, le cœur tremblant... *Bronzé* par le
soleil, comme un sportif, il s'endormait tous les jours en rêvant :
demain, à l'aube, le poisson, le beau poisson vif et argenté...

Le poisson brillait au fond de l'eau, mais Monsieur C. n'était 10
pas vraiment malheureux. Il y avait *des moments très purs*, des
couchers de soleil couleur saumon, des aubes fraîches et bleutées.
Peut-être qu'au fond le poisson n'était qu'un prétexte, peut-être
Monsieur C. l'oubliait-il quelquefois.

Le rêve échappe ainsi aux mains de celui qui le poursuit, mais 15
de la poursuite il reste de l'air dans les poumons. Les vacances
n'ont pas été ce que nous imaginions. Elles ont été autre chose.

On a vu les autres.

Il y avait trop de monde sur la plage, mais, dans cette foule,
il y avait un visage, un mot, un sourire, une poignée de main 20
peut-être. Monsieur B., à Saint-Tropez, *n'a pas eu ce qu'il cherchait,*
mais il a vu « les autres ». Les autres, qu'on ne voit pas au bureau,
à l'usine, au magasin, les autres, qu'on ne devine pas.

Nous nous sommes dépaysés. Nous avons secoué de nos épaules
la vieille poussière, *les tracassantes mesquineries* qui usent *au jour* 25
le jour.

Ainsi, nous nous sommes retrouvés, tous, à la fin du mois,
sur la route, *charriant notre attirail* de pêche sous-marine, nos
bateaux, nos tentes, nos appareils de photo... Nous rentrions.

(Maria Craipeau, *France Observateur,*
3 septembre 1959)

Questionnaire

1. Que fait l'homme pendant onze mois?
2. Que caresse-t-il pendant ce temps?
3. Quelle est la profession de Monsieur A.?
4. Quel âge a-t-il?
5. Est-il célibataire?
6. Sa femme a-t-elle une profession? Laquelle?
7. Comment Monsieur A. passe-t-il souvent ses week-ends?
8. Où a-t-il passé ses vacanses jusqu'à présent?
9. Où a-t-il l'intention d'emmener sa famille cette année?
10. Pourquoi ont-ils décidé d'aller camper sur la Côte d'Azur?
11. Comment Monsieur A. imagine-t-il la Côte d'Azur dans son rêve?
12. Quelle est la profession de Monsieur B. ?
13. Où enseigne-t-il?
14. Où a-t-il retenu une chambre pour l'été?
15. Pourquoi a-t-il choisi Saint-Tropez?
16. Quelle est l'occupation de Monsieur C.?
17. Que fait-il pendant les onze douzièmes de l'année?
18. Qu'est-ce qui caractérise les gens en vacances qui sillonnent les routes de France?
19. Quel est le néologisme qui a été récemment créé pour qualifier le camping?
20. Qu'est devenue la pinède de Cavalaire?
21. Monsieur A. a-t-il trouvé la mer étincelante de ses rêves?
22. Qu'est-ce que Monsieur A. a trouvé au lieu de la paix, du calme et de l'odeur du romarin auxquels il s'attendait?
23. Monsieur B. a-t-il eu plus de chance à Saint-Tropez?
24. De quelle sorte de gens la foule des cafés se composait-elle?
25. Quels sont les sentiments qui envahissent Monsieur B. au milieu de cette cohue?
26. A qui Monsieur B. se compare-t-il?
27. Le rêve de Monsieur C. s'est-il réalisé?
28. Qu'ont été les vacances pour ces trois messieurs et pour la plupart des Français en villégiature?
29. Que peut-on dire finalement en faveur des vacances?

I. TOURNURES IDIOMATIQUES

Étudiez les expressions en italiques de l'article de tête expliquées ci-dessous :

l'homme trime — l'homme fait des efforts pénibles, travaille dur

(il) rechigne contre son joug — (il) témoigne de la mauvaise humeur, de la répugnance envers la tâche qui lui incombe

deux gosses (pop.) — deux enfants

ils allaient chez les parents — ils allaient chez leurs parents

en a-t-on assez parlé — combien de fois on en a parlé!

De tout — On s'évade de tout (phrase elliptique)

une plage presque blanche à force d'être claire — une plage presque blanche parce qu'elle est continuellement claire, qu'elle ne cesse d'être claire

il a retenu sa chambre — il a réservé une chambre

dans une ambiance intellectuelle — dans un milieu intellectuel

en dégustant un pastis — en savourant, en sirotant, en buvant lentement un verre de pastis (boisson alcoolique, à base d'anis; prononcez : pastis)

sans tabous — qui ne réprouvent rien, qui tolèrent tout

n'a ... qu'une vision en tête — a en tête une seule image

Des dizaines de poissons — Un grand nombre de poissons

(des poissons) frétillants — (des poissons) qui s'agitent nerveusement

chargés comme des ânes — très chargés

armés jusqu'aux dents de cartes Michelin (cartes routières publiées par la maison d'édition Michelin) — ayant toutes les cartes Michelin imaginables

piaffant d'impatience — voulant impatiemment avancer

« *concentrationnaire* » — (par allusion aux camps de concentration nazis pendant la guerre) en masse

une pinède — un bois de pins

la mer était ... étincelante — la mer était ... brillante

agitait l'eau jusqu'à la rendre boueuse — remuait l'eau au point de la rendre boueuse

Des parasols et des chaises-longues hérissaient la plage — Des parasols et des chaises longues abondaient sur la plage

garer la voiture — « parquer » son auto

faire son marché — faire ses emplettes, faire des achats pour la maison et la cuisine

Des snack-bars déversaient leurs ritournelles imbéciles — Des snack-bars émettaient des rengaines, des refrains, des mélodies stupides

Des Vespas ... vrombissants — des motocyclettes ... qui pétaradaient, faisaient un bruit infernal

Quel nom donner à ce grouillement — Quel nom donner à cette cohue, à ce grand nombre de personnes qui s'agitaient en faisant du bruit

sans savoir où se poser — sans savoir où s'arrêter, où se garer

pas une table de libre — toutes les tables étaient occupées

Les yeux écarquillés — Les yeux grands ouverts de surprise

fagotées en vedettes de cinéma — accoutrées comme des actrices célèbres de cinéma

se dandinent — marchent avec un mouvement rythmique des hanches

robes en carreaux de Vichy — robes en toile de Vichy à petits carreaux

mouchoirs-femme-fatale — des mouchoirs tels que ceux portés par des femmes séductrices

libres de se déguiser — libres de se travestir

ils se baladent — ils flânent, se promènent dans les rues

« en dehors » — seul, depaysé, comme appartenant à un autre monde

pour ce qui est de parler — quant à parler

un bout de causette — un brin de causette, une petite conversation

ce qui s'appelle rien — absolument rien

Bronzé — Hâlé, bruni

des moments très purs — des moments de paix intérieure

n'a pas eu ce qu'il cherchait — n'a pas obtenu, atteint, réalisé ce qu'il cherchait

Nous nous sommes dépaysés — Nous avons changé d'horizon, de milieu

les tracassantes mesquineries — les choses banales qui sont pourtant des sources d'ennui

au jour le jour — quotidiennement, à la longue

charriant notre attirail — emportant notre équipement

Exercice

Dans les phrases qui suivent, remplacez les tirets par une des expressions indiquées à droite, dans la forme réclamée par le texte.

1. Grâce à la télévision, on peut suivre —— le déroulement des événements mondiaux.
2. Il a réussi —— travail.
3. Il avait les yeux —— d'horreur.
4. Il a transformé son auto —— méconnaissable.
5. Sa philosophie est faite de —— et de préjugés.
6. Le train était en retard; les voyageurs —— sur le quai de la gare.
7. Je —— le samedi.
8. Il emporte tous ses livres, il arrive chaque matin ——.

à force de
jusqu'à la rendre
tabou
au jour le jour
piaffer d'impatience
écarquillé
chargé comme un âne
faire son marché

*

9. Il a —— toute l'année.
10. Elle a été élevée dans une ——.
11. Les Indiens, ——, firent une entrée triomphale dans le village.
12. Il devient de plus en plus difficile de de —— dans Paris.
13. Il n'a rien appris, rien, ——.
14. Il lit beaucoup, il a lu —— de livres depuis la Noël.
15. Je me suis arrêtée chez mon ami pour faire ——.
16. Je l'ai vu, assis à la terrasse d'un café, ——.

armé jusqu'aux dents
garer sa voiture
des dizaines
un bout de causette
ambiance intellectuelle
ce qui s'appelle rien
déguster un pastis
trimer

II. ÉTUDE DE VOCABULAIRE

A. Expliquez les expressions idiomatiques suivantes. Elles sont basées sur une comparaison avec quelque animal.

1. Il est fort comme un cheval.
2. Il travaille comme un bœuf.
3. Il est muet comme une carpe.
4. Il est fier comme un paon.
5. Il est bavard comme une pie.
6. Il a une faim de loup.
7. Il a une fièvre de cheval.
8. Il a la chair de poule.
9. Il verse des larmes de crocodile.
10. Il a été reçu comme un chien dans un jeu de quilles.

B. Étudiez les métaphores suivantes :

1. C'est une sangsue.
2. C'est une vache à lait.
3. C'est une poule mouillée.
4. C'est une fine mouche.
5. C'est une vipère.
6. C'est un perroquet.
7. C'est une brebis galeuse.
8. C'est un ours.
9. C'est un caméléon.
10. C'est un âne.

C. Expliquez en français les mots suivants :

tabou	déguster	ambiance
vrombissant	hurler	ritournelle
bronzé	s'évader	bal costumé
dépaysé	agiter	banlieue
étincelant	rendre	la terre promise
sauvage	rêver	une lutte

D. *Préfixes.* Le préfixe **dé** indique l'éloignement, la privation, l'origine ou le commencement; il se présente sous la forme de **dé, de** ou **dés.**

Déboiser signifie arracher les bois d'un terrain; que signifient les verbes suivants?

> déraciner — dépeupler — démonter — découdre — déboucher — décapiter — déceler — déchausser — dégraisser — décourager — désunir — désapprendre — désaffecter — désosser — désengorger.

E. *Dérivation de mots.*

Une pinède est un bois de pins. Avec les mots suivants, formez un dérivé indiquant la collection :

un sapin	une feuille	une pierre	un balustre
un hêtre	une branche	un valet	une colonne
un chêne	une plume	un marmot	

F. *Paronymes et synonymes.* Étudiez la signification des mots suivants. Puis, complétez les phrases ci-dessous en vous servant du terme propre.

transparent — translucide	arrière-plan — toile de fond
sauvage — sauvagesse	taille — pointure
imaginer — réaliser	préjugé — préjudice
rêve — rêverie	odeur — parfum
jour — journée	

1. Il règne ici une —— étrange.
2. L'eau est un liquide ——.
3. Il est toujours plongé dans ses ——.
4. Hier n'a pas cessé d'être pour moi une —— pleine d'imprévus.
5. L'héroïne de cette pièce de théâtre est une vraie ——.
6. Quelle est la —— de vos gants?
7. Il s'est trouvé dans une situation bien facile à ——.
8. Il avait employé comme —— une simple tenture de velours noir.
9. Cette décision porte —— à tous mes enfants.
10. Le verre dépoli est ——.
11. Les canards —— se servent avec des oranges.
12. Je me demande s'il a pu —— ses rêves d'enfance.

13. Les anciens accordaient beaucoup d'importance aux ——.
14. Rien ne surpasse le —— des roses.
15. Il a plus de six pieds : c'est une belle ——.
16. Un ——, j'espère bien aller à Paris.
17. Personne n'est exempt de ——.
18. Il y avait à —— une vieille chapelle couverte de lierre.

G. *Genre des noms.* On se trompe souvent sur le genre de certains mots très usités. Complétez les phrases suivantes par l'article ou l'adjectif démonstratif nécessité par le sens, en ayant soin d'accorder les adjectifs qualificatifs s'il y a lieu.

1. Il a vécu dans —— ambiance intellectuel ——.
2. Voilà —— magazine très intéressant ——.
3. On vient d'ouvrir —— nouveau —— magasin.
4. Ce —— pinède a bien changé depuis l'an dernier.
5. J'ai vu cela dans les petit —— annonces.
6. L'aube était blafard ——.
7. C'est —— horde malfaisant ——.
8. Ce —— horizon est admirable.
9. Il a fait —— reportage très complet ——.
10. Ce sont des mesquineries enfantin ——.
11. —— banlieue de cette ville est très étendu ——.
12. Nous avons passé chez vous —— week-end délicieux ——.

III. STYLISTIQUE ET PRONONCIATION

Monsieur A est employé de banque

L'attribut et l'apposition avec ou sans article. Comparez les trois phrases suivantes :

Monsieur A. est employé de banque à Paris.

Monsieur B. est un instituteur dans la banlieue d'une grande ville du nord (p. 173, l. 18).

Monsieur C., commerçant à Lyon, n'a pendant onze mois de l'année qu'une vision en tête (p. 174, l. 6).

Dans la première phrase, l'attribut **employé** n'est pas accompagné d'un article. Il a ici la valeur d'un adjectif.

Dans la deuxième phrase, **instituteur** est accompagné de l'article indéfini. Cet article indique

a) qu'il est question d'un certain instituteur
b) qu'il est question d'un individu et non d'un simple état, d'une certaine manière d'être.

Dans la troisième phrase, l'apposition équivaut à une épithète de caractérisation et se construit sans article. Une telle apposition accompagnée de l'article défini signifierait : le fameux commerçant, celui qui est bien connu.

EXERCICE : Dans les phrases suivantes, employez un article si vous le jugez nécessaire.

1. Lucerne, —— petite ville de Suisse, est un centre touristique situé sur le lac des Quatre Cantons.
2. Il était —— médecin à Vienne.
3. Ses deux frères ont choisi de belles carrières : l'un est —— ingénieur, l'autre —— professeur d'université.
4. C'est —— très bon médecin.
5. Quel est le grade de Paul? Il est —— capitaine.
6. Il écrit très bien; on peut dire qu'il est —— vrai poète.
7. Ce jeune homme a beaucoup changé; il est maintenant —— officier supérieur très respecté.
8. Monsieur X., —— président actuel de notre université, est —— docteur en physique.
9. Il veut devenir —— avocat.
10. Il s'est montré —— vrai gentilhomme.

en a-t-on assez parlé

L'inversion dans une exclamation exprime un sentiment vif ou passionné. Remarquez que dans ce cas **assez** signifie **beaucoup.**

Ville, mille, et *tranquille* et leurs dérivés prononcent le double l comme l liquide.

Comme on doit bien parler

Doit est employé comme auxiliaire. Il indique ici la probabilité. Étudiez : Le facteur doit être passé à présent.

pas une table de libre

La préposition **de** indique que l'adjectif **libre** n'est pas une simple épithète mais un attribut : *pas une table qui soit libre.* Étudiez : Il n'y a de beau que l'amitié.

buste nu

nu jusqu'à la taille — Sans article parce que l'expression sert de déterminatif. L'expression est elliptique ; on pourrait suppléer « ayant le » ou « avec le » *buste nu.*

IV TRADUCTION

Traduisez les phrases suivantes en employant autant que possible des expressions contenues dans l'article de tête et discutées dans les « tournures idiomatiques ».

1. Eleven months out of twelve, the average man toils and sweats to eke out a living.

2. Once in a while, he revolts against his fate.

3. In such moments, he wants to escape or to forget the daily routine in dreams he has been toying with about vacation time.

4. There are those who see themselves and their families camped on a white beach near the glittering waters of the Mediterranean.

5. Others imagine themselves in the intellectual atmosphere of a St. Tropez Hotel, talking to carefree artists and writers while sipping a pastis.

6. Still others have but one vision in their minds—dozens of (silvery) wriggling fish at the end of their line.

7. Thus, in the month of August, all set out on their journey to the promised land.

8. The small cars are loaded with gear and the vacationers, impatiently fretting, try to pass each other on narrow, winding roads.

9. But instead of quiet spots amidst pine trees, they found wide-open deforested spaces covered with a forest of tents.

10. A host of lounging chairs and parasols dotted the beach while an immense crowd churned up the clear blue water until it looked like mud.

11. In the villages, one had to fight savagely in order to park one's car and do the shopping.

12. While the bars spilled the sounds of silly tunes into the streets, mobile loudspeakers blared out their advertisements which were immediately drowned in the constant humming and droning of the passing motor cars.

13. In St. Tropez, the man with intellectual ambitions was no less surprised.

14. In the cafés, he found himself elbowed around by a host of invaders who seemed to be on the way to a costume ball.

15. Goggle-eyed, he watched the parade : women, done-up like movie stars, kerchiefs and straw hats on their heads, swaying around in tight, silky toreador pants, and affecting a somewhat perverse innocence.

16. The men either looked like pseudo-existentialists and gangland kids or were decked out in short pants and torn, weirdly colored shirts.

17. They were all too busy to think about a nice little chat.

18. As to the ardent fisherman, he most often fell asleep in his little rented boat, in the middle of a quiet lake.

19. While dreaming about the fish which he was going to catch the next day, he got at least a nice, sportsman-like tan.

20. Even if they did not find what they had been looking for, our vacationers at least « got away from it all ». They saw other people and shook off the annoying pettiness which uses up their energies in everyday life.

V. SUJETS DE COMPOSITION LIBRE ·

En écrivant sa composition, l'étudiant est invité à employer autant que possible les tournures et le vocabulaire de l'article de tête.

A. Faites une description de vos projets de voyage et de vacances pour cette année.

B. Donnez un petit compte rendu d'un voyage que vous avez fait récemment.

C. Faites une comparaison entre vos rêves et la réalité au sujet d'un voyage entrepris l'été passé.

VI. GRAMMAIRE

Les temps du passé

Le passé se présente sous de nombreuses formes dont trois sont essentielles parce qu'elles correspondent à trois aspects[1] différents.

1. *L'imparfait* représente une « action-ligne », une continuité dans le passé ; il indique que l'action exprimée par le verbe est inachevée au moment du passé où elle est considérée.

2. *Le passé simple* énonce une « action-point », momentanée, entièrement terminée à un moment donné dans le passé.

NOTE : Dans la conversation, le passé simple s'emploie de moins en moins. On le remplace par le passé composé dont les formes sont moins compliquées. Ainsi donc, de nos jours, la langue parlée ne fait plus de distinction entre les aspects de ces deux temps.

3. *Le passé composé* représente aussi une « action-ligne » ; mais tandis que l'action-ligne de l'imparfait se situe entièrement dans la passé, l'action-ligne du passé composé aboutit au moment actuel, s'engage dans le présent qu'elle influence et dans lequel elle a un certain retentissement, une certaine répercussion.

Après avoir établi la différence qui existe entre les aspects de l'imparfait, du passé simple et du passé composé, on peut étudier en détail les divers emplois de chacun de ces trois temps du passé.

---

[1] Manière dont l'action exprimée par le verbe est envisagée dans son développement. Étudiez les exemples suivants :

ASPECT INSTANTANÉ OU MOMENTANÉ : Il tomba.
ASPECT DURATIF : Il nageait.
ASPECT INCHOATIF (indiquant l'action à son début) : Les tomates rougissent.
ASPECT FRÉQUENTATIF (indiquant la répétition de l'action) : Cette lumière clignote.

A. Imparfait

1. Il a une valeur de durée, d'inachèvement :
Au commencement, il y **avait** Dieu.

Comparez à :
Au commencement, Dieu **créa** l'homme.

(Le passé simple maintient les faits dans le passé).

2. L'imparfait indique

a) *l'habitude, la répétition :*
Toutes les années, ils **allaient** chez les parents.

b) *l'incomplet, le tenté :*
Il **essayait** de me persuader de quitter la ville.

Comparez à :
Il **essaya** de me persuader.

(Le passé simple indique une action achevée).

c) la simultanéité par rapport à un autre imparfait :
Léon **mangeait**, Pierre **lisait**.

3. L'imparfait est le temps de la description :
Il **faisait** nuit. La nuit **tombait**.

4. C'est aussi le temps du mystère, de la curiosité, de l'attente :
Il **était** une fois une fée qui **s'appelait** Mélusine.

5. L'imparfait s'emploie aussi

a) comme *imparfait du style indirect* ou imparfait des « dires » (voir pp. 102-103) :
On m'affirma (On m'affirme) qu'il **était** là.

b) comme *imparfait d'explication*. Dans ce cas, il suit le premier verbe (conjugué à un autre temps) qu'il explique :

> Tout le monde en fut ému, les hommes même en **avaient** les larmes aux yeux.

c) comme *imparfait causal*. Dans ce cas, l'imparfait précède la proposition qui indique la conséquence de l'action exprimée à l'imparfait :

> Il **neigeait**; il ne put arriver le soir même.

d) comme *imparfait d'atténuation* au lieu du présent :

> J'**allais** vous demander de me rendre un service.

B. Passé simple

Il exprime un passé pur, sans le moindre rapport avec le présent :

> Hier, j'**écrivis** une lettre à ma mère.

C'est le temps de la narration. Il fait progresser les événements du récit tandis que l'imparfait décrit :

> Nous avancions avec prudence. Tout à coup, Paul **poussa** un cri et **tomba.**

C. Passé composé

Il s'emploie dans la conversation au lieu du passé simple :

> **Avez-vous écrit** à votre mère hier?

Il s'emploie pour exprimer une notion vague de temps ou de lieu :

> Quand et où **avez-vous lu** cela?

Il présente une action commencée dans le passé et se prolongeant dans le présent :

> **Je** n'**ai** pas encore **lu** ce livre.

Il présente une action accomplie qui affecte encore le présent :

> Toute ma vie, **je** n'**ai vécu** que pour lui.

NOTE : Avec **depuis, il y a, voilà … que, voici … que,** on emploie en français le présent de l'indicatif là où l'anglais emploie le passé composé. Dans ce cas, le laps de temps qui s'étend du passé au présent est considéré dans le sens inverse : il a son point de départ dans le présent au lieu d'y trouver son point d'arrivée.

Il lit depuis deux heures. *He has been reading for two hours.*

Exercices

A. Comparez les phrases groupées ci-dessous :

1. Elle dormit cent ans.
   Elle dormait et je l'ai réveillée.

2. Je lui fis signe et il entra.
   Je lisais au moment où il entra.

3. Il naquit en 1921.
   Il y a trente-cinq ans, je naissais dans une petite ville de province.

4. Que faisiez-vous au temps chaud ? Je chantais.
   Je chantai (j'ai chanté) l'été passé dans plusieurs casinos d'Europe.

5. Chaque dimanche, nous sortions faire une promenade.
   Chaque dimanche, nous sortîmes (nous sommes sortis) faire une promenade.

6. La colère qu'il dissimulait finit (a fini) par éclater.
   La colère qu'il dissimula (a dissimulée) altéra (a altéré) son jugement.

7. Il me déclara : « Je pars pour le midi ».
   Il me déclara (m'a déclaré) qu'il partait pour le midi.

8. Le soleil dardait ses rayons sur la nature endormie.
   Midi sonna au clocher du village.

9. Dans la nuit, il croisa une femme au pas pressé : c'était elle.
   La nuit tombait : il la croisa et ne la reconnut pas.

10. Je viens vous dire qu'il est rentré.
Je venais vous demander s'il était rentré.

11. A cinq heures, il prenait le train.
A cinq heures, il prit (a pris) le train.

12. Louis XIV mourut en 1715.
Le roi est mort hier.

13. Il ne put finir ce chapitre hier soir.
Il n'a pas encore pu finir ce chapitre.

14. J'ai lu cela dans l'encyclopédie.
Je lus (J'ai lu) cela hier.

15. Il est mort.
Il mourut à cinq heures.
A cinq heures, il mourait.

16. Je montai l'escalier et trouvai l'appartement ouvert.
J'ai monté l'escalier en courant.

17. Je passai ma jeunesse à m'occuper de lui.
J'ai passé ma jeunesse à m'occuper de lui.

B. Dans les phrases suivantes, employez le temps qui convient le mieux au sens de la phrase :

1. *avoir*   Il y a quelques années, nous —— l'habitude de passer le dimanche dans ma belle-famille.

2. *être*   Je —— en train d'étudier quand vous m'avez téléphoné.

3. *essayer*   Jacques —— de rester calme malgré l'angoisse qui l'étreignait.

4. *partir*   Je vous ai dit à plusieurs reprises que nous —— demain. (Discours direct : « Nous partons demain ».

5. *faire*   Il —— un temps splendide; ils allèrent au match de football.

6. *être*   Tout le monde —— énervé. Jean laissa tomber une tasse.

8. *faire*   Je travaillais. Que —— -vous alors ?

9. *être*   Il a dû s'inquiéter car elle —— très malade.

10. *être*   Il —— perclus de rhumatisme; il ne s'est pas couché
                  pendant plusieurs années.

11. *hésiter*   En ce temps-là, je —— encore sur le parti à prendre.

12. *aller*   Quand je —— en promenade avec mon grand-père,
                  nous avions l'habitude d'étudier le nom des arbres
                  et des fleurs.

13. *aimer*   Les Égyptiens du temps des Pharaons ne —— pas la
                  musique.

14. *faire*   Quel temps ——-il en Europe l'été passé?

15. *aller*   Quand il faisait trop chaud l'été dernier, je ——
                  m'asseoir à l'ombre du grand chêne.

16. *mourir*   César —— en 44 av. Jésus-Christ.

17. *découvrir*   Christophe Colomb —— l'Amérique en 1492.

18. *échoir*   Cette maison lui —— en partage lors de la mort de
                  son père.

19. *recouvrer*   Elle —— la raison quand on lui a rendu son enfant.

20. *venir*   Ils —— nous voir deux fois la semaine dernière.

21. *veiller*   Il la —— jour et nuit pendant sa dernière maladie.

22. *venir*   Il en —— à se demander s'il ne s'était pas égaré.

23. *être*   Elle retomba la tête en arrière, elle —— morte.

24. *terminer*   Nous ne —— pas encore notre travail.

25. *rencontrer* Je —— cette dame la semaine passée.

26. *voir*   Je ne —— pas encore sa nouvelle voiture.

27. *avoir*   Jusqu'à présent, je ne —— pas l'occasion de lui
                  téléphoner.

28. *faire*   Il —— longtemps clair hier soir.

29. *écrire*   Elle ne me —— jamais une aussi belle lettre.

30. *manger*   A partir de ce moment là, elle ne —— plus.

D. Distinction entre le plus-que-parfait et le passé antérieur

Le *plus-que-parfait* indique une antériorité par rapport à un
imparfait exprimé ou sous-entendu, un passé simple ou un
passé composé:

> J'allais vous téléphoner car je croyais que vous aviez oublié de
> me rappeler.
> Le soleil était déjà couché quand il lui vint l'idée saugrenue

d'aller se baigner dans l'étang.
J'avais écrit cette lettre quand il est arrivé.
Vous m'aviez promis de venir me voir cette semaine.

Le plus-que-parfait peut aussi s'employer en corrélation avec un présent pour indiquer une forte opposition :

J'avais toujours espéré qu'il s'améliorerait; les événements actuels m'enlèvent tout espoir.

Le passé antérieur s'emploie ordinairement dans une subordonnée pour indiquer l'antériorité immédiate d'une action momentanée par rapport à un verbe principal employé au passé simple. La subordonnée est ordinairement introduite par une conjonction telle que, **dès que, aussitôt que, sitôt que, après que, quand, lorsque,** etc.

Dès qu'il eut terminé son essai, il sortit.
Il quitta la salle aussitôt qu'il eut fini d'écrire son essai.

Le passé antérieur s'emploie d'une façon toute particulière dans une proposition principale pour indiquer qu'une action a été achevée rapidement :

En quelques heures, *il eut achevé* ce travail.

Il est à noter que le passé antérieur, comme le passé simple, est un temps de moins en moins usité en conversation, où on le remplace par un temps surcomposé.

E. Remarques sur l'emploi des temps surcomposés

Ces temps apparaissent dès le moyen âge. Ils sont devenus de plus en plus fréquents depuis le 19e siècle.

1. Dans la conversation le *passé surcomposé* est le seul temps qui puisse exprimer l'idée d'antériorité immédiate d'une action momentanée par rapport à un passé composé remplaçant un passé simple :

Dès que j'**ai eu fini** de dîner, je me **suis mis** à l'ouvrage.

Ce qui s'écrirait dans le style littéraire :

Dès que j'**eus fini** de dîner, je me **mis** à l'ouvrage.

Il est à noter que dans ce cas, le plus-que-parfait ne peut jamais s'employer en conversation pour remplacer le passé antérieur du style littéraire.

2. On pourra, si l'on préfère, avoir recours à la construction infinitive. On aura soin d'employer alors un adverbe de temps qui fera ressortir la brièveté d'intervalle entre les deux actions :

Tout de suite après avoir fini de dîner, je me suis mis à l'ouvrage.

3. Il est à remarquer aussi que s'il est des cas où les formes surcomposées semblent peu nécessaires, voire superflues ou avantageusement remplacées par d'autres tournures moins lourdes, il est d'autres cas où les formes surcomposées s'imposent pour indiquer la véritable relation temporelle existant entre les diverses actions.

Comparez :

Si tu **avais fini** ton travail (= avais pris le temps de finir) quand je suis arrivé, nous pourrions aller au cinéma.

Si tu **avais eu fini** ton travail quand je suis arrivé (= si ton travail avait été terminé avant mon arrivée), nous ...

Remarquez aussi l'idée d'antériorité et de non-réalisation des faits exprimée sans conteste par un conditionnel surcomposé :

Si je les avais laissé faire, ces garnements **auraient eu** tôt **fait** de m'abîmer mon jardin.

Exercices

A. Dans les phrases suivantes, employez le temps qui convient le mieux au sens de la phrase :

1. *sortir*   Elle est venue chercher ce livre vendredi mais je ——.
2. *déjeuner-*   Il —— et —— le journal; les autres étaient encore
   lire   au lit.

3. *pleuvoir*   Il ne —— pas depuis un mois; les réservoirs étaient
                   à sec.

4. *dîner*   Nous —— déjà quand il est arrivé.

5. *donner*   Après qu'il —— la bénédiction, on se mit à manger.

6. *lire*   Il —— trop; ses yeux étaient rouges et larmoyants.

7. *prononcer*   A peine ——-il un mot qu'elle le renvoya.

8. *prédire*   Plusieurs personnes me —— ce qui allait m'arriver,
                   je ne puis m'en prendre qu'à moi-même.

9. *finir*   Quand il —— de lire un livre, il en faisait un petit
                   résumé.

10. *cesser*   Quand la police arriva sur les lieux de l'accident, il
                   —— de vivre.

11. *accomplir*   Dès qu'il —— sa mission, il rentra au pays.

12. *faire*   En un rien de temps, elle —— ses plans.

B. Dans les phrases suivantes, tirées de la littérature française,
justifiez l'emploi des temps surcomposés.

1. Aussitôt que j'*ai eu envoyé* mon paquet, j'ai appris, ma bonne,
   une triste nouvelle (Mme de Sévigné, 17 juin 1672).

2. Après que j'*ai eu médité* que ceux qui ne se connaissent point
   en pierreries sont trompés par le moindre éclat ... (Bossuet,
   SUR L'HONNEUR DU MONDE, 2).

3. *Ils auraient eu* bientôt *mangé* le pauvre patrimoine (Perrault,
   CONTES 100).

4. *Nous aurions eu rentré* la récolte avant la nuit, mais un orage a
   éclaté (Bazin, LA CLOSERIE DE CHAMPDOLENT).

5. Ce vin nouveau *a eu* bien vite *grisé* tous ces buveurs de vin
   (Daudet, ROB. HELMONT).

6. Quand j'*ai eu perdu* ma pauvre défunte, j'allais dans les champs
   pour être seul (Flaubert, MADAME BOVARY).

7. Quand Dieu m'*a eu donné* une fille, je l'ai appelée Noémi
   (Renan, SOUVENIRS D'ENFANCE ET DE JEUNESSE).

8. Et quand j'*ai eu fini*, le baron est venu à moi (P. Mille).

9. A peine les *avais-je eu quittés* qu'ils s'étaient reformés (Proust,
   GUERMANTES).

10. Quand *elle a eu fermé* la porte derrière elle, Biche a haleté
    (Lichtenberger, BICHE).

11. Quand *nous avons eu fait* le tour du propriétaire ... (M. Prévost,
    Mon cher Tommy).

12. Si monsieur n'*avait* pas *eu dîné* par hasard, monsieur m'aurait
    bien obligée (O. Feuillet, Le Roman d'un jeune homme
    pauvre).

Accord des adjectifs de couleur

Adjectifs qui s'accordent

Les adjectifs simples s'accordent en genre et en nombre avec
le nom auquel ils se rapportent :

une robe blanche	un chapeau noir
des blouses vertes	des gants bruns

NOTE : Les adjectifs suivants, bien que des noms à l'origine, sont
aujourd'hui de véritables adjectifs et, par conséquent, s'accordent :

écarlate, fauve, incarnat, mauve, pourpre, rose

Adjectifs qui restent invariables

1. Un mot indiquant la couleur qui est un nom pris comme adjectif.
On peut alors sous-entendre le mot « couleur » :

des robes paille (c.à.d. de la couleur de la paille)
des gants marron (c.à.d. de la couleur du marron)

Il en est ainsi des noms suivants :

argent, azur, café, caramel, cerise, citron, crème, crevette,
émeraude, framboise, indigo, kaki, moutarde, ocre, or, orange,
prune, rouille, saphir, tabac, tomate, turquoise, etc.

2. Les adjectifs réunis par deux ou trois pour désigner un même
objet :

une mer bleu-vert (*avec trait d'union*)
des drapeaux bleu, blanc, rouge
des robes jaune paille (*sans trait d'union* — jaune comme la paille)
une blouse vert pomme
des souliers blanc et noir

3. Les adjectifs suivis d'un autre adjectif qui les modifie :

    des cheveux châtain clair
    des reflets bleu verdâtre

4. Les noms composés servant d'adjectifs :

    des robes tête-de-nègre (*avec trait d'union*)
    des blouses gorge-de-pigeon

5. Les expressions stéréotypées comme : couleur de rose, couleur de chair ou couleur chair, etc.

    des bas couleur chair

Exercice

Dans les phrases suivantes, remplacez les tirets par les adjectifs indiqués en ayant soin de les orthographier correctement :

1. **brun — noisette**

    Il a des cheveux —— et deux beaux yeux ——.

2. **framboise — azur**

    Elle portait des gants —— avec un chapeau et une robe ——.

3. **gris perle — bleu noirâtre — bleu de nuit — lie-de-vin**

    Il portait des chaussettes ——, des souliers ——, des pantalons —— et une veste ——.

4. **couleur chair — feuille-morte**

    Elle portait des bas —— et des souliers ——.

5. **gris-bleu**

    Les tons —— sont à la mode.

6. **noir et or — bleu-vert**

    Je viens d'acheter des galons, les uns sont ——, les autres ——.

7 **écarlate et bleu**

    Il aime les couleurs vives; je lui connais plusieurs cravates ——.

8. **rose d'automne — jaune et blanc**

   Il a deux autos, l'une est —— et l'autre ——.

9. **fauve — incarnat**

   Elle portait des souliers et des gants —— avec un tailleur et un chapeau ——.

10. **turquoise — blanc — noir — gris**

   Je viens de terminer une carpette ——, ——, —— et ——.

VOCABULAIRE ANGLAIS-FRANÇAIS

advertisement annonce *f.* publicitaire
affect *v.* affecter
amidst au milieu de
annoying tracassant, -e
as to quant à
atmosphere ambiance *f.*
average moyen, -ne
ball bal *m.*
   costume —— —— masqué, costumé
beach plage *f.*
blare out hurler
blue bleu, -e
boat bateau *m.*
busy pressé, -e; affairé, -e
camp *v.* camper
car voiture *f.*
   passing motor ——s des ——s qui passaient
carefree libre et sans tabous *m. pl.*
catch (fish) *v.* accrocher
chat *n.*, **a little** —— un bout, un brin de causette *f.*
churn up agiter
clear *adj.* limpide
color *v.* bigarrer
   weirdly ——ed curieusement ——é, -e
cover *v.* couvrir

crowd une humanité *f.*, foule *f.*
day, the next —— le lendemain
deck out affubler
deforested déboisé, -e
done-up (like) fagoté, -e (en)
dot *v.* hérisser
dozen douzaine *f.* (dizaine *f.*)
dream *n.* rêve *m.*
dream *v.* rêver
droning vrombissement *m.*
drown noyer
elbow around coudoyer
end *n.* bout *m.*
   at the —— **of** au —— de
escape *v.* s'évader
fall asleep s'endormir
fate, to revolt against one's —— rechigner contre son joug *m.*
fight *v.* lutter
   to —— **savagely** —— comme un sauvage, sauvagement
find *v.* trouver
fish *n.* poisson *m.*
fisherman pêcheur *m.*
forest forêt *f.*
forget oublier
fret piaffer
   to —— **impatiently** —— d'impatience *f.*
gangland kids blousons noirs (*néol.*)

gear *n.* attirail *m.*

get, "to —— away from it all" se dépayser

glittering scintillant, -e

goggle-eyed les yeux écarquillés

head *n.* tête *f.*
  on their ——s sur (autour de) la ——

host, a —— of des quantités *f.* de
  a —— of invaders une horde (grouillante) d'envahisseurs

humming bourdonnement *m.*

imagine oneself se voir

immediately immédiatement

instead of à la place de, au lieu de

journey, to set out on a —— se mettre en route

kerchief mouchoir *m.* (de femme fatale)

lake lac *m.*

land *n.* terre *f.*
  the promised —— la —— promise

least, at —— au moins

line *n.* ligne *f.*

living, to eke out a —— gagner une maigre pitance

load *v.* charger

look *v.*, **to —— for** chercher
  to —— like avoir l'air de

loudspeaker haut-parleur *m.*
  mobile ——s voitures munies de ——s

lounging chair chaise longue

man homme
  the —— with ambitions l'—— aux ambitions *f.*

middle milieu *m.*
  in the —— of au —— de

moment, in such ——s à ces moments *m.*

month mois *m.*
  eleven ——s out of twelve pendant onze —— de l'année

movie star vedette *f.* de cinéma

mud boue *f.*
  until it (the water) looked like —— jusqu'à la (l'eau) rendre boueuse

narrow étroit, -e

often, most —— la plupart du temps

order, in —— to afin de

others d'autres
  still —— et —— encore

pants, (tight) toreador —— des pantalons collants *m.*
  short —— des culottes courtes

parade cortège *m.*, parade *f.*

park *v.* garer

pass *v.*, **to —— each other** se dépasser les uns les autres

people, other —— les autres

petiness mesquinerie *f.*

pine trees pinède *f. sing.*

pseudo-existentialists des faux "St. Germain-des-Prés"

quiet calme, paisible

rent *v.* louer

revolt (against) *v.* rechigner (contre)

road route *f.*

routine, daily —— les gestes et faits quotidiens, la routine de tous les jours

see oneself se voir

seem avoir l'air de

shake off secouer

shirt chemise *f.*

shopping, to do the —— faire son marché, ses emplettes *f.*

silky soyeux, soyeuse

silly imbécile

sip *v.* déguster, siroter

small petit, -e

somewhat un peu

space espace *m.*

spill *v.* déverser

sportsman-like comme un sportif

spot *n.* endroit *m.*

straw hat   chapeau *m.* de paille
street   rue *f.*
surprised   surpris, -e
  no less —   non moins —,
  ne ... pas moins —
sway around   se dandiner
talk (to) *v.*   parler (à)
tan, to get a —   être bronzé, -e
  par le soleil
tent   tente *f.*
think, to — about   s'engager
  dans
those   ceux, celles
thus   ainsi
toil *v.* **(and sweat)**   trimer
too   trop
torn   déchiré, -e
toy (with) *v.* (amoureusement)
  caresser
try *v.*   tâcher, essayer
tune   ritournelle *f.*
  to spill the sound of —
  déverser des —s
use up   user
  to — **(their energies) in**

everyday life — au jour le
jour
vacationer   touriste *mf.*
vacation time   vacances *f.pl.*
**vision, to have a — in one's
  mind**   avoir une vision en tête
  f.
want *v.*   vouloir
watch *v.*   regarder
water *n.*   eau *f.*
  —s   —x *pl.*, mer *f.*
  **near the —s (of the Mediter-
  ranean)**   au bord d'une mer,
  au bord des eaux de la Méditerranée
way, to be on the —   être en
route
while   tandis que
  once in a —   de temps en
  temps, de temps à autre
white   blanc, blanche
wide-open   vaste
winding   sinueux, sinueuse
wriggling   frétillant, -e
writer   écrivain *m.*

10.

Des gratte-ciel à Paris

« Il y a longtemps que la tour Eiffel et Notre-Dame *font bon ménage* dans le ciel de Paris », disait André Malraux. Pourtant, les Parisiens, *en dépit de la « coexistence »* de ces multiples styles *au cœur de leur ville*, ont longtemps redouté* de voir apparaître
5 des gratte-ciel.

Réfractaires à l'architecture verticale, ils viennent de la découvrir et attendent maintenant que s'élèvent, sur l'emplacement de la gare Montparnasse, des gratte-ciel* qui n'impressionneront peut-être pas les New-Yorkais mais qui, avec leurs deux cents mètres,
10 donneront à la France le record d'Europe de la construction en hauteur.

Il y a vingt-cinq ans que la S.N.C.F.[1] envisage de repousser ses gares vers les limites de Paris pour « décongestionner » le centre. Jusqu'à présent, les commerçants établis *aux environs des*
15 *terminus étaient parvenus à repousser* une réforme que les urbanistes et les usagers considéraient comme indispensable.

Il a fallu qu'une gare s'endorme, *qu'un quartier s'assoupisse*, pour qu'il soit enfin décidé, *à la veille de l'été*, de déplacer la gare Montparnasse et de libérer ainsi des dizaines de milliers de mètres

---

[1] Société Nationale des Chemins de Fer Français.

carrés de terrain où pourrait s'élever, *sans entraves,* un ensemble
architectural moderne.

Le Conseil des Bâtiments de France, longtemps réticent, a,
par seize voix et deux abstentions, accepté que les perspectives
de Paris soient modifiées, abandonnant, *au cours d'une séance* qui 5
demeurera historique, l'interdiction de construire à Paris des
immeubles de plus de trente-sept mètres de hauteur.

*Le vote acquis,** une maquette a été immédiatement présentée
au public. C'est que, depuis des années, un groupe d'architectes
avait, en attendant que les entraves administratives soient vaincues, 10
préparé* en silence le plan d'aménagement idéal du quartier
Montparnasse.

Ces hommes avaient rêvé. Suivons-les dans leurs rêves et
regardons avec leurs yeux quelle ville, au cœur de la ville, sera
achevée de construire* demain : en 1964... 15

Arrivant par la rue de Rennes, nous voyons dans la perspective le
grand immeuble dont l'altitude se voile de brume. *Nous débouchons
sur la place de Rennes,* considérablement agrandie, et bordée, vers
le sud, par une construction en terrasses. *Nous sommes dominés par*
les cinquante-cinq étages de l'immeuble-tour. *Ses lignes élancées* 20
répondent aux structures de la nouvelle gare qui, un peu plus loin,
barre l'esplanade. *C'est à peine si nous remarquons* les deux séries
d'immeubles s'étendant comme les deux branches d'un Y des
deux côtés de la voie ferrée.

Dans le secteur de la place de Rennes, trois cent mille mètres 25
carrés *sont disponibles pour* des locaux d'habitation ou des bureaux.
Il y a là plus de place que le long des Champs-Élysées ! *Près du*
quart de la surface est réservé à un hôtel de 1.000 chambres, dans
les étages moyens de l'immeuble-tour. Les étages inférieurs sont
réservés à une organisation qui pourra accueillir les nombreux 30
congrès qui se tiennent à Paris ; les étages supérieurs sont déjà
réservés par Air France dont *les « rampants »* travailleront, eux
aussi, *en plein ciel.*

Quoi de plus ? Cinquante-cinq mille mètres carrés sont réservés à *des bureaux de grand standing*, soixante cinq mille à des parkings, quarante mille à un centre commercial, quinze mille à des associations sportives. Quant au reste, il sera composé d'appartements que déjà recherchent de nombreux Parisiens.

Cette ville moderne qui précipitera (au sens où l'entendent les chimistes) la transformation de Paris, n'est pas le seul ensemble qui se prépare. Déjà, autour du Rond-Point de la Défense, *s'aménage une voie** triomphale, déjà dans le 17ème arrondissement, sur l'emplacement de *l'îlot insalubre* de Bièvre, *des bull-dozers font place nette* pour que s'élève un quartier,* tout entier *tendu vers le ciel...*

Le Parisien ne reconnaîtra plus sa ville quand il la visitera dans cinq ans. A moins qu'il ne se limite à des promenades nonchalantes au cœur des ensembles historiques qui seront préservés.

(*Pensée française*, octobre 1959)

Questionnaire

1. Que dit André Malraux des styles hétérogènes de la tour Eiffel et de Notre-Dame ?
2. Qui est André Malraux ?
3. Qu'est-ce que les Parisiens ont longtemps craint ?
4. Dans le domaine de l'architecture, à quoi les Parisiens ont-ils longtemps résisté ?
5. A quoi s'attendent-ils maintenant ?
6. Pourquoi les futurs gratte-ciel de Paris ne feront-ils pas grande impression sur les New-Yorkais ?
7. Qu'est-ce que la S.N.C.F. envisage depuis un quart de siècle ? Dans quel but ?
8. A quoi les commerçants établis près des terminus étaient-ils parvenus ?
9. Qu'est-ce qu'il a fallu pour surmonter leur résistance ?
10. A quoi la gare Montparnasse fera-t-elle place ?

11. Qu'est-ce que le Conseil des Bâtiments de France a abrogé au cours d'une séance historique?

12. Cette décision a-t-elle été votée à une grande majorité?

13. Qu'est-ce qui a été immédiatement soumis au public?

14. Qu'est-ce qu'un groupe d'architectes avait fait en attendant la révocation du décret limitant la hauteur des immeubles parisiens?

15. Quand aura-t-on achevé de construire le nouvel ensemble d'édifices?

16. Dans les rêves des architectes, comment la place de Rennes doit-elle se présenter?

17. A quoi la silhouette élancée de l'immeuble-tour fait-elle pendant?

18. Que remarque-t-on tout à côté du gratte-ciel?

19. Quelle est l'image que la configuration des deux rangées d'immeubles crée dans l'esprit de l'auteur de cet article?

10. Combien de mètres carrés a-t-on réservé aux appartements et aux bureaux?

21. A quoi les étages inférieurs du gratte-ciel sont-ils destinés?

22. Pourquoi les « rampants » d'Air France travailleront-ils, eux aussi, en plein ciel?

23. Quels sont les autres aménagements envisagés pour la place de Rennes?

24. Que recherchent déjà nombre de Parisiens?

25. Quelles autres transformations radicales a-t-on déjà entreprises à Paris?

26. Dans quelques années, où le Parisien devra-t-il se promener pour retrouver les beautés du Paris historique?

I. TOURNURES IDIOMATIQUES

Étudiez les expressions en italiques de l'article de tête expliquées ci-dessous :

font bon ménage — ont toutes deux leur place, jouent toutes deux leur rôle

en dépit de la « coexistence » — malgré la « coexistence »

au cœur de leur ville — au centre de leur ville

Réfractaires à l'architecture verticale — Ayant longtemps résisté
   à l'influence de l'architecture verticale (des gratte-ciel)

aux environs des terminus — à proximité des gares

étaient parvenus à repousser — étaient arrivés à, avaient réussi
   à ne pas accepter

Il a fallu ... qu'un quartier s'assoupisse — Il a été nécessaire ...
   qu'un quartier perde de son importance

à la veille de l'été — juste avant l'été

sans entraves — sans difficultés, sans obstacles

au cours d'une séance — pendant une séance

Le vote acquis — La proposition ayant été votée, acceptée

Nous débouchons sur la place de Rennes — Nous arrivons à la
   place de Rennes

Nous sommes dominés par — Nous nous sentons tout petits
   devant

Ses lignes élancées répondent aux structures — Ses lignes élancées
   correspondent symétriquement aux structures, ont le même
   style que les structures

C'est à peine si nous remarquons — Nous remarquons à peine

Dans le secteur — Dans le quartier

sont disponibles pour — pourraient être occupés par

Près du quart — Presque un quart

les « rampants » (argot) — les employés des bureaux (d'une
   compagnie aérienne)

en plein ciel — dans les airs, bien haut, (ici) aux derniers étages
   d'un gratte-ciel

des bureaux de grand standing — des bureaux de grande importance, de grandes entreprises

s'aménage une voie — on est en train de construire une avenue

l'îlot insalubre — la petite île malsaine

des bull-dozers font place nette — des bull-dozers déblaient

tendu vers le ciel — s'élançant vers le ciel

Exercice

En vous servant des expressions indiquées à droite, exprimez en d'autres termes les phrases suivantes :

1. C'est bien ainsi que je le *comprends*.
2. *Nous nous bornons* à faire quelques excursions chaque année.
3. Les archéologues ont demandé que ce monument soit *sauvegardé*.
4. *En ce qui concerne* le reste, on n'a encore rien décidé.
5. Il a visité *à peu près le quart* des États-Unis.
6. Au bout d'une rue étroite, on *arrive à* la grand'place.
7. Ils *ont récemment découvert* cette vérité.
8. Nous *n'avons pas accepté* cette réforme.
9. Il possède à Paris *une grande maison* de rapport.
10. Jusqu'à présent, il a pu agir sans *obstacles*.

quant à
déboucher sur
près du quart
venir de découvrir
repousser
entrave
entendre
un immeuble
préserver
se limiter

*

11. Je suis en train d'*organiser* ma nouvelle maison.
12. Le parc est *entouré* au sud par une rangée de sapins.
13. Il a été *reçu* par le vice-président.
14. Je vais *changer* ce meuble *de place*.
15. Vos menaces ne m'*émeuvent* nullement.
16. On a pu découvrir l'*endroit* exact ou se trouvait Troie.
17. Vous *trouvez* ce livre indispensable?
18. Il s'est *endormi à moitié* pendant le voyage.
19. Il y a ce matin *un épais brouillard* sur la mer.
20. Je ne voudrais pas habiter *à proximité* d'une gare.

border par
impressionner
aménager
assoupir
considérer
l'emplacement
de la brume
accueillir
aux environs
déplacer

II. ÉTUDE DE VOCABULAIRE

A. Expressions contenant le mot **peine** :

c'est à peine si   c'est peine perdue
faire de la peine   cela vaut la peine de
faire peine à voir   cela n'en vaut pas la peine
être en peine de   c'était bien la peine de
prendre la peine de   avoir toutes les peines du monde (à)
être dans la peine   avoir peine à
se donner de la peine   à peine
homme de peine   errer comme une âme en peine
avec peine

Dans les phrases suivantes, remplacez les mots en italiques par l'une des expressions ci-dessus :

1. *Il m'est difficile de* croire qu'il puisse réussir.
2. *Il m'est bien difficile de* prendre une décision.
3. J'y suis arrivé *difficilement*.
4. Vous étiez sorti *depuis peu* quand il est arrivé.
5. Il *a fait beaucoup d'efforts* pour arriver à cette situation.
6. Cette nouvelle nous a *peinés*.
7. Il est dans *la détresse la plus noire*.
8. *C'est presque inutile*.

B. Expressions contenant le mot **cours** :

le cours d'un fleuve   avoir cours
un cours de français   suivre son cours
le cours de la Bourse   faire un voyage au long cours
le cours d'eau   au cours de
donner libre cours à

Dans les phrases suivantes, remplacez les tirets par l'une des expressions ci-dessus :

1. Je l'ai rencontré —— une réception chez le président.
2. Le —— de la Meuse s'achève par un delta.
3. La maladie ——.
4. Les Louis d'or n'—— plus ——.
5. Il —— à sa joie sans remarquer qu'il faisait de la peine à son ami.
6. Quel —— suivez-vous cette année ?

C. Donnez la signification des homonymes suivants. Ensuite, complétez les phrases avec un des mots étudiés.

1. cœur — chœur (*2 sens*)
2. mètre — maître — mettre
3. vers (*2 sens*) — verre — vert
4. barre (*fém. et verbe*) — bar (*2 sens*)
5. voie (*fém. et verbe*) — vois (*verbe*) — voix
6. hôtel — autel
7. sept — cet — cette

1. Au Moyen Age, les jeux furent d'abord représentés dans le —— de l'église.
2. Le —— est la dix-millionième partie du quart du méridien terrestre.
3. La —— sacrée à Rome est bordée de nombreux monuments.
4. Au —— de la ville, il y a un immense parc public.
5. Quand on s'adresse à un avocat, on lui donne le titre de ——.
6. Au tribunal, la —— sépare les magistrats du public.
7. Chaque matin, elle allait déposer des fleurs fraîches sur l'—— de la Vierge.
8. —— homme est sans pitié.
9. L'invention du —— est attribuée aux Phéniciens.
10. Je ne peux pas —— tant d'argent dans une maison.

D. Le mot **cœur** peut avoir différentes significations suivant le contexte. Étudiez ce mot dans les phrases suivantes et remplacez-le par un synonyme, un adjectif ou une périphrase :

1. Il a une maladie de cœur.
2. Ils habitent au cœur de la ville.
3. Nous avons fait ce voyage au cœur de l'été.
4. Cet homme a du cœur.
5. Je veux en avoir le cœur net.
6. Il a le cœur gros.
7. La tête me tourne et j'ai mal au cœur.

Complétez les phrases suivantes en vous servant d'une expression idiomatique contenant le mot **cœur**, choisie dans la liste de droite :

1. Montaigne disait que —— n'est pas savoir.
2. Il n'a pas osé me parler ——.
3. Je lui ai obéi —— et bien malgré moi.
4. Il sait que je lui rendrai ce service —— car je l'aime beaucoup.
5. Nous allons lui téléphoner à l'instant : je veux ——.
6. Il est plutôt paresseux, mais quand il le faut il sait ——.
7. Elle m'a embrassée ——.
8. Elle ne voulait pas s'occuper de ce programme, mais maintenant elle le ——.
9. Cette mauvaise nouvelle me ——.
10. Je n'ai pas dormi parce que je —— toute la nuit.

prendre à cœur
de tout cœur
à cœur ouvert
savoir par cœur
de bon cœur
en avoir le cœur net
peser sur le cœur
travailler avec cœur
à contre cœur
avoir mal au cœur

E. Étude du mot **nonchalant**. SENS ÉTYMOLOGIQUE : qui manque d'ardeur, de chaleur par insouciance; qui parle avec mollesse ou abandon.

Donnez trois synonymes et trois antonymes de **nonchalant**.
Quel est l'adverbe correspondant à **nonchalant**?
Quelle est la signification de l'expression : « **Peu m'en chaut** »?

Dans la même famille de mots, on trouve entre autres :

achalander	chaufferette
chaland	chauffe-plat
chaleur	calorifère
chaleureux	surchauffer

Complétez les phrases suivantes au moyen d'un des mots indiqués ci-dessus :

1. Les maisons américaines sont souvent ——.
2. On appelle —— une de sorte de petit réchaud qui sert à tenir les plats au chaud.

3. Une —— est une sorte de boîte où l'on met de la braise pour se chauffer les pieds.

4. Depuis qu'il a modernisé son magasin, il a une boutique bien ——.

5. La réclame bien faite attire de nombreux ——.

6. La combustion dégage de la ——.

7. J'ai reçu à son sujet des recommandations très ——.

8. Cette maison est chauffée au moyen d'un —— à eau chaude.

F. Famille de mots : **secteur**.

section	sécateur
sectionner	sécante

Avec l'un des mots ci-dessus, complétez les phrases suivantes :

1. Passez-moi le —— pour que je taille ce rosier.
2. Ce chapitre est divisé en plusieurs ——.
3. Il faudra bientôt —— la partie nord de cette commune.
4. Une —— est une ligne qui coupe une autre ligne.

G. Famille de mots : **fer**.

ferré	ferrure	maréchal ferrant
ferraille	s'enferrer	ferroviaire
fer-blanc	ferronnière	ferrugineux

Avec l'un des mots ci-dessus, complétez les phrases suivantes :

1. Il —— dans ses mensonges.
2. La Belle —— est un célèbre tableau de Léonard de Vinci.
3. Les eaux —— sont excellentes pour la santé.
4. Il faudrait remplacer la —— de cette porte.
5. Le système —— français est un des plus compliqués.
6. Cette maison se trouve de l'autre côté de la voie ——.
7. Le —— est une tôle mince recouverte d'étain.
8. Ce vieux poêle est tout juste bon à vendre comme ——.
9. Les routes sont mauvaises. Votre cheval est-il —— à glace?
10. Il y a dans le village un bon —— qui pourra ferrer votre cheval à bref délai.

H. Étudiez les différentes significations du verbe **dominer** dans les phrases ci-dessous et remplacez-le par un synonyme.

1. Hitler avait voulu *dominer* l'Europe.
2. Le rouge *domine* dans cette robe.
3. Corneille a créé le héros qui sait *dominer* ses passions.
4. Cette maison *domine* la ville.

I. Étudiez les différentes significations du verbe **répondre** employé dans les phrases ci-dessous et remplacez-le par une des expressions indiquées à droite :

1. Il *a bien répondu* à l'examen.
2. Si âgé qu'il soit, un fils ne *répond* pas à son père.
3. L'écho *répond* à ma voix.
4. Il a *répondu à* chacune de mes objections.
5. Son ambition ne *répond* pas à ses capacités.
6. Cela n'a pas *répondu à* mes désirs.
7. Il a *répondu à* mes salutations.
8. Je vous *réponds de* son intégrité.

répliquer
correspondre
garantir
donner de bonnes
  réponses
rendre (quelque chose à
  quelqu'un)
répéter le son (de)
être en proportion de
apporter des raisons
  contre

III. STYLISTIQUE

les Parisiens ... ont longtemps redouté

les Parisiens ... redoutent depuis longtemps
Le passé composé a ici toute sa valeur d'aspect de « present perfect ».

que s'élèvent ... des gratte-ciel

Inversion très fréquente dans une subordonnée introduite par la conjonction **que**.

Le vote acquis

A l'instar du latin, le français emploie absolument le participe passé passif. En pareil cas, l'anglais emploie le gérondif : « The proposal *having been* accepted ».

avait, en attendant..., préparé

Notez la séparation de l'auxiliaire et du participe passé, construction plutôt littéraire employée pour assurer soit l'euphonie, soit l'équilibre de la phrase.

sera achevée de construire

Emploi de l'infinitif actif à valeur passive : *sera achevée d'être construite, sera entièrement construite.* Construction peu courante mais pourtant bien française.

s'aménage une voie et *pour que s'élève un quartier*

Inversions usuelles après un complément circonstanciel de lieu et dans une proposition finale, amenées par des considérations d'harmonie et d'équilibre.

IV. TRADUCTION

Traduisez les phrases suivantes en employant autant que possible des expressions contenues dans l'article de tête et discutées dans les « tournures idiomatiques ».

1. For a long time most inhabitants of Paris have been opposed to the vertical architecture of skyscrapers.

2. It is, however, a well-known fact that for decades past the Eiffel Tower and the spires of Notre-Dame have got on rather well together in the Paris sky.

3. For almost a quarter of a century the French National Railways had vainly tried to move their terminals from the center of Paris to the outskirts in order to ease traffic congestion.

4. For a long time, the businessmen established nearby succeeded in thwarting any attempt (to bring about) the much needed reform.

5. It was only after a whole section of the city had economically declined that the Council of Public Works, in a historic meeting, abrogated the statute which prohibited the construction of buildings higher than 37 meters.

6. While waiting for the day when administrative barriers would be removed, a group of architects had secretly worked out the plans for the remodeling of Montparnasse.

7. Their first draft was immediately made public.

8. In a few years, when you get to Place de Rennes, you will be facing a towering building, veiled in the hazy atmosphere, on either side of which will stretch two rows of buildings.

9. There will be a lot of space available for private apartments and offices as well as for a hotel.

10. Air France has already reserved the upper stories of the skyscraper for its offices.

11. Thus, even the ground personnel will work in the air.

12. Similar changes have already been undertaken in other parts of the city.

13. Five years from now, the Parisian will no longer recognize his city unless he limits his little strolls to the downtown section of the city whose historic structures will be preserved out of respect for the past.

V. SUJETS DE COMPOSITION LIBRE

En écrivant sa composition, l'étudiant est invité à employer autant que possible le vocabulaire et les tournures de l'article de tête.

A. Décrivez l'ensemble architectural d'un carrefour important de votre ville.

B. Que pensez-vous de l'architecture verticale aux points de vue esthétique et pratique?

C. Proposeriez-vous la construction de gratte-ciel dans votre ville et pour quelles raisons?

VI. GRAMMAIRE

Le subjonctif (I)

A. *Généralités*

Le subjonctif est essentiellement le mode qui exprime les modalités profondes de l'âme, c.à.d. de la vie intérieure, se rapportant à des événements, *réalisés ou non*, de la vie extérieure à soi.

1. Il est opposé à l'indicatif qui indique ou décrit, sans tenir compte d'un sentiment personnel, un fait accompli, s'accomplissant ou devant s'accomplir. On peut donc faire entre les deux modes la distinction suivante :

a) Le *subjonctif* est le mode des sentiments, donc des péripéties du monde intérieur, ou de l'âme, bref de « la subjectivité ».

b) L'*indicatif* est le mode des faits placés dans le monde extérieur, c'est le mode de « l'objectivité ».

c) Sous un autre jour et suivant le contexte, on peut aussi dire que *le subjonctif* est le mode du but, *l'indicatif* le mode de l'effet, du résultat d'une action.

2. Le subjonctif est ordinairement un mode de la proposition subordonnée :

> Je crains qu'il n'ait agi trop rapidement.

Cependant, il peut être employé dans une proposition principale impérative ou « optative » :

> Qu'il entre!
> Vive le roi! (Comparez avec l'anglais : *God save the King!*)

(Certains grammairiens considèrent cette proposition principale comme une proposition elliptique où la proposition d'introduction est sous-entendue : **Qu'il entre. — Je veux qu'il entre. Vive le roi! — Je désire que le roi vive.**)

3. Dans la plupart des cas, la proposition subordonnée subjonctive est introduite par la conjonction de subordination **que** :

> Je désire **que** vous parliez.

4. Cependant, certaines propositions réclamant le subjonctif sont introduites non par la conjonction de subordination **que** mais par un pronom relatif tel que **qui, que, dont, lequel,** etc.

> C'est le seul livre **qui** me plaise.
> C'est le meilleur livre **que** j'aie jamais lu.
> C'est le seul **dont** il faille se méfier.
> La charité est la seule vertu **à laquelle** il soit donné une durée sans fin.

B. *Particularités de l'emploi du subjonctif*

En suivant les généralités exposées ci-dessus, il découle que le subjonctif s'emploie :

1. Dans une proposition subordonnée dépendant d'une proposition principale contenant un verbe ou une tournure exprimant

la volonté : Je veux qu'il s'en aille.

l'hypothèse : Supposons que je doive déménager.

la finalité (le but) : Je m'en irai afin qu'il soit plus à l'aise.

le doute : Je doute qu'il en souffre beaucoup.

le sentiment : Je regrette qu'il ne m'ait pas dit toute la vérité.

l'éventualité : Parlez-moi, ne fût-ce que cinq minutes.

la « potentialité » : Si j'arrive et que vous ne soyez pas rentré, je vous attendrai.

2. Dans une proposition subordonnée dépendant d'une proposition principale contenant une idée d'exclusion, de négation, de superlativité ou une interrogation :

> Il n'y a pas de sacrifice que je ne fasse pour assurer son bonheur.
> Voilà le meilleur article que j'aie pu trouver à ce sujet.
> Est-il présent qui fasse plus de plaisir que le présent auquel on ne s'attendait pas ?

L'idée d'« exclusivité » peut se trouver dans la proposition subordonnée elle-même lorsque celle-ci exprime un but ou une aspiration difficilement réalisable :

> Je cherche une maison d'où l'on puisse avoir une belle vue sur les montagnes.

3. Dans une proposition subordonnée dépendant d'une proposition principale qui contient la forme négative ou interrogative des verbes tels que **croire, penser, imaginer, espérer,** etc. La forme négative ou interrogative donne à ces verbes une idée de doute, d'irréalité :

> Je ne crois pas qu'il y aille seul.
> Croyez-vous qu'il y aille seul ?
> *Mais on dira :* Je crois qu'il s'y rendra seul.

NOTE: De nos jours, le subjonctif s'emploie de moins en moins après la forme négative ou interrogative de **croire** et de **penser**.

4. Dans une proposition introduite par une conjonction de subordination exprimant la concession, la restriction, le but telle que **pour que, afin que, sans que, à moins que, de peur que, quoique, pourvu que, avant que,** etc. :

> Cachez-vous de peur qu'il ne vous aperçoive.

Il est à noter que les conjonctions temporelles de subordination, à l'exception de **avant que,** se construisent avec l'indicatif.

> J'arriverai avant qu'il ne parte.

> J'arriverai après qu'il sera parti.
> J'arriverai dès qu'il sera parti.
> J'arriverai aussitôt qu'il sera parti.

L'action qui suit **avant que** n'a pas encore pris place et peut même ne jamais prendre place. Tandis que l'action exprimée par le verbe qui suit **après que, dès que**, etc., a déjà pris place.

5. Dans une proposition subordonnée dépendant d'une expression impersonnelle qui implique cependant une idée de subjectivité, une opinion personnelle :

> Il est naturel que je me sente blessée.
> Il est préférable que je m'en aille.
> Il est essentiel que nous ayons confiance l'un dans l'autre.
> Il est bon que nous le sachions.

Ces expressions, tout en ayant un caractère impersonnel, c.à.d. « objectif », impliquent une idée déterminée par les valeurs personnelles de l'individu. C'est à dire une opinion personnelle ou « subjective ». Ce qui est «naturel» pour l'un, par exemple, ne l'est pas nécessairement pour un autre.

6. Le subjonctif accompagne aussi un changement dans l'ordre normal des mots d'une phrase :

> Je conviens que *j'ai* pour lui une profonde affection.
> Que *j'aie* pour lui une profonde affection, j'en conviens.

Dans la première phrase, il y a un simple aveu. Dans la seconde, il y a en plus de cet aveu un certain élan, un enthousiasme qui produit et le changement dans l'ordre des mots et l'emploi du subjonctif.

7. Le subjonctif est employé aussi dans une proposition subordonnée dépendant d'une proposition subordonnée précédente contenant déjà un subjonctif. On appelle ce subjonctif le subjonctif « par attraction » :

> Je crains que ce soit lui qui y **aille.**

C. *Concordance des temps du subjonctif.*

Au subjonctif, la question de l'aspect du verbe n'a pas la même importance qu'à l'indicatif. Étudiée dans ses grandes lignes. la concordance des temps du subjonctif se présente comme un procédé plutôt mécanique qui pourrait se résumer de la façon suivante.

1. Si le verbe de la proposition principale est à un *temps premier*, c.à.d. au *présent* ou au *futur*, la subordonnée requiert les temps suivants :

a) pour exprimer la simultanéité ou la postériorité de l'action par rapport à la proposition principale : — *subjonctif présent :*

> **Je suis** content qu'il ne **soit** pas en retard. — **Je regrette** qu'il ne **vienne** pas demain.

b) pour exprimer l'antériorité de l'action par rapport à la proposition principale — *subjonctif passé composé :*

> **Je suis** content qu'**elle** m'**ait écrit** cette lettre.

2. Si le verbe de la proposition principale est à un *temps secondaire*, c.a.d. à un *temps du passé* ou au *conditionnel*, la subordonnée requiert les temps suivants :

a) pour exprimer la simultanéité ou la postériorité de l'action par rapport à la proposition principale — *subjonctif imparfait :*

> **Je voulais** tant qu'**il fût** heureux. — **J'aurais voulu** qu'il **vînt** me voir demain.

b) pour exprimer l'antériorité de l'action par rapport à la proposition principale — *subjonctif plus-que-parfait :*

> **Elle était** heureuse qu'**il eût réussi** à son examen.

Tableau synoptique de la concordance des temps du subjonctif

PROPOSITION PRINCIPALE	PROPOSITION SUBORDONNÉE	
	Simultanéité ou postériorité	*Antériorité*
Temps premier	Présent	Passé composé
Temps secondaire	Imparfait	Plus-que-parfait

Cependant, étudiée dans ses nuances, la concordance des temps indique non seulement un rapport de temps entre verbe principal et verbes subordonnés mais aussi une relation psychologique entre la phrase principale et ses subordonnées. Ce qui revient à dire que ce n'est pas le verbe principal seul qui entraîne tel ou tel temps subordonné mais que c'est la pensée et le sens de la phrase qui imposent les modes et temps à employer. C'est pourquoi on rencontre fréquemment des constructions qui à première vue semblent fautives alors que ces constructions ne font que déroger aux règles de la chronologie mais non à celles de la concordance de pensées.

1. On dira par exemple :

a) Je ne doute pas qu'il ne **finît** par s'ennuyer.

Dans ce cas, le subjonctif imparfait exprime une idée d'éventualité. Si l'on remplace la principale demandant le subjonctif (*je ne doute pas...*) par un verbe déclaratif, cette même idée d'éventualité s'exprimera par le conditionnel :

Je suis sûr qu'il **finirait** par s'ennuyer.

b) Je ne doute pas qu'il **s'amusât** hier soir. — *I do not doubt that he was having fun last night.*

Ici l'imparfait du subjonctif s'emploie dans une subordonnée dépendant d'un verbe principal au présent pour appuyer sur l'aspect de durée d'une action se déroulant dans le passé. Comparez ici :

Je ne doute pas qu'il **se soit amusé** hier soir. — *I do not doubt that he had fun last night.*

où seule importe l'antériorité de l'action subordonnée par rapport à la principale.

2. Par contre, le subjonctif présent s'emploie dans une subordonnée dépendant d'un verbe principal à un temps secondaire à condition que l'action de la subordonnée soit encore à se produire :

Je voudrais qu'il **vienne** me voir aujourd'hui.
Je demandais qu'il **vienne** me voir demain.

Sinon on emploie le subjonctif imparfait dans la subordonnée :

L'an dernier, je ne pensais pas qu'il *fût* si malade.

Comparez :

Il désirait que vous **soyez** élu secrétaire. (Les élections sont à venir!)
Il désirait que vous **fussiez** élu secrétaire. (Les élections sont passées!)

3. Le subjonctif présent s'emploie dans une subordonnée dépendant d'un verbe principal au passé composé ou celui-ci garde toute sa valeur de « present perfect ». A cause du rapport étroit passé-présent exprimé par le passé composé ainsi employé, ce temps se rattache aux temps premiers et réclame un présent ou un passé composé du subjonctif dans la subordonnée :

Monsieur Dupont a voulu que vous **soyez** informé des derniers événements.
J'ai dit qu'on lui **téléphone**.

4. Dans le langage parlé, le présent et le passé composé du sub-jonctif se substituent couramment à l'imparfait et au plus-que-parfait respectivement.

5. L'imparfait et le plus-que-parfait du subjonctif s'emploient fréquemment dans le style littéraire comme seconde forme du conditionnel. (Voir pp. 37-38).

Exercices

A. Dans les phrases suivantes, remplacez les tirets par une forme du subjonctif ou de l'indicatif du verbe indiqué. ~~Notez que le verbe de la proposition principale est à un temps primaire.~~

    1. *vouloir*   Je crois qu'il —— acheter une tondeuse à moteur.

    2. *faire*   Il est possible qu'il —— un séjour ~~dans un centre d'accueil~~. *& en Floride.*

    3. *venir*   Je suppose que tu —— me voir mercredi prochain.

    4. *aller*   Supposons qu'il —— vous voir. Que ferez-vous?

    5. *apporter*   C'est le seul qui —— *du vin* ~~sa gourde~~ hier au pique-nique.

    6. *savoir*   Je vous écrirai afin que vous —— où en sont les choses.

    7. *dire*   Quoi qu'il ——, il s'est ~~gouré~~. *trompé*

    8. *pouvoir*   Croyez-vous qu'il —— s'être arrêté dans ~~cette gargote~~?

    9. *finir*   Il partira aussitôt que vous —— votre discours.

  10. *être*   Il est vrai qu'il —— bien préparé en juin dernier.

  11. *être*   Qu'il —— bien préparé en juin dernier, j'en conviens.

  12. *partir*   Il est nécessaire qu'elle —— ~~d'emblée~~. *immédiatem*

  ~~13.~~ *coudre*   Je connais une couturière qui vous —— cette robe si je le lui demande.

  14. *falloir*   Je doute qu'il soit celui dont il —— se méfier le plus.

  15. *rebrousser* Appelez-les pour qu'ils —— chemin.

B. Faites la concordance des temps dans les phrases subjonctives suivantes.

1. **devoir**

    Je regrette qu'il — y aller aujourd'hui.

                   — y aller demain.

                   — y aller hier.

2. **aller**

> Je voulais qu'il y — aujourd'hui.
> > — demain.
> > — avant 5 heures.

C. Dans les phrases suivantes, remplacez les tirets par la forme du subjonctif qui serait employée en conversation :

1.	*être*	J'ai toujours désiré qu'il —— heureux.
2.	*partir*	Il a ordonné que le messager —— sur-le-champ.
3.	*succéder*	Il aurait certainement demandé que vous lui ——.
4.	*être*	C'est dommage que vous n'ayez pas été élu, car il avait toujours désiré que vous —— son successeur.
5.	*avertir*	Je disais qu'on le —— le plus tôt possible.
6.	*aimer*	Je ne croyais pas qu'elle regretterait longtemps son mari parce que, à sa mort, je doutais qu'elle le —— beaucoup ou même qu'elle le —— jamais.
7.	*devoir*	Que pensiez-vous que je —— faire en pareilles circonstances ?
8.	*dormir*	Il a fallu qu'elle —— un quart d'heure.
9.	*comprendre*	Je ne suis pas certain qu'il —— le message que je vais lui envoyer.
10.	*comprendre*	Je ne suis pas certain qu'il —— le message que je lui ai envoyé hier.

D. Dans les phrases suivantes, remplacez les tirets par une forme du subjonctif ou de l'indicatif du verbe indiqué. Notez que le verbe de la principale est tantôt à un temps premier, tantôt à un temps secondaire, d'où deux réponses différentes sont parfois possibles selon que l'on emploie le style de la conversation ou le style littéraire.

1.	*accomplir*	Les plus humbles besognes sont dignes qu'on les —— avec conscience.
2.	*rendre*	Après quoi, mon père tenait à ce que l'on —— visite à sa sœur.
3.	*être*	Le tribunal décide que le testament —— valide.
4.	*être, être*	Dis-moi quels —— tes auteurs préférés, je te dirai qui tu ——.

5. *faire* Napoléon cria qu'on —— sonner la garde.

6. *avoir* Que trouverez-vous sur la terre qui —— assez de force et de dignité pour soutenir le nom de puissance ?

7. *avoir* Dieu sait mieux que vous ce dont vous —— besoin.

8. *commencer* Depuis que les hommes —— à balbutier ce qu'ils sentent et ce qu'ils pensent, la littérature les a comblés de ses bienfaits.

9. *courir* Quand on —— après l'esprit, on attrape la sottise.

10. *mettre* Habituez-vous à accomplir de petits actes de volonté en attendant que la vie vous —— en occasion d'en accomplir de plus grands.

11. *pouvoir* On n'est pas vieux tant qu'on —— être désintéressé.

12. *inventer* Les hommes sont-ils plus heureux depuis qu'ils —— les avions et les bombes atomiques ?

13. *vouloir* Il est naturel qu'après avoir détruit la royauté, on ne —— plus de roi.

14. *être* Comme les apparences —— souvent trompeuses, ne jugeons pas les gens sur leur mine.

15. *voir* Partons d'un fait établi et admettons qu'il —— les questions avant son examen.

16. *mentir* Admettons qu'il vous ——, ce dont je doute ; qu'allez-vous faire maintenant ?

17. *faire* Je me demande pourquoi le stoïcisme est le seul aspect de la philosophie de cet auteur auquel il ne —— aucune allusion.

18. *s'attarder* C'est un des aspects auquel je —— longuement hier.

19. *partir* Je pense qu'il —— à la mer : c'est la période des congés payés.

20. *avoir* Je ne crois pas qu'elle —— l'occasion d'assister à l'avant-première du film italien.

21. *arriver* Je serai rentrée avant que vous ne ——.

22. *téléphoner* Il partira dès que je lui ——.

23. *faire* Y a-t-il quelque chose qui vous —— plaisir ?

24. *faire* Vous avez l'air triste. Cependant, je ne vois rien qui vous —— de la peine.

25. *savoir* J'ai trouvé un homme qui —— comment réparer mon télérécepteur.

26. *pouvoir* Montrez-moi un homme qui —— égaler les dieux.

27. *connaître*   Pourvu que vous —— le maniement de cette traction avant, c'est l'essentiel.

28. *acheter*   C'est la moins tarabiscotée des deux que je ——.

29. *rencontrer* C'est l'homme le plus grand que je —— jamais.

30. *être*   Ce n'est pas que cette salle de séjour —— trop petite.

31. *être*   Mais cette salle d'eau —— trop petite.

32. *savoir*   Je doute qu'il —— à quel groupe sanguin il appartient.

33. *dire*   Quoi qu'il ——, il aurait mieux fait de peindre ce porche au pistolet.

34. *valoir*   Que cette crème de démaquillage ne —— pas tripette, elle en convient aisément.

35. *avoir*   C'est dommage qu'il —— continuellement les nerfs à fleur de peau.

VOCABULAIRE ANGLAIS-FRANÇAIS

abrogate abandonner
after, it is only —— ... that ...,
—— il a fallu que ... avant que
air, in the —— en plein ciel
almost presque
apartment, private ——s des locaux d'habitation privés
atmosphere, hazy —— brume *f.*
attempt *n.* tentative *f.*
available disponible
barrier entrave *f.*
building immeuble *m.*, édifice *m.*
towering —— (immense) —— -tour
businessman commerçant *m.*
century siècle *m.*
a quarter of a —— un quart de ——
change *n.* changement *m.*, aménagement *m.*
council conseil *m.*
Council of Public Works Conseil des Bâtiments (de France)
decade, for ——s **past** pendant des décades *f.*

decline *v.*, **to** —— **economically** s'assoupir
downtown section le cœur de la ville
draft, first —— ébauche *f.*
ease *v.* décongestionner
establish établir
even même
face *v.* être dominé, -e par; se trouver en face de
fact, it is a well-known —— il est bien connu
get, to —— **on rather well together** faire bon ménage
to —— **to** déboucher sur
ground personnel "rampants" *m.pl. (argot)*
higher than... de plus de ... de hauteur *f.*
however cependant
inhabitant habitant *m.*
limit, to —— **oneself** se limiter à
make *v.*, **to** —— **public** rendre public, présenter au public

meeting séance *f.*
  in a historic —— au cours
  d'une —— historique
move (from, into) *v.* repousser (vers)
nearby dans les environs (des
  terminus)
needed, much —— indispensable
office bureau *m.*
only, it was —— after . . . that . . .
  il a fallu que … avant que …
opposed (to) réfractaire (à)
outskirts limites *f.pl.*, faubourgs
  m.pl., banlieue *f. sing.*
part, other ——s of the city
  d'autres secteurs de la ville
preserve *v.* préserver
railway chemin de fer,
  French National Railway
  S.N.C.F. (official abbreviation)
recognize reconnaître
remodeling aménagement *m.*,
  —— of Montparnasse —— du
  quartier Montparnasse
remove vaincre
reserve *v.* réserver
respect, out of —— for the past
  par respect du passé
row *n.* série *f.*
secretly en silence *f.*
section (of a city) quartier *m.*
side, on either side of which . . .
  d'où … des deux côtés (de la voie
  ferrée)
similar semblable
sky ciel *m.*
  in the Paris —— dans le ——
  de Paris

skyscraper gratte-ciel *m.*
space *n.* espace *m.*
spire tour *f.*
**statute, the —— which prohibited
  the construction** interdiction
  f. de construire
story (of a house) étage *m.*
  upper ——ies ——s supérieurs
stretch *v.* s'étendre
stroll *n.* promenade *f.*
  to limit one's ——s se limiter
  à des ——s
structure édifice *m.*
succeed (in) parvenir à, réussir
  à
terminal gare *f.*, terminus *m.*
thus ainsi
thwart déjouer
time, for a long —— pendant
  longtemps
tower tour *f.*
traffic circulation *f.*, trafic *m.*
  to ease —— congestion décongestionner la ——, le ——
try *v.* essayer, tâcher
undertake entreprendre, entamer
unless à moins que
vainly vainement
veil *v.* voiler
well, as —— as ainsi que
**while, —— waiting (for the day
  when)** en attendant que …
work *v.* travailler
  to —— out préparer
year, five ——s from now dans
  cinq ans
  in a few ——s dans quelques
  années

11.

Le tunnel sous la Manche pourrait prendre corps

Avec la ténacité du serpent de mer, le tunnel sous la Manche reparaît régulièrement depuis soixante-dix ans aux premières pages des journaux. Comme tous les grands projets *qui modifient une face du monde,* la construction de ce cordon ombilical entre la
5 Grande-Bretagne et le continent *remue de vieux rêves, soulève des espoirs,* donne le plus souvent naissance à des chimères. Depuis trois quarts de siècle, *de part et d'autre du Pas de Calais,* on montre au touriste amusé les entrées d'un tunnel commencé par d'audacieux précurseurs et aussitôt abandonné.
10 Il semble* pourtant qu'aujourd'hui le projet *ait fait un grand pas* de la fiction vers la réalité. *Le rapport remis* aux autorités de Londres et de Paris par le Groupement d'études du tunnel sous la Manche *vient d'être rendu public.* Il montre que tout est prêt pour *mettre en chantier le projet quasi séculaire.*
15 *C'est à* la Compagnie financière de Suez — héritière de la Compagnie universelle du canal de Suez — *que revient l'initiative de l'opération. Rendue disponible* depuis la saisie du canal, la Compagnie s'est intéressée à une entreprise digne du génie de son fondateur, Ferdinand de Lesseps.
20 Depuis 1880, un groupement avait été fondé en Angleterre pour la construction d'un tunnel sous la Manche : la Channel

225

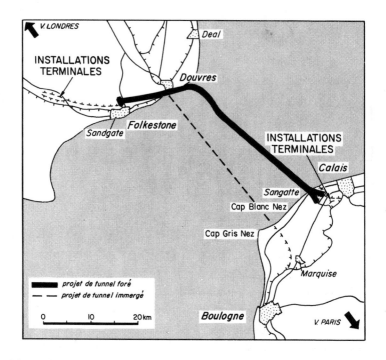

Tunnel Company, Ltd. *Une partie de ses actions* appartient à la British Transport Commission, *concessionnaire* des chemins de fer du Sud outre-Manche. En France une société analogue s'était constituée : la Société concessionnaire du tunnel sous-marin entre la France et l'Angleterre. Son capital appartient pour moitié à la S.N.C.F.[1] Un groupe de banques, parmi lesquelles la banque Rothschild et la Banque de l'union parisienne, détient environ la moitié des actions restantes. A la société concessionnaire s'est joint le bureau de Paris de la Fédération internationale des *routiers*.

A l'instigation de la Compagnie de Suez, ces deux sociétés se sont intégrées au Groupement d'études, auquel s'est joint

---

[1] Société Nationale des Chemins de Fer Français.

également un groupe américain, la Technical Studies, Inc., de New York. *Ayant ainsi mis de son côté le maximum de chances*, le Groupement d'études pouvait dès lors *s'attaquer* avec confiance *au projet*.

5 *Celui-ci se heurtait à des problèmes complexes de tout ordre. Dès l'abord* il s'agissait de déterminer sous quelle forme la liaison sous la Manche serait envisagée. Pour cela *il convenait de choisir* la voie de communication la plus commode, permettant un transport rapide, et dont l'exploitation permettrait en même
10 temps de procurer des recettes suffisantes pour assurer la rémunération légitime des investissements.

C'est ce que s'efforce de définir le rapport du Groupement. Au terme de huit sondages qui ont coûté près de 350 millions d'anciens francs,[2] et après avoir examiné les divers types d'ou-
15 vrages possibles — tunnel foré, tubes immergés, pont, etc. — le Groupement est arrivé à la conclusion que l'entreprise était « éminemment souhaitable et réalisable ». La réalisation du tunnel mettrait à la disposition du public des relations rapides, économiques, sûres, en reliant en toutes circonstances les centres
20 urbains britanniques et continentaux sans retard ni *rupture de charge*.

Pour quantité de raisons, la solution d'un tunnel ferroviaire est celle *qui retient la faveur des techniciens*. Constitué par deux tubes *à sens unique* de 52 kilomètres de longueur, avec un *gabarit*
25 de 4.56 mètres, le tunnel ferroviaire serait foré entre Sangatte et Douvres. Il assurerait le transport des automobiles et des camions par *des navettes électriques*, sur wagons simples et à double étage. *Son débit pratique serait de* 1800 véhicules à l'heure dans chaque sens.

---

[2] franc : unité monétaire française. Ancien franc : franc en circulation jusqu'au 31 décembre 1959. Nouveau franc (NF) ou franc lourd : franc mis en circulation le 1er janvier 1960. Il vaut 100 anciens francs. 5 NF valent approximativement un dollar.

La durée du parcours à la vitesse horaire de 95 kilomètres serait de 33 minutes. D'autre part, le trajet des trains de marchandises et de voyageurs entre Paris et Londres durerait 4 h. 20. Selon les estimations des experts, la capacité du tunnel serait suffisante pour dépasser *le trafic* prévu pour 1980, *même aux* 5 *heures de pointe.*

Les études ont permis de vérifier la continuité de la couche calcaire le long du parcours choisi. La couche cénomanienne (ou craie grise de Rouen) est particulièrement favorable au percement d'un tunnel : consistante, homogène, peu fissurée, elle 10 se prêterait au travail des foreuses sans l'utilisation d'explosifs.

Le coût total de ce projet, *y compris* l'équipement des voies électrifiées et des installations terminales, *serait de l'ordre de 150 milliards d'anciens francs :* sa construction pourrait être terminée en cinq ans.   15

Mais *des difficultés* d'un autre ordre *ont surgi.* La construction d'un tunnel ferroviaire *est vue d'un mauvais œil* par la puissante Union routière, *épaulée par* certains milieux de l'industrie automobile et de l'hôtellerie.

Le vieux conflit de la route et du rail va-t-il renaître au bord 20 du pas de Calais, *comme il n'y a guère* au pied du mont Blanc ?[3]

Les tenants de la route défendent un principe absolu : empêcher que l'habitude ne soit prise de transporter par voie ferrée les véhicules et les marchandises, même si ce mode de transport apparaît comme plus *rentable.*   25

Le Groupement d'études n'est d'ailleurs pas opposé à la

---

[3] Trois tunnels routiers sont en voie de construction au pied des Alpes : le projet du Mont Saint Bernard, qui doit être complété en 1961, tunnel de 3 1/2 milles qui reliera la Suisse à l'Italie ; le tunnel San Bernardino, qui doit être ouvert à la circulation en 1963 et qui, venant des environs de Milan, Italie, débouchera en territoire suisse ; enfin, le tunnel du Mont Blanc qui, dès 1963, doit assurer la liaison en toute saison entre la France et l'Italie dans cette région. Ce tunnel routier est une merveille en son genre. Il passe sous la plus haute montagne d'Europe et, avec ses 7 1/2 milles de longueur, il sera le tunnel routier le plus long du monde. Les projets de construction de ces trois tunnels ont créé de véhéments conflits entre les usagers de la route et les partisans du rail.

construction d'un réseau routier qui doublerait la voie ferrée. Son rapport a étudié la construction d'un tunnel routier de 42 kilomètres de longueur, dont 36,5 sous la Manche. La chaussée aurait une largeur totale de 9 mètres, et comporterait deux voies
5 de 3,28 mètres et *une bande de stationnement* de 2,44 mètres. La ventilation se ferait au moyen de deux îles artificielles.

Le tunnel routier pourrait *écouler* 1.300 véhicules à l'heure. La durée du parcours serait de 45 minutes. Pour faire face à l'accroissement probable de la circulation, il devrait être doublé
10 peu après 1980.

Le coût du projet serait de 1.770 à 2.100 milliards d'anciens francs, selon que le diamètre interne serait de 11 ou 12 mètres. Dans le cas d'un tunnel mixte — ferroviaire et routier — ou d'un pont, le coût serait respectivement de 2.800 milliards ou 2.500 mil-
15 liards d'anciens francs.

Étant donnée sa capacité très supérieure, le tunnel ferroviaire apparaît donc comme la solution la plus économique. *A vrai dire,* il semble le seul réalisable et rentable immédiatement *dans le cadre d'un financement privé.*
20 Non seulement les investissements nécessaires sont moins élevés pour la solution du tunnel ferroviaire, mais, selon les experts, ses recettes brutes seraient supérieures à celles d'un tunnel routier. Le financement d'un tunnel ferroviaire pourrait être effectué exclusivement par des capitaux privés. En d'autres
25 termes la réalisation de ce projet ne serait pas subordonnée aux lenteurs inévitables d'un financement par les fonds d'État.

Quoi qu'il en soit, tout semble prêt pour la « course sous la Manche ». Les gouvernements de Londres et de Paris doivent indiquer leur préférence pour une des solutions étudiées par le
30 rapport. Et aussitôt, l'un des plus audacieux projets du siècle pourrait prendre forme.

Dès à présent les intérêts économiques semblent avoir perçu toute la signification du *trait d'union* sous la Manche. Les *régions riveraines* envisagent déjà l'expansion qu'il apporterait à leur commerce et à leur tourisme; des industries nouvelles vont surgir. Pour la France le tunnel sous la Manche compléterait le tunnel sous le mont Blanc, plaçant le territoire national dans la transversale européenne du tourisme et des échanges.[4]   5

Quatre ans se sont écoulés depuis la saisie brutale du canal de Suez; aujourd'hui les deux pays dépossédés envisagent un nouveau projet qui aurait sur l'autre l'avantage d'être défendu à ses deux extrémités par les partenaires de l'Entente cordiale.[5]

Fait significatif: les actions de la vieille Channel Tunnel   10
Company, qui depuis soixante-dix ans *entretient le rêve* d'un couloir sous la Manche *ont monté de ... 17.000% depuis huit ans.*

(Edouard Sablier dans *Le Monde*,
Sélection hebdomadaire, 21-27 avril 1960)

Questionnaire

1. Depuis quand le projet de construction du tunnel sous la Manche défraye-t-il la chronique des journaux?

2. Que montre-t-on aux touristes des deux côtés du pas de Calais?

3. Quel est l'état actuel du projet?

4. A qui doit-on l'initiative du nouveau projet?

5. Quelles sont les sociétés qui font partie du Groupement d'études?

---

[4] Si le tunnel sous la Manche venait à être construit peu après le tunnel sous le Mont Blanc, la France se trouverait sur l'axe vertical de l'Europe touristique: il deviendrait normal de passer par la France pour se rendre de l'ouest à l'est, d'Angleterre en Suisse, Allemagne du sud, Italie, ce qui, plus que jamais, ferait de la France une terre de prédilection pour les rencontres de civilisations, les contacts de mœurs et de coutumes, les échanges culturels.

[5] Alliance entre la France, la Grande-Bretagne et la Russie au début du XXe siècle qui instaura des relations cordiales surtout entre la France et la Grande-Bretagne, s'affirma dans les principales crises européennes et aboutit au cours des deux grandes guerres à une coopération militaire franco-anglaise.

6. Quel était le premier problème à envisager?

7. Quelle est la solution que préconisent les techniciens?

8. Qu'est-ce que la réalisation du tunnel mettrait à la disposition du public?

9. Quel serait le débit pratique d'un tunnel ferroviaire?

10. Où le tunnel serait-il percé?

11. Combien de temps faudrait-il pour se rendre de Paris à Londres?

12. Jusqu'à quelle époque le tunnel ferroviaire pourrait-il faire face au trafic toujours croissant?

13. Qui s'oppose à la construction d'un tunnel ferroviaire?

14. Quel principe les adversaires du tunnel ferroviaire défendent-ils?

15. Qu'est-ce que le Groupement d'études a rétorqué diplomatiquement aux tenants de la route pour tenter d'apaiser leur mécontentement?

16. Quelles seraient les dimensions d'un tunnel routier?

17. Quels capitaux se bornerait-on à employer pour financer le tunnel ferroviaire?

18. Pourquoi n'est-il pas désirable que les fonds d'État soient partiellement utilisés pour le financement du tunnel?

19. Qui doit prendre une décision définitive en faveur de l'un ou de l'autre des projets en discussion?

20. Une fois cette question tranchée, pourrait-on mettre le projet à exécution sans délai?

21. Ce projet le cède-t-il en rien à d'autres constructions du même genre entreprises ou exécutées au cours de notre siècle?

22. Qu'est-ce que les riverains de part et d'autre du Pas de Calais prévoient déjà?

23. Que verrait-on surgir aux abords des installations terminales du tunnel?

24. Quelle serait, pour la France, la signification et l'importance de ce tunnel?

25. Pourquoi ce projet offre-t-il des avantages que n'offrait pas le canal de Suez?

I. TOURNURES IDIOMATIQUES

Étudiez les expressions en italiques de l'article de tête expliquées
ci-dessous :

> *Le tunnel sous la Manche pourrait prendre corps* (titre de l'article) —
> Le tunnel sous la Manche pourrait devenir une réalité
> *qui modifient une face du monde* — qui modifient quelque aspect
> du monde
> *remue de vieux rêves* — remet en branle de vieilles idées passion-
> nantes, de vieux projets
> *soulève des espoirs* — permet de nouveau d'espérer
> *de part et d'autre du Pas de Calais* — de chaque côté, des deux
> côtés du Pas de Calais
> *ait fait un grand pas* — ait fait de grands progrès
> *Le rapport remis* — Le rapport livré, présenté
> *vient d'être rendu public* — a été publié récemment
> *mettre en chantier* — commencer les travaux, entreprendre
> la construction du
> *le projet quasi séculaire* — le projet couvé, discuté depuis près
> de cent ans
> *C'est à ... que revient l'initiative de l'opération* — On doit l'initiative
> de l'opération à...; c'est à ... qu'est due l'initiative de l'opéra-
> tion
> *Rendue disponible* — Devenue libre de tout engagement
> *Une partie de ses actions : action* — part dans une entreprise
> financière ou commerciale
> *concessionnaire* — qui a obtenu de l'État le privilège, le droit
> d'exploitation, de mise en œuvre
> *routiers* — qui circulent sur les routes, usagers de la route
> *Ayant ainsi mis de son côté le maximum de chances* — Étant
> parvenu à mettre dans son camp, à obtenir le plus de chances
> de succès possible
> *s'attaquer ... au projet* — se mettre à travailler ... au projet,
> affronter ... le projet

Celui-ci se heurtait à des problèmes complexes de tout ordre — Celui-ci rencontrait des obstacles, des entraves de toute nature

Dès l'abord — Dès le début, en premier lieu, avant tout

il convenait de choisir — il était nécessaire de choisir, il fallait choisir

rupture de charge — transbordement de marchandises ou de passagers

qui retient la faveur des techniciens — qui est favorisée par les techniciens

à sens unique — qui permettent la circulation dans une seule direction

gabarit — le *gabarit de chargement* est le diamètre de tunnel, la hauteur permettant aux véhicules de passer sans frottement. Le *gabarit* lui-même est un arceau en bois ou en métal sous lequel on fait passer les wagons chargés afin de s'assurer que leurs dimensions ne dépassent pas les limites permises

des navettes électriques — des trains électriques qui font la navette, marchent constamment dans les deux sens entre deux points donnés

Son débit pratique serait de — Il pourrait normalement donner passage à

le trafic (de l'italien *traffico*) — importance et fréquence de la circulation; (s'épelle avec un seul *f*)

même aux heures de pointe — même aux heures où le trafic est le plus intense, aux heures d'affluence

y compris — en tenant compte de, y inclus

serait de l'ordre de 150 milliards d'anciens francs — serait environ de 150 milliards d'anciens francs

des difficultés ... ont surgi — des difficultés ... se sont présentées

est vue d'un mauvais œil — est considérée d'une manière défavorable

épaulée par — aidée, soutenue par

comme il n'y a guère — comme il n'y a guère de temps, comme il y a peu de temps, encore tout récemment

Les tenants de la route — Ceux qui se servent de la route, se font les défenseurs de ses prérogatives; les camionneurs de la route

rentable — capable de se réaliser sans perte, de donner un revenu suffisant

une bande de stationnement — une zone où l'on peut s'arrêter momentanément

écouler — donner passage à, permettre le passage de

Étant donnée sa capacité très supérieure — Vu, à cause de sa capacité très supérieure

A vrai dire — En vérité, en fait

dans le cadre d'un financement privé — dans les limites d'un financement privé; s'il doit être entrepris par des capitaux privés

Quoi qu'il en soit — De toutes façons

trait d'union — *ici :* communication rapide. *En grammaire :* petite ligne horizontale qui sert à lier les diverses parties d'un mot composé. *Au figuré :* ce qui sert à joindre, à unir

régions riveraines — régions qui se trouveront à proximité des sorties du tunnel; régions limitrophes des ouvertures du tunnel

Quatre ans se sont écoulés — Quatre ans ont passé, sont révolus

entretient le rêve — nourrit l'espoir

(les actions) ont monté de ... 17.000 % depuis huit ans — (les actions) ont fait un bond énorme depuis huit ans puisqu'elles ont augmenté de ... 170 fois leur valeur initiale

Exercice

Dans les phrases qui suivent, remplacez les tirets par une des expressions indiquées à droite, dans la forme réclamée par le texte.

1. Plusieurs années —— depuis la découverte de la pénicilline.

2. Récemment, on a fait —— en chirurgie.

3. Il —— à une entreprise que je crois au-dessus de ses forces.

4. Il faut s'attendre à ce qu'on —— à bien des difficultés.

5. Si des difficultés ——, il est capable de les surmonter.

6. Ses manières —— par ses voisins.

7. Il doit réussir car il ——.

8. Il y a un autobus qui —— le transport entre ces deux villages.

9. — par ses collègues, il a décidé de présenter sa requête.

10. Le budget de l'année prochaine vient de ——.

s'attaquer
surgir
mettre de son côté le
    maximum de chances
épauler
voir d'un mauvais œil
rendre public
un grand pas
s'écouler
se heurter
assurer

II. ÉTUDE DE VOCABULAIRE

A. Expressions idiomatiques contenant le mot **heure** :

1. Dîner à toute heure.
2. Venez de bonne heure si vous le pouvez.
3. A cette heure même, il doit être sur le point de débarquer.
4. Vous feriez mieux de partir sur l'heure.
5. A tout à l'heure!
6. Vous avez fini? A la bonne heure!
7. Il est rentré aux petites heures.
8. A-t-on adopté l'heure d'été?

9. Je ne veux pas arriver à une heure indue.
10. Je vous assure que j'ai passé un mauvais quart d'heure.
11. J'espère que vous arriverez à l'heure du dîner.
12. J'ai vu l'heure où il allait se mettre en colère.
13. Il a acheté un livre d'heures de toute beauté.

B. Expressions idiomatiques contenant le mot **œil** :

1. J'ai jeté un coup d'œil sur le journal.
2. Il a fait cela en un clin d'œil.
3. Vous avez le compas dans l'œil.
4. Cette gamine n'a pas les yeux dans sa poche.
5. Cela saute aux yeux.
6. Il a 70 ans mais a toujours bon pied bon œil.
7. Je vous ai averti. Maintenant, ouvrez l'œil.
8. Je ferme les yeux sur bien des choses pour avoir la paix.
9. Pendant votre conférence, il était tout yeux tout oreilles.
10. Il la couve des yeux.
11. Il l'a fait pour vos beaux yeux.
12. Il m'arrive rarement de voyager à l'œil (populaire).
13. La nuit dernière, je n'ai pas fermé l'œil.
14. Cet officier n'a pas froid aux yeux.
15. Il faudrait lui ouvrir les yeux.
16. Vous auriez dû le voir ouvrir de grands yeux!
17. On voit que l'œil du maître est passé par là.
18. Il n'a pas cessé d'avoir l'œil sur vous.
19. Il a passé la nuit dernière au chevet de sa mère et lui a fermé les yeux.
20. Les écailles lui sont tombées des yeux.
21. Il a les yeux plus grands que le ventre.

C. Donnez la signification des homonymes suivants. Puis, complétez les phrases qui suivent en employant un des mots étudiés.

face (*2 sens*) — fasse (*verbe*)
chantier — chantiez (*verbe*)
Manche — manche (*masc. et fém.*)
quart — car (*masc. et conj.*)
revient (*masc. et verbe*)

son (*masc. 2 sens et adj.*)
capital (*masc. et adj.*) — capitale
couche (*fém. et verbe*)
peu — peut (*verbe*)
guère — guerre
prêt (*masc. et adj.*) — près

1. Il faut à tout prix éviter la ——.
2. Je suis —— à partir.
3. Que voulez-vous qu'elle —— sans argent?
4. Le —— de ce couteau est cassé.
5. Il est obligé de vendre sa marchandise au-dessous du prix de ——.
6. Rome est la —— de l'Italie.
7. ——-elle sortir seule?
8. Je donne beaucoup de —— à mes poules pour les engraisser.
9. Il s'absente les trois —— du temps.
10. Vous sembliez heureuse hier soir; vous —— à tue-tête.
11. J'ai passé une heure délicieuse à lire —— du vieux pont.
12. —— cet enfant qui tombe de sommeil.

D. Dans les phrases suivantes, remplacez les tirets par l'un des mots indiqués en tête de chaque groupe :

dès lors — désormais — dorénavant — dès à présent — dès maintenant

1. Il a été gravement malade; ——, il a été retardé dans ses études.
2. J'ai été trop faible avec lui; —— je me montrerai intransigeant.
3. Vous pouvez commencer ——.

d'abord — tout d'abord — de prime abord — au premier abord — dès l'abord

1. ——, ce sont les petits enfants qui chanteront.
2. Il a rejeté le projet ——.
3. Il m'a plu ——.

s'attaquer — braver — défier — se colleter — se battre — lutter

1. Il —— au problème sans tergiverser.
2. Je vous —— de faire cela plus vite que moi.
3. Vous souvenez-vous du temps où l'on —— en duel pour un oui ou pour un non?
4. Vivre c'est ——, a dit Goethe.

consistant — conséquent — important

1. Le chêne a un bois ——.
2. Il n'est pas —— dans sa façon d'agir.
3. Il s'occupe d'une affaire ——.

séculaire — séculier

1. Voilà un arbre ——.
2. Le clergé —— diffère du clergé régulier.

selon — suivant

1. —— vous, quel temps fera-t-il demain?
2. Les voitures roulent sur la piste —— la marche des aiguilles d'une montre.

analogue — identique — semblable — similaire

1. Votre pardessus est si —— à celui de mon mari que j'ai failli les confondre.
2. Que vend-il? Des chapeaux, des casquettes et des objets ——.
3. J'ai vu beaucoup de montres semblables à la vôtre, mais je n'en ai jamais vu qui lui soit ——.

paraître *et* **apparaître**
parution *et* **apparition**

1. Ce livre —— il y a deux ans.
2. La date de sa —— a été retardée.
3. Je passerai chez vous cet après-midi, mais je ne ferai qu'une courte ——.
4. Tout à coup, une lueur —— à l'horizon.

avoir paru *et* **être paru**

1. Ce chapitre nous —— superflu.
2. Est-ce que la deuxième édition du journal ——?

III. STYLISTIQUE

Paraître ou sembler ? Nuances de signification exprimées par ces deux verbes :

paraître décrit plutôt l'aspect objectif ou l'apparence des choses telles qu'elles s'offrent à notre perception.

sembler exprime plutôt l'effet de notre manière de voir les choses.

Comparez :

Il paraît heureux — Il rayonne, donne l'impression du bonheur.

Il semble heureux — Je conclus d'après ce que je vois qu'il est probablement heureux, mais suis-je dans le vrai ?

D'où la différence de mode après **paraître que** et **sembler que** :

Il paraît qu'il *est* déjà parti.   INDICATIF !
Il semble qu'il *soit* déjà parti.   SUBJONCTIF !

NOTES :

1. Pour exprimer l'hypothèse ou l'éventualité, **paraître** peut être suivi du conditionnel :

Il paraît qu'il serait en vie.

Dans les mêmes conditions, **il semble** est suivi du subjonctif :

Il semble qu'il vaille mieux rester ici.

Il me semble se construit comme **paraître** :

Il me semble qu'il vaudrait mieux rester ici.

2. Au négatif, les deux verbes demandent le subjonctif dans la subordonnée :

Il ne paraît pas qu'il soit déjà parti.
Il ne (me) semble pas qu'il faille rester ici.

3. A l'interrogatif, **sembler** et **paraître** sont suivis du subjonctif dans la subordonnée.

> Vous semble-t-il qu'il vaille mieux rester ici?
> Vous paraît-il qu'il vaille mieux rester ici?

IV. TRADUCTION

Traduisez les phrases suivantes en employant autant que possible des expressions contenues dans l'article de tête et discutées dans les « tournures idiomatiques ».

1.   In the years ahead many great construction projects will change the appearance of our cities.

2.   The technological advances made in the last decade stir up old dreams and give rise to new hopes.

3.   Projects that seemed to be fantastic only a few years ago have made great strides toward completion or are being put into effect right now.

4.   It is private enterprise that has given very many great projects their start.

5.   In our era of high speed, private enterprise has the greatest chance of success,

6.   It is not subject to the slow administrative procedures of Government.

7.   Government projects run into all kinds of complications.

8.   Yet in many cases it becomes necessary to resort to government help for the financing of gigantic projects such as dams, tunnels, bridges, and the like.

9.   The State must thus tackle very many mammoth projects and has become one of the most important entrepreneurs.

10.   Many spokesmen of free enterprise look upon governmental intrusions into the construction business with a great deal of suspicion.

11.   But in fact, private capital has a tendency to look for too great a return on its investments.

12.   The government on the other hand must above all render a service to the public rather than seek profit.

13.   But, of course, even the government is forced at times to levy rather heavy tolls to pay for certain superhighways (turnpikes).

14.   These turnpikes can accomodate tens of thousands of cars per day.

15.   The receipts from these turnpikes run into millions of dollars every week.

V SUJETS DE COMPOSITION LIBRE

En écrivant sa composition, l'étudiant est invité à employer autant que possible les tournures et le vocabulaire de l'article de tête.

A. Discutez en détail un ou plusieurs grands projets envisagés ou en voie d'exécution dans votre ville.

B. Faites une description des conséquences économiques, industrielles et touristiques de certains de ces projets.

C. Quels sont les projets que vous voudriez voir exécuter au plus vite dans votre région? Faites-en une description et donnez les raisons de l'intérêt que vous leur portez.

VI. GRAMMAIRE

Le subjonctif (II)

1. Distinction entre une construction infinitive, une proposition subordonnée au subjonctif et un discours indirect dépendant des verbes déclaratifs tels que **dire, faire savoir, demander.**

a) Avec ces verbes, on peut employer un infinitif pour exprimer une simple déclaration adressée à une autre personne sans que cette déclaration ait le caractère péremptoire d'un ordre :

Je lui ai dit **de partir.**
Il m'a demandé **de rester** auprès de lui.

b) Avec ces verbes, on peut exprimer un ordre impérieux en employant le subjonctif dans la subordonnée :

> Il lui a dit qu'elle **parte**.

c) Ces verbes s'emploient fréquemment comme introduction à un discours indirect :

> Il m'a dit qu'elle **partirait** à six heures du matin.
> Elle m'a demandé si j'**arriverais** à Paris en même temps qu'elle.

2. Les verbes perceptifs et déclaratifs, les verbes **espérer, imaginer, croire, penser**, lorsqu'ils sont à la forme affirmative sont suivis d'un indicatif :

> J'espérais qu'il vous *rendrait* visite.
> Je croyais qu'il *était* malade.

NOTE : Lorsque ces verbes sont au négatif ou à l'interrogatif, on rencontre parfois le subjonctif dans la subordonnée. (Voir pp. 215-216.)

Distinction entre l'infinitif et le subjonctif en comparaison avec l'anglais

1. L'infinitif remplace le subjonctif si le sujet de la proposition principale est aussi le sujet de la proposition subordonnée :

> Je suis parti sans dire un mot.
> *Mais on doit dire :* Je suis parti sans qu'elle dise un mot.

2. Il est à noter que les conjonctions introduisant un infinitif diffèrent de leurs conjonctions équivalentes qui requièrent un subjonctif :

introduisent un infinitif :	*introduisent un subjonctif :*
avant de	avant que
afin de	afin que
de peur de	de peur que
à moins de	à moins que
pour	pour que
sans	sans que

3. Avec les verbes de volition, on ne peut pas employer la construction infinitive en français comme c'est le cas en anglais, lorsque les deux sujets sont différents. Comparez :

> Je veux que vous partiez. — *I want you to leave.*
> Je vous dis de partir. — *I am telling you to leave.*

Étudiez :

> Je veux que vous envoyiez cette lettre. — *I want you to send this letter.* (*you* : SUJET DE L'INFINITIF ; en anglais un soi-disant «subject-accusative »).
> Je veux vous envoyer cette lettre. — *I want to send you this letter.* (*you* : OBJET INDIRECT DE L'INFINITIF).

4. Par contre, en français, on **doit** substituer la construction infinitive à la construction avec le subjonctif, si les deux propositions ont un même sujet :

> Je voudrais être très loin d'ici. — *I wish I were far away.*
> Je veux partir. — *I want to leave.*

Distinction entre une subordonnée exprimant le but et une subordonnée exprimant le résultat d'une action

Les conjonctions **de sorte que, de façon que, de manière que** peuvent être suivies ou du subjonctif ou de l'indicatif, l'un marquant le but, l'autre le résultat. Comparez :

> Je lui ai envoyé ces documents de sorte qu'il (pour qu'il) **sache** ce dont il s'agit.
> Je lui ai envoyé ces documents de sorte qu'il **sait** (maintenant) ce dont il s'agit.

NOTE : Les conjonctions **afin que** et **pour que** expriment sans équivoque l'idée de but, d'où l'emploi obligatoire du subjonctif après les deux tournures.

Le résultat ou l'effet d'une action est fréquemment exprimé par les constructions **si ... que** et **tant ... que, tel ... que, au point ... que,** etc,

> Elle a si bien réussi qu'elle s'en étonne elle-même.
> Il a tant travaillé qu'il en est exténué.

Exercices

A. Étudiez les phrases suivantes et expliquez la différence de signification entre les diverses propositions subordonnées :

1. Elle le supplia de ne rien dire.
2. Nous lui avons dit qu'ils s'en aille d'ici.
3. Nous lui avons dit qu'elle habitait ici.
4. Nous lui avons dit de partir immédiatement.
5. Je lui ai fait savoir que je partirais en juillet.
6. Je lui ai fait savoir de partir sans m'attendre.
7. Je lui ai fait savoir qu'il partait le même jour que moi.
8. Elle l'a imploré qu'il ne dise rien.
9. Nous lui avons dit qu'il partirait s'il y avait un train à minuit.
10. Je lui ai dit qu'il rentre avant minuit.
11. Je lui ai dit de ne pas se presser.
12. Faiblement, elle murmura qu'on la laissât seule.
13. Elle me laissa entendre que vous la laissiez souvent seule.
14. Il ose espérer qu'on voudra bien excuser son retard.
15. La pensée me vint que la fumée l'avait asphyxié.

B. Dans les phrases suivantes, remplacez les tirets par le subjonctif ou l'infinitif du verbe indiqué :

1. *partir*   Je suis allé lui dire au revoir avant de ——.
2. *s'en aller*   Il est venu me saluer avant que je ne ——.
3. *souffrir*   Je ne sais comment m'y prendre pour faire cela sans qu'il en ——.
4. *payer*   Vous ne vous figurez pas que vous allez pouvoir agir de la sorte sans en —— les conséquences.
5. *voir*   Rentrez tôt pour que je vous ——.
6. *rencontrer*   J'essaierai d'arriver tôt à cette soirée pour vous y ——.

C. Traduisez les phrases suivantes en français en employant une construction avec l'infinitif ou ie subjonctif suivant le cas :

1. I want him to dispatch these documents without delay.
2. He would like to send him these newspapers by airmail.
3. The army wants to send him abroad.
4. They told him to leave the town and never to return.
5. I told him not to worry about his son.
6. I asked him to help us to solve this problem.
7. The president asked that the report in question be submitted to the committee.
8. He desired to be kept informed about our plans.
9. I wish they would not always arrive late.

D. Dans les phrases suivantes, étudiez l'idée de but ou le résultat d'une action et mettez le verbe indiqué au mode et au temps qui convient le mieux au sens de la phrase :

1. *lire* — Je lui ai donné ce livre vendredi de sorte qu'il le —— probablement pendant le week-end.
2. *pouvoir* — Il m'a tant questionné que je ne —— lui cacher la vérité.
3. *devoir* — Il a si bien travaillé qu'il —— réussir.
4. *être* — La soirée s'est passée agréablement de sorte que chacun —— content.
5. *être* — Il se fait tard de sorte qu'il —— préférable de remettre notre visite à un autre jour.
6. *avoir* — Il me regarda méchamment au point que je —— peur.
7. *devoir* — Arrange-toi de façon que nous ne —— pas aller à ce dîner.
8. *avoir* — Il parle si bas que je —— de la peine à le comprendre.
9. *pouvoir* — Fermez les portes de sorte que personne ne —— sortir.
10. *pouvoir* — Commencez ce travail dès maintenant de manière que vous —— le finir avant la nuit.
11. *se fâcher* — Il l'a vertement réprimandée de sorte qu'elle ——.
12. *devoir* — Elle espère que cette peinture ne —— pas être mise en vente.

VOCABULAIRE ANGLAIS-FRANÇAIS

above all   surtout, avant tout
abroad   à l'étranger
accomodate   écouler
advance *n.*   avance *f.*
appearance   face *f.*
arrive   arriver
ask   demander
become   devenir
bridge *n.*   pont *m.*
can *v.*   pouvoir
capital, private ——   l'industrie
  privée
case   cas *m.*
  in many ——s   dans bien des,
  dans beaucoup de ——
change *v.*   modifier
city   ville *f.*
complication, all kinds of ——
  des problèmes complexes de tout
  ordre
construction business   les
  (grands) projets de construction
course, of ——   bien entendu, à
  vrai dire
dam *n.*   barrage *m.*, digue *f.*
day, per ——   par jour
decade, in the last ——   au cours
  de la décade passée
delay, without ——   sans délai,
  tout de suite, immédiatement,
  sur-le-champ
desire *v.*   désirer
dispatch *v.*   expédier, envoyer
dream *n.*   rêve *m.*
effect, to be put into ——   être
  mis en chantier
enterprise, private ——   l'industrie privée
era   époque *f.*
  —— **of high speed** ——   de
  (grande) vitesse
every   chaque

fact, in ——   en fait
fantastic   chimérique
financing *n.*   financement *m.*
force *v.*   contraindre, forcer
gigantic   gigantesque
great   grand, -e
hand, on the other ——   par
  contre
help *n.*   aide *f.*
  government —— —— gouverne-
  mentale
hope *n.*   espoir *m.*
  to give rise to new ——s   soulever des ——s
investment   investissement *m.*,
  placement *m.* d'argent
keep, to —— informed   tenir au
  courant
late   en retard
leave *v.*   quitter
levy *v.*   percevoir
like *v.*, **he would** ——   il voudrait
like, and the ——   etc.
look, to —— for   chercher
necessary, it becomes ——   on
  doit
never   ne (...) jamais
newspaper   journal *m.*, (-aux *pl.*)
now, right ——   en ce moment
old   vieux, vieille
pay *v.*, **to —— for**   amortir les
  les dépenses *f.*, couvrir les frais
  m.
plan   plan *m.*, projet *m.*
private   privé, -e
procedure   procédé *m.*
  the slow administrative ——s
  les lents ——s administratifs, les
  lenteurs administratives
profit *n.*   bénéfice *m.*
  to seek ——   chercher à réaliser
  de (grands) ——s

project *n.* projet *m.*, opération *f.*
    mammoth ——s des projets d'une immense envergure

question, in —— en question, en cause

rather (than) plutôt (que)

receipts recettes *f.pl.*

report *n.* rapport *m.*, compte rendu *m.*

resort to *v.* recourir à, avoir recours à

return *n.*, **too great a** —— rémunération excessive

return *v.* revenir, retourner

rise, to give —— **to** soulever

run into se heurter à

run into (in the sense of "amount to") remonter à

seem paraître

send envoyer, faire parvenir

service, to render a —— rendre service

son fils

spokesman représentant *m.*, porte-parole *m.*

start *n.* initiative *f.*
    ... has given a —— **to ...** c'est à ... que revient l'—— de ...

state *n.* état *m.*

stir up remuer

stride *n.*, **to make great** ——s **toward completion** faire un grand pas vers la réalité

subject (to) subordonné, -e; sujet, -te (à)

submit soumettre

success, to have the greatest chance of —— avoir bien des chances de réussir

such as tel, -le que

superhighway grand'route *f.*, autostrade *f.*

suspicion, to look upon with a great deal of —— voir d'un mauvais œil

tackle *v.* s'attaquer à

tell dire

tendency tendance *f.*
    to have a —— **(to)** avoir —— (à)

thousands milliers *m.*
    tens of —— des dizaines de ——

times, at —— de temps à autre, à l'occasion

to, (in order ——) afin de

toll *n.* péage *m.*
    heavy ——s des ——s (très) élevés

turnpike autostrade *f.*, route à péage

want *v.* vouloir, avoir l'intention

week semaine *f.*

wish *v.* vouloir
    I —— je voudrais bien

worry (about) *v.* s'inquiéter de, se soucier de

year, in the ——s **ahead** dans les années à venir
    only a few ——s **ago** il n'y a guère de temps

yet mais, pourtant

12.

Marché Commun, An 1

Les six pays européens (Allemagne fédérale, Belgique, France, Hollande, Italie, Luxembourg) qui avaient déjà, depuis 1952, mis en commun leurs productions de charbon et d'acier, ont commencé d'*unifier l'ensemble de leurs économies*. Oh! il ne s'agit encore que d'*une première étape*. On conçoit, en effet, que plusieurs années soient 5 nécessaires pour harmoniser *sans trop de heurts* ce que des siècles avaient différencié. La période de transition durera *en principe* jusqu'au 1er janvier 1970 : il est même à prévoir que diverses mesures interviendront entre temps pour la prolonger au moins jusqu'en 1973. *Mais enfin, qu'il aboutisse* un peu plus tôt ou un 10 peu plus tard,* *le processus engagé* paraît irréversible. D'ici quinze ans, au maximum, *des économies plus ou moins autarciques,* concurrentielles *au mauvais sens du terme,* génératrices *de doubles emplois coûteux,* ne formeront plus qu'un vaste « marché commun » des 165 millions de consommateurs (auxquels s'ajouteront sans doute 15 les 40 millions des pays associés d'outre-mer : au total une population plus importante que celle des U.S.A.) dans lequel les hommes et les biens circuleront librement.

C'est *un événement considérable,* dont il n'est pas encore possible de prévoir toutes les conséquences pour les pays *en cause.* Certes 20 il y aura *des passages difficiles :* mais une économie qui supprime

248

fallacieusement les difficultés, au lieu de les affronter, est une économie malade.* Le Marché Commun, c'est, *au prix de** *médications parfois drastiques* (dont, cependant, *les aménagements dans le temps* réduiront beaucoup la dureté), le retour à la santé.

5   Il est clair que les conditions modernes de la productivité *supposent* une production *à grande échelle*, une spécialisation des entreprises, une concurrence disciplinée, une mobilité des capitaux et, dans certains cas, des hommes. Certaines fabrications deviendront possibles qui ne l'étaient pour aucun* des pays pris
10 séparément : *il est significatif que* la Communauté pour la production de l'énergie atomique *marche de pair avec* l'établissement de la Communauté économique. Et, dans les domaines traditionnels,* *on doit parvenir à* un abaissement des *prix de revient*, à une meilleure répartition et à* une *mise en valeur* efficace des régions sous-
15 développées.

     Ce ne sont pas seulement les six pays en cause qui bénéficieront du Marché Commun mais l'ensemble du monde libre auquel ils appartiennent. Car la Communauté économique européenne ne pourra pas *se refermer sur elle-même*, en créant de nouveaux protec-
20 tionnismes *à une échelle supérieure*. Elle devra nécessairement s'ouvrir à des accords avec ses partenaires mondiaux et *elle sera en mesure de le faire*. C'est une communauté atlantique renforcée, parce que plus homogène,* qui se trouve donc au terme de l'étape actuelle.* Autour d'une mer intérieure dont les dimensions
25 *effectives* sont, *d'ores et déjà*, bien plus faibles que celles de la Méditerranée* pour le monde antique, se développera un vaste ensemble de peuples dont les aspirations libérales ont *pour condition l'alignement* de leurs niveaux de vie *sur* ceux des plus *favorisés* d'entre eux et pour effet une politique commune *répondant à* des
30 responsabilités planétaires. Un « plan Marshall atlantique » doit être la conclusion normale de la Communauté européenne unie par *des accords de libre-échange* à ses principaux partenaires. Ainsi la Communauté atlantique pourra-t-elle* faire pour les régions

sous-développées du globe ce que les U.S.A., en un moment
décisif, ont fait pour l'Europe. L'avenir de la paix mondiale ne
reposera que sur une justice mondiale : il est, par conséquent,
dans un programme de ce genre. Si le Marché Commun européen
n'a pas, à lui seul,* le pouvoir de réaliser un tel plan, il en est cer- 5
tainement* l'une des conditions. Ce n'est pas son moindre* intérêt.

Il est bien certain que la faiblesse de l'Europe en train de
naître est dans sa disparité : Europe des dix-huit, des quinze ou
des six, multiplicité des organisations qui souvent se recoupent
ou se doublent, *foisonnement* d'institutions isolées qu'aucun *plan* 10
d'ensemble ne paraît relier. *On dirait que* la même anarchie qui
présidait depuis plusieurs siècles à l'histoire de la dispersion
européenne commande aujourd'hui le rassemblement de l'Europe.
Pendant un temps cette multiplicité était peut-être un mal nécessaire ou même un bien. Il ne me paraît pas douteux qu'elle 15
menace aujourd'hui l'avenir même de la construction européenne.
Si une autorité politique ne vient pas, *à relativement brève échéance,*
coiffer au moins la communauté des six pays, tout ce qui a été
fait jusqu'à présent risque de s'effondrer ou de rester largement
illusoire. Qui coordonnera les « ministères » européens que sont 20
les institutions spécialisées ? Qui promulguera la loi « antitrust »
détruisant dans l'œuf ces cartels européens déjà constitués et qui
menacent de *vider le Marché Commun d'*une grande partie de ses
effets ? Qui prendra l'initiative d'une véritable politique européenne, en particulier *à l'égard des* pays de l'Est et aussi de ceux 25
qui, *soumis* hier *à* certaines nations européennes sont libres
aujourd'hui et *veulent bien* s'associer à l'Europe mais non à leur
anciens colonisateurs ? Le gouvernement fédéral européen et lui
seul. C'est là une évidence *qu'il n'est nul besoin de* rappeler à des
lecteurs qui vivent depuis cent cinquante ans dans les États-Unis 30
d'Amérique.

Pourtant nous sommes, en ce domaine, bien *en retrait sur* les
espoirs de 1952-1953. Alors, la bonne direction était prise et l'on

était *à la veille de* réalisations spectaculaires. Mais depuis il y a
eu la malheureuse tentative de Communauté Européenne de
Défense et les désastreux accords de Paris. Il y a eu, surtout, le
fait que la France, partenaire essentiel, s'est engagée dans la
5 guerre d'Algérie, laquelle, *par un fatal enchaînement,* l'a amenée à
faire cavalier seul et à *se crisper sur* les petites passions d'un natio-
nalisme humilié.[1] Sans doute la France n'a rien renié de ce qui
était signé. Mais on semble bien résolu à n'aller pas* au-delà et,
dans la voie qui a été prise, ce n'est effectivement pas possible.
10 A vrai dire, même, on peut prévoir un retard du Marché Commun,
équivalant à un demi-échec, si la France ne parvient pas, *d'ici*
peu, à terminer *l'affaire algérienne.*

Comment *relancer* l'autorité politique européenne et aboutir
enfin ? Redoutable question. Par un appel aux peuples de l'Europe ?
15 *Certains s'y emploient* mais il n'apparaît pas *qu'ils aient eu* jusqu'à
présent *beaucoup d'écho.* Par une transformation interne de l'indi-
gent « Conseil de l'Europe » ? Ce peut être,* en effet, une voie
possible. Mais il paraît que même la réforme de ce conseil,
nécessaire et possible à l'avis de beaucoup de spécialistes, ne saurait
20 être suffisante pour créer une autorité fédérale digne de ce nom.

Quatre siècles d'histoire moderne montrent que l'hégémonie
n'est plus possible en Europe, que l'équilibre des nationalités est
devenu impuissant et que, par conséquent, il n'y a plus de choix
qu'entre l'équilibre organisé et le chaos. Il y a dix ans que les
25 meilleurs esprits ne cessent de répéter cette évidence. On a
commencé de les entendre mais, *au moment de franchir le dernier*
pas, le seul qui soit décisif, on semble revenu à la mortelle hésitation. A quoi donc servira-t-il d'avoir un marché commun si l'on
n'y vend que des larmes ?

(Bernard Voyenne dans *Pensée française,*
avril 1959)

---

[1] Une déclaration du Général de Gaulle (postérieure à cet article) lors d'une
rencontre avec le Chancelier Adenauer semble indiquer une attitude nouvelle de
la part du gouvernement français et permettre certains espoirs.

Questionnaire

1. Quels sont les six pays européens qui voudraient réunir leurs économies ?

2. Depuis quand se sont-ils mis d'accord pour faire de cette unification une réalité ?

3. Qu'avaient-ils mis en commun depuis 1952 ?

4. Ces pays ont-ils atteint un stade avancé de cette unification ?

5. Pourquoi cette unification ne peut-elle se faire du jour au lendemain ?

6. Combien de temps croit-on que durera, théoriquement, la période de transition ?

7. Qu'est-ce qui pourrait en prolonger la durée ?

8. Pourquoi ne semble-t-il pas très important que ce processus vienne à bien d'ici dix ans plutôt que d'ici douze ou treize ans ?

9. Quelle transformation verra-t-on s'opérer d'ici quinze ans ?

10. Quel sera alors le nombre global auquel se monteront les consommateurs du Marché Commun ?

11. Quelles seront, pour les pays en cause, les conséquences de cet événement ?

12. Qu'est-ce qui rend malade l'économie d'un pays ?

13. Que signifie pour l'Europe le Marché Commun ?

14. Qu'est-ce qui aplanit ordinairement bien des difficultés ?

15. Qu'exigent les conditions modernes de la productivité ?

16. Qu'est-ce qui deviendra possible alors, qui ne l'était pas auparavant ?

17. Qu'est-ce qui marchera de pair avec l'établissement de la Communauté économique ?

18. A quoi aboutira-t-on fatalement dans les domaines traditionnels ?

19. Qui tirera avantage du Marché Commun ?

20. Pourquoi la Communauté économique européenne ne pourra-t-elle pas adopter une politique d'isolationisme ?

21. Qu'est-ce qui se trouve au terme de l'étape actuelle ?

22. Sur quoi devront reposer en premier lieu les aspirations libérales de ces peuples unifiés ?

23. Quel sera l'effet produit?

24. Quelle sera la conclusion inévitable de l'union entre la Communauté européenne et ses partenaires?

25. Quelle est la base unique sur laquelle se fondera l'avenir de la paix mondiale?

26. Quel est le rôle joué par le Marché Commun européen dans l'établissement possible d'une paix mondiale?

27. Qu'est-ce qui fait la faiblesse de l'Europe?

28. Par quoi l'avenir de la construction européenne est-il menacé?

29. Qu'arrivera-t-il si, à bref délai, la communauté des six pays n'obéit pas à une seule autorité politique?

30. Qu'est-ce qu'un gouvernement fédéral européen est seul capable de réaliser en Europe?

31. Pourquoi la situation actuelle est-elle en recul sur celle de 1952-1953?

32. Qu'est-ce qui a amené la France à faire cavalier seul?

33. Quelles tentatives fait-on pour remédier à la faiblesse actuelle du projet?

34. Les Européens d'aujourd'hui peuvent-ils concevoir les relations entre les diverses nationalités comme les concevaient leurs pères?

35. Quelle est l'alternative devant laquelle se trouvent aujourd'hui les Européens?

I. TOURNURES IDIOMATIQUES

Étudiez les expressions en italique de l'article de tête expliquées ci-dessous :

unifier l'ensemble de leurs économies — réduire à une seule leurs diverses économies; combiner intimement l'union de leurs économies; ne faire qu'une de leurs économies réunies

une première étape — une première phase, période; un premier stade, échelon

sans trop de heurts — sans trop de chocs, d'oppositions, de conflits

en principe — théoriquement

Mais enfin — Mais après tout

qu'il aboutisse — qu'il réussisse, atteigne son but

le processus engagé — le processus mis en train, en branle

des économies plus ou moins autarciques — (*ici*) des économies qui sont aujourd'hui plus ou moins autarciques, qui tâchent de se suffire à elles-mêmes

au mauvais sens du terme — le terme étant pris ici dans son sens péjoratif; au sens péjoratif du terme

de doubles emplois coûteux — des répétitions (des développements de la même industrie) inutiles et onéreuses

un événement considérable — un événement d'une grande portée, d'une grande importance

en cause — intéressés, en question

des passages difficiles — des situations, des endroits, des moments des passes difficiles

au prix de — même si l'on doit accepter des ...

médications parfois drastiques — épurations parfois radicales, traitements parfois sévères

les aménagements dans le temps — la disposition, l'ordre, le dispositif dans l'avenir, à la longue, au cours des années à venir

supposent — présument, exigent l'existence de

à grande échelle — en grand; de grande envergure

il est significatif que — il est important de remarquer que

marche de pair avec — s'établit, se développe simultanément avec

on doit parvenir à — (*ici*) on parviendra logiquement, fatalement à

prix de revient — prix coûtants; coûts de la production

mise en valeur — organisation économique; exploitation

se refermer sur elle-même — rentrer dans sa coquille, s'isoler

à une échelle supérieure — à un niveau plus élevé

elle sera en mesure de le faire — elle sera à même, en état de le faire (c.à.d. s'ouvrir à des accords)

effectives — réelles

d'ores et déjà — dès maintenant

pour condition — comme nécessité préalable, base fondamentale

l'alignement ... sur — la conformité ... avec

favorisés — avantagés, (qui jouissent du niveau de vie le plus élevé)

répondant à — adaptée à, appropriée à, faisant face à

des accords de libre-échange — des ententes commerciales sans prohibitions ni droits de douane; une union douanière

foisonnement — abondance, multiplicité

plan d'ensemble — plan général, idée maîtresse

On dirait que — Il semble que

Pendant un temps — A une certaine époque

à relativement brève échéance — dans un temps relativement court, à bref délai

coiffer — (*ici*) parfaire, compléter

détruisant dans l'œuf — faisant périr dès l'origine

vider le Marché Commun de — drainer, priver le Marché Commun de

à l'égard des — envers les, concernant les

soumis ... à — sujets ... de, sous l'autorité ... de

veulent bien — acceptent de

qu'il n'est nul besoin de — qu'il n'est aucunement nécessaire de

en retrait sur — en recul sur

à la veille de — proche de; à deux doigts de

par un fatal enchaînement — comme conséquence inévitable

faire cavalier seul — agir d'une façon indépendante, s'en aller seule de son côté, suivre seule son propre chemin

se crisper sur — se recroqueviller avec entêtement sur

d'ici peu — sous peu, dans peu de temps, dans un proche avenir

l'affaire algérienne — le conflit algérien

relancer — reprendre la question de

Certains s'y emploient — Certains, quelques hommes politiques s'y appliquent, s'y attachent

qu'ils aient eu ... beaucoup d'écho — qu'ils aient eu ... beaucoup d'émules; qu'on les ait ... fort écoutés

au moment de franchir le dernier pas — au moment de surmonter le dernier obstacle

.

Exercice

Dans les phrases qui suivent, remplacez les tirets par une des expressions indiquées à droite, dans la forme réclamée par le texte:

1. Cet homme ne comprend pas ce qu'est l'esprit de corps; il prétend toujours ——.
2. Un tel résultat —— une grande adresse.
3. Et l'on n'acquiert cette adresse que —— nombreux exercices.
4. Elle devrait bien se rendre compte qu'il est victime d'un fatal —— des choses.
5. Le jour où je l'ai rencontré fut pour moi un —— dont je n'ai pas encore mesuré toute la portée.
6. Je regrette d'avoir gagné un réfrigérateur à la loterie : avec celui que je possède déjà, cela fait plutôt ——.
7. Les lapins —— dans cette région.
8. Dans cette famille, les jeunes gens semblent plus —— que les jeunes filles.
9. Vous savez —— quel doit être le plan de ce travail.
10. On va devoir remanier les programmes mais je ne crois pas que le vôtre soit ——.
11. Ces changements ne se feront pas sans ——.

favorisé
supposer
faire cavalier seul
événement considérable
d'ores et déjà
enchaînement
au prix de
foisonner
double emploi
en cause
heurt

12. Qu'il —— ou non, ce projet ne devrait en rien altérer vos plans.

13. ——, il aura fini ses études dans deux ans.

14. Mais, —— là, bien des choses peuvent se passer qui pourraient prolonger ses études jusqu'à l'année suivante.

15. Une fois —— dans cette voie, nous ne ferons pas demi tour.

16. Souvent la mauvaise humeur —— avec un mauvais état de santé.

17. Ce pays se relève; il sera bientôt —— de rivaliser avec ses voisins.

18. Les choses s'arrangent, mais il nous reste encore à —— le dernier pas.

19. Le gouvernement a fait appel aux citoyens qui n'ont pas été lésés mais, jusqu'ici, il n'a pas eu beaucoup de ——.

20. Je voudrais que cette maison soit vendue à ——.

21. Vous connaissez tous votre devoir. Je crois qu'il n'est —— de vous rappeler que tout devoir suppose certaines difficultés.

22. Il était —— du succès quand il est tombé malade.

nul besoin
aboutir
en principe
engagé
d'ici
marcher de pair
brève échéance
à la veille (de)
franchir
en mesure
écho

II. ÉTUDE DE VOCABULAIRE

A. Donnez la signification des homonymes suivants. Puis, complétez les phrases qui suivent en vous servant d'un des mots étudiés.

mis — mi — mie
clair — clerc
cause (*fém.*) — cause (*verbe, 2 sens*)
mer — mère — maire
choix — choie
prise (*fém.*) — prise (*verbe, 2 sens*)

or — or (*masc.*) — hors
écho — écot
où — ou — houx
mais — met — mets
vend — vent — van
tard — tare (*fém.*)

1. Je ne puis accepter d'être votre invité, je tiens à payer mon ——.
2. Il m'a recommandé ce restaurant et m'a affirmé qu'on n'y servait que des —— délicats.
3. Les enfants préfèrent souvent la —— à la croûte du pain.
4. S'il vous —— un préjudice, intentez-lui un procès.
5. En agissant ainsi, vous allez donner —— à la critique.
6. Je viens de téléphoner à l'hôpital et l'on me dit qu'il est —— de danger.
7. Elle adore sa nouvelle poupée et la —— avec tendresse.
8. Le —— est un arbuste dont les feuilles sont toujours vertes.
9. Il y a dans cette famille une —— dont elle a malheureusement hérité.
10. Il se peut que la *Chanson de Roland* ait été écrite par un —— du Mont Saint-Michel.
11. Toutes les villes de France ont un ——, excepté Paris.
12. Les bois et les cuivres sont des instruments à ——.

B. Dans les phrases ci-dessous, employez l'un des deux mots indiqués en tête, dans la forme réclamée par le texte.

unir — unifier

1. Cette rivière —— ces deux lacs.

cesser — finir

2. Il n'a pas —— de pleuvoir depuis huit jours.

choix — sélection

3. Vous trouverez un grand —— de gants dans le magasin du coin.

employer — utiliser

4. Une bonne ménagère parvient toujours à —— les restes.

dissocier — désassocier

   5. Comment peut-on —— les éléments de l'eau?

vouloir — vouloir bien

   6. A présent, le directeur —— revenir sur sa décision.

revenir — retourner

   7. Je suis aux États-Unis; je —— à Paris dans quelques jours.

vider — verser

   8. Pourriez-vous m'aider à —— l'eau dans ces verres?

prolonger — proroger

   9. On vient de me dire qu'on avait —— la réunion qui devait
      avoir lieu cet après-midi.

repartir — répartir

   10. Il est arrivé hier et il est déjà —— cet après-midi.

vraisemblable — véridique

   11. Cette histoire n'est peut-être pas authentique; elle est du
       moins ——.

neuf — nouveau

   12. Voilà un livre —— pour remplacer le vôtre qui est usagé.

originel — original

   13. Il a rarement une pensée ——.

primauté — priorité

   14. Quel est le pays qui a aujourd'hui la —— de l'armement?

productivité — production

   15. La —— de cette usine a diminué à cause des grèves.

aveuglement — aveuglément

   16. Elle le suit partout ——.

C. Mots ayant le même radical que **sens** et expressions formées
avec ce mot :

le bon sens	en tous sens
le sens commun	sens dessus dessous
le sens moral	le sens intime
un contresens	sensé
un non-sens	insensé

Dans les phrases suivantes, remplacez les tirets par des mots choisis dans la liste ci-dessus :

    1. Cette phrase est absurde, c'est un ——.
    2. Votre traduction est pleine de ——, vous avez mal interprété le texte original.
    3. Cette mauvaise nouvelle l'a mise ——.
    4. Les moutons se sont enfuis ——.
    5. Je pense tout bonnement que vous avez fait cela à rebours du ——.

III. STYLISTIQUE

qu'il aboutisse un peu plus tôt ou un peu plus tard

aboutisse est un subjonctif d'alternative dans une phrase hypothétique. Étudiez :

Qu'il le veuille ou non, il devra y aller.

une économie qui ... est une économie malade

L'identité est exprimée par l'emploi de **être**, ici verbe d'état et non simple auxiliaire, et renforcé par la répétition du mot sujet. Étudiez :

Un étudiant capable d'écrire une telle composition est un étudiant intelligent.

au prix de

Locution prépositive introduisant un complément pris dans un sens figuré. Pris au sens propre, ce complément s'introduit par **pour**. Comparez :

Pour 400 dollars, il a pu faire taper sa thèse.
Au prix d'un labeur continu, il a pu finir sa thèse à temps.

qui ne l'étaient pour aucun ...

Le conjonctif **qui** a ici une valeur d'opposition et équivaut à **alors qu'elles**. Dans ce cas, le pronom relatif peut très bien être séparé de son antécédent. Étudiez :

Certaines choses me plaisent aujourd'hui qui (alors qu'elles) ne me plaisaient pas il y a dix ans.

Et, dans les domaines traditionnels,...

Le complément circonstanciel n'a pas de place bien déterminée dans une phrase. Ici, il se place en tête pour dessiner le cadre de l'action. Comparez à *C'est une communauté...* ci-dessous.

à un abaissement, à ..., à ...

La préposition doit se répéter devant chacun de ses compléments, surtout s'ils s'ajoutent ou s'opposent l'un à l'autre, à moins que ces compléments ne forment une expression figée, une apposition, ou qu'ils soient synonymes. Étudiez :

C'est un inspecteur des poids et mesures.
Je viens de téléphoner à Mme. X., femme de notre président.
Je crois que vous venez de faire une entorse aux us et coutumes de la région.

parce que plus homogène

L'éllipse du verbe après **parce que** donne à la phrase une certaine concision.

C'est une communauté ... qui se trouve ... au terme de l'étape actuelle

Dans cette phrase, le complément circonstanciel a peu d'importance et est rejeté à la fin.

que celles de la Méditerranée

Il y a ellipse du verbe dans le second membre de la comparaison: *... que l'étaient celles de la Méditerranée.* Ce procédé allège la phrase. Étudiez :

A trente ans, il avait accumulé plus de richesses que son père à la veille de sa mort (= ... que son père n'en avait accumulé ...).

Ainsi la Communauté atlantique pourra-t-elle

On fait l'inversion du sujet dans une phrase commençant par **peut-être** et **sans doute**. Cela s'explique par le fait que le doute crée une sorte d'interrogation dans l'intonation aussi bien que dans la pensée. Par analogie, on fait aussi l'inversion après : **ainsi, aussi (bien), à plus forte raison, du moins, encore, en vain, tout au plus, à peine** et **toujours**. Étudiez :

Tout au plus, est-il parvenu cette semaine à lire un petit roman.

à lui seul

Seul renforce la valeur emphatique du pronom disjonctif. Il est parfois renforcé lui-même par **tout** :

Lui tout seul y est allé.

A renforce l'idée d'exclusivité du pronom :

Il l'a fait à lui seul : Lui seul (à l'exclusion de tout autre) l'a fait.

il en est certainement

En se réfère à la phrase précédente *réaliser un tel plan*. Étudiez :

C'est vrai; vous m'aviez parlé de ce voyage; je m'en souviens (je me souviens que vous m'avez parlé de ce voyage).

moindre

Comparatif de **petit, moindre** s'emploie surtout au sens moral :

Ce n'est pas son moindre défaut.

à n'aller pas

Cette construction donne un petit ton archaïque à la phrase. La construction normale d'aujourd'hui est : **ne pas aller**.

Ce peut être

Ce, dans le sens de **cela,** peut s'employer avec les verbes **devoir** et **pouvoir** suivis de **être** :

Ce doit être Paul qui rentre à présent.

IV. TRADUCTION

Traduisez les phrases suivantes en employant autant que possible des expressions contenues dans l'article de tête et discutées dans les « tournures idiomatiques ».

1.   The decision of some European countries to unify their total economies into a common market was an epoch-making event.

2.   For centuries past, the self-sufficient economies of these countries have competed with each other with the result that their productive efforts have overlapped.

3.   Although, in some areas, the Common Market has not lived up to the hopes of its promoters, it has set an irreversible trend.

4.   Many obstacles lie ahead but a sound economy cannot ignore these difficulties.

5.   It will, at times, accept drastic measures.

6.   Modern production conditions require large-scale operations.

7.   Certain projects can only be successfully carried out if the efforts of one country go hand in hand with those of another.

8.   On a still higher level, the combined economies of the countries involved cannot become centered upon themselves.

9.   These countries must look beyond their present goals toward the establishment of an Atlantic economic community.

10.   In view of their liberalistic aspirations, the partners in such a community will certainly tend to adjust the standard of living in the less developed countries to the standard of the most prosperous lands.

11.   The development of such an Atlantic community will require above all free trade agreements.

12.   At this moment, there exists a superabundance of isolated institutions, obviously uncoordinated with any master plan, that tread upon each other's territory.

13.   The diversity of institutions threatens the future of the Common Market and even the economic prosperity of Europe in general.

14.   If, in a relatively short time, a political body is not set up that can streamline the economies of the six countries concerned, everything that has been accomplished up to now will be jeopardized.

15.   Who else could put into effect antitrust laws strong enough to nip in the bud the harmful growth of cartels?

16.   These cartels tend to sap the Common Market of its strength.

17.   Furthermore, ever since France has become involved in the Algerian war a series of fateful events has led her to go her own way.

18.   But even other European countries do not seem to want to go beyond present agreements.

19.   They all hesitate to take the last step not only toward complete economic unity but also toward political agreements.

V. SUJETS DE COMPOSITION LIBRE

En écrivant sa composition, l'étudiant est invité à employer autant que possible les tournures et le vocabulaire de l'article de tête.

A. En vous basant sur le texte, discutez brièvement les difficultés politiques auxquelles devra faire face l'union économique des pays européens.

B. Croyez vous qu'une unification de l'ensemble des économies des pays occidentaux est désirable? Donnez des raisons spécifiques pour justifier votre point de vue.

VI. GRAMMAIRE

Les pronoms relatifs

Qui

1. *Employé avec antécédent :*

a) **Qui,** sujet de la subordonnée, peut avoir un antécédent personnel ou impersonnel :

> Les rêves des **hommes qui** ont lancé l'idée du Marché Commun ne se sont pas tous réalisés.
> Ce ne sont pas seulement les six **pays qui** bénéficieront du Marché Commun.

b) **Qui,** objet d'une préposition, se réfère toujours à un antécédent personnel :

> Quelle est la **dame à qui** vous vous êtes adressé?

c) **Qui** suit son antécédent le plus près possible :

> Voilà l'**homme qui** a parlé de vous.

d) Mais il peut être séparé de son antécédent dans les cas suivants :

— si l'antécédent est suivi de mots qui le modifient :

> C'est une **communauté** atlantique renforcée, parce que plus homogène, **qui** se trouve donc au terme de l'étape actuelle.

— si l'antécédent est un nom ou un pronom appuyé à un verbe :

> Le jeune **homme** est là **qui** t'attend.
> Un **entretien** suivit **qui** leur permit de se mieux connaître.

e) **Qui,** objet d'une préposition, admet l'inversion du sujet dans la proposition subordonnée :

> Voilà **l'homme de qui** dépendent tous ces rouages.

f) Le verbe de la subordonnée peut être à l'infinitif, dans les phrases elliptiques où l'on peut suppléer le verbe **pouvoir** :

> Je cherche **quelqu'un à qui parler.** (... à qui je puisse ...)

et où l'antécédent est modifié par un article indéfini ou un mot accompagné d'une négation :

> Elle trouva **un agent à qui** s'adresser.
>
> Il **n'**y avait **pas une âme à qui** parler.

g) La personne du verbe est toujours celle que réclame la personne de l'antécédent :

> C'est **nous qui sommes** arrivés les premiers.
>
> C'est **elles qui sont** arrivées les dernières.
>
> Vous êtes **le seul qui ait** pu faire cela.

2. *Employé sans antécédent* :

a) Dans les proverbes au lieu de **celui qui** :

> Qui vivra verra.

b) Après **voici** ou **voilà** au lieu de **ce qui** :

> Voilà qui plaira d'avantage.

c) Avec les verbes **pouvoir, savoir, vouloir** au lieu de **celui que** :

> Recevez qui vous voulez.
>
> J'ai parlé à qui vous savez.

Dans ce cas, **qui** fait fonction d'objet, car il est ici, non pas pronom relatif mais pronom interrogatif. Étudiez :

> Qui voulez-vous recevoir ? Je recevrai qui vous voudrez.

d) Dans le gallicisme **c'est à qui,** au lieu de **à celui qui,** pour indiquer la compétition et l'aspiration :

> C'était à qui conterait la meilleure histoire.

e) Au lieu de **quiconque** (ou **celui qui**) :

> Qui a fini peut sortir.

f) Au lieu de **à quelqu'un qui** (ou **à celui qui**) :

> Ces explications seront précieuses à qui saura les comprendre.

g) Comme pronom distributif dans le sens de **l'un, l'autre** (dans ce cas, **qui** fait plutôt fonction de pronom personnel indéfini) :

> On chantait, qui un air d'opéra, qui un refrain à la mode.

h) Dans certaines expressions figées :

> A qui mieux mieux.   Sauve qui peut.   Avoir de qui tenir.
> Qui plus est.   Qui pis est.

NOTE : Dans toutes les phrases où **qui** est employé absolument, le verbe est toujours au singulier.

Que

Que peut avoir un antécédent personnel ou impersonnel et assume les fonctions d'objet direct, d'attribut, rarement de sujet.

1. Que, *objet direct*, peut être suivi d'une inversion :

> Voilà l'argument que défend votre père.

2. Il est *attribut* dans les cas suivants :

a) lorsqu'il représente un adjectif qualificatif ou un nom de même valeur :

> Qui coordonnera les « ministères » européens que sont les institutions spécialisées ?
> La petite fille que j'étais alors faisait déjà prévoir la femme que je suis devenue.

b) dans une exclamation :

> Oh! le beau livre que celui-ci!
> Bête que je suis!

c) devant **voici** et **voilà** :

> La belle rose que voilà!

d) après un participe :

> Il ne m'a pas entendu, trop absorbé qu'il était dans sa lecture.

NOTE : Pour éviter toute confusion entre **que**, *pronom relatif,* et **que**, *conjonction de subordination,* la syntaxe moderne exige que le pronom **que** ne soit pas séparé de son antécédent.

3. Que, *sujet*, ne se rencontre plus que dans des locutions vieillies, à la place de **qui** :

> Coûte que coûte.   Vaille que vaille.   Advienne que pourra.

Quoi

1. Quoi s'emploie avec un antécédent vague, négatif ou, plus rarement, pluriel :

> C'est **ce** en quoi il se trompe.
> Je ne vois **rien** sur quoi baser mes soupçons.
> C'est **un des points** sur quoi il a fort insisté.

2. Après **voilà** et après un verbe autre que **être, ce** est omis :

> Voilà à quoi je pense.
> Je sais de quoi il s'agit.

3. Employé absolument, sans antécédent, **quoi** est précédé par une préposition et suivi d'un infinitif :

> Elle n'a plus de quoi vivre aisément.

Notez que dans cette phrase, **de quoi** est l'objet du verbe de la principale, **avoir**, tandis que dans **je sais de quoi il s'agit, de quoi** est l'objet du verbe de la subordonnée, **s'agir de**.

4. L'inversion après **quoi** est facultative :

> Voilà sur quoi reposent mes soupçons.

Dont

1. Dont peut se référer à un antécédent personnel ou impersonnel, équivaut à **de** suivi du relatif et assume la fonction d'objet prépositionnel du verbe de la subordonnée :

> La personne dont vous parlez lui est inconnue.

2. Il exprime l'idée de possession qui lie l'antécédent avec le sujet ou l'objet direct de la subordonnée :

> Autour d'une mer intérieure dont les dimensions effectives sont ... faibles ...
> Il est toujours plus intéressant de voyager dans un pays dont on connaît l'histoire.

La syntaxe moderne exige la présence du démonstratif devant **dont** lorsqu'il n'y a pas d'antécédent exprimé :

> C'est ce dont elle parle sans cesse.

Comparez les deux phrases :

> Elle a trop de travail, ce dont elle se plaint.
> Elle a un travail dont elle se plaint.

NOTE : A la place de **ce dont** on préfère souvent **de quoi**.

Cette forme est cependant empruntée à l'interrogatif. Étudiez :

> De quoi parle-t-elle sans cesse ?
> C'est de quoi elle parle sans cesse.

Lequel, etc.

1. *Comme objet*, **lequel** s'emploie pour représenter un nom d'animal ou de chose précédé d'une préposition :

> Le chien avec lequel je joue s'appelle Cindy.
> Un vaste Marché Commun dans lequel les hommes et les biens circuleront librement ...

Pour renforcer l'idée de choix, de distinction, **lequel** s'emploie au lieu de **qui** pour représenter une personne :

> Voilà l'homme avec lequel je travaille.

2. *Comme sujet*, il s'emploie pour éviter la répétition ou la confusion :

> J'ai reçu hier une lettre d'un ami, laquelle m'a fort diverti.
> Avez-vous vu la deuxième édition de ce livre de français, laquelle contient une longue liste d'errata ?

Il s'emploie aussi de cette façon pour attirer l'attention :

> La France s'est engagée dans la guerre d'Algérie, laquelle l'a amenée à faire cavalier seul.

A noter la virgule devant **lequel** et ses formes dérivées.

Où

Il se réfère à un nom de lieu ou de temps :

> Le lieu où il se cache n'est pas connu.
> Le jour où il est arrivé, tout allait bien.

Il peut s'employer avec une préposition quand il se réfère à un nom de lieu :

> Le lieu d'où il vient est peu connu.
> L'endroit jusqu'où l'on peut aller est bien loin d'ici.

D'où, avec ou sans verbe, s'emploie pour indiquer une conséquence, un résultat :

> D'où il résulte que ...   D'où $x = 4$.

NOTE : On évite de séparer **où** du verbe qui le suit :

> Comment s'appelle l'endroit où vous habitez depuis la Noël?

Dont — de — duquel — d'où

1. Dont exprime la possession et est objet prépositionnel du verbe de la subordonnée (voir ci-dessus).

2. De qui marque l'origine :

> Voici l'ami de qui j'ai reçu ce cadeau.

3. Duquel (de laquelle, *etc.*) s'emploie pour éviter l'équivoque et pour représenter un antécédent modifié par un complément prépositionnel :

> Paul et Marie, **de laquelle** je vous ai parlé hier soir, sont en Californie.
> Le commerçant **au nom duquel** vous faites des affaires n'a pas bonne renommée.

4. D'où représente des choses et marque le point de départ matériel :

La maison d'où il sort ...

A comparer à :

La famille dont il provient ...

NOTE GÉNÉRALE : A l'exception des cas où **qui** ou **quoi** sont em- ployés sans antécédent (voir ci-dessus), le français exige un anté- cédent à tout pronom relatif. S'il n'y a pas d'antécédent exprimé dans la principale, on doit employer **ce** pour y suppléer :

C'est ce qui m'a fait un grand plaisir.

Voilà ce que je désire comme cadeau d'anniversaire.

C'est ce à quoi il pense toujours.

Je ne sais pas ce dont il s'agit.

Je tiens à ce que vous y alliez.

Exercice

Complétez les phrases suivantes avec un pronom relatif **qui, que, à qui,** etc.

1. Heureux —— a une bonne mémoire.
2. —— m'aime me suive.
3. Le bureau sur —— j'écris n'est pas stable.
4. J'ai besoin de calme, sans —— je ne peux pas travailler.
5. Voilà un homme —— l'ambition est sans borne.
6. Mais voilà —— est ahurissant.
7. Et moi —— le croyais honnête!
8. Je cherchais un endroit tranquille —— travailler sans être dérangé.
9. Savez-vous —— il faut dire en pareil cas?
10. Je vois —— me reste à faire.
11. Je ne sais —— il reste de beurre.
12. Voilà —— m'appartient.
13. Voilà —— il m'appartient de faire.
14. Je me réjouis de —— vous pensez faire.
15. Je consens à —— vous alliez à Paris.
16. Il est dans le bureau —— il prépare ses cours.

17. —— s'aventure dans cette caverne, le fait à ses propres risques.
18. Connaissez-vous la maison —— je parle?
19. J'ai oublié le nom de la personne à —— j'ai téléphoné hier.
20. Voilà l'enfant pour —— il a dépensé une fortune.
21. Le séjour ici est insupportable pour —— a été habitué à un climat sec.
22. Choisissez —— vous voulez comme partenaire.
23. La couverture du livre —— vous parlez est rouge.
24. Il ne m'a pas téléphoné de —— je conclus qu'il n'est pas rentré chez lui.
25. Voilà l'ami de —— j'ai obtenu des renseignements précieux.
26. Elle a obtenu une bourse, grâce à —— elle peut continuer ses études universitaires.
27. Voilà le monsieur aux soins de —— j'avais confié la lettre —— vous était adressée.
28. Naïve —— j'étais, je suis tombée dans le piège!
29. Les rideaux —— sont dans mon studio sont bleus.
30. Tel est le plan —— a manigancé ce garnement incorrigible.
31. Voilà —— je préfère.
32. La paix est —— nous manquons le plus.
33. C'est celui à —— je me réfère.
34. Voilà la personne à —— je désire parler.
35. Je ne connais pas la personne à —— je dois m'adresser.
36. —— se conçoit bien s'énonce clairement.
37. Je ne sais pas quelle est la raison pour —— il est parti.
38. —— je connais le mieux, c'est la partie grammaticale.
39. Voilà le parc par —— passer pour couper au court.
40. Il m'a apporté de —— lire pendant le week-end.

VOCABULAIRE ANGLAIS-FRANÇAIS

accept accepter
accomplish accomplir, achever, atteindre
adjust aligner (sur)
agreement accord *m.*
all tous, toutes
although bien que, quoique
area domaine *m.*

body, political —— autorité *f.* politique
bud, to nip in the —— détruire dans l'œuf *m.*
but even . . . même ...
can *v.* pouvoir
carry out successfully mener à bien

centered, to become —— upon oneself se refermer sur soi-même
century siècle *m.*
for ——**ies past** pendant des ——s
common commun, -e
community communauté *f.*
Atlantic Economic Community la Communauté économique de l'Atlantique
compete with each other se faire concurrence *f.*
concerned en question
costly coûteux, coûteuse
country pays *m.*
less developed ——**ies** —— sous-développés
difficulty difficulté *f.*
diversity diversité *f.*
economy économie *f.*
their total economies l'ensemble de leurs économies
combined economies les économies unifiées
effect, to put into —— promulguer
effort, productive ——**s** efforts *m.* de production
enough suffisamment
establishment création *f.*
European européen, -ne
even même
event, a series of fateful ——**s** un fatal enchaînement
epoch-making —— événement *m.* considérable
ever since depuis que
everything tout
exist, there ——**s** il y a
furthermore en plus
future *n.* avenir *m.*, futur *m.*
goal, beyond their present ——**s** au terme de l'étape actuelle
go, to —— beyond aller au delà
growth bourgeonnement *m.*
hand *n.*, **to go —— in ——** marcher de pair avec

harmful nuisible
hesitate hésiter
hope *n.* espoir *m.*
if à condition que + *subj.*
ignore supprimer fallacieusement
involved en cause
to become —— s'engager
jeopardize, to be ——**d** risquer de s'effondrer
land *n.* pays *m.*
law loi *f.*
lead (to) *v.* amener ... à
level *n.* échelle *f.*
on a still higher —— à une —— supérieure
liberalistic libéral, -e
live *v.*, **not to —— up to** être en retrait sur
look . . . toward chercher
market marché *m.*
master plan plan *m.* d'ensemble
uncoordinated with any —— qu'aucun —— paraît relier
measure *n.* médication *f.*
moment, at this —— en ce moment
not only . . . but also non seulement ... mais aussi
obstacle passage *m.* difficile
many ——**s lie ahead** à l'avenir, il y aura beaucoup de ——
operation, large scale ——**s** opérations *f.* à grande échelle
other autre
overlap, (their productive efforts) have ——**ped** (ils) ont créé de doubles emplois coûteux (dans leurs efforts de production)
partner partenaire *mf.*
present *adj.* actuel, -le
production, modern —— conditions les conditions modernes de la productivité
project *n.* projet *m.*
promoter instigateur *m.*
prosperity prospérité *f.*

prosperous   favorisé, -e
require   requérir
   to —— above all   avoir pour
   condition primordiale
result, with the —— (that)   pour
   ne (*inf.*) que + *noun*
seem   sembler
self-sufficient   autarcique
set up, to be ——   s'établir
sound *adj.*   sain, -e
standard, —— of living   niveau
   m. de vie
step *n.*   pas *m.*
   to take the last ——   franchir le
   dernier —— (pour en arriver à)...
streamline *v.*   coiffer
strength, to sap ... of its ——
   vider ... de sa sève
strong   fort, -e
such   tel, -le
superabundance   foisonnement *m.*
tend (to)   tendre à, avoir tendance
   à

territory, to tread upon each
   other's ——   se recouper et se
   doubler
threaten   menacer
time, in a relatively short ——
   à relativement brève échéance *f.*
times, at ——   parfois
trade   échange *m.*
   free —— agreements   des
   accords de libre-——
trend, it has set an irreversible
   ——   le processus engagé est
   irréversible
unify   unifier
unity   union *f.*
up to now   jusqu'ici
view, in —— of   vu + *noun*
want *v.*   vouloir
war   guerre *f.*
way, to go one's own ——   faire
   cavalier seul
who else   qui d'autre

13.

Quand Monsieur fait de la route

Monsieur conduit.* Monsieur ne peut pas tout faire. *Monsieur fait de la route.* J'écrirai à sa place.

Le pied vissé sur l'accélérateur, comment, en vérité, songerait-il à écrire?* Il a d'autres aspirations — et *une préoccupation maîtresse.* Sa femme? Ses enfants? Son métier? Non. Sa moyenne. Il a 5 *mille kilomètres à franchir.* Il veut faire une bonne moyenne. Une de ces bonnes moyennes d'été *qui lui fera son automne* et grâce à quoi il se sentira très à l'aise.

On conçoit que *l'heure est grave.* Tout doit concourir à la réussite de l'entreprise. Je fais partie du tout. Homme, voiture, femme, 10 enfants. Ah! surtout que les enfants fassent tout ce qu'ils ont à faire *avant.* Pas de haltes superflues. Des descentes synchronisées avec les nécessités *du ravitaillement en carburant — à la rigueur.* Et le silence. Quant à moi, pourquoi suis-je là sinon pour satisfaire aux moindres exigences du maître du volant et accomplir 15 mille tâches secondaires dont il ne saurait être accablé?*

— Passe-moi mes gants!

Et, pour ne pas faire tomber la moyenne, *j'enfile les gants* aux doigts du conquérant.

— Essuie-moi* mes lunettes et, si possible, *sans les forcer...* 20
Et, est-il possible? — j'essuie sans forcer.

— Retire-moi* ce que j'ai dans le dos!

Il n'a strictement rien dans le dos. Mais je le lui retire et... *ma parole* ! il a l'air de se sentir mieux! Monsieur doit avant tout se sentir « confortable ». Je suis là pour y veiller. Chocolat? Ciga-
5 rette? *Petit beurre*? Est-ce bien tout? Ah!... Si c'était tout! Mais non, il y a les cartes. C'est même le principal. Transformée en machine à calculer, insensible aux beautés fuyantes du paysage, je dois garder les cartes entre les mains et répondre presque instantanément « 179 » à « *Combien pour* Poitiers? » ou « 795 » à
10 « *Qu'est-ce qu'il nous reste à faire?* » Et, *si ça ne va pas très vite, si je ne suis pas Inaudi* en auto, on est fâché,* *on a des dandinements du séant*, on changerait bien de femme.

On ne m'envoie pas dire, alors, qu'il y a deux choses qui demeure-ront toujours étrangères aux femmes en général et à moi en
15 particulier : la ponctuation et la lecture des cartes routières. Mais la femme a-t-elle été mise au monde pour lire des cartes routières? Les hommes semblent se régaler à la vue de ces rubans rouges pavés de chiffres, d'astérisques, de petites maisons, de châteaux miniatures, de *macarons annonciateurs de* quenelles de
20 brochet et de bisque d'écrevisses. Ils trouvent cela très simple. Moi non. Et à l'instant où l'on me demande :

— Combien pour Châteauroux?... Y a-t-il un macaron?

... chiffres et signes *se mettent à danser la sarabande.* Le rouge se mêle au bleu, le jaune aux deux, mes totaux sont inouïs.
25 — Est-ce qu'il y a, dit-il, las, un macaron, oui ou non?

— Non, mais il y a deux fourchettes... Ne veut pas en entendre parler.* Veut son macaron. Il en mangerait de ces macarons-là.

Brusquement, Monsieur freine, nerveux. On s'arrête. Lui va la lire la carte. Il va la faire, l'addition.*
30 — C'était pourtant simple : 47 et 27...

Le camion qu'il avait mis vingt minutes à dépasser nous dépasse. *Monsieur est hors de lui :* j'ai « *bousillé* » sa moyenne. *On va piétiner.*

— C'est gai! *siffle-t-il, rageur.*

Il fait crisser les pneus dans les virages et libère son complexe d'infériorité à l'égard d'une Bentley[1] *qui nous a « absorbés »*, en s'acharnant sur une innocente 4 CV[2] qui tient le milieu de la route. D'après les cheveux et la prudence, ce doit être une femme. Oui, c'est bien une femme.

— Je te parie tout ce que tu veux, dit-il, que c'est une femme!

Il le sait depuis longtemps, mais il semble que cette façon de *parier à coup sûr* lui permette de mieux me *mettre dans le même sac* que cette dame. *La dame se range.* Nous reprenons de la vitesse. Mais je sens qu'il y a quelque chose qui tracasse mon pilote. Des ratés, du cliquetis? Il vaut mieux, en tout cas, ne pas demander ce que c'est. Car, si je risque un timide : « Il y a quelque chose *qui ne va pas ?* » *il emploie à dessein*, pour répondre, des mots que je ne peux pas comprendre (et *qu'il ne saisit pas davantage lui-même*).

— J'ai, dit-il, un induit qui doit être *grillé.*

Ou bien :

— Je dois avoir *trop d'avance à l'allumage.*

On conçoit que cet excès d'avance va nous retarder. Car *il n'est pas question de* rouler avec un petit quelque chose qui ne va pas. Et c'est ainsi que, *de fil en aiguille* et *d'induits en erreurs*, nous arrivons... dans un garage.

Ah! ces garages!... Il y a quelque temps nous roulions « à vive allure » — comme *les faits-diversiers écrivent des automobilistes* qui vont déraper *à la ligne suivante* — quand, pour une raison qui, sur le moment (et même après) m'échappa, son volant se mit à fumer. J'avais souvent vu des voitures fumer, ou des gens fumer dans les voitures, mais c'est une chose extraordinaire, même si l'on se trouve comme nous l'étions dans un pays de volcans, que de voir un volant fumer.* *Ce phénomène d'auto-pythie,*

---

[1] voiture anglaise de grand luxe.
[2] la 4 chevaux Renault, voiture française.

si étrange à mes yeux, *ne sembla pas autrement étonner le garagiste.*
Hilare autant que blasé, l'expert *se contenta de dire :*

— C'est *le commodo...*

— Et... c'est grave ?

5 — Non... seulement...

— ...

— Seulement, *il faudrait en avoir un de rechange !* (Sourire
sinistre.)

Tandis que *le mécanicien désossait la direction,* opération toujours
10 *déprimante à contempler,* nous allâmes *prendre l'air* sur le bord de
la route. La vue du distributeur d'essence incita mon conducteur
de mari à tenter une expérience. Pour une fois *il serait le raseur**
qui, pendant que *vous faites faire le plein,* tourne autour de votre
voiture, *plonge sa tête avant la vôtre sous le capot,* inspecte l'état de
15 vos sièges et, avec un petit sourire faussement timide, finit par
dire :

— Excusez-moi... je ne voudrais pas vous retarder, mais...
êtes-vous vraiment content de votre voiture ?

Voici les réponses qu'il a recueillies et que j'ai fidèlement
20 enregistrées :

Monsieur 4 CV.[3] — Moi ? Très content... surtout avec le
carburateur spécial *que j'ai fait mettre* et qui me permet de m'amuser
un peu. Bien sûr, une grosse Buick *va me gratter à 140...* mais moi
je continue à *rouler pépère* à 100-110, et régulièrement... Eh bien,
25 100 kilomètres plus loin, qui je retrouve à un poste d'essence ?*
Ma Buick !* Elle va me redépasser... d'accord... mais il y a la
rentrée à Paris... Et qui je retrouve à la Porte d'Italie ?[4] Ma
Buick... En somme, j'arrive avec les gros. Et à Paris, *alors ça à
Paris ! Au démarrage, les Cadillac me laissent tomber,* mais je

---

[3] Le propriétaire d'une Renault, 4 chevaux.
[4] Porte d'Italie : une des entrées de Paris en venant de la direction de Fontaine-
bleau. Les portes désignent les différentes entrées des anciennes fortifications de
Paris.

leur donne rendez-vous à l'Étoile[5]... Alors là, *je m'évapore drôlement !*

— Et... pas d'ennuis ?

— Écoutez, c'est bien simple : je viens de faire trois mille kilomètres, je n'ai pas ouvert le capot !

Monsieur 2 CV.[6] — Moi, je ne suis pas difficile. *Pourvu que je roule ! Et avec ça*, on roule partout, comme dans un fauteuil ! La ligne ? *Quoi la ligne ?* Je ne monte pas dans une voiture pour aller voir *comment je fais* de l'extérieur. Il y a suffisamment d'accidents *comme ça !* Il y en aurait sûrement moins s'il n'y avait pas tant de fous qui roulent à 140 ! *Le fléau, c'est le gros !*

— Et... pas d'ennuis ?

— *Ça alors, zéro !* Je viens de faire deux mille kilomètres... je n'ai pas ouvert le capot !

Monsieur Versailles.[7] — Comment ? Mais oui, à tous les points de vue. C'est rapide, confortable, silencieux. Des ennuis ? *Pas ça !* J'ai fait Bordeaux-Tours à 80 de moyenne. *Autant dire que j'étais* tout le temps à 120-130. *Qui dit mieux ?* Non, le seul ennui, ce sont les petites voitures *qui tapent le 100-110 à tout casser* et qui essaient de vous suivre à 130... Quel fléau !

Monsieur Facel-Véga.[8] — Vous me demandez si je fais souvent du 200... Une pointe, oui, de temps en temps. Si seulement les gens pouvaient aller plus vite, la route serait moins dangereuse. Ce qui est meurtrier, c'est la lenteur et surtout ces escargots qui tapent le 140 à tout casser et veulent vous empêcher de passer à 160... Car, enfin, c'est beaucoup plus dangereux de marcher à 140 *le pied au plancher* qu'à 160 quand *on a encore 40 kilomètres sous la semelle*, non ? *Remarquez, moi, je n'aime pas la corrida.* Quand *un gigolo me talonne* à 160-180, je le laisse passer, *je pousse, je l' saute,*

---

[5] La Place de l'Étoile à Paris, où l'embouteillage est presque permanent.
[6] Le propriétaire d'une Citroën, 2 chevaux.
[7] Automobile fabriquée par Ford en France.
[8] Voiture française de grand luxe.

je l'sème et, *dès que je l'ai perdu dans mon rétroviseur, j'enfile une route de traverse* et *coupe les gaz.* Rien de plus *marrant* que d'entendre un type *passer en trombe* et *déménager à 160 à l'heure* pour vous rattraper pendant que *vous prenez le frais sous les ombrages...*

— Et... pas d'ennuis?

— Aucun! Je viens de faire cinq mille kilomètres, je n'ai pas... (voir plus haut).

C'est merveilleux! Il y a en France 38.000 communes et 33.666 garagistes qui, tous, ont trop à faire pour *vous* « *prendre* » *tout de suite...* et les automobilistes, quand on les interroge, n'ont jamais aucun ennui. Pensifs, nous allâmes dans l'atelier retrouver notre étrange véhicule dont le capot était si souvent ouvert.

Sur la route, de nouveau, je songeais à tous ces gens qui n'ouvraient jamais leur capot, quand j'aperçus, penché sur le sien, bien ouvert cette fois, un des propriétaires interviewés.

— Besoin de rien? lui demandâmes-nous en ralentissant.

Il parut gêné, comme *pris en flagrant délit de panne.*

— Rien du tout, merci, dit-il, je réglais simplement *mon ralenti...*

D'un coup rageur, il fit claquer son capot et nous tourna le dos.

Je ne suis pas experte en mécanique, mais je crois savoir que le réglage du ralenti n'est pas une des opérations qui s'imposent sur la route. En me retournant, quelques secondes plus tard, je vis mon automobiliste ouvrir de nouveau son capot...

Je finirai par croire que les hommes mettent dans leur voiture autant d'amour-propre que d'essence.

(Sonia [Mme Pierre Daninos] *Lecture pour tous,*
juin, 1960; extrait de *Vacances à tout prix*
de Pierre Daninos, Hachette, 1958)

Questionnaire

1. Qui écrit cet article?
2. Pourquoi Monsieur ne peut-il pas même songer à écrire?
3. Pourquoi l'heure est-elle grave?
4. Où et quand femme et enfants ont-ils le droit de descendre de voiture?
5. Quelle est la fonction de Madame?
6. Quelles sont, d'après Monsieur, les deux choses qui demeureront toujours étrangères aux femmes?
7. Qu'indiquent les macarons dont parle l'auteur de l'article?
8. Pourquoi Monsieur a-t-il dû s'arrêter?
9. Pour quelles raisons Monsieur est-il hors de lui?
10. Comment prend-il les virages?
11. Comment se venge-t-il de la Bentley qui l'a dépassé?
12. Qui conduit la 4 CV? A quoi cela se voit-il?
13. Pourquoi Monsieur est-il tracassé?
14. Où échouent-ils?
15. Quel est ce phénomène d'auto-pythie qui étonne Madame?
16. Quelle est l'attitude du garagiste?
17. Que fait le garagiste?
18. Où sont Monsieur et Madame pendant ce temps-là?
19. Quelle est l'expérience que Monsieur va tenter?
20. Qui sont les quatre conducteurs qu'il a interviewés?
21. En quoi le conducteur de la 4 CV se trouve-t-il inférieur au conducteur d'une Buick?
22. Où trouve-t-il sa revanche?
23. Pourquoi le conducteur de la 2 CV s'énerve-t-il en parlant de la ligne de sa voiture?
24. Quelles sont les qualités de la Versailles d'après son conducteur?
25. Quel est le fléau de la route selon le conducteur de la 2 CV? et selon celui de la Versailles?
26. Quelle est la moyenne que fait le conducteur de la Facel-Véga?
27. Quel est pour lui l'ennemi numéro un de l'automobiliste français?

28. Quel est le stratagème employé par Monsieur Facel-Véga pour se débarasser d'une voiture qui persiste à le talonner?

29. Les voitures qui sillonnent les routes de France suscitent-elles jamais d'ennui à leurs propriétaires?

30. Comment se fait-il que les 33.666 garagistes français aient toujours trop à faire?

31. Qui Madame aperçoit-elle sur le bord de la route?

32. Que faisait cet automobiliste?

33. Quelle fut son attitude quand Monsieur et Madame lui offrirent leur aide?

34. Qu'est-ce que Madame a vu en se retournant?

35. Quelle est la conclusion de Madame au sujet des hommes propriétaires de voitures?

I. TOURNURES IDIOMATIQUES

Étudiez les expressions en italiques de l'article de tête expliquées ci-dessous :

Monsieur fait de la route — Monsieur fait des kilomètres, roule en voiture

Le pied vissé sur l'accélérateur — Le pied constamment sur l'accélérateur comme s'il y était vissé

une préoccupation maîtresse — une préoccupation essentielle

mille kilomètres à franchir — mille kilomètres à couvrir avec intrépidité (*franchir* — surmonter, comme si ces mille kilomètres étaient un grand obstacle)

qui lui fera son automne — dont il parlera tout l'automne

On conçoit — On comprend bien; Il est clair

l'heure est grave — le moment est important, solennel; c'est un moment critique

avant — avant le départ

du ravitaillement en carburant — de faire le plein d'essence

à la rigueur — si c'est absolument nécessaire

j'enfile les gants — je mets les gants

sans les forcer — délicatement, sans plier les branches

ma parole ! : exclamation qui marque l'étonnement et l'affirmation — je vous assure

Petit beurre — Petit gâteau sec

Combien pour ...? — Combien de kilomètres jusqu'à ...

Qu'est-ce qu'il nous reste à faire? — Combien de kilomètres
nous reste-t-il à faire?

si ça ne vas pas très vite — si mes calculs ne sont pas rapides

si je ne suis pas Inaudi — si je ne suis pas un mathématicien
extraordinaire à la façon d'Inaudi (Piémontais [1867-1950],
capable de faire mentalement des opérations arithmétiques
aux chiffres astronomiques)

on a des dandinements du séant — Monsieur se dandine sur son
siège

On ne m'envoie pas dire — On me dit sans détour

macarons annonciateurs de — symboles en forme d'étoile (qui indiquent la qualité de la table), présages de (voir chapitre IV)

se mettent à danser la sarabande — se mettent à tourner en rond,
à s'agiter violemment (*sarabande* — danse des XVIIe et
XVIIIe siècles)

Monsieur est hors de lui — Monsieur est furieux

bousillé (argot) — gâté

On va piétiner — On va faire du sur place, on n'avance plus

siffle-t-il, rageur — dit-il, entre les dents, d'un ton courroucé

qui nous a « absorbés » (argot) — qui nous a doublés, dépassés

parier à coup sûr — parier avec la certitude de gagner

mettre dans le même sac — mettre dans le même panier, dans
la même catégorie

La dame se range — La dame prend le côté droit de la route

qui ne va pas — qui fonctionne mal

il emploie à dessein — il emploie exprès

qu'il ne saisit pas davantage lui-même — qu'il ne comprend pas
mieux que moi

grillé — fondu, brûlé

trop d'avance à l'allumage — le carburateur est trop ouvert

il n'est pas question de — il ne s'agit pas de, on ne peut pas *de fil en aiguille* — logiquement, une chose découlant d'une autre, inévitablement

d'induits en erreurs : un jeu de mot créé par l'expression « induire en erreur », « to mislead » — d'incident en incident

les faits-diversiers — les journalistes qui écrivent les faits-divers

écrivent des automobilistes — écrivent au sujet des automobilistes

à la ligne suivante — sous-entendu : ... de l'article (du journal)

Ce phénomène d'auto-pythie — Cette automobile qui ressemble à la pythie de Delphes en convulsions, fumante, écumante, prête à rendre ses oracles

ne sembla pas autrement étonner le garagiste — ne sembla pas étonner spécialement le garagiste

se contenta de dire — dit seulement, simplement

le commodo ... — l'endroit sous le volant où se trouvent les fils qui commandent les phares et le klaxon

il faudrait en avoir un de rechange ! — il faudrait en avoir un autre pour remplacer le vôtre

le mécanicien désossait la direction — le mécanicien démontait le volant

déprimante à contempler — affligeante à voir

prendre l'air — nous promener

il serait le raseur — il serait cette personne ennuyeuse

vous faites faire le plein — vous faites remplir votre réservoir d'essence

plonge sa tête avant la vôtre sous le capot — se baisse un peu, met la tête sous le capot de la voiture avant que vous ne puissiez le faire vous-même

que j'ai fait mettre — que j'ai fait installer

va me gratter à 140 (pop.) — va me dépasser, me doubler à une vitesse de *140* km à l'heure

rouler pépère (pop.) — rouler tranquillement, comme un bon père de famille

alors ça à Paris ! — alors à Paris, c'est amusant!

Au démarrage, les Cadillac me laissent tomber (pop.) — Au départ, les Cadillac me laissent derrière

je m'évapore drôlement ! — je m'enfuis, disparais comme une ombre

Pourvu que je roule! — Aussi longtemps que la voiture marche bien

Et avec ça — Et avec ce genre de voiture

Quoi la ligne ? — Pourquoi parler du modèle, de la conformation de ma voiture?

comment je fais (fam.) — l'effet que je fais

comme ça — dans les circonstances actuelles, de nos jours

Le fléau, c'est le gros! — C'est la grosse voiture, le danger (la peste)

Ça alors, zéro ! — Quant à cela, pas un! pas le moindre !

Pas ça ! (s'accompagne souvent d'un geste significatif) — rien ! absolument rien !

Autant dire que j'étais — Cela revient à dire que je marchais

Qui dit mieux ? (expression provenant de la vente aux enchères) — Qui prétend faire mieux, qui prétend aller plus vite?

qui tapent le 100-110 à tout casser — dont les conducteurs poussent à fond sur l'accélérateur pour atteindre le 100-110, au risque de tout rompre

le pied au plancher — le pied poussé à fond sur l'accélérateur de sorte qu'il touche le plancher de la voiture

on a encore 40 kilomètres sous la semelle — on peut encore pousser l'accélérateur plus à fond et faire 40 km de plus à l'heure

Remarquez, moi, je n'aime pas la corrida — Je vous ferai remarquer que je n'aime pas la lutte périlleuse, la course dangereuse

un gigolo me talonne — un jeune fou me poursuit de très près

je pousse, je l' saute, je l' sème (élision de l'*e* pour faire ressortir la prononciation populaire) — je pousse sur l'accélérateur, je le dépasse, je le laisse derrière moi

dès que je l'ai perdu dans mon rétroviseur — dès que je ne le vois plus dans mon rétroviseur, dés que je l'ai perdu de vue

j'enfile une route de traverse — je m'engage sur une petite route qui traverse celle sur laquelle je roule

(je) coupe les gaz — j'arrête le moteur

marrant (pop.) — amusant

passer en trombe — passer à toute vitesse, comme un cyclone *déménager à 160 à l'heure* — rouler, se presser à 160 km à l'heure

vous prenez le frais sous les ombrages — vous vous reposez à l'ombre des arbres

vous « prendre » toute de suite — vous servir tout de suite, s'occuper de vous immédiatement

pris en flagrant délit de panne (expression venant du domaine policier) — pris sur le fait, pris au moment même où il avait une panne

mon ralenti — ma soupape de réglage de vitesse

D'un coup rageur, il fit claquer son capot — D'un coup brusque, montrant sa colère, il ferma le capot qui fit entendre un bruit retentissant

Exercices

A. Dans les phrases ci-dessous, remplacez les tirets par une des expressions indiquées à droite, dans la forme réclamée par le texte.

1. Ce voleur a été pris en ——.
2. Mon coiffeur avait trop à faire pour me —— cet après-midi.
3. Il était furieux. — Quel ennui! ——-t-il, avec rage.
4. Messieurs, nous nous trouvons dans une situation difficile, l'heure est ——.
5. J'ai vu votre directeur ce matin, il était presque inabordable tant il était ——.
6. La semaine passée, on voyait déjà à sa mine que quelque chose ——.
7. Il sait ce que je pense de lui, je ne le lui ai pas ——.
8. Les choses, dit-il, ne peuvent pas continuer ——, il faut que cela change.
9. Tous les employés, a-t-il crié, ont pris l'habitude de tout faire d'une façon ——, sans hâte, sans entrain.
10. Et ne me dites pas qu'il y a des exceptions, je les mets tous ——.

grave
flagrant délit
prendre
siffler
comme ça
pépère
hors de lui
envoyer dire
dans le même sac
ne pas aller

Il n'est pas —— d'essayer de vous disculper.

12. Il a dit cela —— pour que je vous le répète.

13. Le directeur est sorti en faisant —— la porte derrière lui.

14. Il est allé —— dans le parc.

15. J'avais tout perdu, —— que j'étais ruiné.

16. Celui qui —— ne craint pas de se ruiner.

17. C'est ainsi que — je suis parvenu à lui faire dire la vérité.

18. Il roule comme un fou. Il vient de —— à plus de 140 à l'heure.

19. Je me demande ce qui peut avoir arrêté la circulation. Voilà un quart d'heure qu'on ——.

20. Il est inutile de vous fâcher. ——-vous de lui dire qu'il a tort.

de fil en aiguille
claquer
se contenter
autant dire
passer en trombe
à dessein
question
piétiner
prendre l'air
parier à coup sûr

B. Étudiez les tournures suivantes. Ensuite, formez des phrases en employant ces expressions. Remarquez que les verbes en italiques se rencontrent souvent avec le nom dont ils sont suivis dans l'article de tête.

faire de la route
franchir des kilomètres
faire une bonne moyenne
se sentir à l'aise
concourir à la réussite
satisfaire aux exigences
accomplir une tâche
*être accablé d'*une tâche
enfiler des gants
demeurer étranger (à quelqu'un)
se régaler à la vue (de quelque chose)
tenir le milieu de la route

prendre l'air
faire faire le plein d'essence
donner rendez-vous à quelqu'un
rouler comme dans un fauteuil
faire du 200
enfiler une route de traverse
couper le gaz
passer en trombe
prendre le frais
tourner le dos à quelqu'un
tenter une expérience
enregistrer des réponses

II. ÉTUDE DE VOCABULAIRE

A. Dans les phrases suivantes, remplacez les tirets par un des mots indiqués à droite, dans la forme réclamée par le contexte.

1. Je ne perçois pas la raison de tout ceci, c'est-à-dire que la raison m'en ——.

2. Les pneus de mon auto font sur le gravier un bruit aigu, c.à.d. que les pneus ——.

3. Pour s'arrêter, on se sert du frein, c.à.d. qu'on ——.

4. Voilà cinq minutes que nous sommes arrêtés au même endroit; c.à.d. que nous ——.

5. Le conducteur s'efforce de doubler une petite voiture, c.a.d. qu'il —— sur elle.

6. Cette auto a quitté la route dans un virage, c.à.d. qu'elle a ——.

7. Ce garagiste est trop occupé, c.à.d. qu'il a ——.

8. Elle est très versée dans l'art de faire la cuisine, c.à.d. qu'elle est —— en cuisine.

9. Cette opération est obligatoire après mille kilomètres, c.à.d. que cette opération —— après mille kilomètres.

10. Je demande timidement : « Est-ce qu'il n'y a pas un bruit anormal ? », c.à.d. que je —— une timide question.

échapper
déraper
freiner
expert
crisser
risquer
piétiner
s'acharner
trop à faire
s'imposer

B. Donnez la signification des homonymes suivants. Puis, complétez les phrases qui suivent en vous servant des mots étudiés.

fil — file (*fém. et verbe, 2 sens*)
quand — camp — quant
passe (*fém. et verbe*)
dos — do
séant (*masc., adj. et verbe*) — céans
brochet — brochait (*verbe*)
las — là — la (*fém. et article*)
vive (*adj. et verbe*)

1. Je suis —— de vos plaintes.
2. —— à lui, il parut gêné et me tourna le ——.
3. Il se trouve dans une mauvaise ——.
4. Le —— est la note de musique qui s'appelle *A* en anglais.
5. Ce col de fourrure n'est pas ——.
6. Le chien montait la garde assis sur son ——.
7. Le Roi est mort, —— le Roi!
8. La truite est un poisson d'eau ——.
9. Nous n'avons pas encore rencontré le maître de ——.
10. Les autos —— en dévalant la pente.

III. STYLISTIQUE

Monsieur conduit

Une femme qui, en parlant de son mari, dit « Monsieur » montre qu'elle n'est pas très contente de lui.

comment, en vérité, songerait-il à écrire ?

Un conditionnel indiquant le potentiel mais qui, dans une phrase interrogative, équivaut à une négation — *Il ne pourrait certes pas songer à écrire.*

dont il ne saurait être accablé

Emploi du conditionnel de **savoir** avec **ne** et sans **pas** dans le sens atténué de **pouvoir** — *dont il pourrait difficilement être accablé.*

Essuie-moi...; retire-moi...

Pronoms personnels explétifs, dits d'intérêt personnel. (EN ANGLAIS : ethical dative, or dative of respect, of interest.)

on est fâché

On, pour **Monsieur** ou **il**. Volontairement indéfini pour marquer la condescendance, le mépris ou une certaine froideur.

Ne veut pas en entendre parler

Omission du pronom personnel sujet. En parlant, le pronom sujet **il**, prononcé [i] dans le langage populaire, passe pour ainsi dire inaperçu. La phrase sans sujet exprimé est la transcription phonétique de la conversation.

Il va la faire, l'addition

Dislocation de l'ordre des mots et pléonasme (**la — l'addition**) pour créer une certaine émotion et mettre l'emphase sur l'objet (*ici*, l'addition).

c'est une chose extraordinaire, ..., que de voir un volant fumer

C'est ... que : gallicisme qui souligne la valeur de l'attribut. Comparez à : *Il est extraordinaire de voir un volant fumer.*

il serait le raseur

Discours indirect dont le verbe déclaratif est sous-entendu : *Il pensa, il se dit qu'il serait le raseur.*

qui je retrouve à un poste d'essence ?

qui est-ce que je retrouve ? Forme incorrecte de la conversation qui élimine le trop lourd **est-ce que.**

Ma Buick !

La Buick dont je parle, à laquelle je m'intéresse. Il n'y a pas de possession réelle mais un grand intérêt personnel.

IV. TRADUCTION

Traduisez les phrases suivantes en employant autant que possible des expressions contenues dans l'article de tête et discutées dans les « tournures idiomatiques ».

1. Many a car owner driving his car on the highway has only one major concern.

2. His foot glued to the accelerator, he can think of nothing else but his average speed and the next 500 miles he still has to cover.

3. His wife must see to it that he is comfortable and must take care of all those little chores with which he does not want to be bothered.

4. Among other things, she must read the road maps.

5. Unfortunately these maps are cluttered with all kinds of strange symbols.

6. When the husband asks her for some information, these signs begin to whirl under her eyes.

7. If the answer is not spelled out quickly, he starts to squirm impatiently.

8. Out of sorts, he slams on the brakes and stops to read the map himself.

9. When a big truck, which it took him a whole quarter of an hour to pass, thunders by, he seethes with rage.

10. He concentrates doggedly on the small cars on the road which have overtaken him, especially on those hogging the road and cautiously driven by women.

11. He drives at such high speed that the car almost skids off the road and the tires squeal in the turns.

12. Suddenly, something seems to bother our driver, some kind of rattling in the motor.

13. If his wife timidly asks what is wrong, he purposely uses terms that she cannot understand at all.

14. In the garage, the mechanic smirks and wryly remarks that he hopes to have the necessary spare part in stock.

15. While the mechanic's head disappears under the hood, the driver saunters around in front of the garage trying to strike up a conversation with other motorists.

16. They all have only praise for the cars they own.

17. They seem to put as much pride and self-esteem into their cars as they pour in gasoline.

18. The driver of a small, popular model scoffs at the big-car owner who zooms by him at a speed of 90 miles per hour but must stop at every service station to fill up the gasoline tank.

19. The owner of a luxury car calls the little cars that almost fly apart when trying to keep up a speed of 60 miles per hour a real curse.

20. All complain about the fellow who follows them bumper to bumper, passes them at high speed and then, right under their noses, turns into a sideroad only to relax in the shade of a tree.

V. SUJETS DE COMPOSITION LIBRE

En écrivant sa composition, l'étudiant est invité à employer autant que possible les tournures et le vocabulaire de l'article de tête.

A. Décrivez la façon de se comporter de votre mari, de votre femme ou d'un de vos amis lorsqu'ils « font de la route ».

B. Quel est l'automobiliste qui, d'après vous, constitue le véritable fléau de la route? Décrivez en détail ses excentricités et ses audaces.

C. Quelles devraient être, à votre avis, les qualités de la conduite d'un automobiliste exemplaire? Faites-en un petit exposé.

VI. GRAMMAIRE

Le conditionnel

1. Le conditionnel s'emploie *dans une phrase conditionelle:*

a) pour exprimer une idée de possibilité dans l'avenir ou d'irréalité dans le présent:

> S'il faisait beau demain, **j'irais** faire une excursion dans les montagnes.
> S'il pleuvait à présent, **je n'aurais** pas à arroser ma pelouse.

b) pour exprimer une idée d'irréalité dans le passé :

S'il avait plu, **je** ne **serais** pas **allé** à la campagne.

NOTES : De temps en temps, la proposition conditionnelle est sous-entendue :

On changerait bien de femme (si on le pouvait).

Le conditionnel passé n'indique pas nécessairement un « irréel ». Par exemple : **A vingt ans, *j'aurais voulu faire* du cinéma.** — est le passé de : ***Je voudrais faire* du cinéma**, c.à.d. que cette phrase dénote une éventualité exprimée d'une façon prudente et courtoise, alors que ***Je veux faire* du cinéma** serait un peu cavalier.

On trouve assez fréquemment l'imparfait de l'indicatif dans les deux membres de la phrase conditionnelle :

Si (quand) je lui donnais de l'argent, il le dépensait (toujours).

Dans ce cas, on exprime un enchaînement habituel de deux actions dans le passé (en anglais : « past general condition ») et la conjonction **si** pourrait être remplacée par **quand**. La phrase ci-dessus dénote la simple transposition au passé de :

Si je lui donne de l'argent, il le dépense (toujours) (en anglais : « present general condition).

Une condition considérée comme « réelle » ne nécessite pas l'emploi du mode conditionnel :

S'il pleut, je resterai chez moi.

2. Le conditionnel s'emploie *dans une phrase indiquant l'éventualité :*

Je voudrais vous demander de me rendre un service.
Pourriez-vous me rendre un service ?
Je vous conseillerais de prendre la grand'route.

Tous ces éventuels servent à adoucir la requête, la question, la déclaration, etc. Ce sont surtout des formes courtoises.

3. Le *conditionnel* dit « *affectif* » :

Moi, je pourrais te faire du mal !

(Ce conditionnel se rapproche du subjonctif : **Moi, que je te fasse du mal !**)

4. Le conditionnel s'emploie comme « *futur dans le passé* » au discours indirect (voir p. 103).

Il disait qu'il rentrerait à 8 heures.

Les diverses façons d'exprimer la condition

La proposition subordonnée, c.à.d. la condition, dans une phrase conditionnelle ne s'énonce pas nécessairement par un temps de l'indicatif ainsi qu'on pourrait le déduire des exemples cités ci-dessus. La condition peut être exprimée par :

1. *un subjonctif présent*

a) introduit par **que** :

Qu'il y **aille** régulièrement et tout le monde en parlera.

b) précédé de **et que** dans une condition introduite par **si** et contenant deux verbes dont le premier est à l'indicatif :

Si vous y allez **et que vous fassiez** sa connaissance, faites-lui mes amitiés.

2. *un subjonctif imparfait*

a) avec **que** au commencement de la phrase :

Qu'elle **vînt** s'excuser, en quoi cela changerait-il les choses ?

(Dans ce cas, la phrase conditionnelle est souvent elliptique et il faut sous-entendre **à supposer que**) :

Qu'il ne **vînt** plus me voir, cela prouverait-il que ses sentiments ont changé ?

b) sans *que*, mais avec inversion (voir pp. 37-38) :

Il y arrivera, **dût-il** y sacrifier sa fortune.

3. *un infinitif*

A tant travailler, il finira par altérer sa santé.

4. *un participe présent*

Je vous assure que, **sachant cela**, je n'y serais pas allé.

5. *un gérondif*

En lui téléphonant, je ne ferais que le mécontenter.

6. *deux conditionnels*

a) reliés par **que**

> Je le lui aurais dit qu'il ne m'aurait pas cru.

b) sans **que**, mais avec inversion dans la condition

> Le lui aurais-je dit, il ne m'aurait pas cru.

c) avec **quand** introduisant la condition

> Quand vous me le jureriez, je ne vous croirais pas.

(Dans ce cas, **quand** signifie **même si**.)

NOTE : Une principale contenant le conditionnel d'un verbe de sentiment peut être suivie d'une phrase subjonctive ou conditionnelle :

> Cela me ferait de la peine qu'il ne **vînt** (*style de conversation :* **vienne**) plus me voir. — Cela me ferait de la peine s'il ne **venait** plus me voir.
>
> Cela m'aurait fait de la peine qu'il ne **vînt** plus me voir. — Cela m'aurait fait de la peine s'il n'**était** plus **venu** me voir.

Exercices

A. Dans les phrases suivantes, qui requièrent un conditionnel ou expriment une idée de condition, remplacez les tirets par la forme convenable du verbe indiqué :

1. *être*   Il serait moins désemparé s'il —— plus désinvolte.
2. *accepter*   Je vous accompagnerais au jardin zoologique si je ne —— une autre invitation.
3. *répondre*   ——-vous de même si vous aviez connu tous les détails ?
4. *avoir*   ——-vous par hasard l'intention de vous esquiver ?
5. *vouloir*   A —— tout gagner, on risque de tout perdre.
6. *aider*   En le ——, je n'aurais fait que flatter sa paresse.
7. *devoir*   Je refuse de le recevoir, ——je ne jamais le revoir.
8. *avoir*   Monsieur, ——-vous l'obligeance de me dire l'heure qu'il est ?
9. *vouloir*   Si vous —— entendre un beau concert, ne quittez pas l'écoute !

10. *venir*   Si vous le rencontriez et qu'il —— à vous parler, faites comme si vous n'étiez au courant de rien.

11. *relire*   Si vous —— vos notes, vous auriez pu répondre à la dernière question.

12. *devoir*   Il veut acheter un excellent fusil de chasse, ——il y engloutir toutes ses épargnes.

13. *réussir*   Qu'il —— haut la main et chacun s'en étonnera.

14. *faire*   Ils —— cela l'an dernier dans l'intention de vous nuire!

15. *connaître*   Il a trop de bon sens pour ne pas se rendre compte que, —— sa situation, vous n'auriez pas commis un tel impair.

16. *excuser*   Vous lui exposeriez votre cas, qu'il vous —— aussitôt.

17. *demander*   Je vous aurais donné un conseil désintéressé si vous me —— mon avis.

18. *perdre*   Si la route est en réparation, nous —— une bonne demi-heure.

19. *pouvoir*   Cela me chagrinerait qu'elle ne —— retrouver son chat.

20. *se couper*   Lui en soufflerais-je un mot, il —— en quatre pour me faire ce plaisir.

21. *aller*   Si nous —— le voir, on se chicanait.

22. *partir*   Quand vous ——, cela ne changerait rien à la situation actuelle.

23. *mettre*   Si, au cours des dix dernières années, ils —— un peu d'argent de côté, aujourd'hui, ils ne seraient pas dans le besoin.

24. *inviter*   Celui qui me —— à dîner ce soir me rendrait un grand service.

25. *aller*   S'il ne —— pas pleuvoir sous peu, ce sera la catastrophe.

26. *jouir*   Si je —— d'une meilleure santé, j'aurais pu travailler davantage.

27. *offrir*   Je vous aurais offert un fume-cigarette si mon ami ne vous en —— un.

28. *s'égarer*   Que feriez-vous si vous —— dans cette forêt?

29. *pouvoir*   ——-vous me passer ce trombone?

30. *vouloir*   Quand on me donnerait ces serre-livres, je ne les —— pas.

B. Exercice de distinction entre conditionnel et subjonctif. Dans les phrases suivantes, mettez le verbe indiqué à l'un des deux modes et au temps requis par la construction grammaticale de la phrase.

1. *brûler*   Pourvu qu'il ne —— pas les signaux lumineux en descendant la grand'rue!

2. *faire*   Me ——-vous le plaisir d'attendre la fin du ciné-journal?

3. *s'arrêter*   Même s'il tâchait de m'en dissuader, je me —— à cette station-service.

4. *devoir*   S'il ne pense pas que je —— acheter du super-carburant, je n'en achèterai pas.

5. *avoir*   Il me déplairait qu'il —— à réprimander son fils.

6. *faire* —   Si je demande à ma fille qu'elle —— amende honorable,
   désobéir   je ne tiens pas à ce qu'elle me ——.

7. *être*   Dites-lui que si le scénariste arrivait à 8 heures ce —— parfait.

8. *venir*   Dites-lui qu'il —— me voir sans tarder.

9. *aider*   Le régisseur nous a déclaré à plusieurs reprises qu'il nous ——.

10. *perdre*   Cela m'ennuierait qu'il —— cette brochure.

11. *pouvoir*   C'est heureux que la télévision —— consacrer chaque jour plusieurs émissions à des retransmissions en eurovision.

12. *savoir* —   ——-vous me dire ce que représentent les cinq
    être —   anneaux composant le signe olympique, s'il est vrai
    se dire   qu'un Père Dominicain —— l'auteur de la devise de ces Jeux internationaux et comment cette devise latine —— en français?

13. *dire*   Que —— le fondateur des Olympiades s'il pouvait voir les Européens suivre en direct sur leurs écrans de téléviseurs les diverses épreuves d'athlétisme?

14. *être*   ——-ce indiscret de vous demander ce que vous a coûté la climatisation de votre maison?

15. *aller*   Si le temps s'y prêtait cet après-midi, nous —— faire du ski nautique.

16. *fréquenter*   Que les caféteries —— par des gens bien l'a complète-ment éberlué.

17. *être* Cela ne me surprendrait pas qu'avec sa folie des grandeurs il ne —— un jour parmi les sans-abri.

18. *plaire* Ce n'est pas que la carrosserie canadienne me —— particulièrement, mais ce genre de voiture convient aux familles nombreuses.

19. *savoir* Cela m'aurait étonné qu'elle —— dessiner.

20. *être* Je doute que la tolérance —— un sentiment ancré au cœur des hommes.

VOCABULAIRE ANGLAIS-FRANÇAIS

accelerator accélérateur *m.*
answer réponse *f.*
  if the —— is not spelled out quickly si la —— ne se fait pas entendre tout de suite; si ça ne va pas très vite
ask, to —— timidly what is wrong risquer un timide « il y a quelque chose qui ne va pas ? »
average speed moyenne *f.*
begin se mettre à, commencer
bother v. tracasser, accabler
  ...with which he does not want to be ——ed ...dont il ne saurait être accablé
brake *n.*, **to slam on the ——s** freiner brusquement
bumper, to follow someone —— to —— talonner quelqu'un
call *v.* appeler
can *v.* pouvoir
car voiture *f.*, automobile *mf.*
  ——s they own leur voiture
  small —— petite voiture
  to drive one's —— on the highway faire de la route
cautiously prudemment
chore tâche *f.* secondaire, corvée *f.*
  to take care of ——s accomplir des ——s, s'occuper de ——s
clutter *v.* farcir, encombrer

complain (about) se plaindre de
concentrate, to —— doggedly on s'acharner sur
concern *n.* préoccupation *f.*
  major —— —— maîtresse
conversation, . . . trying to strike up a —— ... afin d'entamer une conversation
curse, a real —— fléau *m.*
drive (a car) *tr.v.* conduire
  —— intr.v. rouler
driver pilote *m.* automobiliste *mf.*
especially surtout
eyes, under her —— sous ses yeux (à elle)
fellow bonhomme, gigolo
fly, to —— almost apart when trying to keep up a speed of 60 miles per hour taper le 60 à tout casser
foot pied *m.*
gasoline essence *f.*
  to fill up the —— tank faire faire le plein
glued (to) vissé, -e (sur)
himself lui-même
hood capot *m.*
  the mechanic's head disappears under the —— le mécanicien plonge sa tête sous le ——
hope *v.* espérer

hour   heure *f*.
   per ——   à l'——
husband   mari
information, to ask for some ——
   demander des informations
kind *n*., **all ——s of**   toutes sortes
   de
luxury   luxe *m*.
   —— car   voiture de ——
many a   maint, -e
map *n*.   carte *f*.
   road ——   —— routière
mechanic *n*.   mécanicien *m*.
miles, —— he still has to cover
   des milles à franchir
model (of car), small popular ——
   petite voiture populaire
motorist   automobiliste *mf*
must *v*.   devoir
necessary   requis, -e
nose *n*.   nez *m*.
   right under their ——s   sous
   leur ——
overtake   absorber (*argot*), doubler
owner   propriétaire *mf*.
   big car ——   —— d'une grosse
   voiture
pass *v*.   doubler
   ... which it took him a whole
   quarter of an hour to ——
   ... qu'il avait mis un quart
   d'heure à ——
pour, to —— in   mettre (dans)
praise *n*.   remarque *f*. élogieuse
   to have but —— for   ne faire
   que des ——s au sujet de
pride *n*.   orgueil *n*.
   to put —— and self-esteem into
   one's car   mettre de l'—— et de
   l'amour propre dans sa voiture
purposely   à dessein
rage *n*.   colère *f*.
   to seethe with ——   bouillonner
   de ——
rattling   cliquetis *m*.
read   lire, déchiffrer

relax   (ici) prendre le frais
remark *v*., **to —— wryly**   se
   contenter de dire
road   route *f*.
   to hog the ——   tenir le milieu
   de la ——
saunter   déambuler, flâner, se
   balader, prendre l'air
   to —— around (in front of the
   garage)   —— (devant le garage;
   au bord de la route)
scoff at   se gausser de, se moquer
   de
see, ... must —— to it that he is
   comfortable   ... doit satisfaire
   à ses moindres exigences; ... doit
   veiller à ce qu'il se sente confortable
seem   sembler
self-esteem   amour propre *m*.
service station   poste *m*. d'essence
shade *n*.   ombrage *m*.
   in the —— of a tree   sous les
   ——s
sideroad   route *f*. de traverse
   to turn into a ——   enfiler une
   ——
skid *v*.   déraper
   ... almost ——s (off the road)
   ... risque de ——
smirk *v*.   ricaner
sorts, out of ——   hors de lui (elle,
   etc.)
spare part   pièce *f*. de rechange
speed, to drive at such high ——
   conduire, rouler à si vive allure
   to pass someone at high ——
   dépasser quelqu'un en trombe, à
   toute allure
squeal *v*.   crisser
squirm, he starts to —— im-
   patiently   il a des dandinements du séant
stock, to have in ——   avoir en
   stock
stop *v*.   s'arrêter

strange étrange
suddenly tout à coup, soudainement
term *n.* mot *m.*
things, among other —— entre autres
think, he can —— **of nothing else but . . .** il n'a rien d'autre en tête que ...
thunder *v.*, **to** —— **by** passer en trombe
tire *n.* pneu *m.*

(big) truck camion *m.*
turn *n.* virage *m.*
understand comprendre
unfortunately malheureusement
use *v.* employer
when lorsque, quand
while tandis que
whirl danser la sarabande
wife femme, épouse
zoom, —— **by someone** gratter quelqu'un (*argot*)

14.

Les femmes de la nouvelle vague

Extraits d'un livre intitulé *La nouvelle vague*, contenant des réponses qui expriment les attitudes de la jeune génération, jeunes gens de 18 à 30 ans, obtenues au cours d'une enquête menée en 1957.

1. Croyez-vous que votre génération sera différente de la 5 précédente? Et en quoi?

a) Une jeune fille de dix-huit ans *qui fait propédeutique*, très représentative de tout un groupe situé entre dix-huit et vingt-deux ans, déclare :

Mais *notre génération est* plus mûre, *plus ouverte* que la précé- 10 dente. Elle a conscience de l'injustice qui règne dans tous les domaines et ne peut s'y accoutumer, car elle espère encore quelque chose de mieux qui ne vient pas, d'où cette dureté, cette méfiance, ce dédain* pour ceux qui les précèdent et qui les ont déçus. Mais nous avons aussi des qualités qu'ils n'avaient pas : enthou- 15 siasme, amour du progrès et de la nouveauté, *prise de conscience de notre valeur* et de nos responsabilités.

b) Une anesthésiste, 28 ans, fille de grands bourgeois,[1] célibataire, écrit :

Notre génération diffère d'abord de la génération précédente
parce que l'âge et le sexe n'ont plus l'importance différentielle
5 qui leur était attribuée autrefois. Il n'y a pas un âge adulte. On
est adulte quand il le faut à seize ans, à soixante-dix ans ou
jamais. Il n'y a pas de « un garçon doit faire ceci, une fille cela »,
mais simplement un individu plus ou moins doué peut faire
ceci ou peut faire cela, ce qui est une énorme différence.

10 L'enfant a moins de devoirs envers sa famille, la famille moins
de devoirs envers l'enfant Ils ne sont pas obligés de compter
l'un sur l'autre. Le Français d'aujourd'hui est un individu qui
doit pouvoir à tout moment se battre seul dans la vie. Il s'est
habitué à ne pas dépendre des autres, car depuis son enfance,
15 s'il n'est pas désespéré, *il ne se fait du moins aucune illusion.*

c) D'une femme de 29 ans, célibataire, médecin dans la région
parisienne :

C'est une époque à la fois passionnante et angoissante. Passionnante : car progrès techniques.* Élévation du niveau de vie ;
20 en particulier, du niveau des travailleurs. Lucidité des intellectuels.
De plus, *en tant que femme, j'ai la possibilité de m'affirmer, de mener
ma vie à ma guise,* d'avoir un rôle utile dans la société. Il y a un
siècle seulement, on « *m'aurait mariée* » probablement *contre mon
gré* ou mise au couvent.

25 Angoissante : parce que siècle* d'extrême lucidité *où l'absurde
apparaît à chaque pas* lorsqu'on n'a pas la chance d'être croyant.

d) D'une femme de vingt-neuf ans, mariée avec un représentant
en tissus et habitant Saint-Nazaire :

Je pense que ma génération est très différente de la précé-
30 dente. Moins égoïste tout en voulant vivre dans le présent. Plus
fraternelle, du moins celle que je connais.

---

[1] grands bourgeois — gens qui occupent une situation sociale en vue, ont une
belle fortune, un nom, des relations, mais n'appartiennent pas à la noblesse.

J'aime mon époque pour son confort matériel, ne serait-ce que les disques,* mais elle manque d'équilibre. Tout va trop vite. Nous ne savons plus apprécier un coucher de soleil. *Nous manquons d'esprit contemplatif.*

e) Une femme de vingt-huit ans, célibataire, enseignant dans 5 la Seine, professeur de lettres préparant l'agrégation,[2] déclare :

Je crois que ma génération sera plus humble — ou plus désabusée — que la précédente, qu'*elle pèsera davantage* ses mots et ses idées *avant de les brandir devant* la génération qui la suivra. Un exemple? *Les jeunes poilus de 1918* parlaient de *la « Der des* 10 *Der »* et, en vieillissant, ils ont ennuyé tous leurs enfants par *le récit de leurs prouesses* (voir la fierté de ceux qui étaient à Verdun, comme s'ils avaient choisi d'y aller). Personne, en 1945, n'a osé parler de l'impossibilité d'une nouvelle guerre. Ceux qui avaient été prisonniers n'ont pas osé s'en vanter, et tant d'autres avaient 15 souffert davantage qu'ils n'ont pas non plus osé se plaindre.

En somme, la nouvelle génération est peut-être plus lucide, plus amère, elle admet moins facilement que la précédente l'excellence des valeurs traditionnelles, elle tient à voir avant de croire.
20

2. Trouvez-vous que vous avez plutôt de la chance ou de la malchance de vivre à l'époque actuelle? Pourquoi?

a) Une jeune fille, célibataire, vingt et un ans, aide-physicienne dans une grande usine de l'Isère, écrit :

Nous avons de la chance de vivre à l'époque actuelle. Quand 25 on pense à la vie que menaient la plupart des jeunes filles *il y a encore cinquante ans !* Nous, nous faisons des études, nous préparons une profession, *nous avons à nous débrouiller* pour trouver un emploi, trouver une chambre... Tout ceci contribue à nous

---

[2] Le concours de l'agrégation qui déclare les candidats aptes ou non à professer dans un lycée.

préparer à vaincre les difficultés plus grandes *auxquelles nous aurons à faire face* plus tard et, ainsi, nous permet d'avoir une vue plus large du monde. Nous apprécions aussi beaucoup les obstacles *auxquels essayer nos « armes »* (volonté, gentillesse, persévérance,
5 amitié...).

b) L'anesthésiste, vingt-huit ans, fille de grands bourgeois, célibataire, nous dit :

Puisque je dois vivre, *j'aime autant vivre à mon époque,* car elle est riche, torturée, dure, passionnante, jamais ennuyeuse. Elle
10 est une époque unique,* angoissante, lancée comme un pont fragile entre *un monde agonisant qui « s'accroche »* et un monde qui a autant de risques de vivre que de mourir.

c) De la femme de vingt-huit ans, célibataire, enseignant dans la Seine, professeur de lettres préparant l'agrégation :
15 Notre chance : nous sommes en partie débarrassés de l'omnipotence du clan familial, libérés de beaucoup de *tabous* sociaux. C'est peut-être ce qui produit l'anarchie des mœurs, mais aussi cela ouvre un certain nombre de portes.

En outre, en tant que femme, je crois que c'est une chance
20 énorme de vivre maintenant. Il n'y a pas si longtemps qu'on nous a accordé le droit de vivre comme des êtres humains autonomes. Cela me paraît important surtout parce que nous avons maintenant, dès notre jeunesse, comme les hommes, droit à la solitude sans laquelle je crois qu'il est impossible de faire la
25 moindre chose.

3. Êtes-vous heureux ? (Expliquez votre réponse).

a) De la jeune fille de dix-huit ans qui fait propédeutique :
Je suis heureuse, oui. Oh, *je ne nage pas béatement dans l'optimisme,* mais, *dans le fond,* le bonheur, cela dépend surtout de soi.
30 Alors, *je me raisonne,* j'espère et je m'efforce de réaliser ce que je veux. Je ne crois pas à la perfection. Je cherche seulement à

attraper tout ce que je peux dans la vie, car c'est le présent seul
qui compte.

Je n'ai pas encore eu tout ce que je voulais, heureusement;
il faut toujours qu'on ait envie de quelque chose, sinon, adieu
bonheur, *bonjour ennui* ! Mais tout vient trop lentement. Attendre! 5
Ah, j'ai horreur d'attendre!

Je suis heureuse parce que je crois fermement que je réussirai
à atteindre mes buts : que je voyagerai, que j'aurai des amis plus
nombreux et une vie plus passionnante.

b) Une jeune fille de vingt ans, célibataire, *qui fait son droit,* 10
déclare :

Heureuse? Non, il y a trop de choses qui heurtent, qui froissent
et qui désespèrent, en commençant par le rythme même de notre
vie quotidienne et en passant par le manque de bonne volonté
et l'égoïsme de chacun (le fait de vivre à Paris influence certaine- 15
ment mon jugement). Mais, de toute façon, il est impossible
d'être heureux en pensant *au racisme qui sévit* dans tant de régions
du monde, à la misère, à la moitié de l'humanité *qui justifie une*
« *géographie de la faim* », aux occasions de *se heurter* sans cesse
à la mauvaise foi, qu'il s'agisse de relations internationales, de 20
conflits sociaux ou de rapports individuels. Cependant, il m'arrive
d'être heureuse *en goûtant une amitié, un contact vrai.* Je crois qu'il
s'agit là plus de joie que de bonheur, notion qui implique une
certaine durée.

c) D'une chimiste de vingt-neuf ans, célibataire :   25
Heureuse? Oui, parce que j'ai choisi la liberté. A vingt ans,
j'étais ce que l'on appelle une fille laide. Rien de véritablement
affligeant. Mais l'un de ces physiques qui ne vous ouvrent ni les
portes ni les cœurs.
J'ai décidé de ne pas m'en occuper et de me conduire comme   30
un homme l'aurait fait en de pareilles circonstances. J'ai travaillé, j'ai beaucoup travaillé. Je suis aujourd'hui quelqu'un qui

compte dans mon métier. Résultat : des amitiés, de l'estime, et...
de l'amour. Car la forme de mon menton n'est plus qu'un très
petit élément de la personne que je suis devenue. *Je ne me pense
plus en termes de femme laide* mais en termes de femme heureuse.
5 Et *qu'y a-t-il de plus attractif que* le reflet du bonheur sur un visage ?
Cela n'eût pas été possible* il y a cinquante ans. Et c'est
pourquoi je dis : j'ai de la chance, beaucoup de chance de vivre
à cette époque.

d) D'une femme de vingt-cinq ans, mariée, avec un enfant,
10 inspecteur (ou plutôt « inspectrice ») des contributions directes :[3]
Je suis heureuse, mais j'avoue avoir de la chance. Un mari-ami-
complice-partenaire *à tout faire*, un petit garçon de dix-sept mois
au caractère réjoui, un appartement un peu petit (nous l'avons
acheté nous-mêmes, et *au-delà d'un certain nombre de millions,*
15 *dame...*) mais très gai et plein de soleil, des parents jeunes, des
amis vrais, une situation matérielle convenable (à déduire trente
mille francs pour la bonne qui garde le bébé et vingt mille francs
pour l'appartement).[4] J'aimerais être très élégante et, si j'avais
de l'argent *à volonté, je ferais des folies* pour de très beaux vête-
20 ments genre sport. J'adore les voyages et me demande si je
pourrai jamais traverser l'Océan ou aller aux Indes (j'aimerais
mieux ça qu'une auto). Mais, *à proprement parler,* je ne me prive
pas, je fais seulement « attention ».

4. Croyez-vous qu'il est nécessaire d'avoir un idéal ? Si oui,
25   quel est le vôtre ? Si non, quelle est votre raison de vivre ?

a) La jeune fille de dix-huit ans qui fait propédeutique, nous
dit :
Non, je n'ai pas d'idéal. *Pour ce que ça sert...* Et puis, je me
demande un peu* ce qui peut servir d'idéal à notre époque...

---

[3] *Contributions directes* — contributions établies en fonction de la fortune du
contribuable.
[4] *30.000 anciens francs* — 300 NF (nouveaux francs; appr. $60.) Les 20.000 anciens
francs représentent le payement mensuel qui doit rembourser l'hypothèque en
25 ou 30 ans.

Mais j'ai des raisons de vivre et ça remplace.* Pour moi, l'idéal inaccessible et trop théorique est remplacé par l'ambition et la volonté de réussir. *Je veux rendre conforme ma vie à mes idées*, je veux arriver à faire ce qui me plaît : dans mon métier, mes loisirs, mes amours.   5

b) De la femme-médecin, célibataire, vingt-neuf ans :

Il est difficile de vivre sans idéal. Il s'agit avant tout d'être sincère et d'agir conformément à cette sincérité. Ma raison de vivre est essentiellement le travail.

c) D'une femme mariée, vingt-neuf ans, infirmière diplômée,   10 habitant la Seine-et-Oise. Son mari est communiste. Elle ne l'est pas (cette indication est fréquente) :

L'idéal ? C'est un mot que j'aimais à quinze ans, qui me faisait sourire un peu à vingt... et que je prononce avec hésitation maintenant... C'est un mot malheureux *sur lequel l'ironie a trop de*   15 *prise !* Je n'ai donc pas d'idéal. Je m'efforce de conduire ma vie de la façon la plus esthétique, *sans trop de fausses notes.*

d) D'une jeune femme, vingt-trois ans, mariée avec un interne des hôpitaux, attendant un enfant :

Mon idéal est de *trouver ce pour quoi je suis faite*, quelle est ma   20 place, et m'efforcer de répondre au maximum à ce qu'on attend de moi. Je voudrais ne pas être une fausse note, *un poids mort.*

(Extraits de *La nouvelle vague*, Françoise Giroud,
© Librairie Gallimard, 1958)

Questionnaire

1. A quelles catégories de femmes les questions de cette enquête ont-elles été posées ?

2. Que pense la jeune fille de dix-huit ans de sa génération ?

3. Quel groupe cette jeune fille représente-t-elle ?

4. Les personnes qui appartiennent à ce groupe donnent-elles l'impression d'être désabusées?

5. D'où leur vient cette méfiance qu'elles affichent pour ceux qui les ont précédées?

6. Quelles sont, d'après elles, les qualités qui manquaient à leurs aînés?

7. L'anesthésiste appartient-elle au même groupe et de quel milieu social sort-elle?

8. Le fait de travailler comme anesthésiste semble-t-il avoir influencé la réponse de cette jeune fille?

9. Qu'est-ce qui, dans la vie, semble avoir une importance primordiale pour cette jeune fille?

10. Quelle est la profession de la jeune femme de vingt-neuf ans? Est-ce qu'il y a un rapport étroit entre cette profession et les raisons qu'elle donne pour qualifier son époque de « passionnante »?

11. Aurait-elle fait les mêmes études si elle avait vécu au milieu du 19e siècle?

12. Qu'est-ce qui, d'après elle, crée l'angoisse de son époque?

13. Qui la dame de St. Nazaire a-t-elle épousé?

14. D'après le contenu de sa réponse, quelle est la place occupée dans sa vie par le côté matériel des choses?

15. Quel est le grand reproche qu'elle adresse à ses contemporains?

16. Quelles sont les deux occupations principales du professeur de lettres de vingt-huit ans?

17. Pourquoi les anciens combattants de 1914 appelaient-ils cette guerre « la grande guerre » et la « Der des Der »?

18. Pourquoi les soldats de 1914 pouvaient-ils encore parler de leurs prouesses alors que les soldats de la guerre de 1940 ne le purent pas?

19. A-t-on eu en 1945 l'impression qu'on n'aurait plus jamais de guerre?

20. Où travaille l'aide-physicienne de vingt et un ans?

21. Pourquoi croit-elle avoir de la chance de vivre à cette époque?

22. A quoi l'anesthésiste de vingt-huit ans compare-t-elle son époque?

23. Quelles sont les deux entraves dont le professeur de lettres est contente d'être débarrasssée?

24. Pour cette jeune femme, qu'est-ce qui est essentiel à l'accomplissement de grandes choses?

25. D'après la jeune fille de vint-cinq ans, de quoi dépend le bonheur?

26. Qu'est-ce qui crée l'ennui chez les jeunes gens comblés?

27. En quoi cette jeune fille semble-t-elle être un produit typique de son époque?

28. Quelles études fait la jeune fille de vingt ans qui professe n'être pas heureuse?

29. Pour quelles raisons n'est-elle pas heureuse?

30. Quelle distinction fait-elle entre joie et bonheur?

31. Qu'est-ce qui apporte une joie passagère dans sa vie?

32. Pourquoi la chimiste de vingt-neuf ans est-elle heureuse?

33. Pourquoi se croyait-elle handicapée quand elle avait vingt ans et qu'a-t-elle fait pour combler cette lacune? Quel en a été le résultat?

34. Aurait-elle pu réussir de la même façon il y a cinquante ans?

35. La situation de la femme mariée de vingt-cinq ans ne sort-elle pas un peu de l'ordinaire?

36. Quel est pour elle le mari idéal?

37. Qu'est-ce qui rend cette femme heureuse? A-t-elle encore quelque désir?

38. Qui s'occupe de son enfant?

39. Décrivez l'appartement de cette dame et la façon dont elle l'a acquis.

40. A-t-elle grande envie d'acheter une auto?

41. Pourquoi la jeune fille de dix-huit ans n'a-t-elle pas d'idéal? Qu'est-ce qui lui en tient lieu?

42. La réponse que donne la femme-médecin à la question sur l'idéal nous montre-t-elle une personne conséquente avec elle-même?

43. Pourquoi l'infirmière de vingt-neuf ans hésite-t-elle à prononcer le mot « idéal »? Est-il vrai qu'elle n'en ait pas?

44. Quelle est la profession du mari de la jeune femme de vingt-trois ans qui attend un enfant?

45. Que voudrait-elle éviter dans la vie?

I. TOURNURES IDIOMATIQUES

Étudiez les expressions en italiques de l'article de tête expliquées ci-dessous :

qui fait propédeutique — qui fait après le lycée des études préparatoires à l'université (lettres)

notre génération est ... plus ouverte — notre génération ... est plus encline à s'intéresser aux nouveautés et à les accepter

prise de conscience de notre valeur — perception, compréhension de ce que nous sommes capables de faire

il ne se fait du moins aucune illusion — il voit les choses telles qu'elles sont, d'une façon réaliste

en tant que femme — en qualité de femme, étant femme

j'ai la possibilité de m'affirmer — j'ai la possibilité de m'imposer par mes qualités

de mener ma vie à ma guise — de vivre à ma façon; de choisir le genre de vie qu'il me plaît de vivre

on « m'aurait mariée »... contre mon gré — on m'aurait donné en mariage ... contre ma volonté, sans me demander mon assentiment, malgré moi, à l'encontre de mes désirs

où l'absurde apparaît à chaque pas — où le côté absurde de la vie se révèle à tout moment

Nous manquons d'esprit contemplatif — L'aptitude pour la vie contemplative nous fait défaut, est absente

elle pèsera davantage ... avant de les brandir devant — elle examinera longuement ... avant de les imposer à

Les jeunes poilus de 1918 — Les jeunes soldats de la première guerre mondiale

la « Der des Der » (*fam.*) — la dernière des dernières (guerres)

le récit de leurs prouesses — la narration de leurs exploits

En somme — Somme toute, en résumé, enfin

il y a encore cinquante ans — il y a seulement, il n'y a pas plus de cinquante ans

nous avons à nous débrouiller — nous devons nous tirer d'affaire

auxquelles nous aurons à faire face — auxquelles nous devrons tenir tête; que nous devrons résoudre *auxquels essayer nos « armes »* — qui nous permettront de montrer nos qualités

j'aime autant vivre à mon époque — j'aime tout aussi bien vivre à mon époque (sous-entendu : qu'à n'importe quelle autre époque)

un monde agonisant qui « s'accroche » — un monde moribond qui tente encore de se retenir dans sa chute, qui veut continuer à s'affirmer

tabous — vieux principes sacro-saints

je ne nage pas béatement dans l'optimisme — je ne suis pas naïvement optimiste à l'extrême

dans le fond — en réalité

je me raisonne — je m'efforce d'être raisonnable, je me fais la leçon

bonjour ennui ! — et l'ennui nous envahirait (ennui — une certaine lassitude morale)

qui fait son droit — qui fait des études de droit

au racisme qui sévit — au racisme qui exerce des ravages

qui justifie « une géographie de la faim » — qui légitime une description de la terre sous le rapport de la sous-alimentation

se heurter ... à la mauvaise foi — rencontrer, se buter ... contre des gens sans aucune sincérité

en goûtant une amitié — en jouissant d'une amitié

un contact vrai — des relations, des liens sincères, profonds

Je ne me pense plus en termes de femme laide — Je ne me considère plus comme femme laide

qu'y a-t-il de plus attractif que — qu'est-ce qui attire mieux que

à tout faire — qui se prête à tout en toutes circonstances

au-delà d'un certain nombre de millions — à un prix se montant à plusieurs millions (d'anciens francs)

dame — naturellement, cela va sans dire (interjection soulignant le côté raisonnable de ce qu'on vient de dire)

à volonté — à discrétion, autant que j'en désire

je ferais des folies — je ferais des dépenses extravagantes

à proprement parler — à vrai dire, vraiment

Pour ce que ça sert (tour affectif) — Pour l'utilité que cela a,
   parce que cela sert si peu

Je veux rendre conforme ma vie à mes idées — Je veux accorder
   ma vie avec mes idées

sur lequel l'ironie a trop de prise — dont l'ironie s'empare facilement

sans trop de fausses notes — sans trop de discordance

trouver ce pour quoi je suis faite — trouver la chose pour laquelle
   je suis faite, trouver ce qui répond à ma personnalité

un poids mort — un boulet à traîner, (être) à charge

Exercice

Dans les phrases ci-dessous, remplacez les tirets par une des
expressions indiquées à droite, dans la forme exigée par le
texte.

1. Votre tâche n'est pas facile, permettez-
moi de vous indiquer quelques difficultés
auxquelles vous aurez à ——.

2. C'est un plaisir que de vivre à la campagne; nous avons des fruits et des légumes
frais ——.

3. Mon mari est mécontent parce que j'ai
acheté cette voiture ——.

4. Il connaît la gravité de son état de santé
et ne se fait plus ——.

5. Elle fait tout —— sans la moindre considération pour son entourage.

6. Si votre chef vous demande une explication, je vous conseille de ——.

7. Le —— naquit un jour de l'uniformité.

8. Vous n'avez pas voulu m'écouter. Eh
bien maintenant, ——-vous!

9. C'est dommage qu'il soit toujours une
—— dans notre groupe.

10. Il n'est pas donné à tout le monde de
—— une amitié comme celle-là.

à volonté
à sa guise
ennui
contre son gré
goûter
faire face
aucune illusion
peser ses mots
se débrouiller
fausse note

11. Le grand défaut des petites villes, c'est
que les —— y abondent.

12. Cet homme —— dans l'opulence.

13. Nous sommes tous victimes de l'épidémie qui —— à présent.

14. ——, vous savez très bien que vous
avez tort.

15. Allez-y si le cœur vous en dit. Moi, je
—— rester ici.

16. La mort de sa mère l'a fort affligée,
mais on sent que depuis quelque temps,
elle ——.

17. —— étudiant, vous avez droit à $50^0/_0$
de remise.

18. Il lui manque bien des qualités pour
être à même de ——.

19. Paul désire travailler avec son père qui
est avocat à Paris. C'est pourquoi, à présent,
il ——.

20. Je dépense beaucoup, mais ces dépenses
ne sont pas, ——, des folies.

tabous sociaux
en tant que
nager
dans le fond
se raisonner
aimer autant
s'affirmer
faire son droit
à proprement parler
sévir

II. ÉTUDE DE VOCABULAIRE

A. Donnez la signification des homonymes suivants. Puis, complétez les phrases qui suivent avec un des mots étudiés.

mur — mure (*fém. et verbe*) — mûr
sur — sure — sûr
mise (*fém. et verbe, 2 sens*)
mots — maux
terme — thermes
sert (*verbe*) — serre (*fém. et verbe*) — cerf
fausse (*adj. et verbe*) — fosse
poids — poix — pois

1. Il faut que l'on —— cette porte.
2. La biche est la femelle du ——.
3. Il n'a pas bonne mine. On dirait qu'il a déjà un pied dans la ——.
4. Je n'aime pas ces raisins, ils sont trop ——.
5. Il a de la chance; il —— souvent sur la bonne carte.
6. La —— est une substance résineuse tirée du sapin.
7. Nous ne sommes plus en bons ——.
8. Vous ne pouvez pas agir de la sorte; ce n'est pas de —— dans notre société.
9. Il n'a pas de cœur, il ne compatit jamais aux —— des autres.
10. Nos géraniums ont passé l'hiver en ——.
11. Votre question l'a mis au pied du ——.

B. Étudiez les tournures ci-dessous. Notez que les verbes en italiques se rencontrent souvent avec le nom dont ils sont suivis. Puis, formez des phrases en employant ces expressions.

jouer un rôle	*garder* un bébé
vaincre des difficultés	*faire* attention
faire des études	*produire* l'anarchie
se faire des illusions	*nager* dans l'optimisme
faire des folies	*atteindre* un but
avoir de la chance	*goûter* une amitié
attendre un enfant	*avoir* prise sur ...
accorder un droit	*lancer* un pont
avoir droit à	*élever* le niveau de vie
faire son droit	*être* croyant
	manquer d'équilibre

III. STYLISTIQUE

d'où cette dureté, cette méfiance, ce dédain...

(*Ici*) **d'où** — c'est pourquoi. Dans le langage parlé, on fait souvent l'ellipse du verbe après **d'où** (comparez avec *whence*), **parmi lesquels, parmi eux,** etc., et après **dont** (dans ce cas, l'antécédent de **dont** est modifié par un numéral) :

J'ai beaucoup d'amis, et parmi eux, Paul.
J'ai acheté trois chiens, dont deux blancs.

Passionnante : car progrès techniques. Angoissante : parce que siècle...
L'ellipse après des conjonctions telles que **car, parce que** se
fait souvent dans le langage scientifique et, par imitation,
dans le langage estudiantin :

> Il a été recalé parce que pas ferré en math.

et dans la conversation courante :

> Il se croit mis au rancart parce que chétif et miteux.

ne serait-ce que les disques
Proposition d'opposition sous forme de proposition principale. Ordinairement, on fait l'inversion avec **ce, on** ou *un
pronom personnel sujet*. Avec le conditionnel, l'inversion est
facultative :

> Voudrait-il y aller, je ne l'accompagnerais pas.
> Il voudrait y aller que je ne l'accompagnerais pas. (Voir p. 294.)

Avec le subjonctif, l'inversion est obligatoire :

> Ne fût-ce que les disques. (Voir pp. 37-8, p. 293.)

Elle est une époque unique
Description de ce qu'elle est. Réponse à la question : *Comment
est-elle ?* Comparez à : C'est une époque unique, phrase qui
exprime l'identification et répond à la question : *Qu'est-elle ?*

Cela n'eût pas été possible...
la « seconde forme du conditionnel » (voir p. 37) qui correspond
à : *cela n'aurait pas été possible*.

je me demande un peu...
(*Ici*) *un peu* est explétif, mais sert à renforcer l'idée de futilité.

et ça remplace
L'emploi absolu d'un verbe transitif dont le complément
d'objet est facilement compris de l'interlocuteur est une
tournure moderne.

IV. TRADUCTION

Traduisez les phrases suivantes en employant autant que possible des expressions contenues dans l'article de tête et discutées dans les « tournures idiomatiques ».

1. Some people think that the new generation is more open-minded and more conscious of the prevailing injustice in the world than the older one.

2. The new generation takes stock of its own worth and its responsibilities and hopes for something better, whence a certain harshness, contempt and defiance toward the preceding generation.

3. The modern generation in France tends not to rely upon others, but to fend for themselves.

4. They do not bask naïvely in altruistic idealism.

5. They know how to assert themselves and to live their own lives.

6. They may lack a certain disposition for the contemplative life but will carefully weigh their words before waving the flag in front of the younger people who will follow them.

7. To them the pride with which the veterans of 1914-18 related their exploits while at the same time talking of the « last of all wars » shows bad faith.

8. The new generation is possibly both more lucid and bitter and wants to see results before believing in the traditional values of western civilization.

9. Most women feel, however, that it is a great boon to them to live in the modern era.

10. They realize that it is only recently that they have been granted the right to live as independent individuals.

11. This sense of liberation helps them to face up to the demands and difficulties of modern life and to manage on their own.

12. Their happiness depends to a large degree upon their emancipation, for it allows them to attain self-realization and to overcome personal handicaps trough education and work.

13.   But other factors also contribute to their happiness : a modern type of husband, i.e. a factotum who plays alternately the roles of husband, friend, partner and accomplice; a sunny, comfortable apartment; the occasional opportunity to spend money freely on nice clothes.

14.   Some, while enjoying friendships and genuine human relationships, are not oblivious to the ills of the modern world; racial hatreds which rage in many parts of the world, the plight of underprivileged countries, the suspiciousness that guides personal and diplomatic relations.

15.   Most of the women do not like to talk about an ideal, for the very word smacks of too much irony or sentimentality.

16.   But they all voice the desire to live an authentic existence, i.e. one without too much inner dissonance.

17.   They are eager to find out what they are suited for so that they will not be a dead weight within society.

V. SUJETS DE COMPOSITION LIBRE

En écrivant sa composition, l'étudiant est invité à employer autant que possible les tournures et le vocabulaire de l'article de tête.

Choisissez une des questions qui sont posées dans le texte de ce chapitre et répondez-y de votre propre point de vue.

VI. GRAMMAIRE

Verbes transitifs et intransitifs

Distinction entre verbes transitifs et verbes intransitifs

1. Les *verbes transitifs* sont ceux qui expriment une action qui passe du sujet à l'objet.

Parmi les verbes transitifs, certains verbes voient ce passage s'opérer sans l'intermédiaire d'une préposition; ce sont les verbes *transitifs directs :*

Il vend des autos.

D'autres verbes ont besoin de l'aide d'une préposition pour faire passer l'action du sujet à l'objet; ce sont les verbes *transitifs indirects :*

> Il obéit à son père.
> Il plaît à beaucoup.
> Il manque d'intelligence.

2. Les *verbes intransitifs* sont ceux dont l'action n'intéresse que le sujet :

> Il dort.   Il est né.   Il court.

3. *Les divers emplois de ces trois catégories de verbes.*

a) Les *verbes transitifs* peuvent s'employer d'une façon absolue, c.à.d. sans objet :

> J'attends.   Je mange.

b) Les *verbes transitifs directs* peuvent s'employer avec un complément d'objet soit direct, soit indirect :

> Je vois un livre.
> Il écrit à son ami.

Ils s'emploient avec un complément d'objet direct et un complément d'objet indirect :

> J'envoie une lettre à ma mère.

ou avec un complément d'objet introduit par une préposition :

> Je réponds à sa lettre.

c) Les *verbes transitifs indirects* n'ont pas de complément d'objet direct. Ils peuvent s'employer avec un complément d'objet indirect :

> Je parle à Paul. — Je lui parle.

ou avec un complément d'objet introduit par une préposition :

> Je pense à Paul. — Je pense à lui.

NOTE : Il arrive fréquemment qu'un verbe transitif *direct* s'emploie comme transitif *indirect* et vice versa. Il n'y a pas de distinction absolue entre transitifs directs et transitifs indirects (qui sont de même nature puisqu'ils transfèrent l'action du sujet à l'objet) alors qu'il y en a une entre *transitifs* et *intransitifs* :

> Il pense aux prochaines élections. (TRANSITIF INDIRECT).
> Il pense la nation suivant des critères purement économiques. (TRANSITIF DIRECT).
> Il aide à la bonne marche de l'entreprise. (TRANSITIF INDIRECT).
> Il aide son frère. (TRANSITIF DIRECT).

d) Les *verbes intransitifs* peuvent s'employer absolument (sans complément) ou être suivis d'un complément circonstantiel introduit par une préposition ou non :

> Il dort.   Il va au cours de français
> Il dort dans le hamac.   Il vient de Paris.
> Il a dormi huit heures.   Il est né en France.
> Ce livre coûte 2 dollars.   Il a couru 100 mètres.

En dépit des apparences, **huit heures, 2 dollars, 100 mètres** ne sont pas des objets directs.

Y, lui, à lui, ou *le*?

1. *Avec les verbes transitifs directs :*

a) *l'objet est une personne :* l'objet de la préposition **à** est remplacé par **lui**, c.à.d. par le pronom personnel d'objet indirect :

> J'ai envoyé cette lettre *à ma mère.*
> Je **lui** ai envoyé cette lettre.

b) *l'objet est une chose :* l'objet de la préposition **à** est remplacé par **lui** si la fonction de l'objet est celle de véritable objet indirect :

> Je donne de l'eau **à cette plante.** — Je **lui** donne de l'eau.

c) Dans les autres cas, l'objet de la préposition **à** se remplace par **y**:

> Je réponds **à cette lettre.** — J'**y** réponds.

2. *Avec les verbes transitifs indirects :*

a) *l'objet est une personne :* l'objet de la préposition **à** est ordinairement remplacé par **lui** :

> Il obéit **à son père.** — Il **lui** obéit.

Cependant, avec les verbes dont la préposition **à** conserve toute sa force d'idée d'attribution, on retient la préposition qui est alors suivie du pronom personnel disjonctif :

> Je fais attention **à Paul.** — Je fais attention **à lui.**

b) *l'objet est une chose :* l'objet de la préposition **à** est ordinairement remplacé par **y** :

> Obéissez **à la loi!** — Obéissez-**y**!

Cependant, avec les verbes qui dénotent la possession tels que **appartenir à, incomber à, attribuer à,** etc., l'objet de la préposition **à** est remplacé par le pronom personnel indirect :

> Cette roue appartient-elle **à cet engin?** Oui, elle **lui** appartient.
> **L'âge et le sexe** n'ont plus l'importance différentielle qui **leur** était attribuée autrefois.

3. *Avec les verbes intransitifs :*

a) *l'objet est une personne :* l'objet de la préposition **à** est remplacé par la préposition **à** suivi du pronom personnel disjonctif :

> Allez **à Dieu!** — Allez **à Lui!**
> Courez **à Paul!** — Courez **à lui!**

b) *l'objet est une chose :* l'objet de la préposition **à** est remplacé par **y** :

> Allez **à l'université!** — Allez-**y**!
> Je cours **au bureau de poste.** — J'**y** cours.

4. *Avec les verbes pronominaux non réfléchis :*

a) *l'objet est une personne :* l'objet de la préposition **à** est remplacé par la préposition **à** et le pronom personnel disjonctif :

> Je m'intéresse **à Paul.** — Je m'intéresse **à lui.**

b) *l'objet est une chose :* l'objet de la préposition **à** est remplacé par **y** :

> Je m'habitue **à cette maison.** — Je m'y habitue.

5. *Avec les verbes impersonnels :*

a) *l'objet est une personne :* l'objet de la préposition **à** est remplacé par le pronom personnel d'objet indirect :

> Il **lui** importe peu que vous y alliez.

b) *l'objet est une chose :* la construction est la même :

> Qu'est-il arrivé **à cette maison**? Il **lui** est arrivé d'être partiellement brûlée.

NOTE : Lorsque l'objet désigne une personne, il est parfois difficile de distinguer entre

— un verbe *transitif direct* construit avec un complément d'objet indirect :

> Je lui ai donné ce livre.

— un verbe *transitif indirect* construit avec un complément d'objet indirect :

> Je lui parle.

— un verbe *impersonnel* construit avec un complément d'objet indirect :

> Il lui vint une idée géniale.

— un verbe *transitif indirect* construit avec un objet prépositionnel :

> Je pense à lui.

— un verbe *intransitif* construit avec un objet prépositionnel :

> Je vais à lui.

Tandis que des explications historiques éclaircissent ce phénomène grammatical, pour tout usage pratique il suffit d'apprendre à faire cette distinction par observation et exercice de la langue.

Distinction entre un verbe transitif direct et un verbe transitif indirect suivis de la préposition *à* et d'un infinitif

1. J'apprends à parler français. Dans cette phrase, la préposition **à** ne fait pas partie intégrante du verbe transitif direct **apprendre**. Elle est simplement requise par la construction infinitive. Par rapport à **apprendre**, l'infinitif fait fonction d'*objet direct*. Étudiez :

> Est-ce que vous apprenez **à parler français**? Oui, je l'apprends.
> **Qu'est-ce que** vous apprenez? J'apprends **à parler français**.

2. Je consens à détruire ce document. Dans cette phrase, la préposition **à** fait partie intégrante du verbe transitif indirect **consentir à.** L'infinitif qui suit la préposition assume la fonction d'*objet prépositionnel*. Étudiez :

> Consentez-vous **à détruire ce document**? Oui, j'**y** consens.
> **A quoi** consentez-vous? Je consens **à détruire ce document**.

NOTES

a) Certains verbes transitifs indirects ou intransitifs sont accompagnés d'une préposition autre que **à**. Dans ce cas, l'objet de la préposition est remplacé par **y** si l'objet est une chose ou par le pronom disjonctif si l'objet est une personne (sauf avec les verbes suivis de **de**; voir pp. 347-348). Étudiez :

> Comptez-vous **sur leur aide**? Oui, j'**y** compte.
> Comptez-vous **sur vos amis**? Oui, je compte **sur eux**.

b) Certains verbes, suivis d'un infinitif, ne demandent aucune préposition. Dans ce cas, l'infinitif fait fonction d'objet direct :

> Désirez-vous **faire cette excursion**? Oui, je **le** désire.

c) Certains verbes tels que **commencer à, continuer à, hésiter à** dénotent un certain aspect d'une action. L'infinitif qui suit ces verbes ne peut être remplacé ni par **le** ni par **y**. Étudiez :

> Est-ce qu'il recommencera **à travailler** demain?
> Oui, il recommencera (à travailler — explicite ou sous-entendu;
> *ou à la rigueur :* Il recommencera **cela**. *On ne dirait pas :* Il **le**
> recommencera).

J'hésite **à lui donner ce coup de téléphone.**
J'hésite **à le faire.** (*non pas :* J'y hésite, *comme par exemple:* J'y consens).

Qu'est-ce que vous hésitez à faire? (*non pas :* A quoi hésitez-vous? *comme par exemple,* A quoi consentez-vous ?)

Exercices

A. Dans les phrases suivantes, remplacez les expressions en italiques par le pronom approprié :

1. Ils espèrent parvenir *à une collaboration complète.*
2. C'est Paul qui succèdera *à son père.*
3. Il se fie *à son patron.*
4. Elle ressemble *à sa cousine germaine.*
5. Cette année, je me suis intéressée *à la chasse au perdreau.*
6. On doute qu'il survive *à cette maladie.*
7. Ils ont eu recours *à ce spécialiste très renommé.*
8. Je tiens *à cet ami* comme à la prunelle de mes yeux.
9. Vous feriez mieux de renoncer *à cet homme.*
10. Il a adressé sa lettre *au curé de la paroisse.*
11. Il est de coutume de s'adresser *à l'huissier.*
12. Vous pouvez vous en rapporter *à ce décorateur :* il est capable.
13. Le succès! Voilà la seule chose qui importe *à cet ambitieux.*
14. Je vous demanderai de faire attention *à votre sœur.*
15. Ce livre n'est pas complet : il manque deux pages *à ce livre.*
16. Marie a désobéi *à sa tante.*
17. Il a survécu *à son fils et à son petit-fils.*
18. Il est parvenu *à destination* le lendemain.
19. Ce jeune homme plaît *à votre belle-mère.*
20. Il s'est abonné *au Figaro.*
21. C'est la deuxième fois qu'il attente *à ses jours.*
22. Vous avez beaucoup manqué *à votre ami* pendant les vacances.
23. Elle a beaucoup nui *à sa bru.*
24. Les numéros renvoient *aux paragraphes.*
25. On accède *à la mansarde* par un escalier très raide.

B. Dans les phrases suivantes, remplacez les tirets par un pronom, accompagné ou non, d'une préposition, ainsi que le requiert le texte :

1. Allez à votre père; allez —— immédiatement.
2. Renoncez à ce projet, et renoncez —— sans regret.
3. Obéissez à votre tuteur; obéissez —— sans murmurer.
4. Voici sa lettre. Répondez —— sans plus tarder.
5. Vous avez une belle fortune. Veillez —— attentivement.
6. Toute transaction n'est pas une réussite : songez ——!
7. Songez aussi à votre petite-fille! Songez ——.
8. Pensons à la méthode de travail de notre père et adaptons-nous ——.
9. Faites comme votre grand-père; ressemblez ——.
10. Pouvez-vous vous faire à cette injustice? Moi, je ne me —— accoutumerai jamais.
11. Ces racontars étaient anodins, mais on —— attribuait trop d'importance.
12. J'aime ce pays et les conditions qui —— règnent.
13. Ce film n'est pas des meilleurs; on —— a prêté des qualités qu'il ne semble pas avoir.
14. Je ne crois pas à la perfection et je ne —— croirai jamais.
15. Je vis avec les mœurs de mon époque et je me —— habitue insensiblement.
16. Réfléchissez à ce que je vous ai dit. Réfléchissez-bien!
17. Vous lui demanderai si vous pouvez y aller et je suis certain qu'il —— consentira.
18. Cette tâche? Il ne l'aime guère, mais il —— incombe de l'exécuter.
19. Il s'est amouraché de cette femme et fait tout pour —— complaire.
20. C'est peut-être parce que l'idéal semble inaccessible qu'il —— est donné d'être l'apanage des grandes âmes.

C. Dans les phrases suivantes, remplacez les tirets par le pronom requis par le contexte ou par « le faire » s'il y a lieu. Notez que toutes ces phrases contiennent une construction infinitive :

1. Je me mets à travailler à 8 heures et qui plus est, je me —— mets avec ardeur.

2. Je tiens à rester dans cette ville; je —— tiens même beaucoup.
3. Elle s'accoutume difficilement à ne plus le voir chaque jour; elle ne se —— accoutumera jamais entièrement.
4. Pour le moment, je parviens à le remplacer, mais je ne —— parviendrai pas si cette situation doit durer plus d'une semaine.
5. Voulez-vous apprendre à conduire une automobile? Oui, je veux bien —— apprendre.
6. S'est-il décidé à mieux travailler? Non, il se —— décidera quand il sera trop tard.
7. Je vais vous enseigner à conduire. Je vais vous —— enseigner dès demain.
8. Il cherche à faire impression sur ses condisciples. Il —— cherche par tous les moyens possibles.
9. Est-ce qu'il continuera à se mentir à lui-même? Oh, il continuera à —— et à nous conter des fariboles.
10. Hésitez-vous à me dire la vérité? Oui, j'hésite à ——.
11. Nous devons nous préparer à vaincre les difficultés de la vie. Nous devons nous —— préparer dès notre jeune âge.
12. Je réussirai à atteindre mes buts, mais —— réussirai-je assez vite?
13. Elle cherche à attraper tout ce qu'elle peut dans la vie. Mais ne —— cherche-t-elle pas trop?
14. Il s'est habitué à ne pas dépendre des autres. Il se —— est habitué dèpuis son enfance.

VOCABULAIRE ANGLAIS-FRANÇÇAIS

accomplice complice *mf.*
allow permettre
alternately à tour de rôle
altruistic altruiste
assert oneself s'affirmer
attain atteindre
bask (in) nager (dans)
before devant, avant
believe (in) croire (à)
bitter am-er, -ère
boon, to be a —— to someone avoir de la chance de

both *adv.* à la fois
carefully consciencieusement
clothes vêtements *m.pl.*
  nice —— de beaux ——
comfortable confortable
conscious (of) conscient, -e (de)
contempt mépris *m.*, dédain *m.*
contribute contribuer
country pays *m.*
  underprivileged ——ies —— sous-développés
defiance méfiance *f.*

degree, to a large —— beaucoup
disposition, —— **for the contemplative life** esprit *m.* contemplatif
dissonance, without too much inner —— sans trop de fausses notes
eager anxieu-x, -se
education étude *f.*
era époque *f.*
   modern —— —— actuelle
existence, to live an authentic —— vivre une vie, mener une existence authentique
exploit *n.* prouesse *f.*, exploit *m.*
face *v.*, **to** —— **up to** faire face à
factotum (mari) à tout faire
factor *n.* facteur *m.*
faith foi *f.*
   to show bad —— être de mauvaise ——
feel *v.* croire
fend, to —— **for oneself** se battre seul, -e dans la vie
find (out) trouver
flag, to wave the —— brandir (les mots)
for *conj.* car
freely à volonté
friendship amitié *f.*
   to enjoy ——s goûter des ——s
generation, the preceding —— ceux qui les précèdent, la génération précédente
   the modern —— **in France** la jeunesse française d'aujourd'hui
grant *v.* accorder
happiness bonheur *m.*
harshness dureté *f.*
hatred haine *f.*
   racial ——s ——s racistes
help *v.* aider
hope *v.* espérer
   to —— **for something better** —— encore quelque chose de mieux
however cependant

husband mari
ills maux *m.pl.*
   to be oblivious to the —— fermer les yeux aux ——
individuals, independent —— êtres *m.* autonomes
injustice, prevailing —— l'injustice *f.* qui règne
know *v.* savoir
lack *v.* manquer de
life vie *f.*
   to live their own lives mener une —— à leur guise
like *v.* aimer
live *v.* vivre
manage, to —— **on their own** se débrouiller
money argent *m.*
most (of) la plupart (de)
naïvely béatement, naïvement
new nouv-eau, -elle
oblivious, to be —— **to** fermer les yeux à ...
old, the older one (generation) la précédente
open-minded ouvert, -e
opportunity possibilité *f.*
   the occasional —— **to** à l'occasion, la —— de ...
overcome surmonter
part *n.* région *f.*
partner partenaire *mf.*
people gens *m.pl.*
   some —— certaines ——
   the younger —— **that will follow them** ceux qui les suivront
plight misère *f.*, triste état *m.*
possibly peut-être
pride *n.* fierté *f.*
rage *v.* sévir
realize se rendre compte de
recently (tout) récemment
relate relater
relationship, genuine human ——s contacts vrais
rely (on) dépendre de

to —— on others   compter sur les autres

responsibility   responsabilité *f.*

result, to see ——s   voir

right *n.*   droit *m.*

the —— to live   le —— de vivre

role, to play the ——s   assumer les fonctions *f.pl.*

self-realization   réalisation *f.* du soi

sense, —— of liberation   sentiment *m.* de libération *f.*

smack of *v.*, **(the very word) ——s (of irony)**   (l'ironie) a trop de prise sur (le mot même)

society   société *f.*

within ——   dans la ——, au sein de la ——

some   d'autres

so that . . .   afin de . . .

spend   dépenser

stock, to take —— of   se rendre compte de

suited (for)   fait, -e pour

sunny   ensoleillé, -e

suspiciousness   soupçons *m.pl.*, mauvaise foi *f.*

talk *v.*   parler

while at the same time ——ing   tout en parlant

to —— about   —— de

tend (to)   avoir l'habitude de

them, to ——   à leurs yeux *m.pl.*

think   penser

toward   envers

veteran (of war)   ancien combattant

voice *v.*   exprimer

want *v.*   tenir à

war, the last of all ——s   la "Der des Der" (*pop.*)

weigh   peser

weight   poids *m.*

dead —— ——   mort

whence   d'où

while   tout en + *pres. part. of v.*

woman   femme

most women   la plupart des ——s

word *n.*   mot *m.*

the very ——   le —— même

work *n.*   travail *m.*

world   monde *m.*

worth   valeur *f.*

15.

Les hommes de la nouvelle vague

1. Questions : Trouvez-vous que vous avez plutôt de la
chance ou de la malchance de vivre à l'époque actuelle ?
Pourquoi ? et
Croyez-vous que votre génération sera différente de la
5 précédente ? Et en quoi ?

a) Un écrivain de vingt-neuf ans déclare :
C'est une extraordinaire aventure que de vivre à l'époque
actuelle. Je crois que *la période de crise*, ouverte au XVIIIᵉ siècle,
touche à sa fin, que le monde va entrer de nouveau dans une
10 époque « organique » (pour reprendre les termes de Comte).[1]
Ceci *est encore voilé* en 1957 *du fait de* l'opposition U.S.A.-U.R.S.S.
Mais ce conflit idéologique n'est qu'une survivance du romantisme. L'important est que notre époque verra la fin de la démocratie : *le dogme saugrenu* de la souveraineté de la masse est condamné
15 par le progrès technique. Un monde technique, comme est le
nôtre,* et comme le monde de demain le sera plus encore, ne
peut être qu'un monde essentiellement aristocratique, où le
pouvoir sera concentré entre les mains d'une très petite élite

---

[1] Auguste Comte, mathématicien et philosophe français (1798-1857), fondateur
du « positivisme » et d'une religion de l'humanité.

(comme Renan[2] l'avait vu *dès les années 1870* en des pages prophétiques).

b) D'un étudiant en histoire et géographie se destinant à l'enseignement vient cette réponse :

Notre génération sera-t-elle différente des précédentes? *Je n'en* 5 *sais trop rien. Elle se croit* très combative, très pure, très belle, très sincère. Mais toutes les générations ne se sont-elles pas crues ainsi? Je connais des saints et des salauds, des arrivistes et des humbles, peut-être des génies, certainement des crétins... *Que donnera le cocktail?* 10

Alors, franchement, vivre dans cette tranche d'histoire ou dans une autre*... Toutes les générations se sont crues *à un tournant après une figure droite.* Mais l'histoire *est en spirale* (j'écris « en spirale », pour me forcer à l'optimisme. On pourrait aussi écrire : *en cercle*). 15

c) D'un célibataire, spécialiste dans les études économiques et de marchés,[3] vingt-huit ans, habitant Paris :

Nos pères étaient convaincus d'être *la fine fleur de l'humanité* (je parle de ce que je connais : des bourgeois). *Ils tenaient* le reste du monde *pour* des barbares (sauf peut-être les Anglais, 20 *et encore!*) Notre génération n'aura pas tant de mépris.*

Enfants, nous avons connu* la défaite, nous avons entrevu ce que pouvait être la condition d'esclaves. Nos pères ne nous avaient pas appris cela. Aujourd'hui, nous voyons *leurs anciens esclaves relever la tête*, nous apprenons que l'homme, quelle que 25 soit la couleur de sa peau,* ne peut être vaincu.*

Les droits, les pouvoirs, l'orgueil du bourgeois français *s'effritent à vue d'œil.* Beaucoup d'entre nous *vivront cette évolution*

---

[2] Ernest Renan, écrivain français (1823-1892) qui se détourna de sa vocation ecclésiastique pour se vouer à l'histoire des langues et des religions. Il avait foi dans la science et ses convictions rationalistes étaient teintées d'un certain idéalisme romantique.
[3] Marché international.

dans l'humiliation et le ressentiment. Les autres auront au contraire le sentiment d'une libération, d'un retour à l'humanisme. Quoi qu'il en soit, *la génération montante* n'aura pas les privilèges de la précédente, et *c'est tant mieux*.

5   *d*) D'un étudiant de dix-neuf ans qui prépare une licence de mathématiques à la Faculté de Toulouse :

Le scepticisme, le cynisme même sont *de bon ton*. Cette attitude est anormale à un âge où le doute est une souffrance.

Les intellectuels, et je pense surtout aux étudiants, *qui formeront*
10 *un jour les cadres supérieurs* de la nation, ne jouent plus le rôle d'avant-garde qui a longtemps été le leur. Le scepticisme est une bonne excuse pour ne plus réfléchir du tout, pour ne plus se poser des questions souvent trop embarrassantes. Sans causer politique,* le peu de succès qu'obtient le syndicalisme est, je
15 crois, symptomatique. L'étudiant renie son intelligence.

e) D'un communiste de vingt-cinq ans, marié, poursuivant des études d'économie politique, originaire du Vaucluse :

Ma génération — l'ensemble de ma génération, pas seulement les intellectuels — aura davantage le sens du relatif. Par la radio
20 et le cinéma, *elle a eu tout de suite* la révélation de l'étranger, du différent. Lorsque la génération précédente vit naître, en 1917, le premier état socialiste, elle discuta gravement de ses chances de survie. Les économistes professionnels doutèrent qu'il fût viable, ce qui se comprend si l'on songe que la science écono-
25 mique classique n'avait pas prévu de mécanismes autres que ceux du marché.[4]

Ma génération a toujours connu la coexistence de deux civili-sations inconciliables; elle aura moins tendance à croire,* *de ce fait*, qu'il n'y a qu'une civilisation, laquelle est occidentale, et
30 que tout le reste est barbarie.*

---

[4] de la Bourse des valeurs (actions et obligations).

f) D'un étudiant vendéen de vingt-six ans qui prépare le concours de Directeur Économe d'Établissement Hospitalier :

Notre génération sera et est différente de la précédente, parce que, tout en aimant autant* notre pays, nous n'avons pas le regret de ce qui n'est plus, nous n'avons pas ce complexe de 5 supériorité *qui pousse à* trop d'intransigeance. Nous sommes dans l'avenir; la majeure partie de ceux qui nous précèdent, et ce n'est pas seulement à cause de leur âge, est restée dans le passé.

Le drame, c'est la lutte entre l'ancienne génération qui nous a amené la décadence, et la nouvelle, la nôtre, qui construit du 10 nouveau sur des pensées et un idéal nouveau, plus large et, avouons-le, plus enthousiasmant que *le train-train de jadis*. C'est la lutte pour cette reconstruction qui est passionnante.

g) D'un fonctionnaire de vingt-neuf ans :

Notre génération maintiendra en les aggravant les « *constantes* » 15 françaises actuelles, c'est-à-dire *l'égoïsme le plus borné*, parfois féroce (Algérie); l'indifférence à tout problème *qui s'écarte de la satisfaction de cet égoïsme*; enfin, une sorte de cécité morale, un infantilisme du jugement qui se satisfait des pires *slogans*.

Depuis l'âge de onze ans, j'ai vécu dans la guerre. J'y vis 20 toujours, plus que jamais. Je ne puis y échapper. L'indifférence des hommes de ma génération est sans doute une sorte de réflexe naturel, un remède qui *leur permet un petit bonheur par le bas*. Pour ceux qui ne peuvent fuir, nul espoir, rien ne reste, que d'attendre, *béants à toutes les horreurs*, que ça finisse. 25

Les passages suivants se rapportent à trois questions à la fois :

2. Croyez-vous que la société française se transformera, dans l'avenir, en société de forme socialiste? Le souhaitez-vous?

S'il y avait en France un régime communiste, est-ce que 30

votre situation personnelle s'en trouverait modifiée? Si
oui, dans quel sens?

Croyez-vous qu'il est nécessaire d'avoir un idéal? Si
oui, quel est le vôtre? Si non, quelle est votre raison
de vivre?[5]

a) D'un professeur de vingt-neuf ans, marié, enseignant à
Grenoble :

Il est nécessaire que nos valeurs *informent* une certaine figure
du monde tel que nous cherchons à le transformer, du monde
ou de nous-mêmes. En ce sens, on ne peut se passer d'un idéal;
seulement, il ne faut jamais oublier les valeurs qui le fondent.

Pour parler clair, donner pour but à sa vie morale un état
social déterminé sur le modèle soviétique, c'est écraser la moralité
socialiste *dans une technique politique d'efficacité*, et risquer de perdre
tout critère valable de notre activité. Il est essentiel de maintenir
les valeurs présentes *au-delà de nos fins*. Je ne peux m'empêcher
de penser qu'une notion comme celle de valeur pourrait être
avec fruit examinée par les philosophes marxistes. Comme,
d'ailleurs, la « morale » en général.

b) De l'étudiant de dix-neuf ans qui prépare une licence de
mathématiques à la Faculté de Toulouse :

Je suis matérialiste, et *j'accorde un prix unique à* la vie. Je ne
risquerais la mienne que pour des êtres humains, et plus facilement pour une collectivité. La lutte contre la guerre sous toutes
ses formes est aujourd'hui mon seul objectif, capable de faire
passer ma propre vie au second plan.

Un simple but matériel ne suffit pas pour *donner du goût à la vie*.
Un idéal est nécessaire, qu'il soit religieux ou politique, vague
ou très précis. *Pour moi*, c'est l'avènement d'un véritable régime

---

[5] Chez les hommes, l'idéal est manifestement lié aux considérations d'ordre
politique ou culturel et n'a pas seulement trait à la situation personnelle à
l'intérieur de la société.

communiste, au sens marxiste littéral, *qui seul permettra* à l'homme de s'améliorer intellectuellement, moralement et physiquement. C'est un idéal, puisque je ne crois pas que ma génération pourra* dépasser *le stade socialiste.*

c) De l'étudiant en histoire et géographie, vingt-trois ans, 5 qui se destine à l'enseignement :

Malheureusement, les communistes (et plus spécialement les communistes français) *ont failli être les fossoyeurs du* socialisme. *Ils sont lourdement responsables,* devant la classe ouvrière du retard que le socialisme mettra peut-être à s'établir en France, car 10 beaucoup de gens ont fait, comme les communistes l'ont voulu, la confusion entre le socialisme et le communisme type soviétique.

Si un régime communiste s'établissait en France, je n'aurais théoriquement rien à perdre du point de vue matériel.* Les professeurs sont certes mieux payés en U.R.S.S. qu'en France. 15 En fait, j'aurais tout à perdre : car *j'aurais à professer* des opinions que je réprouve, et j'aimerais mieux devenir alors balayeur des w.-c. du lycée. J'aurais à abandonner la pratique de la religion catholique et je ne le veux pas.

d) D'un étudiant en sciences politiques et diplomatiques de 20 vingt ans qui se classe lui-même « à droite » :

Un idéal est nécessaire. Le mien est d'ordre politique et social. J'aimerais arrêter *la course vers* la démocratisation. Arrêter le nivellement des classes sociales. *Abolir en quelque sorte* cette devise ridicule : Liberté, Égalité, Fraternité.   25

La liberté ne doit pas être laissée aux mains du peuple qui est trop barbare *pour s'en servir.* Je ne citerai pas d'exemple, cela me mènerait trop loin.

Réduire au maximum les injustices de la nature ? Travail prétentieux, *voué à l'échec,* comme toute chose faite contre nature. 30 Les machines, seules, ne présentent pas d'inégalités entre elles. En rendant les hommes égaux,* nous les rendrions pareils à des

machines, instruments dociles, abâtardis, sans pensée ni âme, de vrais robots. Je vous le dis franchement : je préfère gagner soixante mille francs dans une société *où règne une forte inégalité sociale*, que de gagner* cent mille francs dans une société où
5 chaque homme gagnerait cent mille francs.

d) D'un étudiant préparant son diplôme d'études supérieures et un stage d'agrégation, vingt-deux ans, fils de fonctionnaire :
Le mot « idéal » *me heurte.* Si vous appelez idéal s'efforcer d'instaurer la justice à l'intérieur de soi, de parvenir à *un accord*
10 *intime de soi avec soi-même*, comme dit Montaigne,[6] afin de se rendre plus apte à affronter ce qui nous entoure, alors j'ai un idéal. Vous voyez que *j'en suis encore à* Montaigne et Descartes.[7]
Mais attention! J'ai en horreur « les tours d'ivoire ». Que des enfants soient obligés de s'entasser lamentablement dans une
15 pièce de 6 m², qu'ils se trouvent accablés de « handicaps » dès leur naissance, cela me paraît particulièrement injuste.*

f) De l'étudiant en histoire et géographie, vingt-trois ans, qui se destine à l'enseignement :
Je ne crois pas qu'il faille* se faire d'illusion sur l'Union Euro-
20 péenne. Elle est souhaitable, plus encore, nécessaire. Et *je milite de toutes mes forces en sa faveur.* Mais une union se fait toujours « contre » quelque chose. Un homme politique belge m'a dit une fois : « Si l'U.R.S.S. n'existait pas, il faudrait l'inventer;[8] c'est sa menaçante présence à l'Est qui forcera l'Europe à s'unir ». Une
25 entrée des pays de l'Est européen dans l'Union européenne est absolument utopique (elle est évidemment souhaitable dans l'abstrait, mais ce qui est souhaitable dans l'abstrait n'a guère d'intérêt!).

(Extraits de *La nouvelle vague*, Françoise Giroud,
© Librairie Gallimard, 1958)

---

[6] Michel Eyquem de Montaigne, essayiste et humaniste français (1533-1592).
[7] René Descartes, philosophe et mathématicien français (1596-1650).
[8] Allusion au fameux dicton de Voltaire : « Si Dieu n'existait pas, il faudrait l'inventer ».

Questionnaire

1. *a*) Comment le conflit idéologique opposant les États-Unis et la Russie apparaît-il à ce Français?

Quelle sera pour lui l'issue de ce conflit?

Qu'est-ce qui est condamné par le progrès technique?

Qui est Comte? Qu'a-t-il fondé?

Quand Rénan a-t-il vécu? Quelle était sa profession de foi?

b) En quoi la plupart des générations se ressemblent-elles? Pourquoi est-ce un signe d'optimisme que d'écrire « l'histoire est en spirale » au lieu de « l'histoire est en cercle » ?

c) Quelle était l'attitude des bourgeois français envers le reste du monde au siècle passé?

Leur attitude est-elle toujours la même à l'heure actuelle?

Que pense ce jeune bourgeois de l'homme en général?

Tous les jeunes bourgeois français réagissent-ils de la même manière devant l'effritement de leurs privilèges?

d) Le scepticisme est-il l'apanage d'un certain âge?

Pourquoi beaucoup de personnes se targuent-elles d'être sceptiques?

Quels sont les reproches sévères que ce Français adresse aux intellectuels de son pays?

e) Comment la radio et la télévision ont-elles grandement contribué à élargir les idées des jeunes gens d'aujourd'hui?

Quand naquit le premier état socialiste? Qu'en pensaient alors les économistes professionnels?

f) Pourquoi le jeune Français d'aujourd'hui a-t-il perdu son complexe de supériorité?

Qu'est-ce qui constitue le drame de la génération actuelle?

g) Quelles sont les « constantes » françaises actuelles d'après ce jeune Français pessimiste?

Pourquoi certains Français sont-ils tombés dans l'indifférence à l'égard des questions politiques?

2. *a*) Pour quelles raisons ne peut-on se passer d'un idéal?

Quel serait le résultat d'un état social calqué sur le modèle soviétique?

b) Pour qui ce matérialiste risquerait-il sa vie?

En quoi consiste son idéal? Quelles sont les raisons de son choix?

c) Qui a failli enterrer le socialisme français?

Quelle est la confusion que les communistes ont tenté de semer dans les esprits français?

Quelle serait la situation de ce futur professeur français sous un régime communiste?

Que préférerait-il?

d) Pourquoi cet étudiant de droite veut-il abolir la devise actuelle de la France?

Pourquoi ne croit-il pas qu'il soit possible de remédier aux injustices de la nature?

Quel serait, d'après lui, le résultat de l'égalité parmi les hommes?

e) Qui sont Montaigne et Descartes?

En quoi consiste l'idéal de ce disciple de Montaigne?

f) Que pense ce Français de l'Union européenne?

Que cherche-t-il à expliquer en parodiant Voltaire?

I. TOURNURES IDIOMATIQUES

Étudiez les expressions en italiques de l'article de tête expliquées ci-dessous.

la période de crise — la période d'instabilité

touche à sa fin — tire à sa fin, est presque finie

est encore voilé ... du fait de — est encore vague, indistinct ... par suite de

le dogme saugrenu — la doctrine, le principe bizarre et ridicule

dès les années 1870 — déjà en 1870

Je n'en sais trop rien — Je n'en suis pas très sûr

Elle se croit — Elle se considère comme

Que donnera le cocktail? (fam.) — Qu'est-ce que tout cela va donner? Quel sera le résultat de ce mélange?

à un tournant après une figure droite — à une époque où les choses prennent une autre direction après une période de calme, de stabilité

est en spirale — présente une suite de circonvolutions (d'où des hauts et des bas laissent place à l'optimisme) *en cercle* — se répétant sans cesse de la même façon (donc sans progrès réels; symbole de pessimisme)

la fine fleur de l'humanité — l'élite de l'humanité (métaphore résultant d'une comparaison avec la farine)

Ils tenaient ... pour — Ils considéraient ... comme

et encore ! — et cela même est douteux!

leurs anciens esclaves relever la tête — leurs esclaves d'autrefois, les indigènes des colonies, se révolter

s'effritent à vue d'œil — se désintègrent, s'émiettent visiblement, sous nos yeux

vivront cette évolution — participeront à, seront témoins de cette évolution

la génération montante — la nouvelle génération

c'est tant mieux — c'est très bien ainsi; j'en suis bien content!

de bon ton — de mise, à la mode

qui formeront un jour les cadres supérieurs — qui deviendront un jour les chefs, les dirigeants, le noyau de l'administration

elle a eu tout de suite — elle a eu immédiatement, sans enseignement ni évolution préalable

de ce fait — ainsi, par conséquent (le *t* se prononce quand *fait* est au singulier, à la fin d'une proposition et accentué. Exemples : *au fait, en fait, pris sur le fait*, etc.)

qui pousse à — qui conduit à

le train-train de jadis — la routine paisible et banale d'autrefois

« *constantes* » — traits caractéristiques invariables

l'égoïsme le plus borné — l'égoïsme le plus étroit dans son entêtement

qui s'écarte de la satisfaction de cet égoïsme — qui ne contribue pas directement à satisfaire cet égoïsme

slogans (anglicisme employé couramment) — sentences, déclarations publicitaires

leur permet un petit bonheur par le bas — leur concède, leur octroie une petite satisfaction de basse qualité

béants à toutes les horreurs — exposés, livrés, offerts en holocauste à toutes les affres du malheur

informent — (*ici*) façonnent, donnent une forme matérielle à

dans une technique politique d'efficacité — dans un programme
politique où ne compte que la réussite matérielle

tout critère valable — tout solide moyen de discernement

au-delà de nos fins — au-delà de nos visées, de nos intérêts

avec fruit — avec profit

j'accorde un prix unique à — j'attache, j'attribue une valeur
sans égale à

Un simple but matériel — Un but uniquement matériel

donner du goût à la vie — donner de l'attrait, du charme à la vie

Pour moi — Pour ma part, en ce qui me concerne, quant à moi,
à mon avis

qui seul permettra — qui sera le seul à permettre

le stade socialiste — la période socialiste de son (évolution)

ont failli être les fossoyeurs du ... — ont presque enterré le ...

Ils sont lourdement responsables — Ils ont une énorme responsabilité

j'aurais à professer — je devrais reconnaître comme miennes,
je devrais répandre

la course vers — la ruée vers, la marche rapide vers

Abolir en quelque sorte — Supprimer pour ainsi dire

pour s'en servir — pour en faire un bon usage

voué à l'échec — condamné à l'insuccès

où règne une forte inégalité — où prédomine une grande inégalité

me heurte — me choque

un accord intime de soi avec soi-même — une harmonie entre les
différents aspects de sa personnalité

j'en suis encore à — j'en suis resté à, je reste un disciple de

je milite de toutes mes forces en sa faveur — je lutte de mon
mieux pour qu'elle existe

Exercice

Dans les phrases qui suivent, remplacez les tirets par une des
expressions indiquées à droite, dans la forme réclamée par le
texte.

1. Il est souvent de mauvaise humeur ce qui —— si l'on songe qu'il est toujours fatigué.

2. On finit toujours par trouver une solution à —— problème

3. Il —— un phénix.

4. C'est un timide, mais je m'attends à le voir un jour —— la tête.

5. Sa façon de parler indique qu'il n'appartient pas à proprement parler à la —— de la société.

7. Mon travail ——; j'aurai fini dans deux jours.

7. Je me demande parfois si le —— n'était pas préférable à notre vie trépidante.

8. Ce jeune homme a beaucoup voyagé; ——, acquis beaucoup d'expérience.

9. ——, c'est le résultat qui compte.

10. C'est très bien de lire beaucoup; encore faut-il lire ——.

*

11. Votre projet est insensé et —— le plus total.

12. Vos critiques me —— profondément.

13. Ils —— de la décadence actuelle.

14. On se demande où s'arrêtera —— le matérialisme intégral.

15. Sa thèse ne progresse pas : il —— à l'introduction.

16. En négligeant d'envoyer cette lettre, vous avez été responsable du retard que je —— à finir ce chapitre.

17. J'aime les classes où —— un esprit critique.

18. Le travail que l'on aime —— à la vie.

19. Je me suis arrêté au —— humaniste de l'évolution de la pensée française.

20. Il faudrait —— en quelque sorte tout ce qui nous paraît arbitraire.

avec fruit
de ce fait
toucher à sa fin
tout
se croire
fine fleur
se comprendre
relever
train-train de jadis
pour moi

stade
être voué à l'échec
en être encore
heurter
la course vers
abolir
mettre
régner
être lourdement respon-
    sable
donner du goût

II. ÉTUDE DE VOCABULAIRE

A. Donnez la signification des homonymes suivants. Puis, complétez les phrases qui suivent en employant un des mots étudiés.

différent — différend — différant (*verbe*)
précédent (*masc., et adj.*) — précédant (*verbe*)
faite (*verbe*) — faîte — fête (*fém. et verbe*)
penser — pensée — panser
cru (*masc., adj. et verbe*) — crue (*fém. et verbe*) — crû (*verbe*)
fait (*masc. et verbe*) — faix — fais (*verbe*)
masse (*fém., 2 sens et verbe*)
vie — vit (*verbe, 2 sens*)
tout — toux
veux (*verbe*) — vœux
bas (*masc. et adj.*) — bât — bat (*verbe*)
elle — aile
tour (*masc. et fém.*)

1. Voulez-vous m'accompagner? Je vais vous faire faire le —— du propriétaire.
2. Je voudrais vous voir débarrassé de cette petite —— sèche qui n'augure rien de bon.
3. Je forme des —— pour votre prompt rétablissement.
4. C'est un fait sans ——.
5. J'aime autant que vous preniez cette —— de poulet.
6. Elle se retire toujours dans sa —— d'ivoire.
7. Il y a eu entre eux un petit —— qu'ils ont traité à l'amiable.
8. Celui qui —— sans folie n'est pas si sage qu'il croit.
9. Les maçons ont terminé leur travail car ils viennent de mettre le bouquet au —— du toit.
10. J'adore les huîtres ——, servies dans leur coquille.
11. Je sens qu'il souffre mais je ne sais pas où le —— le blesse.
12. Le kilogramme est l'unité principale de ——.
13. Mon mari m'a autorisée à acheter un cheval à condition que je veuille bien le —— moi-même.

B. Différence de sens entre certains mots apparentés. Dans les phrases suivantes, remplacez les tirets par un des mots indiqués en tête de chaque groupe d'exercices.

mener — amener — emmener

1. Après-demain, je vous —— voir le magasin uniprix.
2. Voulez-vous que je vous —— mon ami?
3. Je vous —— dîner.

béant — bée

4. Un molosse irascible s'avança vers lui, gueule ——.
5. Il en est resté bouche ——.

survivant — survie — survivre — survivance

6. C'est une —— du romantisme.
7. On discute de ses chances de ——.
8. Les —— de la catastrophe aérienne étaient dans un état misérable.
9. Je ne tiens nullement à —— à ma femme.

objectif — objet

10. La construction du tunnel sous la Manche a fait l'—— de leur entretien.
11. Les éclaireurs n'ont pas atteint leur ——.
12. Mon seul —— est de le rendre heureux.

C. Dans les phrases suivantes, indiquez le sens exact du verbe principal.

1. J'*entends* que vous tondiez le gazon dans la matinée.
2. Il *entend* par là un système de représentation.
3. J'*entends* Cindy aboyer et gratter à la porte.
4. Il n'*entend* pas la plaisanterie.
5. Ils ne *s'entendent* plus.
6. Ils ne *s'entendent* pas sur le mode de publicité à employer.
7. Cette expression ne *s'entend* plus guère de nos jours.
8. Il *s'entend* très bien à la mécanique.

9. Grâce aux circonstances atténuantes, ce meurtrier à *échappé* à la chaise électrique.
10. Son nom *m'échappe*.
11. Ce jeune chenapan *s'est* encore *échappé* du pénitencier.
12. Notre ami *réchappe* d'une maladie grave.

D. Étudiez les mots suivants qui se rattachent à la famille du mot **enfant** et formez une courte phrase avec chacun d'eux.

enfance — enfantin — enfantillage
infantile — infantilisme — infanticide

Que signifient les expressions suivantes ?

les petits-enfants	les enfants de chœur
il est bon enfant	il fait l'enfant
un enfant trouvé	les enfants d'Adam
un enfant naturel	un enfant terrible

Faites des phrases très courtes dans lesquelles vous emploierez ces expressions.

E. Différence entre **pire** et **pis**.

pire (adjectif) — plus mauvais; **pis** (adverbe) — plus mal.
Comparez :

Il n'est pire que l'eau qui dort.
Les choses vont de mal en pis.

Étudiez les expressions suivantes et employez-les dans des phrases très courtes.

au pis aller	de pis en pis
tant pis	ce qui est pis
ce qu'il y a de pis	rien de pis
c'est bien pis	

III. STYLISTIQUE

Un monde technique, comme est le nôtre

L'inversion dans une phrase comparative se fait fréquemment pour attirer l'attention sur le verbe, surtout si ce verbe est **être, faire**, ou un verbe déclaratif. Étudiez :

Et d'abord, la méthode, comme dirait mon père.
Passer l'été en France, comme font plusieurs étudiants, est utile et agréable.

vivre dans cette tranche d'histoire ou dans une autre ...

Phrase elliptique. Il faut sous-entendre **cela n'a aucune importance, peu importe, qu'importe** à la suite de la proposition infinitive ou **Il importe peu de** en tête de la phrase.

n'aura pas tant de mépris

Dans une phrase négative seulement, **tant,** adverbe de comparaison équivaut à **autant.** Étudiez :

Je n'ai pas tant (ou je n'ai pas autant) de travail que lui.

Mais on dira : J'ai autant de travail que lui.

Lorsqu'il modifie un verbe, **tant** s'emploie au sens de **tellement** :

Je l'aime tant !

Un nom ou un participe modifié par **tant** est souvent suivi d'une proposition indiquant le résultat ou l'effet d'une action :

Il a tant de plaisir que je ris avec lui.
J'ai tant couru que je n'en peux plus.

Dans chacune de ces phrases, **tellement** peut s'employer à la place de **tant.** (Voir p. 244).

Enfants, nous avons connu...

— *Quand nous étions enfants...* L'ellipse dans une proposition temporelle donne force et concision à la phrase. Étudiez cette phrase classique :

Je t'aimais inconstant, qu'aurais-je fait fidèle ? (Racine)

quelle que soit la couleur de sa peau...

Quel que, quel ... que et leurs dérivés s'emploient en se référant à la qualité indéterminée d'une chose :

Quelle que soit la date de votre retour, je vous attendrai à l'aérogare.
De quel pays qu'il vienne, l'étranger est ici le bienvenu.

Cette forme s'emploie aussi à la troisième personne quand on se réfère à la qualité ou à l'identité d'une personne :

Quel que soit cet homme, qu'il entre !
Mais : Qui que vous soyez, entrez !

(Pour l'emploi et l'orthographe de **quelque ... que** et de **quel ... que** voir pp. 87-88.)

ne peut être vaincu

Phrase négative où **pas** est omis. **Pas** peut être omis avec les verbes **pouvoir, savoir** (non pas dans le sens de « savoir de mémoire »), **oser, cesser** :

Elle ne saurait être accablée de tous ces détails.
Il n'osait dire un mot.
Il ne cesse de se plaindre.

ou si le verbe est suivi d'un mot à valeur indéfinie :

J'ai traversé le bois et je n'ai rencontré âme qui vive.

Sans causer politique

Employé elliptiquement pour *causer de politique* (Comparez avec l'anglais *to talk shop*). **Causer** peut aussi s'employer *absolument* :

Ils causaient dans le corridor.

avec la préposition **avec** :

J'ai causé longuement avec votre mère.

ou avec la préposition **de** :

Ils causaient de leur voyage à Paris.

Causer à est incorrect; on doit dire : **parler à**

elle aura moins tendance à croire

Avoir tendance à forme un groupe verbal équivalant à **tendre à**, d'où il n'y a pas place pour l'article même au cas où l'expression serait modifiée par un adverbe :

Il a trop tendance à être prolixe.
Il a plus tendance à étudier que sa sœur.

tout le reste est barbarie

Omission de l'article parce que **barbarie** a ici le sens de l'adjectif correspondant : ... est **barbare.**

tout en aimant autant

Tout en suivi du gérondif oppose deux actions simultanées. **Tout** n'est pas obligatoire dans le plupart des cas, il ne fait que renforcer l'expression.

je ne crois pas que ma génération pourra

Je ne crois pas est ici la forme négative de **je crois** (= **je refuse de croire**) et n'implique aucun doute. C'est pourquoi l'indicatif est employé dans la subordonnée.

du point de vue matériel

Au point de vue se dit aussi. **Point de vue** étant un nom, il ne peut être suivi d'un nom en apposition mais s'accommode très bien d'un qualificatif : **au point de vue moral** (et non **au point de vue moralité**).

En rendant les hommes égaux

— *Si nous rendions les hommes égaux*. Phrase hypothétique ou conditionnelle rendue ici par le gérondif. (Voir p. 293.)

je préfère gagner ... que de gagner ...

L'expression telle qu'elle est dans le texte n'est pas admise par les puristes qui la remplacent par : ... **plutôt que de gagner** ou qui remplacent le verbe **préférer** par **aimer mieux** :

J'aime mieux gagner ... que de gagner ...

Préférer, contrairement aux verbes de comparaison ordinaires, introduit le deuxième terme de la comparaison par **à** :

Je préfère ceci à cela.
Mais : J'aime mieux ceci que cela.

Que des enfants..., cela me paraît...

Inversion de la principale et de la subordonnée pour mettre en relief cette dernière.

Je ne crois pas qu'il faille

Ici, contrairement à l'emploi étudié plus haut, **je ne crois pas** équivaut à **je doute** et doit donc être suivi d'un subjonctif.

Comparez :

> Je ne crois pas qu'il viendra me voir demain.
> Je ne crois pas qu'il vienne cette semaine.

Comme il a été noté ailleurs (voir p. ooo), dans la conversation d'aujourd'hui, cette distinction est souvent omise et l'emploi du subjonctif après **je ne crois pas** se fait de plus en plus rare. On dira plutôt :

> Je ne crois pas qu'il viendra cette semaine. *ou*
> Je *doute* qu'il vienne cette semaine.

IV. TRADUCTION

Traduisez les phrases suivantes en employant autant que possible des expressions contenues dans l'article de tête et discutées dans les « tournures idiomatiques » :

1. Despite the variety in their opinions, the men of the new generation feel that at this moment an historic era is coming to an end.

2. While they consider themselves pure at heart and sincere, they do not pride themselves on being the very cream of humanity.

3. Their Victorian forbears looked upon the rest of the world as barbarous.

4. But now that the former slaves begin to rise up in revolt, the privileges and powers of the ruling race crumble under our very eyes.

5. In view of these developments, skepticism, even cynicism, have become fashionable in certain groups of young intellectuals.

6. They claim that the new generation perpetuates and aggravates the narrow-minded egoism of the preceding generation.

7. In their opinion, the new generation displays a most appalling indifference toward any problem that does not directly deal with their own trivial pleasures.

8. But others believe that through the struggle between the old and the new generations a better society will emerge, built upon new ideals.

9. They feel that the new western civilization will not hold the rest of the world in contempt.

10. They experience a sense of liberation from the prejudices of the past and make sport of the childish self-complacency of yesteryear.

11. Among these optimists, some envision the future society patterned after the Marxist ideal.

12. There are others who say that the communists have almost defeated the cause of socialism in particular and the interests of the working class in general.

13. These people make a clear distinction between socialism and the Soviet brand of communism whose political techniques they reject.

14. Another group, classifying themselves as being to the « right », would check the trend toward further equalization of social classes.

15. They feel that democracy is a worn-out ideal, doomed to failure.

16. In their opinion, democracy reduces men to machines, degenerate robots, devoid of soul and intellect.

17. The humanists of the classic type among the up and coming generation concentrate on the individual's private world and seek a complete inner harmony.

18. But even the latter abhor the ivory tower and, like the others intend to project their ideals into a new social order.

V. SUJETS DE COMPOSITION LIBRE

En écrivant sa composition, l'étudiant est invité à employer autant que possible les tournures et le vocabulaire de l'article de tête :

A. Exposez brièvement les idées saillantes de la nouvelle génération relatives au futur ordre social.

B. Discutez les idées qui vous ont frappé (ou choqué !) le plus dans l'article de tête et comparez-les à vos propres opinions et idéaux.

C. Choisissez une des questions posées aux hommes de la Nouvelle Vague en France et répondez-y de votre propre point de vue.

VI. GRAMMAIRE

En ou *le*? (employés comme pronoms)

Le pronom **en** remplace la préposition **de** suivie d'un infinitif ou d'un nom. Dans certains cas, cependant, le pronom personnel **le** ou le pronom disjonctif (**lui, elle, eux, elles**) sont de rigueur.

1. En *est employé dans les trois cas suivants :*

a) avec des verbes *transitifs directs* accompagnés d'un complément d'objet direct et suivis d'un infinitif ou d'un nom introduits par la préposition de :

> Je le dispense **de revenir.** — Je l'**en** dispense.
> Je le dispense **de cette corvée.** — Je l'**en** dispense.

b) avec les verbes *pronominaux* suivis d'un infinitif ou d'un nom introduits par la préposition **de,** où le pronom réfléchi fait fonction d'objet direct :

> Je m'excuse **de vous avoir fait attendre.** — Je m'**en** excuse.
> Je m'excuse **de cette erreur.** — Je m'**en** excuse.

c) avec les verbes *transitifs indirects* suivis de la préposition **de** introduisant un objet désignant une chose :

> Je doute **de son succès.** — J'**en** doute.

Lorsque cet objet désigne une personne, le pronom disjonctif s'impose. Comparez :

> Parlez-vous **de cet incident**? Oui, j'**en** parle.
> Parlez-vous **de ses parents**? Oui, je parle **d'eux.**

NOTE : Lorsqu'on se réfère à une personne, il est possible d'employer **en** si le pronom exprime une *idée de quantité.* Étudiez :

> Avez-vous **des amis** dans cette ville? — Oui, j'**en** ai, j'**en** ai **beaucoup,** j'**en** ai **deux.**

2. Le *est employé dans les trois cas suivants :*

a) Avec les verbes *transitifs* accompagnés d'un complément d'objet indirect et suivis d'un infinitif après la préposition **de** :

Je lui ordonne **de partir.** — Je **le** lui ordonne.

b) Avec les verbes *pronominaux* suivis d'un infinitif après **de,** où le pronom réfléchi est objet indirect :

Je me suis permis **de vous téléphoner.** — Je me **le** suis permis.

c) Avec les verbes *transitifs* employés sans complément et suivis d'un infinitif après **de** :

Je regrette **de devoir partir.** — Je **le** regrette.

NOTE : Dans ces trois cas, l'infinitif fait fonction d'objet direct. Comparez :

Convenez-vous **d'y aller** ? — Oui, j'**en** conviens.
Regrettez-vous **d'y aller** ? — Oui, je **le** regrette.

Dans la première phrase, la préposition **de** fait partie intégrante du verbe transitif indirect **convenir de.** Dans la seconde phrase, **de** est requis par la construction infinitive qui suit le verbe transitif direct **regretter.**

Exercices

A. Dans les phrases suivantes, remplacez la construction infinitive par le pronom convenable.

1. Je les ai priés *de passer vous voir.*
2. Il se réjouit *d'avoir une vie très mouvementée.*
3. Elle a peur *de devoir morceler sa propriété.*
4. Je crains *de devoir différer mon voyage.*
5. Il m'a promis *de venir me voir.*
6. Je doute *de pouvoir partir en juin.*
7. Il se plaint *de souffrir de maux de tête continuels.*
8. Je regrette *d'avoir une voix rauque et tonitruante.*
9. Ils se sont excusés *d'être en retard.*
10. Il se défend *d'être snob.*

B. Dans les phrases suivantes, remplacez les tirets par les pronoms convenables.

1. Certes, il a commis une faute, mais ne le —— blâmez pas trop.
2. Je n'ai pas vu ce film et je —— regrette.
3. Il m'a demandé de partir à cinq heures et je —— lui ai permis.
4. Je loue votre intention de taper ces rapports à la machine mais je vous —— dispense.
5. Je tiens à sortir, mais mon frère ne —— a pas envie.
6. Il a encore ses parents, mais il ne dépend plus de ——.
7. A chaque rencontre, je dois écouter ses jérémiades et je finis par me —— lasser.
8. Je vous conseille de prendre quelques jours de congé; je vous —— conseille vivement.
9. De rentrer seules à cette heure indue, ma mère ne nous —— permettra jamais.
10. Je l'attendrai car je —— lui ai promis.
11. Elle était plutôt laide, mais elle a décidé de ne pas se —— préoccuper.
12. Restez ici si vous —— jugez bon.
13. Je leur ai demandé de rester ici et je —— leur demande encore.
14. Je vous remercie d'être venu me voir; je vous —— remercie de tout mon cœur.
15. Quand avez-vous convenu de partir demain? Vous avez dû —— convenir pendant mon absence.
16. Je croyais que vous parliez de Paul, mais je vois qu'il ne s'agit pas de —— mais de son père.
17. Je m'étonne de son succès mais je me —— réjouis.
18. Vous n'aurez pas fini avant moi; je vous —— défie.
19. Ils se voient rarement et ils se —— contentent.
20. Vous alliez jouer au golf? Je ne voudrais pas vous —— empêcher, je reviendrai une autre fois.
21. Comment pouvez-vous avoir oublié cet incident? Moi, je me —— souviens comme s'il avait eu lieu hier.

En ou *dans*?

Quelques aspects importants de ces deux prépositions :

En

1. En marque une certaine durée, et une idée d'indétermination :

> Renan l'avait vu ... en des pages prophétiques.

2. En est ordinairement préféré à **dans** devant l'article indéfini **des**, ce qui évite une allitération plutôt déplaisante :

> Il est pénible de se souvenir des jours heureux en des jours de malheur.

3. En est parfois préféré à **dans** devant un adjectif possessif ou un adjectif démonstratif :

> Perdue en ses pensées, elle ne m'avait pas entendu entrer.
> Je n'ai pas foi en cette méthode.

4. En est obligatoire devant un pronom personnel :

> Je retrouve en lui les traits de son père.

5. Accompagné d'une indication temporelle, **en** répond à la question : *En combien de temps?*

> J'ai fini ce chapitre en trois jours.

6. En s'emploie devant un gérondif :

> En dansant, j'ai cassé mon talon.

7. En peut accompagner un nom exprimant une manière d'agir et se rapportant au sujet de la phrase :

> Il se pose en expert.

8. En s'emploie devant un nom de pays féminin singulier, un continent :

> En France — En Espagne — En Europe — En Océanie

9. En précède un nom employé sans article :

En français — en largeur — en pleurs — en mer

10. En s'emploie devant un adjectif :

En haut — en long et en large

Dans

1. Dans est préféré à **en** devant un article défini :

Renan eut une grande foi dans la science.

2. Dans répond à la question : *quand, à quel moment?*

J'aurai fini ce chapitre dans deux jours.

3. Dans s'emploie devant un nom de pays accompagné d'un déterminatif :

Dans l'Amérique du Nord — Dans l'Italie centrale — Dans les États-Unis d'Amérique.

4. Dans s'emploie devant un nom de ville pour indiquer qu'il s'agit de l'intérieur même de la ville :

Dans Paris — Dans New York

5. Dans indique l'époque, le moment :

Dans l'année — dans le passé

Exercice

Complétez les questions suivantes en employant les prépositions **en** ou **dans.** Puis, répondez aux questions.

1. —— combien de temps un avion à fuselage fait-il le trajet New York-Paris?
2. Avez-vous trouvé des erreurs —— relisant votre travail?
3. Fera-t-il cette conférence —— médecin ou ——— philosophe?
4. —— ce jour de printemps, vous plairait-il de m'accompagner dans les montagnes?

5. La jeunesse vit-elle plutôt —— l'avenir que — le passé?
6. Est-ce —— nageant qu'il s'est blessé?
7. Avez-vous confiance —— moi?
8. Prendrez-vous votre voiture pour rouler —— Paris?
9. Combien de temps séjournerez-vous —— France?
10. Comment appelle-t-on un « freezer » —— bon français?
11. La langue d'oc se parlait-elle —— la France du nord?
12. Ce travail peut-il se faire —— un jour?
13. Quand l'architecture, imitée de l'art grec, fit-elle des progrès —— la Rome antique?
14. —— quoi Renan avait-il foi?
15. Le film que vous avez vu était-il —— noir et blanc?

VOCABULAIRE ANGLAIS-FRANÇAIS

among parmi
appalling effrayant, -e
become, to —— fashionable devenir de bon ton
begin commencer
believe croire
brand, the Soviet —— of communism le communisme type soviétique
built (upon) construit, -e (sur)
class, the working —— la classe ouvrière
classify oneself (as being to the right) se classer ("à droite")
cause *n.*, **almost to defeat the —— of socialism** faillir être les fossoyeurs du socialisme
claim *v.* prétendre
concentrate on *v.* se pencher sur
consider oneself se croire
contempt mépris *m.*
  to hold in —— avoir du —— pour
cream, the very —— of humanity la fine fleur de l'humanité
crumble s'effriter

cynicism cynisme *m.*
deal *v.*, **not to —— directly with** s'écarter de
despite en dépit de, malgré
developments évolution *f. sing.*
devoid of dénué, -e de
display *v.* faire preuve de
distinction, clear —— distinction nette, cloison *f.* étanche
emerge surgir, emerger
end, to come to an —— toucher à sa fin
envision envisager
equalization nivellement *m.*
  further —— un plus grand ——
era période *f.*
even, but —— pourtant
experience *v.* éprouver
eyes, under our very —— à vue d'œil
failure échec *m.*
  doomed to —— voué, -e à l'——
feel sentir, penser, croire
forbears ancêtres *m.pl.*
former ancien, -ne

generation, the new —— la Nouvelle Vague (*néol.*)

the up and coming —— la génération montante, la jeunesse d'aujourd'hui

harmony, complete inner —— un accord complet de soi avec soi-même

ideal, a worn-out —— un idéal désuet

intend (to) avoir l'intention (de)

ivory tower tour *f.* d'ivoire

to abhor the —— avoir en horreur les tours d'ivoire

latter, the —— ces derniers, ces dernières

like *prep.* comme

look *v.*, **to** —— **upon . . . as barbarous** tenir ... pour des barbares

man homme

moment, at this —— de nos jours

narrow-minded borné, -e

new nouv-eau, -elle

now maintenant

but —— **that . . .** —— que . . .

opinion, in their —— à leur avis *m.*

order, a new social —— un nouvel ordre social

others d'autres

past *n.* passé *m.*

pattern (after) *v.* façonner d'après, tailler sur

people, these —— ceux-là, ces gens-là *m.*

perpetuate maintenir, perpétuer, continuer

—— **s and aggravates (égoïsme)** perpetue tout en l'aggravant (l'égoïsme)

pleasure, their own trivial ——s (la satisfaction d') un petit bonheur par le bas

power pouvoir *m.*

preceding précédent, -e

prejudice *n.* préjugé *m.*

pride oneself (on being . . .) se flatter (d'être ...)

problem problème *m.*

project *v.* projeter

pure (at heart) pur, -e

race *n.*, **ruling** —— race dirigeante

reduce réduire

reject rejeter

rest *n.* reste *m.*

revolt *v.*, **to rise up in** —— relever la tête

right, to the —— à droite

robot, degenerate ——s des robots abâtardis

say dire

seek chercher

self-complacency, the childish —— **of yesteryear** le train-train de jadis

sense *n.*, —— **of liberation** sentiment *m.* d'être libéré, -e

slave esclave *mf.*

some quelques-uns

soul âme *f.*

sport, to make —— **of** se moquer de

struggle *n.* lutte *f.*

these (the latter) ceux-ci, celles-ci

through à travers

toward vers

trend, to check the —— arrêter la course

variety variété *f.*

Victorian victorien, -ne

view, in —— **of** vu + *noun*

western occidental, -e

while tout en + *pres. part. of v.*

world monde

the individual's private —— la vie intime de l'homme

yesteryear jadis

young jeune

Vocabulaire
français-anglais

.

The vocabulary includes all words from the reading passage, exercises and explanations which a student using this book might need to look up or like to check. It is expected that he already knows articles, simple pronouns of various kinds, the usual plurals, the relation of tense forms to infinitives of regular verbs, the most common prepositions and conjunctions, as well as days of the week and months of the year. Further excluded from the vocabulary are "true cognates," i.e. words for which only the similar English term could be given as a meaning. However, cognate verbs as well as past participles of irregular verbs have been included. The latter are given in parentheses after the respective infinitives. Idiomatic expressions involving a verb and a noun are listed under the noun; those involving a verb and other parts of speech are listed under the verb; if there is no verb, the expression is given under the other principal part of speech or under the noun, if there is one; where two nouns are involved, the idiom will be found under the first noun.

ABBREVIATIONS

a. adjective	*neg*. negative
adv. adverb	*neol*. neologism
arch. architecture	*num*. numeral
aux. auxiliary	*p.p.* past participle
coll. collective	*pers*. personal
conj. conjunction	*pl*. plural
f. feminine	*pop*. popular
fam. familiar	*poss*. possessive
gram. grammatical	*prep*. preposition
i. intransitive	*pres*. present
ind. indicative	*pron*. pronoun
indef. indefinite	*rel*. relative
inf. infinitive	*s*. substantive (noun)
imper. impersonal	*subj*. subjunctive
int. interjection	*tr*. transitive
interr. interrogative	*usu*. usually
inv. invariable	*v*. verb
ling. linguistic	*v. pr.* reflexive (pronominal) verb
lit. literature	
m. masculine	

A

abaissement, *m.* lowering; — **des prix,** dropping of prices

abandon, *m.* neglect

abandonner, to give up, renounce

abâtardir, to cause to degenerate

abattre: s'— **sur,** to pounce upon

abîme, *m.* abyss, chasm

abîmer, to damage

abolir, to abolish, suppress

abonder, to abound; to be plentiful

abonner, *v.pr.*: **s'**— **à un journal,** to subscribe, become a subscriber, to a paper

abord, *m.* access; *pl.* approaches; *adv. phr.* **d'**—, **tout d'**—, at first, to begin with; **dès l'**—, from the (very) first, from the outset; **au premier** —, **de prime** —, to begin with

abordable, accessible; **vos prix ne sont pas** —**s,** your prices are beyond my purse

aboutir: — **à,** to end at, in; to lead to; to result in; to succeed; to come off

aboyer, to bark

abri, *m.* shelter; **à l'**— **de** sheltered from

abriter, to shelter; to house

abroger, to repeal

abrupto: ex —, abrupt, brusk(ly)

absent, -e, *a.* absent; missing

absenter, *v.pr.*: **s'**—, to absent oneself

absolu, -e, *a.* absolute; hard and fast

absolument absolutely

absorber, to absorb, soak up

abstenir, *v.pr.* **s'**— **de,** to abstain, refrain from

abstention, *f.* abstaining, abstention

abstrait, -e, abstract (idea)

absurde, *a.* absurd, nonsensical

abus, *m.* abuse

académicien, *m.* academician; esp. member of the *Académie française*

académique, academic(al)

accabler, to overpower, crush

accéder (**à**), to have access (to); **on accède à la porte par un escalier,** access to the door is by a flight of steps; — **à un désir,** to accede to, comply with a wish or a request; — **aux honneurs,** to reach a position of honor

accélérateur, *m.* accelerator, gas pedal

accélérer: s'—, to become faster; to accelerate

accent, *m.* accent

accentuer, to stress

acceptable, acceptable; reasonable

accepter, to accept

accessoire, *a.* accessory

accommoder: s'— **de,** to make the best of; to put up with; to be pleased with; **s'**— **à,** to adapt, accommodate, oneself to

accompagner, to accompany

accomplir, to achieve; to carry out

accomplissement, *m.* accomplishment, achievement

accord, *m.* agreement; harmony; **se mettre d'**—, to come to an agreement; **d'**—, agreed! granted! quite so! **en** — **avec,** in harmony, keeping, with; **être d'**—, to be agreed

accorder, to bring into accord; to grant; **s'**—, to agree

accoutrement, *m.* dress, garb; fancy outfit (*fam.*)

accoutumer : s'——— (à), to become, get, accustomed to

accrocher, to hook; to catch; to secure, clinch; **s'——— à,** to cling to

accroissement, *m.* growth, growing; increase

accroître (*p.p.* **accru**), to increase, augment

accueil, *m.* **centre d'———,** rest center

accueillir, to receive, great; to house

accuser, to accuse; to own to, profess; to define, show up, accentuate; **——— réception de,** to acknowledge receipt of something

achalandé, -e : magasin bien ———, shop with a large clientele

achalander, to provide with clientele

acharner, *v.pr.* : **s'——— sur,** to be dead set against (someone); to work unceasingly at (something)

achat, *m.* purchase

acheter, to buy, purchase

achèvement, *m.* completion, conclusion of work

achever, to end, finish (off), complete; **s'———,** to end, to come to an end

achoppement, *m.* stumble; **pierre d'———,** stumbling block

acier, *m.* steel

acquérir (*p.p.* **acquis**), to acquire, obtain, win

acquiescer (**à**), to acquiesce (in); to agree, assent (to)

acte, *m.* act, deed; **——— de volonté,** act of will

ac-teur, -trice, *s.* actor, actress

acti-f, -ve, *a.* active

action, *f.* action, éct; effect; share; stock

activité, *f.* activity

actuel, -le, of the present day

actuellement, *adv.* at the present time

adapter: s'———, to fit; to adapt oneself (to circumstances)

addition, *f.* addition; (in restaurant), bill; **faire l'———,** to sum up

adepte, *m. or f.* adept; *s.* fan

adhésion, *f.* adhesion; joining of

adieu, *adv.* good-bye, farewell; *m. pl.* **faire ses adieux à quelqu'un,** to take one's leave of someone

adjecti-f, -ve adjective

admettre (*p.p.* **admis**) to admit, let in, let (someone) enter; to allow; to accept; to concede; to endure; to pass, get through; to permit; to acknowledge, admit, agree; **admettons,** let us assume, let us grant; **ne pas admettre** (*in negative sentences*) to brook

administrati-f, -ve, administrative

administration, *f.* administration, direction, management

administrer, to administer, manage

admirable, admirable, wonderful

admirer, to admire

adolescent, -e, *s.* adolescent, teenager

adonner, *v. pr.* **s'——— à quelque chose,** to give oneself up to, devote oneself to something; to become addicted to

adopter, to adopt; to take, assume; to pass

adoption, *f.* adoption

adorer, to adore, be passionately fond of

adoucir, to soften; to tone down

adresse, *f.* address; skill adroitness; tact

adresser, to address, direct (packet, letter, etc.); **s'—— à,** to address, speak to

adroit,-e, deft, skilful

adulte, *a. m. & f.* adult, grown-up

advenir, to occur, happen; **advienne que pourra,** come what may

adverbe, *m.* adverb

adversaire, *m.* opponent

aérien, -ne: ligne aérienne airline

aérogare, *f.* airport

affaiblir, to weaken; to lessen, reduce

affaire, *f.* business, concern; question, matter

affecter, to affect, feign, simulate; to affect, move

affecti-f, -ve, affective, emotional

afficher, to display

affirmation, *f.* affirmation; assertion, statement

affirmer, to affirm, assert; **s'——,** to assert oneself

affligeant, -e, distressing

affliger, to afflict; to pain, distress, grieve

affluence, *f.* **heures d'——,** busy hours, rush hours

affluer, (of water), to flow

affre, *f.* (*usu.pl.*) anguish, spasm

affreu-x, -se, hideous, ghastly

affronter, to face, tackle (someone, something); to affront (danger)

afin: —— de + *inf.,* to, in order to, so as to; **—— que** + *subj.,* so that, in order that

agacer, to annoy, irritate; to get on someone's nerves

âge, *m.* age; **dès son jeune ——,** from his early years; **prendre de l'——,** to be getting on in years

âgé, -e, old, aged

agenouiller, *v.pr.* **s'——** to kneel (down); to fall on one's knees

agent, *m.* (**de police**), policeman, police officer

aggraver, to increase, augment

agir, to act; **s'—— de,** *v.impers.* to concern; to be in question; to be the matter

agiter, to agitate; **s'——,** to be agitated, in movement

agneau, *m.* lamb

agonisant, -e, *a.* dying

agraire agrarian

agrandir, to enlarge

agréable, agreeable, pleasant

agrégation, *f.* (**concours d'**) ——, competitive examination conducted by the State for admission to posts on the teaching staff of the Lycées

agrément, *m.* (*usu. pl.*) amenities

agriculture, *f.* farming

ah, *int.* Ah! Oh!

ahurissant, -e, bewildering

aide (l), *f.* help, assistance; **venir en —— à,** to help

aide (2), *m. & f.,* assistant; **——-pharmacienne,** assistant pharmacist; **—— - physicienne,** lab technician

aider, to help, aid

aigu, -ë, sharp

aiguille, *f.* needle; hand (of watch, clock)

ail, *m.* garlic

aile, *f.* wing

ailleurs: d'——, besides

aimable, pleasant; nice

aimer, to like, care for, be fond of; to love; **—— autant,** to like just as well

aîné, -e, *a. & s.* elder

ainsi, thus; so; **s'il en est** ——, if such is the case; —— **que,** as

air (1), *m.* air, atmosphere; **prendre l'**——, to enjoy the fresh air; **en plein** ——, under the open sky

air (2), *m.* air, appearance, look; **avoir l'**——, to look, seem

air (3), *m.* tune, melody

aire, *f.* surface; flat space; floor; area (of field, triangle, building, etc.)

aise, *f.* ease, comfort; **être à l'**——, to be comfortable

aisé, -e, easy

aisément, comfortably, easily

aîtres, *m. pl.* arrangement, ins and outs, of a house

ajouter, to add

alcoolique, *a. & s.* alcoholic

Algérie, *f.* Algeria

alignement, *m.* alignment

allant, *m.* **avoir de l'**——, to have plenty of go, buoyancy, dash

allée, *f.* running about; walk; lane, avenue; path, passage

alléger, to alleviate, relieve

alléguer, to plead; —— **un prétexte,** to advance a pretext

Allemagne, *f.* Germany

allemand, -e, *a. & s.* German

aller, to go; to be going (well, ill); **cela va de soi,** that's understood; that is a matter of course; **s'en** ——, to go away, depart

aller, *m.* going

alliance, *f.* alliance

allié, -e, *a.* allied (nation, etc.)

allumage, *m.* ignition

allumer: s'——, to kindle; to take fire, catch alight

allure, *f.* walk, gait; pace; speed; demeanor; **à vive** ——, at a brisk pace; **rouler à vive** ——, to drive at high speed

allusion, *f.* allusion; **faire** —— **à** to refer to

alors, then; at that time; —— **que,** when; ——**même que,** even when, even though

alpe, *f.* **Les Alpes,** the Alps

alsacien, -ne, *a. & s.* Alsatian

altérer, to change (for the worse)

alternance, *f.* alternation

alternati-f, -ve, *a.* alternate, alternating; *f.* alternative, option

alterner, to alternate

altitude, *f.* height

amabilité, *f.* amiableness, kindness; *pl.* civilities; polite attentions

amant, -e, *s.* lover

ambages, *f. pl.* circumlocution; **sans** ——, to the point, straight out

ambassade, *f.* embassy

ambassadeur, *m.* ambassador

ambiance, *f.* surroundings, environment

ambitieu-x, -se, *a.* ambitious; *s.* ambitious person

ambition, *f.* ambition

âme, *f.* soul; **ne pas rencontrer** —— **qui vive,** not to meet a living soul

amélioration, *f.* improvement, betterment; **apporter des** ——s **à** to effect improvements in

améliorer, s'——, to get better; to improve

aménagement, *m.* arrangement, order

aménager, to arrange

amende, *f.* **faire** —— **honorable,** to make due apology

amener, to bring; to lead (hither); —— **quelqu'un à** (+ *inf.*), to get, lead, bring, induce, someone (to do something); **s'——** (*fam.*) to turn up, to blow in

am-er, -ère, bitter

amèrement, bitterly

américain, -e, *a. & s.* American

Amérique, *f.* America

amertume, *f.* bitterness

ami, -e, *s.* friend; *a.* friendly

amiable, amicable

amical, -e, friendly

amitié, *f.* friendship; **faites. mes ——s à,** remember me kindly to

amour, *m.* love

amouracher: s'—— de, to become enamored of

amoureusement, amorously

amoureu-x, -se, *a.* amorous; *s.* lover, sweetheart

amour-propre, *m.* pride

ampleur, *f.* fullness; volume (of voice)

amputer, to amputate

amusant, -e, amusing

amuser, to amuse, entertain, divert; **s'——,** to amuse, enjoy, oneself

an, *m.* year

analogue, *a.* similar

anarchie, *f.* anarchy

ancien, -ne, *a.* ancient; former, old; *m. pl.* **les ——s,** the ancients

ancrer, to anchor; **idée ancrée dans la tête,** idea deep-rooted in the mind

âne, *m.* ass; donkey

anesthésiste, *m. & f.* anaesthetist

angine, *f.* tonsillitis

anglais, -e, *a. & s.* English; *m.* English (language)

Angleterre, *f.* England

angliciser, to anglicize

anglicisme, *m.* English idiom

anglomane, *m. & f.* anglomaniac

angoissant, -e, alarming, distressing

angoisse, *f.* anguish; distress

animal, *m.* animal

animé, -e, animated, lively

animé, -e, animated, lively

anis, *m.* (*botany*) anise

anneau, *m.* ring

année, *f.* year; —— **d'études,** academic year

anniversaire, *a. & m.* anniversary; **l'—— de quelqu'un,** someone's birthday

annonce, *f.* sign; advertisement; **petites ——s,** classified advertisements

annoncer to announce

annoncia-teur, -trice, *s.* announcer; indicator

annonciation, *f.* annunciation

annuel, -le, annual, yearly

anodin, -e, mild

anormal, -e, abnormal; irregular

antécédent, -e, *a. & m.* antecedent

antique, ancient; pertaining to the ancients

antiquité, *f.* antiquity

antonyme, *m.* antonym

août, *m.* August

apaiser, to appease, pacify, calm

apanage, *m.* attribute, prerogative

apercevoir: s'—— de, to perceive, realize, notice; to become aware, conscious of; **sans s'en ——,** without being aware of it, without noticing it

aplanir, to smooth away (difficulties)

aplomb, *m.* balance

apoplectique, *a., m. & f.* apoplectic

apostrophe, *f.* **mettre en ——,** to accentuate; to emphasize

apparaître, to appear

appareil, *m.* apparatus; appliance; **—— (photographique),** camera

apparence, *f.* appearance; **fausse ——,** false, fallacious, appearance

apparition, *f.* appearance; **faire son ——,** to make one's appearance

appartement, *m.* flat; suite or set of rooms

appartènir à, to belong (to); *v. impers.* **Il lui appartient de...,** it behooves him to...

appel, *m.* appeal; **faire —— à,** to call upon

appeler, to call; to call in, send for; **s'——,** to be called, named

application, *f.* application; diligence, steadiness (in work)

appliqué, -e, studious, diligent

appliquer: s'—— à, to apply oneself to; to work hard at

apporter, to bring

apposition, *f.* apposition

appréciation, *f.* appreciation

apprécier, to appreciate

apprendre, to learn; **—— à faire quelque chose,** to learn (how) to do something; to hear of, come to know of; to teach

apprentissage, *m.* apprenticeship; training; **faire l'—— de,** to learn by experience

approprié, -e, appropriate

approvisionner: s'—— chez quelqu'un, to get one's supplies from someone

approximati-f, -ve approximate

approximativement, approximately

appui, *m.* prop; support

appuyer: s'—— à, to lean (on something); to rely, depend (on someone); **—— sur,** to stress, emphasize

après, *prep.*, after; **—— tout,** after all; **d'——,** according to; *adv.* afterwards, later; **—— que,** after, when

après-demain, *adv.* the day after tomorrow

après-midi, *m. or f.,* afternoon

âpreté, *f.* roughness, harshness; sharpness, bitterness

à-propos, *m.* to the point

apte, fitted, suited, qualified

aptitude, *f.* aptitude, natural disposition

arbitraire, *a.* arbitrary

arborer, to hoist, display

arbre, *m.* tree

arbuste, *m.* bush; arborescent shrub

arceau, *m.* arch

archéologie, *f.* archaeology

archéologue, *m.* archaeologist

architecture, *f.* architecture

architrave, *f.* (*arch.*) architrave

ardemment, ardently

ardeur, *f.* eagerness

ardoise, *f.* slate

argent, *m.* silver; money, cash

argenté, -e, silvery

argument, *m.* argument; reasoning

aristocratie, *f.* aristocracy

aristocratique, aristocratic

arlésien, -ne, *a. & s.* Arlesian; of Arles

arme, *f.* weapon

armée, *f.* army

armer, to equip; **—— de** to arm with

armoire, *f.* cupboard

armoiries, *f.pl.* (coat of) arms

arracher, to root up, uproot

arranger: s'——, to manage, contrive

arrêter, to stop; to fix, seize, decide; s'——, to stop

arrière, *adv.,* (**en**) ——, behind

arrière-plan, *m.* background

arrivée, *f.* arrival

arriver, to arrive; to reach; **en** —— **à,** to be reduced to; to succeed; —— **à,** to manage to; to happen

arriviste, *m. & f.* man, woman, of unscrupulous ambition

arrondissement, *m.* each of the main subdivisions of a department; ward (in Paris)

arroser, to water, sprinkle

art, *m.* art

article, *m.* article; —— **de tête,** lead article

artificiel, -le, artificial

artisanal, -e, pertaining to craftsmanship

artiste, *m. & f.* artist

ascétisme, *m.* asceticism

aspect, *m.* aspect; point of view; **sous certains** ——**s,** from certain points of view

aspiration, *f.* aspiration, yearning

aspirer, to aspirate, breathe (a sound); —— **à,** to aspire to, after

assaut, *m.* assault, attack; **grimper à l'——** (**de**), to storm a position

assèchement, *m.* draining (marsh, etc.)

assécher, to dry

assentiment, *m.* consent

asseoir: faire —— quelqu'un, to ask, beg, someone to be seated; s'——, to sit down

assez, enough, sufficiently; rather, fairly

assis, -e, rested, seated, established; **places assises,** seats

assise, *f.* foundation

assister, to help, assist; —— **à,** to attend (a function)

association, *f.* society

associer, to associate; s'—— **à,** to share in, participate in, join in

assortiment, *m.* assortment; collection

assoupir: s'——, to drop off to sleep

assumer, to take upon oneself (right, responsibility, function, etc.)

assurer, to make steady; to assure; s'——, to make sure

astérisque, *m.* asterisk

astrologie, *f.* astrology

astrologue, *m.* astrologer

atelier, *m.* (work)shop, repair shop

athéisme, *m.* atheism

athlétisme, *m.* track, athletics

atomique, atomic

attacher, to attach; s'—— **à une tâche,** to apply oneself to a task

attaque, *f.* attack

attaquer, to attack; s'—— **à,** to attack, tackle

attarder: s'——, to linger, to tarry

atteindre (*p.p.* **atteint**), to reach, attain

attendre, to wait for; to expect; **en attendant que** + *subj.,* till, until; pending the time when...; s'—— **à,** to expect (something)

attente, *f.* expectation(s), anticipation

attenter: —— **aux jours de quelqu'un,** to make an attempt on someone's life; —— **à ses jours,** to attempt suicide

attenti-f, -ve: examen ——, careful examination

attention, *f.* attention; **attirer l'——,** to catch the eye; to be conspicuous; **faire —— à,** to pay attention to; **Faites ——! Be careful! Attention! Look out!**

atténuant, -e, palliating (circumstance)

atténuation, *f.* softening

atténuer, to diminish, reduce; to tone down; to soften;

attirail, *m.* apparatus; **—— de pêche,** fishing tackle

attirer, to attract

attitude, *f.* attitude, posture

attracti-f, -ve, attractive

attrait, *m.* attraction; attractiveness

attraper, to catch

attribuer, to assign; to attribute, ascribe

attribut, *m.* predicate; **adjectif ——,** predicative adjective

aube, *f.* dawn

auberge, *f.* inn

aucun, -e, *a. & pron.,* anyone; none, not any; **d'——s,** some (people)

aucunement, *(with implied negation)* in any way, at all

audacieu-x, -se, audacious, bold

au-delà, *adv.* beyond

au-dessous, *adv.* below (it)

au-dessus, *adv.* above (it); *prep.* **—— de leurs forces,** too much for them (task, etc.)

auditoire, *m.* audience

augmentation, *f.* increase; rise

augmenter, to increase, augment

augurer, to augur, forecast

aujourd'hui, today

auparavant, before, previously

auprès, *adv.* close by; near; *prep.* **—— de,** close to

auquel, *see* **lequel**

aussi, as (in comparative sentences); also, too; **—— bien que,** as well as; (both) ... and ...

aussitôt, immediately; **—— que,** as soon as

autant, as much; as many, so many; **—— dire,** practically; **d'—— plus que ...,** more especially as ...; **d'—— plus (moins)...que ...,** (all) the more (the less) ... as ...

autarcique, self-sufficient (nations, economies)

autel, *m.* altar

auteur, *m.* author; writer (of book); composer

auto, *f. or m.* automobile; **—— de course,** racing car

autobus, *m.* bus

automne, *m. or f.* autumn, fall

automobile, *f. or m.* **voiture ——,** motor vehicle; car, automobile

automobiliste, *m. & f.* motorist

autonome, autonomous, self-governing

auto-pythie, *f. (humorous),* billows of smoke escaping from motor

autoriser, to authorize

autorité, *f.* authority; **d'——,** forcibly

auto-service, *m.* self-service

autour, *adv.* round; *prep.* **—— de** round, about

autre, *a. & pron.* other; **l'un... l'——..., one ... the other ...; les uns ... les ——s ...,** some ... others ...; **l'un l'——,** each other, one another

autrefois, formerly; in the past

autrement, otherwise; particularly

autrichien, -ne, *a. & s.* Austrian

autrui, *pron.* others; other people
auxiliaire, *a. & m.*, auxiliary (verb)
avaler, to swallow (down)
avance, *f.* advance; —— à l'allumage, ignition advance; advance of the spark
avancer, *v.tr.* to advance, put forward; *v.i.* to move forward; to progress; to get on; to make headway; s'——, to move forward
avant, *prep.* before; —— tout, first of all; *conj.* —— que + *subj.*, before
avantage, *m.* advantage; tirer —— de quelque chose, to turn something to account
avantagé, -e, enjoying advantage
avantageusement, preferably
avantageu-x, -se, advantageous
avant-garde, *f.* vanguard
avant-hier, the day before yesterday
avant-première, *f.* preview
avant-propos, *m.* preface, foreword (to book); après quelques ——, after some preliminary remarks
avare, *a.* miserly; être —— de, to be sparing of
avec, with; in the company of, at, by; owing to; on account of; together with; out of; in spite of; and ... to boot; moreover; —— le jour, at daybreak; at dawn; ——un revolver, carrying a gun
avènement, *m.* advent
avenir, *m.* future
aventure, *f.* adventure
aventurer: s'——, to venture, take risks
avenue, *f.* avenue; carriage drive
avertir, to warn, notify
aveu, *m.* confession
aveuglement, *m.* blinding; (moral, mental) blindness; infatuation

aveuglément, *adv.* blindly
avion, *m.* airplane; —— à fuselage, jet airplane
avis, *m.* opinion; selon (à) mon —— in my opinion; je suis d'——, my impression is; in my opinion; advice; notice; announcement; —— de contravention, traffic ticket
avocat, -e, *s.* barrister
avoir: —— à ..., to have to ...
avouer, to admit; to confess, to acknowledge
avril, *m.* April
axe, *m.* axis
azur, *m.* azure, blue; La Côte d'Azur, the Riviera

B

baie, *f.* bay
baigner: se ——, to take a bath; to bathe
bâiller, to yawn
baisser: se ——, to stoop, bend down
bal, *m.* ball; —— travesti, costumé, fancy-dress ball
balader: se ——, to stroll
balayeu-r, -se, *s.* sweeper
balbutier, to stammer, mumble; to stammer out
balcon, *m.* balcony
balustrade, *f.* railing
balustre, *m. pl.* banisters (of stairs)
banal, -e, common; commonplace, trite
banane, *f.* banana
banc, *m.* bench; —— de sable, de vase, sandbank or shoal; mudbank
bande (1), *f.* band; strip
bande (2), *f.* gang
banlieue, *f.* suburbs; outskirts
banque, *f.* bank

baragouin, *m.* gibberish, jabber

baragouinage, *m.* gibberish

baraque, *f.* hut, shanty

barbare, *m.* barbarian

barbarie, *f.* barbarism

baron, *m.* baron

barrer, to cross

bas, -se, *a.* low; **parler bas,** to speak softly; *adv.* low

bas (1), *m.* lower part; **les hauts et les —— de la vie,** life's ups and downs;

bas (2), *m.* stocking

base, *f.* base

baser, to base, found; **se —— sur,** to found upon, rely on

bât, *m.* packsaddle; **c'est là que le —— le blesse,** that's where the shoe pinches

bataille, *f.* battle

bateau, *m.* boat

bâtiment, *m.* building, edifice

bâton, *m.* stick; **jeter des ——s dans les roues,** to put a spoke in (someone's) wheel; to interfere

battre, to beat, thrash, flog; to beat, defeat; **se ——,** to fight; **se —— en duel,** to fight a duel

bavard, -e, *a.* talkative

bavardage, *m.* chatter(ing), chit-chat

bayonnais, -e, *a. & s.* of Bayonne

béant, -e, open

béat, -e: optimisme ——, complacent, mug, optimism

béatement, complacently, sanctimoniously

beau, bel, -le, fine

beaucoup, much; many

beaujolais, *m.* brand of French wine from the Beaujolais region

beauté, *f.* beauty; loveliness

bébé, *m.* baby

bée, *f. a. (used in)* **bouche ——,** agape

beignet, *m.* fritter

belge, *a. & s.* Belgian

Belgique, *f.* Belgium

belle-famille, *f.* in-laws

belle-mère, *f.* mother-in-law

bénédiction, *f.* blessing, prayer

bénéficier (de), to profit (by)

bénéfique, profitable

bén-in, -igne, mild

besogne, *f.* work; task

besoin, *m.* want, need; **avoir —— de quelque chose,** to need, require, want, something; **être dans le ——,** to be in want, in straitened circumstances

bête, *a.* idiotic; silly

beurre, *m.* butter; **petit ——,** type of French cooky

bévue, *f.* blunder, mistake, slip

bibliomane, *m.* bibliomaniac, book collector

bibliomanie, *f.* bibliomania, book collecting

bibliothèque, *f.* library

biche, *f.* doe

bicyclette, *f.* bicycle

bien, *adv.* well; indeed, really; much, many, a great deal; **c'est fort ——,** that's all very well; **—— du (de la, des)** much, many

bien, *m.* good; possession, property, asset, wealth, goods; **venir à ——,** to come to a successful issue

bien-être, *m. (no pl.,* well-being; comfort

bienfait, *m.* benefit, service

bientôt, soon

bienveillant, -e, kind

bienvenue, -e, *a.* welcome

bifurcation, *f.* fork, branching (of road, tree trunk, etc.)

bifurquer, to branch off

bigourdan, -e, *a. & s.* of Bigorre

bisque, *f.* shellfish soup; bisque

bistro(t), *m.* pub; café, bar

bizarre, peculiar, strange, queer

blafard, -e, pallid, pale

blâmer, to blame; to find fault (with)

blan-c, -che, *a.* white

blasé, -e, "blasé," indifferent

blesser, to wound, hurt; to offend; **se ——,** to injure, wound, oneself

bleu, -e, *m. & a.* (*pl.* **bleus**) blue

bleuter, to give a blue tinge to

blocus, *m.* blockade

bloquer, to block, obstruct

blouson, *m.* sports jacket

bocage, *m.* grove

bœuf, (*pl.* **bœufs**), *m.* ox (oxen)

boire (*p.p.* **bu**), to drink

bois, *m.* wood, forest; **les ——,** the wood-wind instruments

boisson, *f.* beverage, drink

boîte, *f.* box

bon, -ne, *a.* good; **bon marché,** inexpensive; (*fam.*) **ma bonne,** my dear

bonbon, *m.* sweet; candy

bond, *m.* jump, spring

bondé, -e, crammed

bondir, to leap, bound; **il y a de quoi faire ——!** it makes one wild to hear it!

bonheur, *m.* good fortune; happiness; **au petit ——,** in a haphazard manner

bonjour, m. good day, hello

bonne, *f.* maid (servant)

bonnement, *adv.* **tout ——,** simply, plainly; **je lui ai dit tout —— que...,** I just told him that...

bonté, *f.* goodness, kindness

bord, *m.* side; edge; border; shore; bank (of river); seaside

bordeaux, *m.* Bordeaux (wine); **—— rouge,** claret

bordelais, -e, *a. & s.* (native) of Bordeaux

border, to edge

borne, *f.* boundary mark; *pl.* boundaries, limits; **sans ——s,** boundless, unbounded

borné, -e, limited, restricted; narrow-minded

borner: se ——, to restrict oneself; **je me suis borné à...,** I merely, simply ...

bouc, *m.* he-goat; **—— émissaire,** scapegoat

bouche, *f.* mouth

boueu-x, -se, muddy

bouger, to budge, stir, move

boulet, *m.* ball and chain; **un —— à traîner,** a millstone around one's neck

boulevard, *m.* boulevard

bouleverser, to overthrow

bouquet, *m.* bunch of flowers

bourdonner, to buzz, hum

bourgeois, -e, *a. & s.* middle-class, commoner

Bourgogne, *f.* Burgundy; *m.* **vin de ——,** Burgundy (wine)

bourguignon, -ne, *a. & s.* Burgundian

bourse, *f.* stock exchange, money market; **—— d'études,** scholarship

boursi-er, -ère, *s.* holder of a scholarship

bousiller, to bungle

bout, *m.* end; **au —— de la rue,** at the end of the street; **un —— de causette,** a little chat

bouteille, *f.* bottle

boutique, *f.* shop

braise, *f.* live charcoal; cinders of wood

branchage, *m.* (*coll.*) branches

branche, *f.* branch; side (of eyeglass frame)

brandir, to brandish

branle, *m.* oscillation; **mettre en** ——, to set in action, in motion; **se mettre en** ——, to get going

bras, *m.* arm; **manquer de** ——, to be short-handed

brasserie, *f.* beer saloon (often also a restaurant)

brave, *a.* brave, courageous

braver, to brave; to face bravely

brebis, *f.* sheep; —— **galeuse,** black sheep

brèche, *f.* opening; **battre en** ——, to disparage, run someone (something) down

bref, brève, *a.* brief, short; *adv.* briefly, in a word, in short

Brésil, *m.* Brazil

brésilien, -ne, *a. & s.* Brazilian

brièvement, briefly

brièveté, *f.* brevity (of time)

brigue, *f.* intrigue

brin, *m.* bit

brique, *f.* brick

briser, to break

britannique, *a. & s.* British

brocher, to stitch, sew; —— **un travail,** to scamp a piece of work

brochet, *m.* pike

brochette, *f.* skewer; **rognons à la** ——, broiled kidneys

brochure, *f.* booklet, pamphlet

bronzer, to tan

brouillard, *m.* fog

bru, *f.* daughter-in-law

bruit, *m.* noise; din

brûler, *v. tr.* to burn; *v.i.* to burn; to be on fire, alight

brume, *f.* thick fog, haze, mist

brun, -e, *a.* brown

brunir, to become tanned

brusque, abrupt; sudden

brusquement, suddenly

brut, -e, gross

brutal, -e, brutal, rough

budget, *m.* budget

budgétivore, *m.* (*neol.*) budgeteater, parasite

buisson, *m.* bush; **le** —— **ardent,** the burning bush

bull-dozer, *m.* bulldozer

bureau, *m.* office; desk; —— **de(s) poste(s),** post office

buste, *m.* bust

but, *m.* goal, aim, purpose, design

buter: se —— **contre,** to come up against

buveu-r, -se, *s.* drinker

C

ça, *see* **cela**

cacher, to hide; **se** ——, to hide

cadeau, *m.* present, gift

cadre, *m.* frame; setting (of scene); limits, bounds; milieu; **avoir pour** ——, to have as a background; ——**s,** the rank and file; ——**s supérieurs,** the elite

café, *m.* coffee; café

cafeteria, caféterie, *f.* cafeteria

caillebotte, *f.* curds.

caillot, *m.* clot (of blood)

caillou, *m.* pebble

calamité, *f.* calamity, disaster

calcaire, *m.* limestone

calcul, *m.* calculation

calculer, to compute

calice, *m*. chalice; **boire le ——**
(d'amertume), to drain the cup
(of bitterness)

calme, *m*. stillness

calme, *a*. quiet, composed

calomnie, *f*. slander

calorifère, *a*. heat-conveying;
m. (central) heating installation

calquer, to copy closely

camarade, *m*. & *f*. fellow; school-
friend

Cambodge, *m*. Cambodia

caméléon, *m*. chameleon

camion, *m*. wagon, lorry; truck;
motor lorry

camp, *m*. camp; side

campagne, *f*. plain; open country;
country (side); **à la ——,** in the
country; campaign

campement, *m*. camping

camper, to camp; to pitch camp

canadien, -ne, *a*. (carosserie) ——,
station wagon (body)

canal, *m*. canal

canard, *m*. duck

cancer, *m*. cancer; (*astronomy*) **Le
Cancer,** the Crab

candeur, *f*. ingenuousness

candidat, *m*. candidate

canon, *m*. gun, cannon

cantatrice, *f*. (professional) singer

cantique, *m*. canticle, hymn

canton, *m*. canton, district

cap, *m*. **prendre le ——,** to take the
range

capable, capable; **être —— de faire
quelque chose,** to be capable of
doing something; **homme très
——,** very able man

capacité, *f*. capacity; capability

capitaine, *m*. captain

capital, -e, *a*. essential, chief, principal

capital, *m*. assets

capitale, *f*. chief town; capital

capot, *m*. hood

car, *conj*. for, because

car, *m*. car; autocar

caractère, *m*. character; characteristic, feature; nature, disposition;
personality

caractériser, to characterize; se
—— par, to be distinguished (by)

caractéristique, characteristic; typical

carafe, *f*. decanter

caravelle, *f*. caravel

carburant, *m*. motor fuel

carburateur, *m*. carburetor

cardinal, -e, *a*. cardinal; (*ecclesiastical*) *m*. Cardinal

carême, *m*. Lent

caresser, to caress; to cherish

carnivore, *a*. carnivorous

carolopolitain, -e, *a*. & *s*. of
Charlesville

carpe, *f*. carp

carpette, f. rug

carré, -e, *a*. square; **mètre ——,**
square meter

carreau, *m*. small square; **à ——x,**
checked (material)

carrefour, *m*, crossroads; circus

carrer: se ——, to sit looking very
important

carrière (1), *f*. arena; career

carrière (2), *f*. stone pit, quarry

carrosse, *m*. coach

carrosserie canadienne, *f*. station
wagon (body)

carte, *f*. map; —— **à jouer,** playing
card; —— **des vins,** wine list;
manger, dîner, à la ——, to eat,
dine, à la carte

cartésien, -ne, *a.* Cartesian; pertaining to the philosophy of Descartes

carthaginois, -e, *a. & s.* Carthaginian

cartomancienne, *f.* fortuneteller

cas, *m.* case, instance; **en tout ——, dans tous les ——,** in any case, at all events; **le —— échéant,** should the occasion arise; **en —— de,** in case of; **en pareil ——,** in such a case

casino, *m.* casino

casquette, *f.* peaked cap

casse-croûte, *m.inv.* snack

casser, to break; **applaudir à tout ——,** to bring down the house

catastrophe, *f.* catastrophe; disaster; **—— aérienne,** air crash

catégorie, *f.* category

cathédrale, *f.* cathedral

catholique, *a., m. & f.* (Roman) Catholic

cause, *f.* cause; **être —— de,** to be the cause of; reason; **à —— de,** on account of; **être en ——,** to be concerned in (something)

causer, to converse, chat; **—— musique,** to talk music

causette, *f.* little chat; **faire la —— avec,** to have a bit of a chat with

cauteleux, -se, cunning, sly

cavalier, *m.* knight; gentleman; **faire —— seul,** to go one's way

cavali-er, -ère, *a.* offhand

caverne, *f.* cave

ce (cet), cette, *pl.* **ces,** this, that, these, those

céans, *adv.,* **le maître de ——,** the master of the house

ceci, this

cécité, *f.* blindness

céder, to give up, part with, yield; to surrender

cela, that

célèbre, famous

célibataire, *a.* unmarried, single; *m.* bachelor; *f.* spinster

celui, celle, (*pl.*) **ceux, celles,** the one(s)

cénomanien, -ne, Cenomanian (*formed from Cretaceous rock*)

censé, supposed; **je ne suis pas —— le savoir,** I am not supposed to know it

censeur, *m.* censor; censurer, critic

cent, hundred

central, -e, central; principal

centralisation, *f.* centralization

centre, *m.* centre

cependant, *adv.* meanwhile; *conj.* yet, nevertheless

cercle, *m.* circle

cerf, *m.* stag

cerise, *f.* cherry; *m. & a.inv.* cherry-red

certain, -e, *a. & pron.* certain; some

certainement, certainly

certes, *adv.* indeed

certitude, *f.* certainty; **avec la —— (de),** sure (of)

cesse, *f.* **sans ——,** unceasingly

cesser, to cease, leave off, stop

c'est-à-dire, that is; in other words

chacun, -e, *pron.* each, every one; each one; everyone

chagrin, *m.* sorrow; trouble

chagriner, to grieve; to vex

chair, *f.* flesh; **—— de poule,** goose flesh

chaise, *f.* chair; **—— électrique,** (electric) chair

chaise-longue, *f.* lounge chair

chaland, -e, *s.* customer, purchaser

chaleur, *f.* heat, warmth

chaleureu-x, -se, warm; cordial

chaloir, (*used in*) **peu m'en chaut,** I couldn't care less

chambre, *f.* room; —— **à air,** inner tube (of tire)

champ, *m.* field; **sur-le-——,** immediately, on the spot

champenois, -e, *a. & s.* (native) of Champagne

chance, *f.* chance; luck, **avoir de la ——,** to be lucky

chandail, *m.* sweater

change, *m.* exchange

changement, *m.* change

changer, to change; —— **d'idée,** to change one's mind

chanson, *f.* song

chansonni-er, -ère, *s.* song writer

chant, *m.* song; —— **du cygne,** swansong

chanter, to sing

chanteuse, *f.* singer, vocalist

chantier, *m.* shipyard; **mettre en ——,** to lay down; site, depot; —— **(de construction),** building yard

chapeau, *m.* hat

chapelle, *f.* chapel

chapitre, *m.* chapter

chaque, *a.* each

charbon, *m.* coal

charge, *f.* loading, charging; **être à —— à,** to be a burden to

chargé, -e, loaded

chargement, *m.* loading-up

charger, to load

chariot, *m.* (four-wheeled) wagon

charmant, -e, charming, delightful

charme, *m.* charm; attraction, seductiveness

charrier, to transport

chasse, *f.* hunting; **fusil de ——,** sporting gun

chasseu-r, -se, *s.* hunter

chat, -te, *s.* cat

châtain, (*usu. inv. in f.,* occasionally *-aine*) (chestnut) brown

château, *m.* castle; country seat; manor, hall

châtier, to chastise; to chasten

chaud, -e, warm or hot

chauffe-bain, *m.* water heater

chauffe-plat, *m.* chafing dish

chauffer, to warm

chaufferette, *f.* footwarmer (*usu. heated with charcoal*)

chaussée, *f.* road; high road

chaussette, *f.* sock

chauve, *a.* bald

chef, *m.* head; head (of organization); head, chief (of business house)

chef-d'œuvre, *m.* masterpiece

chemin, *m.* way, road; —— **de fer,** railway

chémise, *f.* shirt

chênaie, *f.* oak grove

chenapan, *m.* rogue, scoundrel

chêne, *m.* oak

cher, chère, *a.* dear; *fam.* **mon ——,** my dear fellow

chercher, to look for; to seek; —— **à** (+ *inf.*) to endeavor, attempt, to do something; **venir ——,** to come and get (something, someone)

chercheur, -se, *s.* researcher

chéti-f, -ve, weak, puny, sickly

cheval, *m.* horse; **cheval-vapeur,** horsepower (= 32,549 foot-pounds per minutes), *pl.* **des chevaux-vapeur; une deux chevaux,** a two horsepower automobile, motor car

chevelure, *f.* hair

chevet, *m.* bedside

cheveu, *m.* hair; **les ——x,** the hair; **tiré par les ——x,** far-fetched

chez, *prep.,* among, with; **—— quelqu'un,** at some one's house; **—— nous,** in our region, country

chicaner: se —— avec, to squabble with

chiche, stingy; sparing

chichement, sparingly

chien, -ne, *s.* dog; **—— enragé,** mad dog

chiffonni-er, -ère, *s.* ragman; rag-and-bone man

chiffre, *m.* figure, number

chimère, *f.* chimera

chimiste, *m. & f.* chemist

Chine, *f.* China

chirurgie, *f.* surgery

chocolat, *m.* chocolate

chœur, *m.* chorus, choir; **enfant de ——,** altar boy; chancel

choie, *see* **choyer**

choisir, to choose, select, pick

choix, *m.* choice, selection

chômage, unemployment

choquer, to shock, to offend common sense

chose, *f.* thing; **où en sont les ——s,** how things stand

choyer, (je choie; je choierai) to pet, coddle

chronique, *f.* news, reports

chronologie, *f.* chronology

chute, *f.* fall; **—— d'intensité,** fading

cible, *f.* target; **prendre pour ——,** to use as a target (of scorn, banter, etc.)

ci-dessous, *adv.* hereunder; mentioned below

ci-dessus, *adv.* above

ciel, *(pl.* **cieux),** *m.* sky, **en plein ——,** high up in the sky

cigarette, *f.* cigarette

ciné *(fam.)* *m. see* **cinéma**

ciné-journal, *m.* *(not used in pl.),* newsreel

cinéma, *m.* cinema; motion picture; *(U.S.)* movies; **faire du ——,** to be an actor

cinq, *a. & m.* five

cinquantaine, *f.* (about) fifty

cinquante, fifty

cinquième, *a, m. & f.* fifth

circonstance, *f.* circumstance; instance

circonstanciel, -le, adverbial (complement)

circonvolution, *f.* convolution

circulaire, *a.* circular

circulation, *f.* circulation; traffic; **arrêt de ——,** traffic block

circuler, to circulate, flow; to move about

citadin, *m.* citizen, townsman

citation, *f.* quotation

cité, *f.* city; housing development; **la —— universitaire,** the group of students' dormitories (in Paris)

citer, to quote, cite

citerne, *f.* cistern, tank

citron, *m.* lemon

civilisation, *f.* civilization

clair, *a.* clear; **clair de (la) lune,** moonlight; **il fait ——,** it is day (light); *adv.* plainly, clearly

clan, *m.* clan, clique

claquer, to bang; **(faire) ——,** to slam, bang

classe, *f.* class; division

classement, *m.* classification

classer, to class(ify)

classique, *a.* classic(al)

clavicule, *f.* clavicle; collarbone

clavier, *m.* keyboard (of piano, type-writer)

clé, (clef), *f.* key; —— **de voûte,** keystone, crown (of arch)

cleptomane, *m. & f.* kleptomaniac

clerc, *m.* clerk, cleric, clergyman; learned man; scholar; clerk (in lawyer's office)

clergé, *m.* (the) clergy, priesthood

client, -e, *s.* customer; —— **de passage,** transient guest, occasional customer

clientèle, *f.* practice; customers

climat, *m.* climate

climatisation, *f.* air conditioning

clin d'œil, *m.* wink; **en un —— d'œil,** in the twinkling of an eye

clinique, *f.* hospital for surgical cases

cliquetis, *m.* rattling; pinking (of engine)

clocher, *m.* belfry, bell tower

clochette, *f.* small bell

cloître, *m.* cloister

closerie, *f.* small (enclosed) estate

clownerie, *f.* clownery

cochon, *m.* pig

cœur, *m.* heart; **maladie de ——,** heart disease; **avoir mal au ——,** to feel sick; **en avoir le —— net,** to get to the bottom of it; to clear the matter up; **à —— ouvert,** freely, with open heart; **avoir le —— gros,** to be sad at heart; **si le —— vous en dit,** if you feel like it; **prendre à ——,** to lay, take, to heart; **savoir par ——,** to learn, know by heart; **travailler avec ——,** to work hard; **peser sur le cœur,** to weigh down; **avoir du ——,** to be warm-hearted; **à contre**

——, reluctantly; **de bon ——, de grand ——,** willingly, gladly; **de tout ——,** affectionately; **au —— de la ville,** in the heart of the town; **au —— de l'hiver, de l'été,** in the depth of winter, in the height of summer

cohue, *f.* crowd

coi, -te, quiet

coiffer, to bring order to; to dress up

coiffeu-r, -se, *s.* hairdresser

coiffure, *f.* hairdo; headdress

coin, *m.* corner

col, *m.* collar

colère, *f.* anger; **se mettre en ——,** to fly into a passion; to lose one's temper

collaboration, *f.* collaboration

collant, -e, tight

collection, *f.* collection

collectivité, *f.* collectivity; community

collège, *m.* school

collègue, *m. & f.* colleague

coller, to paste, stick, glue

colleter: se ——, to come to grips

colloque, *m.* colloquy, conversation, colloquium

colonial, -e, *a. & s.* colonial

colonie, *f.* colony

colonnade, *f.* colonnade

colonne, *f.* column, pillar

combattant, *m.* fighting man; **anciens ——s,** ex-service men, veterans

combat(t)i-f, -ve, combative

combien, how (much) ! how much ? how far from ? how many ?

combiner, to combine; to arrange

comble, *m.* ça, c'est le ——! that beats all !

combler, to fill (up); **train comblé de matelots,** train crowded with sailors; —— **de bienfaits,** to heap kindness on; —— **les désirs de,** to gratify (someone's) wishes to the full

combustion, *f.* combustion, burning

commandement, *m.* command, order; **les dix Commandements,** the ten Commandments

commander, to command, order; to control, operate

comme, *adv.* as, like; *exclamation* how

comme, *conj.* as

commencement, *m.* beginning

commencer, to begin; —— **à** (+ *inf.*) to begin to

comment, *interr. adv.,* how

commentaire, *m.* commentary

commenta-teur, -trice, *s.* commentator

commerçant, -e, *s.* merchant, tradesman

commerce, *m.* trade, business

commercial, -e, trading, commercial

commettre, to commit, perpetrate; —— **une erreur,** to make a mistake, a slip

commissaire-priseur, *m.* appraiser, valuer; auctioneer

commode, *a.* convenient, suitable

commodo, *m.* switch for the headlights

commun, -e, (à) a. common (to)

communauté, *f.* community; —— **de biens,** everything in common

commune, *f.* free town; *French administration:* commune (smaller territorial division)

communicant, -e, communicating

communicati-f, -ve, catching

communication, *f.* communication; connection; **mettre en ——,** to connect up

communiquer, to communicate

communisme, *m.* communism

communiste, *a., m. & f.* communist

compagnie, *f.* company

comparaison, *f.* comparison; **en —— avec,** in, by comparison with

comparati-f, -ve, *a. & m.* comparative

comparer (à, avec), to compare (to, with)

compas, *m.* **avoir le —— dans l'œil,** to have an accurate eye

compatir, to sympathize with

compétent, -e, competent

complaire, to please, humor (someone)

complément, *m.* object (of verb, of preposition)

compl-et, -ète, complete; **au ——,** complete, full

complètement, completely

compléter, to complete; to make up

complexe, *a.* complicated; intricate (problem); *m.* complex

complexité, *f.* complexity

complice, *a., m. & f.* accomplice

compliment, *m.* compliment; congratulation

complimenter, to congratulate

compliqué, -e intricate

comporter, to call for, require, demand; to comprise, be attended with, involve, entail; to be incidental to, attaching to; **se ——,** to behave; **façon de se ——,** behavior

composé, -e, *a.* compound; **temps composé,** compound tense, *m.* compound

composer, to compose; to make up; **se — de,** to be composed, consist of

composi-teur, trice, *s.* composer

composition, *f.* essay

compréhension, *f.* understanding; apprehension

comprendre, to comprise, include; **y compris...,** including...; to understand, comprehend

compte, *m.* account; **tenir — de, to take into account,** into consideration; **se rendre — de,** to realize, understand; **— rendu,** report

compter, to count; to have a certain importance; **— sur,** to reckon, count, rely, (up)on

comte, *m.* count

concéder, to concede, grant, allow

concentration, *f.* concentration

concentrationnaire, (*néol.*) pertaining to mass camping

concentré, -e, concentrated

concentrer: se —, to concentrate, centre

conception, *f.* conception, idea

concernant, concerning, with regard to

concerner, to concern, affect; **en ce qui concerne...,** concerning...; with regard to...

concert, *m.* musical entertainment

concessionnaire, *a.* concessionary

concevoir (*p.p.* **conçu**), to conceive; to imagine, understand

concision, *f.* brevity

conclure, to conclude; to infer

conclusion, *f.* conclusion

concordance, *f.* concordance; agreement; sequence

concourir, to converge; **— avec,** to cooperate with

concours, *m.* competition; race; tournament; examination

concr-et-, -ète, concrete

concurrence, *f.* competition

concurrentiel, -le, competitive

condamner, to condemn

condenser, to condense

condescendance, *f.* condescension

condisciple, *m.* fellow student

condition, *f.* condition; **à cette —,** on these terms; **à — que** + *subj.,* on condition that ...

conditionnel, -le, *a.* conditional; *m.* conditional mood

conduc-teur, -trice, *s.* driver

conduire, to conduct, escort; to lead; to drive; **se —,** to behave

conduite, *f.* direction, management; conduct, behavior

confection, *f.* ready-made suit or gown

conférence, *f.* lecture

conférer: — le grade (de), to confer the degree (of)

confesser, to confess

confiance, *f.* confidence; trust; **perdre — en,** to lose trust in; **avec —,** confidently

confier: — quelque chose à quelqu'un, to tell someone something in confidence

configuration, *f.* configuration, outline

conflit, *m.* conflict, struggle; clash

confondre, to mistake, confuse

conformation, *f.* conformation

conforme (**à**), according (to)

conformément, accordingly

confort, *m.* comfort

confortable, comfortable

confusion, *f.* confusion

congé, m. leave, permission; **prendre —— de,** to take leave of; **jour de ——,** day off; **—— payé,** holidays, vacation with pay

congélateur, *m.* deep freeze

congrès, *m.* congress; convention

conjonction, *f.* conjunction

conjuguer, to conjugate

connaissance, *f.* acquaintance, knowledge; **faire la —— de,** to make (someone's) acquaintance

connaître, to know; **je lui connais quelque chose,** I know that he has something; **se ——,** to know each other; **se —— à, en,** to know all about, be a good judge of (something); **il s'y connaît,** he is an expert; **je ne m'y connais plus,** I am all adrift, all at sea

connu, -e, known

conquérant, -e, *s.* conqueror

conquérir (*p.p.* **conquis**), to conquer; to win (over)

consacrer, to dedicate, devote; **se —— à,** to devote oneself to

conscience, *f.* conscience; conscientiousness; **avec ——,** consciously; **avoir —— de,** to be conscious, aware, of

conseil, *m.* counsel; advice; council, committee, board

conseiller, *v. tr.* to advise, counsel

consentir, to consent, agree; **—— à (faire quelque chose),** to consent to (do something)

conséquence, *f.* conséquence

conséquent, -e, consistent; *adv.* **par conséquent,** consequently, accordingly

conservatoire, *m.* School of Arts and Crafts; school, academy (of music, of dramatic art), conservatory

conserver, to preserve; to keep, retain

considérable, large, extensive

considérablement, considerably

considération, *f.* consideration; **prendre en ——,** to take into consideration, into account; reason, motive

considérer, to consider; to regard, deem

consistant, -e, firm, solid

consister, (en, dans), to consist, to be composed, (of)

consomma-teur, -trice, *s.* consumer (of products)

consommer, to consummate, accomplish; to consume (food)

consonne, *f.* consonant

constamment, constantly

constant, -e, *a.* constant; *f.* constant

constater, to establish, ascertain

constellation, *f.* constellation

consterner, to dismay

constituer, to constitute; to form

construire (*p.p.* **construit**), to construct; to build

contact, *m.* contact, touch; friendship; **prendre —— avec,** to get into touch with, to contact

contaminer, to contaminate

conte, *m.* story, tale

contempler, to contemplate, view

contemporain, -e, *a.* contemporary

contenir, to contain

content, -e, pleased; glad

contenter: se —— de, to be content, satisfied, with

contenu, *m.* contents

conter, to tell, relate (story, etc.)

conteste, *f.* **sans ——,** unquestionably

contexte, *m.* context

continent, *m.* continent; mainland

continental, -e, continental

contingent, *m.* contingent

continuel, -le, continual, unceasing

continuellement, continually

continuer, to continue; **—— à faire quelque chose,** continue to do something

continuité, *f.* continuity

contraire, *a.* contrary, opposite; *m.* **au ——,** on the contrary

contravention, *f.* minor offense

contre, *prep.* against; *m.* **par ——,** on the other hand

contredire, to contradict; to gainsay

contre-sens, *m.* misinterpretation; mistranslation (of passage, etc.); **faire un ——,** to misunderstand passage; wrong way; **prendre le —— de la marée,** to go against the tide; **à ——,** in the wrong sense, way, direction; **autos qui défilent à ——,** cars passing in opposite directions; **à —— de,** in the contrary direction to

contretemps: à ——, inopportunely

contribuable, *m. & f.* taxpayer

contribuer, to contribute

contribution, *f.* tax or rate; **——s directes,** direct taxation

contrôler, to inspect, supervise; to check, audit (accounts); to check (tickets); to hold (someone) in check

convaincant, -e, convincing

convaincre (*p.p.* **convaincu**) (**de**), to convince (of)

convenable, suitable; proper

convenir, to suit, fit; **—— à,** to suit, to be suitable to; **si cela vous convient,** if that is agreeable to you; *impers.* **il convient de,** it is fitting, advisable to; **—— de,** to agree on

conversation, *f.* conversation, talk

convertir, to convert

conviction, *f.* conviction; firm belief

convulsion, *f.* convulsion

coopération, *f.* cooperation

coordonner, to coordinate

copain, *m.* chum, pal

coquille, *f.* shell (of snail, oyster); **rentrer dans sa ——,** to retire into one's shell

corbeau, *m.* crow

cordial, -e, .a., cordial, hearty

cordon, *m.* cord, string; ribbon, decoration; row, line

corps, *m.* body; **prendre ——,** to take, assume, shape

correct, -e, correct; accurate

correspondant, -e, *a.* corresponding; *s.* correspondent

correspondre (**à**), to correspond (to)

corrida, *f.* (Spanish) bullfight; jockeying for position on the highway

corridor, *m.* corridor

corriger, to correct

corvée, *f.* irksome task; piece of drudgery

côte, *f.* coast, shore; **—— à ——,** side by side; slope (of hill); **à mi-——,** half-way up

côté, *m.* side; **de mon ——,** for my part; **mettre de l'argent de ——,** to put, set, money by; **à —— de,** by the side of; next to; beside; **aux ——s de,** by the side of; by someone's bedside

coter, to assess

cotiser: se ——, to club together (in order to raise money)

cou, *m.* neck

couche, *f.* bed

coucher, to put to bed; to set; **se ——,** to go to bed; **le soleil se couche,** the sun sets

coucher, *m.* **au —— du soleil,** at sunset, at sundown

coude, *m.* elbow

coudée, *f.* cubit; *pl.* **avoir ses ——s franches,** to have elbowroom

coudoyer, to rub shoulders, rub elbows, with

coudre (*p.p.* **cousu**), to sew

couler, to run; to flow

couleur, *f.* color

couloir, *m.* passage (way)

coup, *m.* knock, blow; **—— de téléphone,** telephone call; **—— de foudre,** love at first sight; **à —— sûr,** assuredly, on a sure thing; **—— de grâce,** last blow, finishing stroke; **porter un —— à,** to strike a blow at, **rouer quelqu'un de ——s,** to beat someone black and blue; **tout à ——,** suddenly, all of a sudden

coupable, *a.* guilty (person)

coupe (1), *f.* cup; (gold or silver) cup

coupe (2), *f.* cutting (of hay, etc.) cutting out (of garment); **—— de cheveux,** haircut; cut (of a coat); section; **—— transversale,** cross section; (*cards*) cut, cutting

couper, to cut; **—— les cheveux à,** to cut, clip someone's hair; to cross, intersect; **—— au court,** to take a short cut; to switch off; **se —— en quatre pour faire quelque chose,** to go all out to do something

couple (1), *m.* pair, couple

couple (2), *f.* two, couple

courage, *m.* courage

couramment, *adv.* **—— employé,** in current use

courant, -e, *a.* current; fashionable; *m.* current, stream; **suivre le ——,** to drift along; **—— d'air,** draught; **être au —— de,** to know all about

cour-eur, -euse, *s.* runner; racer (on bicycle, etc.)

courir (*p.p.* **couru**), to run; to whirl

couronne, *f.* crown

courroucé, -e, angry

cours, *m.* course; flow; **—— d'eau,** river, watercourse, stream; **donner libre —— à,** to give free rein to; **suivre son ——,** to run its course; **en —— de route,** on the way; **au —— de,** during; **voyage de long ——,** ocean voyage; **avoir ——,** to be legal tender; quotation, price; **—— du marché,** market price; **—— du change,** rate of exchange; course (lectures); class; mall

course, *f.* run; race; **—— de vitesse,** sprint; **dominer une ——,** to be at the head of a race

court, -e, *a.* short

courtois, -e, courteous, polite

cousin, -e, *s.* cousin; **—— germain,** first cousin

coût, *m.* cost

couteau, *m.* knife

coutelas, *m.* cutlass

coûter, to cost; **—— cher,** to be expensive; **coûte que coûte,** at all costs; **il lui en coûte,** it is an effort to him

coûteu-x, -se, costly, expensive

coutil, *m.* drill, twill; jean

coutume, *f.* custom, habit

couture, *f.* sewing, needlework

couturi-er, -ère, *s.* dressmaker; seamstress

couvée, *f.* brood, hatch(ing) (of chicks)

couvent, *m.* convent

couver, to hatch, concoct (a plot), make plans, etc.; —— **des yeux,** to gaze intently, look fondly at

couverture, *f.* cover (of book); jacket

couvrir, to cover

crabe, *m.* crab

craie, *f.* chalk

craindre (*p.p.* **craint**); to fear, dread; to be afraid of

crainte, *f.* fear; dread; **de —— de,** for fear of

cravate, *f.* (neck)tie

création, *f.* creation, creating; founding, establishment

créer, to create; to cause

crème, *f.* cream; —— **glacée,** ice-cream; —— **de démaquillage,** cold cream

crêpe, *f.* pancake; *m.* (*fabric*) crepe; —— **de Chine,** crêpe of China, silk crepe

crépuscule, *m.* twilight, dusk

crétin, *m.* (*fam.*) hopeless ass

crevaison, *f.* puncture; blowout (tire)

crevette, *f.* shrimp

cri, *m.* cry; shout; **pousser des ——s,** to shout out

crier, to cry; to call out, cry out; to shout an order

crise, *f.* crisis; slump (in business); **la —— du logement,** the housing shortage

crisper: se —— sur, to withdraw in a spirit of offended pride

crisser, to give a grinding, rasping sound

critère, *m.* criterion, test

critique, *a.* critical; crucial; *m.* critic

critique, *f.* criticism ·

crocodile, *m.* crocodile

croire (*p.p.* **cru**), to believe; —— **à,** to believe in

croiser, to cross; to meet; to pass, (someone)

croissant, -e, *a.* growing

croit, *see* **croire**

croît, *see* **croître**

croître (*p.p.* **crû**), to grow, increase

croix, *f.* cross; **Croix de Malte,** Maltese cross

croûte, *f.* crust (of bread, pie); rind (of cheese)

croyant, -e, *s.* believer

cru, -e, *a.* raw

cru, *m.* locality in which vines are grown

cru, *see* **croire**

crû, *see* **croître**

cruche, *f.* pitcher, jug

crue, *f.* rising, swelling; flood

cubital, -e, cubital (muscle)

cubitus, *m.* cubitus, ulna

cueillir, to gather, pick, pluck (flowers, fruit)

cuir, *m.* leather

cuisine, *f.* kitchen; (art of) cooking

cuisse, *f.* thigh; **se croire sorti de la —— de Jupiter,** to think that one is little Jesus

culinaire, culinary

culotte, *f.* breeches; shorts

culture, *f.* fields, land, under cultivation

culturel, -le, cultural
curé, *m.* parish priest
curiosité, *f.* curiosity; **les ——s (de)** the sights (of)
cyanure, *m.* cyanide
cyclone, *m.* cyclone
cynisme, *m.* cynicism

D

daigner, to deign, condescend
dais, *m.* canopy; dais
dame, *f.* lady
dame, *int.* why, yes !
dandinement, *m.* waddle, twisting
dandiner: se ——, to waddle
danger, *m.* danger, peril
dangereu-x, -se, dangerous
dans, in
danser, to dance
date, *f.* date
dater (de), to date (from)
davantage, *adv.* more
débarquer, to disembark
débarrasser: —— quelqu'un de quelque chose, to relieve someone of something; **se —— de,** to get rid of
débat, *m.* discussion; debate
débattre (*p.p.* **débattu**)**,** to debate, discuss
débit, *m.* delivery; flow
débiter, to pronounce, recite
déblayer, to clear away
déboiser, to deforest
débordement, *m.* outflanking (of enemy)
débouché, *m.* opening; chance of success
déboucher (1)**,** *v.tr.* to uncork
déboucher (2)**,** *v.i.* to emerge

débraillé, -e, untidy; **tenue ——e,** untidy (casual) appearance
débrouiller: se ——, to manage
début, *m.* beginning, start, outset
décade, *f.* decade, ten years; period of ten days, years
décadence, *f.* decadence, decline
décaler, to set off, stagger, displace, alter the time
décapiter, to decapitate, behead
décapotable, *f.* convertible (car)
déceler, to disclose, divulge
décembre, *m.* December
décerner, to award (a prize)
décevoir, to disappoint
déchausser, to take off shoes
déchirer, to tear
décider, to decide; **—— quelqu'un à** + *inf.*, to persuade, induce, someone to do something; **—— de,** to decide, determine; **se —— à** (+ *inf.*)**,** to make up one's mind (somewhat reluctantly) to
décision, *f.* decision; **prendre une ——,** to reach a decision, to make up one's mind
déclarati-f, -ve, *a.* declarative
déclaration, *f.* announcement, declaration
déclarer, to declare, announce
déconcertant, -e, disconcerting
décongestionner, to clear
décorateur, *m.* (house) decorator
décorer, to decorate, ornament
découdre (*p.p.* **décousu**)**,** to unstitch
découler (de), to be derived, proceed, follow (from)
décourager, to discourage; **se ——,** to become discouraged, disheartened
découverte, *f.* discovery; **aller à la —— de,** to explore

découvrir (*p.p.* **découvert**), to discover

décret, *m.* decree

décréter, to decree

décrire, to describe

décupler, to decuple, increase tenfold

dédaigner, to despise, disdain

dédaigneusement, scornfully

dédaigneu-x, -se, scornful

dédain, *m.* disdain, scorn

déduire (*p.p.* **déduit**), to deduce, infer; to deduct

défaite, *f.* defeat

défaut, *m.* default, absence; **faire ——,** to be absent, wanting; fault, shortcoming; **—— de caractère,** failing, shortcoming

défavorable, unfavorable

défectueu-x, -se, defective, faulty

défendre, to defend, uphold (opinion, right); to protect, guard

défense, *f.* defense

défenseur, *m.* supporter

défier, to challenge; **—— quelqu'un de** (+ *inf.*), to defy someone to do something

défigurer, to disfigure

défilé, *m.* parade; procession

défini, -e, definite; clearly defined

définir, to define

définiti-f, -ve, final

défrayer: —— la conversation, to be the life of; to provide a topic of conversation

défunt, -e, *a. & s.* defunct, deceased

dégager, to emit, give off; **se ——,** to free oneself; to emerge

dégraisser, to skim the fat off

degré, *m.* degree; level

dégringoler, to tumble down; to come clattering down; to shoot down (bird)

déguiser: se ——, to disguise oneself

déguster, to sip

dehors, *adv.* outside

déjà, already

déjeuner, *v.* to breakfast; to lunch, take, have lunch

déjeuner, *m.* breakfast; **petit ——,** breakfast; coffee with rolls, etc.; lunch, luncheon; **—— à la fourchette,** substantial lunch

delà: au —— de, beyond

délai, *m.* delay, short notice; **dans le plus bref ——,** as soon as possible; **à bref ——,** soon

délibéré, -e: agir de propos ——, to act deliberately, of malice prepense, aforethought

délicat, -e, delicate; dainty (dish)

délicatement, delicately

délicieu-x, -se, delicious; delightful, very agreeable

délit, *m.* misdemeanor, offense

delta, *m.* delta

demain, *adv. & m.* tomorrow

demande, *f.* request, petition

demander, to ask; to require; **je me demande,** I wonder

démaquillage, *m.* **crème de ——,** cleansing cream

démarrage, *m.* start

démarrer, to start, move off (in a car, etc.)

déménager, to move

demeure, *f.* residence, dwelling place

demeurer, to remain

demi, *a.* half

demi-tour, *m.* half-turn; **faire ——,** to turn back

démocratie, *f.* democracy

démonstrati-f, -ve, demonstrative

démonstration, *f.* proof

démonter, to dismount

dénoter, to denote, show

dense, thick

dent, *f.* tooth; **parler entre ses ——s,** to mumble; prong (of fork)

dentelle, *f.* lace

dénué, -e, without; devoid of

départ, *m.* departure

dépasser, to pass, go beyond; to overtake; to outdo; to exceed

dépayser, to remove from one's usual surroundings

dépêcher: se ——, to hasten, hurry, hurry up

dépendre (de), to depend (on)

dépens, *m.pl.* **aux —— de,** at the expense of; to the detriment of

dépense, *f.* expenditure, expense; **faire de folles ——s,** to spend money extravagantly

dépenser, to spend (money), to spend, consume

dépensi-er, -ère, *a.* extravagant; *s.* spendthrift

dépérir, to waste away, decline

dépeupler, to depopulate

dépit, *m.* spite; **en —— de,** in spite of, despite

déplacement, *m.* travelling; **frais de ——,** travelling or moving expenses

déplacer, to displace, transfer

déplaire, to displease, offend

déplaisir, *m.* **faire du ——,** to displease

déplorer, to deplore

déployer: se ——, to unfurl, spread

dépolir, to frost

déposer, to deposit, set down; to leave

déposséder de, to dispossess of; to oust from; to deprive of

dépourvu, -e, *a.* destitute, bereft

déprimer, to depress

depuis, *prep.* since, for

déraciner, to uproot

déranger, to disturb

déraper, to skid, sideslip

dérivé, -e, *a.* derived; *m.* derivative

dériver (de), to be derived (from)

derni-er, -ère, *a.* last; *m.* the latter

dernièrement, lately

déroger à, to depart (from)

déroulement, *m.* unfolding

dérouler, to unfold; **se ——: les événements qui se déroulent (à),** the events that are taking place (in)

derrière, *prep.* behind

dès, *prep.* from; as early as; **—— l'abord,** from the outset; from the (very) first; **—— maintenant, —— à présent,** already, henceforth; *conj.* **—— que** + *ind.* as soon as; *adv.* **—— lors,** from that time onwards

désabuser, to disillusion

désaffecter, to put to another purpose

désapprendre, to forget (what one has learned)

désassocier, to disassociate, dissociate; **se —— de,** to sever one's connection with

descendre, to come down; to alight (from carriage); to get off; **—— à un hôtel,** to put up at a hotel

descente, *f.* coming down

description, *f.* description

désemparé, -e, *a.* **être tout ——,** to be all at sea

désengorger, to clear

désespérant, -e, heartbreaking

désespéré, -e, *a,* desperate

désespérer, to drive to despair

désigner, to designate, indicate

désintégrer, to disintegrate; to split (atom)

désintéressé, -e, unbiased (advice, etc.); unselfish

désinvolte, easy; detached, unembarrassed, unselfconscious

désir, *m.* desire; wish

désirable, desirable

désirer, to desire, want; to wish

désobéir à, to disobey

désopilant, -e, screamingly funny

désordonné, -e, disordered (ranks, etc.)

désormais, from now on

désosser, to bone

despotique, despotic

dessein, *m.* purpose; **à ——,** on purpose, intentionally

dessert, *m.* dessert

dessin, *m.* (art of) drawing

dessiner, to draw, sketch; to show, delineate, outline

dessous, below

dessus, above

destiner, to mean for; **se —— à,** to intend to take (something) up

désunir, to.divide, disjoin

détacher: se ——, to stand out

détail, *m.* detail

détendre: se ——, to become slack; to slacken, relax

détendu, -e, slack

détenir, to hold, be in possession of; **—— le record,** to hold the record

déterminati-f, -ve, *a. & m.* determinative

détermination, *f.* determination

déterminer, to determine

détour, *m.* deviation, **sans ——,** straightforward

détourner: se ——, to turn aside

détresse, *f.* distress; grief

détruire (*p.p.* **détruit**), to overthrow (empire); to destroy

deux, two; **tous (les) ——,** both

deuxième, *a., m. & f.* second

dévaler, to descend, go down; to rush down

devant, before, in front of

développer, to develop; **se ——,** to spread out; to develop

devenir, to become

déverser, to pour

deviner, to guess

devise, *f.* motto

devoir, *v.* must; to owe; **devant s'accomplir,** about to be carried out

devoir, *m.* duty; exercise

diamètre, *m.* diameter

dicter, to dictate

dicton, *m.* maxim

dieu, *m.* God; **—— merci!** Thank heaven !

différence, *f.* différence

différencier (de), to differentiate (from)

différend, *m.* difference, dispute, disagreement

différent, -e, different, various

différentiel, -le, discriminating

différer, to defer, postpone; to differ

difficile, difficult

difficilement, with difficulty

difficulté, *f.* difficulty

difficultueu-x, -se, difficult to please, fussy

digne, deserving, worthy

dignité, *f.* dignity

dilapidation, *f.* wasting, squandering

dilapider, to waste, squander

dilater, to dilate

dimanche, *m.* Sunday

dimension, *f.* dimension, size

diminuer, to lessen, diminish

dîner, *v.* to dine

dîner, *m.* dinner

diplomate, *m.* diplomat

diplomatie, *f.* diplomacy; diplomatic service

diplomatique, diplomatic

diplomatiquement, diplomatically

diplôme, *m.* diploma

diplômé, -e, certificated

diplômer (quelqu'un), to grant a diploma to

dire (*p.p.* **dit**), to say, tell; **qu'en dira-t-on?** What will people say? **Vous m'en direz des nouvelles,** you will be astounded what might come of it; **pour ainsi ——,** so to speak; **vouloir ——,** to mean

direct, -e, *a.* **complément ——,** direct object

directement, directly

direc-teur, -trice, *s.* director, directress; manager, manageress

directives, *f.pl.* directives, rules of conduct; general lines

direction, *f.* guidance; management, control; direction (of engine); way

dirigeant, -e, directing, guiding

diriger, to manage

discernement, *m.* discrimination

discerner, to discern, distinguish

disciple, *m.* disciple, follower

discipline, *f.* scourge, discipline; order; academic subject; *pl.* faculties

discordance, *f.* dissonance

discothèque, *f.* record library

discours, *m.* talk; speech, address; diction, language; **—— indirect,** reported speech, indirect discourse

discrétion, *f.* **à ——,** at discretion

disculper: se —— de, to exculpate oneself from; to clear oneself of

discussion, *f.* discussion, debate

discuter, to discuss, debate; to talk the matter over

disjoncti-f, -ve, disjunctive

dislocation, *f.* dislocation, dismemberment

disparaître (*p.p.* **disparu**), to vanish

disparition, *f.* disappearance

dispendieu-x, -se, expensive, costly

dispenser (de), to dispense, exempt, excuse (from)

disperser, to spread

disponible, *a.* available

disposer, to arrange; to lay out; **—— de,** to have at one's disposal

dispositif, *m.* device; enacting terms

disposition, *f.* disposition; state (of mind); disposal; **mettre à la —— de,** to place at someone's disposal

disque, *m.* record

dissimuler, to dissemble, dissimulate

dissipation, *f.* wasting; squandering

dissiper, to waste, squander

dissocier, to dissociate

dissuader (de), to dissuade (from)

distance, *f.* distance

distinct, -e, distinct, clear

distinction, *f.* **faire une —— entre deux choses,** to make a distinction, discriminate, distinguish, between two things; **de ——,** distinguished

distinguer, to distinguish; **se —— des autres,** to be distinguishable, marked off, from others

distraction, *f.* diversion, amusement

distribuer, to distribute, give out; —— **les cartes,** to deal out the cards

distributeur, *m.* fuel pump

divers, -e, changing; *pl.* diverse, various

diversité, *f.* diversity

divertir, to divert, entertain, amuse

divertissement, *m.* diversion; entertainment

diviser, to divide

dix, *a. & m.* ten

dix-huit, eighteen

dix-huitième, eighteenth

dix-neuf, nineteen

dix-sept, seventeen

dizaine, *f.* (about) ten; **une** —— **de personnes,** ten or a dozen people

do, *m.* the musical note C

docile, submissive, manageable

docteur, *m.* doctor

dogme, *m.* dogma

doigt, *m.* finger; **à deux** —— **de,** within an ace of

domaine, *m.* (real) estate; **ouvrage tombé dans le** —— **public,** work out of copyright; field, scope

dominer, to rule, hold sway; to master, control; **couleur qui domine,** predominating color; to overlook; to look down

dominicain, -e, *a.* Dominican

dommage, *m.* **c'est** ——, it is a pity

donc, therefore; **que voulez-vous** ——? What ever do you want?

donner, to give; **étant donné,** inasmuch as

dont, *pron. rel.* of which, whose

doré, -e, gilded

dorénavant, *adv.* henceforth

dormir, to sleep; to be asleep

dos, *m.* back; **tourner le** —— **à,** to turn one's back on

douane, *f.* customs

douani-er, -ère, pertaining to customs

double, *a.* double

doubler, to double; to overtake and pass; to parallel

doué, -e, gifted

doute, *m.* doubt; **sans aucun** ——, without doubt, no doubt; **sans** ——, probably

douter, to doubt

douteu-x, -se, doubtful, questionable

douzaine, *f.* dozen

douze, *a. & m.* twelve

douzième, *a.* twelfth

dramatique, dramatic

drame, *m.* drama

drapeau, *m.* flag

dresser, to draw up (list)

droit, *m.* right; **avoir** —— **à,** to have a right to (something); charge, fee, due; —— **de douane,** duty; law

droit, -e, *a.* straight; direct, straight (road, etc.); right; *f.* right hand; **la Droite,** the Right (in Congress)

drôle, funny; queer

drôlement, amazingly

dû, -e, *a.* due, owing

duper, to dupe, fool

duquel, *see* **lequel**

dur, -e, hard

durée, *f.* duration

durer, to last

dureté, *f.* hardness; toughness; difficulty

dynamisme, *m.* dynamic character, enthusiasm

E

eau, *f.* water

ébauche, *f.* rough sketch; outline

éberluer, to flabbergast

écaille, *f.* scale; **les ——s lui tombèrent des yeux,** the scales fell from his eyes

écarlate, *a. & f.* scarlet

écarquiller: —— les yeux, to stare

écarter: s'——, to move apart; to deviate

ecclésiastique, *a.* ecclesiastical

échafaudage, *m.* scaffold(ing)

échange, *m.* exchange; **libre ——,** free trade

échappatoire, *f.* subterfuge, way out; loophole

échappement, *m.* escape, leakage; exhaust, release

échappé, *m.* escapee

échappée, *f.* escape; space, interval, turning space; **—— (vers quelque chose),** glimpse (of something)

échapper, to escape; **son nom m'échappe,** his name has slipped my memory; **vous l'avez échappé belle,** you have had a narrow escape; **s'——,** to escape; to break free, loose

échéance, *f.* **à brève ——,** within a short time

échec, *m.* check; **en ——,** in check; stopped, unable to advance; **tenir l'ennemi en ——,** to hold the enemy in check; (*fam.*) check, failure, defeat; **essuyer, subir, un ——,** to meet with a check, with a repulse; **faire —— à,** to put a check on, check; *pl.* chess; **partie d'——s,** game of chess

échelon, *m.* rung, round (of ladder)

échelonner, to stagger (holidays, office hours, etc.)

échoir, to happen unexpectedly; **—— en partage à,** to fall to one's share; **le cas échéant,** should the occasion arise

échouer, to run aground; **—— dans (à) un examen,** to fail, an examination; to beach

éclaircir, to solve, explain; to clarify,

éclaireur, *m.* **avion ——,** reconnaissance aircraft

éclat, *m.* glitter, lustre (of diamond)

éclater, to burst, explode

écolier, *m.* pupil

économat, *m.* treasurership

économe, *m. & f.* treasurer, controller (of college); housekeeper; agent; *a.* economical, thrifty, sparing of

économie, *f.* economy; political economy; *pl.* savings

économique, economic; inexpensive;

économiquement, economically

économiser, to economize, save, be sparing of

économiste, *m.* economist

écorce, *f.* bark

écorcher: son qui écorche l'oreille, sound that grates on the ear

écot, *m.* share, quota; score, reckoning (of meal)

écouler, to flow out; to move on; to give passage to; **s'——,** to pass, elapse

écoute, *f.* receiving, reception; **ne quittez pas l'——,** don't switch off; hold on a minute!

écouter, to listen

écran, *m.* screen

écraser, to crush; **s'——,** to crash

écrevisse, *f.* crayfish

écrier, *v.pr.* s'——, to cry (out), to shout (out); to exclaim

écrire (*p.p.* écrit), to write

écriteau, *m.* placard, notice

écriture, *f.* writing

écrivain, *m.* author, writer

écrouer, to commit, consign, to prison

écueil, *m.* reef

écumant, -e, foaming, frothing

édifice, *m.* building

édifier, to erect, set up

éditer, to edit; to publish (book, etc.)

edi-teur, -trice, *s.* editor, publisher

édition, *f.* edition; publishing; maison d'——, publishing house

éducation, *f.* education, bringing up; training, rearing

effacer, to delete; to rub out

effecti-f, -ve, *a.* effective, actual; *m.* total strength; amount

effectivement, in reality

effectuer, to effect, carry out, execute

effet, *m.* effect, result; en ——, as a matter of fact; indeed

efficace, efficacious

efficacité, *f.* efficacy; efficiency

effondrer: s'——, to break down; to collapse

efforcer, *v.pr.*, s'—— de (+ *inf.*) to strive to

effort, *m.* effort

effrayer, to scare

effritement, *m.* crumbling

effriter: s'——, to crumble

effusion, *f.* effusion, outpouring; —— de sang, bloodshed

égal, -e, *a.* equal

également, also, likewise

égaler, to equal, be equal (to)

égaliser, to equalize, adjust (pressure); to level; to make (ground) even

égalité, *f.* equality

égard, *m.* consideration, respect; à l'—— de, with regard, respect to

égaré, -e, stray, lost

égarer: s'——, to lose one's way

égide, *f.* protection; sous l'—— de, under the care of

église, *f.* church

égoïsme, *m.* selfishness

égoïste, *m. & f.*, selfish

égyptien, -ne, *a. & s.* Egyptian

eh, *int.*, —— bien! well! now then!

élan, *m.* impetus; outburst (of feeling)

élancé, -e, tall and slim; slender

élancer: s'——, to spring, jump

élargir, to enlarge, extend

électoral, -e, electoral

électricité, *f.* electricity

électrifier, to electrify

électrique, electric

élégant, -e, elegant, well-dressed

élément, *m.* element; component unit; ingredient; *pl.* rudiments, first principles; data

élevage, *m.* breeding (of stock)

élévation, *f.* raising; rise

élève, *m. & f.* student

élevé, -e, high (mountain, price); noble, lofty (style, mind)

élever, to rear; to be set up, erected; s'—— contre, to protest against

éliminer, to eliminate, get rid of

elire (*p.p.* élu), to elect

élision, *f.* elision

élite, *f.* elite

ellipse, *f.* ellipsis

elliptique, elliptic

elliptiquement, elliptically

éloigné, -e, far

éloignement, *m.* removal; distance, going away

éloigner: s'——, to move off

émailler (de) to dot, intersperse (with)

embarrassant, -e, embarrassing, awkward

emblée, d'——, *adv.* directly, right away

embouteillage, *m.* bottleneck, congestion (of traffic), traffic jam

embrasser, to kiss; to adopt, take up

émeraude, *f. & a.inv.* emerald; emerald green

émettre (*p.p.* **émis**), to emit; to utter; to express

émietter, s'——, to crumble (away)

éminemment, to, in a high degree

émission, *f.* broadcasting

emmener, to take away; **je vous emmène avec moi,** I am taking you with me

émotion, *f.* emotion; excitement

émouvoir (*p.p.* **ému**), to affect, touch; **s'——,** to be touched, affected, moved

emparer, *v.pr.,* **s'—— de,** to take possession of

empêcher: —— de + *inf.* to prevent, keep (someone) from; **s'—— de,** to refrain from

empereur, *m.* emperor

emphase, *f.* rotundity (of style); emphasis

empire, *m.* empire

emplacement, *m.* site, location

emplette, *f.* purchase

emploi, *m.* use, employment; **mot qui fait double ——,** word that is a useless repetition; occupation, post

employé, -e, *s.* employee

employer, to employ, use; **s'—— à,** to exert oneself on behalf; to be used

empoisonneu-r, -se, *s.* poisoner

emporter, to carry away

empresser, *v.pr.,* **s'—— de** (+ *inf.*) to hurry, hasten to do; **s'—— à,** (+ *inf.*) to show eagerness, zeal, in

emprunter (à), to borrow (from someone); **mot emprunté du latin,** word taken from Latin

ému, -e, *a.* moved

émule, *m. & f.* emulator, rival, competitor

encadrer, to frame (picture, etc.)

enchaînement, *m.* series, concatenation (of events, etc.); (logical) sequence

enchère, *f.* bid; **vente à l'——, aux ——s,** sale by auction

enclin, -e (à), prone (to)

encombrement, *m.* congestion (of traffic)

encontre: à l'——, in opposition; to the contrary; against

encore, still, yet, only; more; moreover, furthermore

encourager, to encourage; **—— à** (+ *inf.*) to encourage to

encre, *f.* ink

encyclopédie, *f.* encyclopedia

endormi, -e, asleep, sleeping

endormir: s'——, to fall asleep

endroit, *m.* place, spot

énergie, *f.* energy; force

énervant, -e, aggravating, nerve-racking

énervé, -e, *a.* irritated, fidgety, nervous

énerver: s'——, to become irritable, fidgety; to get excited

enfance, *f.* childhood

enfant, *m. & f.* child; boy or girl; —— **trouvé,** foundling; —— **de chœur,** choir boy; **faire l'——,** to behave childishly; **bon ——,** good-natured; **un —— naturel,** an illegitimate child; **les ——s d'Adam,** mankind

enfantillage, *m.* childishness

enfantin, -e, childish

enferrer: s'——, to give oneself away

enfiévrer, to animate

enfiler, to take, go along (a street); to slip on

enfin, *adv.* finally

enfourner, to put (bread) in the oven, (pottery) in the kiln; to put (into)

enfuir (*p.p.* **enfui**) *v. pr.* **s'—— de,** to flee, fly from; to run away

engagement, *m.* engagement, promise

engager, to engage (servant); to begin, start; to set going; —— **quelqu'un à** (+ *inf.*), to invite, urge, advise, someone to; **s'——,** to undertake; to commit oneself ideologically; (of battle) to begin

engin, *m.* engine, machine; device, contrivance

engloutir, to engulf

engouement, *m.* infatuation

engrais, *m.* manure; fertilizer

engraisser, to fatten; to cram

enlever, to take away

ennemi, *m.* enemy

ennui, *m.* worry; bother; **quel ——!** what a nuisance! boredom

ennuyer, to annoy, vex; to bore; **s'——,** to be bored

ennuyeu-x, -se, boring, tedious, tiresome, dull

énoncé, *m.* statement (of facts, etc.)

énoncer, to state, set forth (opinion, fact, etc.); **s'——,** to express oneself (clearly, etc.)

énonciation, *f.* enunciation; articulation

énorme, enormous

énormément, enormously; very much

enquête, *f.* inquiry, investigation; **mener, faire une ——,** to take a poll

enquêteur, *m.* poll taker

enrayer, to check, slow up (attack)

enregistrer, to record

enrhumer: s'——, to catch (a) cold

enseigne, *f.* sign; sign (board); shop sign; **sous l'—— de,** under the sign of

enseignement, *m.* teaching

enseigner, to teach

ensemble, *adv.* together, at the same time; *m.* whole, entirety, unity; harmonious group; business concern

ensoleillé, -e, *a.* sunny

ensuite, *adv.* after(wards), then

entasser: s'——, to crowd, huddle, together

entendre, to intend, mean; **j'entends que vous veniez,** I expect you to come; to hear; —— **parler de,** to hear of; **il ne veut pas en—— parler,** he won't hear of it; to understand; **laisser ——,** to insinuate, imply; **il n'entend pas la plaisanterie,** he can't take a joke; **s'——,** to understand one another; to agree; **s'—— en musique,** to understand, know about music

entendu: c'est ——, agreed; all right; **bien** ——, of course !

entente, *f.* understanding; agreement; —— **cordiale,** friendly understanding

entériner, to ratify, confirm

enterrer, to bury

entêtement, *m.* obstinacy, stubbornness

enthousiasme, *m.* enthusiasm

enthousiasmer, to fire with enthusiasm; **s'**——, to become enthusiastic

ent-ier, -ière, *a.* entire

entièrement, entirely

entonnoir, *m.* funnel

entorse, *f.* sprain, wrench, twist; **donner une** —— **à la vérité,** to twist the truth

entourage, *m.* circle (of friends)

entourer, to surround

entrain, *m.* liveliness

entraîner, to drag, carry; to sweep along; to seduce, inveigle; **se laisser** ——, to allow oneself to be led into, carried away; to produce as a consequence; to entail, involve; **s'**——, to train (sport)

entrave, *f.* hindrance, impediment; **sans** ——**s,** without hindrance

entre, *prep.* between; among; **d'**——, among

entrée, *f.* entry; —— **en matière,** broaching of the subject; entrance

entreprendre, to undertake

entrepreneu-r, -se, *s.* contractor

entreprise, *f.* undertaking; venture; business

entrer, to enter

entre-temps, *adv.* in the meantime; meanwhile

entretenir, to keep; to entertain

entretien, *m.* conversation; interview; topic of conversation

entrevoir, to catch sight; to have an inkling of

entrevue, *f.* interview

énumérer, to enumerate, list

envahir, to invade

envahisseur, *m.* invader

envenimer: s'——, (of wound) to fester, suppurate; to go septic

envergure, *f.* spread, breadth, span; **de grande** ——, far-reaching, widespreading; **d'**——, large-scale

envers, *prep.* towards

envie: avoir —— **de,** to want, to have a fancy for; **avoir** —— **de** (+ *inf.*) to wish, have a mind to

environ, *adv.* about; *m. pl.* ——**s,** surroundings, outskirts, neighborhood; **dans les** ——**s (de),** in the vicinity (of)

envisager, to consider, contemplate

envoi, *m.* sending; consignment

envoyer, to send; **je ne le lui ai pas envoyé dire,** I told him straight

épais, -se, thick

épanouir: s'——, to open out

épargne, *f. pl.* savings

épaule, *f.* shoulder

épauler, to shoulder (beam)

épeler, to spell

épidémie, *f.* epidemic

épine, *f.* thorn; **tirer à quelqu'un une** —— **du pied,** to get someone out of a mess; to relieve someone's mind

épingle, *f.* pin; **tiré à quatre** ——**s,** dapper; spick and span

épithète, *f.* attributive adjective

époque, *f.* epoch, era; time, period, date

épouser, to marry, wed; to take (woman) to wife

épouvantable, dreadful, frightful

épouvantail, *m.* scarecrow

épou-x, -se, *m.* husband, *f.* wife; spouse

épreuve, *f.* proof, test, trial; **mettre à l'——,** to try, test; event (at athletic meeting)

éprouver, to feel, experience (sensation, pain, etc.); to sustain, suffer

épuisé, -e, out of print

épuiser, to exhaust; to sell out

épuration, *f.* purification; purging

équilibre, *m.* balance; stability

équipe, *f.* gang; team

équipement, *m.* equipment

équivalent, -e, *a.* + *m.* equivalent

équivaloir à, to be equivalent, equal in value to

équivoque, *f.* ambiguity; **sans ——,** unequivocally

ère, *f.* era; epoch

éreintant, -e, back-breaking, fagging (work, etc.)

erratum, *m.* erratum; misprint; *pl.* **des errata**

errer, to roam, wander (about)

erreur, *f.* mistake, blunder; **induire en ——,** to mislead someone

escalier, *m.* staircase; (flight of) stairs; **monter l'——,** to climb the stairs

escampette, *f.* (used in) **prendre la poudre d'——,** to bolt, skedaddle (*fam.*)

escapade, *f.* escapade; prank

escargot, *m.* snail

esclave, *m. & f.* slave

escroquerie, *f.* swindle, fraud

espace, *m.* space

Espagne, *f.* Spain

espèce, *f.* kind, sort

espérer, to hope

esplanade, *f.* esplanade; promenade

espoir, *m.* hope

esprit, *m.* spirit; mind; wit; spirit, feeling; **—— de corps,** corporate feeling; **—— faible,** weak-minded person; **—— contemplatif,** a disposition for contemplation

esquiver: s'——, to slip away, off

essai, *m.* essay

essaim, *m.* swarm (of bees, etc.)

essayer, to test, try; **—— de,** to try, make trial of (wine, dish etc.); to try, attempt

essayiste, *m. & f.* writer of essays

essence, *f.* gasoline; **poste d'——,** filling station

essentiel, -le, *a.* essential; *m.* main point

essentiellement, essentially

essuyer, to wipe clean; to suffer, endure

est, *m.* east

estampe, *f.* print, engraving

esthétique, *a.* aesthetic

estimation, *f.* estimate, valuation

estime, *f.* esteem, regard

estimer, to estimate; to appraise (goods)

estomac, *m.* stomach

estragon, *m.* tarragon

estudiantin, -e, pertaining to students

et, and; both

établi, *m.* (work)bench

établir, to establish; to set up; **s'——,** to establish oneself; to become established

établissement, *m.* establishment

étage, *m.* story, floor; **à deux ——s,** two-storied; (*U.S.*) three-storied
étain, *m.* tin
étang, *m.* pond, pool, mere
étape, *f.* stage (of journey); distance between two stopping places
état, *m.* state, condition; State
États-Unis, *m.pl.*, United States of America
été, *m.* summer
étendre: s'—— sur, to extend, stretch; to spread over
étendu, -e, *a.* spread
éternel, -le, eternal
éther, *m.* ether
étinceler, to glitter
étoffe, *f.* material (used in fabrication of something)
étoile, *f.* star; asterisk
étoiler, to stud, bespangle
étonnement, *m.* astonishment, surprise, amazement
étonner, to astonish, amaze, surprise; **s'——,** to be astonished
étrange, strange, peculiar, odd, queer
étranger, -ère, *a. & s.* foreign; foreigner, alien
être, to be; **... où en sont les choses,** ... where things stand
être, *m.* being, individual; **un —— humain,** a human being
étreindre (*p.p.* **étreint**), to hug; to clasp; **l'émotion qui m'étreint,** the emotion that wrings my heart
êtres, *m. pl. see* **aîtres**
étroit, -e, narrow; close
étude, *f.* study; research; survey; **année d'——s,** academic year
étudiant, -e, *s.* student
étudier, to study
étymologie, *f.* etymology

étymologique, etymological
euphonie, *f.* euphony
Europe, *f.* Europe
européen, -ne, *a. & s.* European
Eurovision, *f.* Inter-European television network
évader, *v.pr.*, **s'——,** to escape
évaporer: s'——, to evaporate; (*pop.*) to take off
événement, *m.* event
éventualité, *f.* possibility, contingency, eventuality
éventuel, -le, *a.* possible; *m.* eventuality, contingency
évidemment, certainly; obviously
éviter, to avoid, shun
évolution, *f.* development
évoquer, to call to mind, conjure up (memory)
exact, -e, exact
exactement, exactly
exaltant, -e, exciting
examen, *m.* examination
examiner, to examine, investigate
exaspérer, to exasperate, irritate
excellence, *f.* excellence, preeminence; **par ——,** pre-eminently; supremely, above all
exceller, to excel
excentricité, *f.* eccentricity; oddity
excepté, *prep.* except(ing), but, save
exception, *f.* exception; **à l'——de...,** **—— faite de ...,** except..., save ..., with the exception of ...
excès, *m.* excess
exciter, to excite; to stimulate
exclamation, *f.* exclamation
exclusi-f, -ve, sole, exclusive
excursion, *f.* excursion; tour, trip; **faire une ——,** to go on a trip
excuse, *f.* excuse; *pl.* apology

excuser: s'——, to excuse oneself; to apologize

exécuter, to execute, carry out

exécution, *f.* carrying out

exemple, *m.* example; **par ——,** for instance, for example

exempt, -e (de), exempt, free (from)

exercer, to exercise, exert; **s'—— à** to practice

exercice, *m.* exercise

exigence, *f.* exactingness; unreasonable or arbitrary demand

exiger, to demand, require

existence, *f.* existence; life

exister, to exist, be; to live

exorde, *m.* exordium

expansion, *f.* expansion

expédition, *f.* expedition (march or voyage)

expérience, *f.* experience; experiment, test

expérimental, -e, experimental

expert, *m.* expert

expléti-f, -ve, *a. & m.* expletive

explicati-f, -ve, explanatory

explication, *f.* explanation; **demander une —— à,** to call to account

expliquer, to explain; **s'——,** to explain oneself

exploit, *m.* deed

exploitation, *f.* working

explorer, to explore

explosi-f, -ve, *a. & m.* explosive

explosion, *f.* explosion, bursting

exposé, -e (à), open (to)

exposer, to show; to set forth; to explain; to expose

exprès, *adv.* on purpose, intentionally

expression, *f.* expression

exprimer, to express; to voice; **s'——,** to express oneself

exproprier, to expropriate

extasier, *v.pr.,* **s'——,** to be in, go into, ecstasies

exténuer, to exhaust

extérieur, -e, *a.* exterior, outer, external; *m.* exterior, outside

extraire (*p.p.* **extrait**), to draw, extract

extrait, *m.* excerpt

extraordinaire, extraordinary

extravagant -e, foolish, immoderate

extrême, *a. & m.* extreme; **à l'——,** in the extreme; to extremes

extrémité, *f.* extremity; end

F

fabricant, -e, *s.* maker, manufacturer

fabrication, *f.* manufacture, making

fabriquer, to manufacture, make

façade, *f.* façade, front(age)

face, *f.* face; head side; **faire —— à,** to face

fâché, -e angry

fâcher, to anger; **se ——,** to get angry; **se —— avec,** to fall out with

fâcheu-x, -se, annoying; awkward; unfortunate

facile, easy

facilement, easily

facilité, *f.* easiness (of task, etc.); **avoir la —— de** (+ *inf.*), to enjoy facilities for, to be able to

faciliter, to facilitate; to make easier, easy

façon, *f.* manner, mode, way; **—— de vivre,** way of life; **à ma ——,** my own way; **de —— ou d'autre,** in a way; **de toute ——,** anyhow, in any case; **de (telle) —— que** + *ind.,* so that

façonner, to work, shape

facteur, *m.* postman

facultati-f, -ve, optional

faculté, *f.* option, right; power; ability; abilities; resources, means; faculty (of law, medicine etc.); **La Faculté,** the (medical) Faculty; **les différentes ——s, (d'une université),** the different schools

fade, insipid

fagoter, to dress without taste; **mal fagoté, -e,** dowdy

faible, feeble, weak

faiblesse, *f.* weakness

faillir (je faux), to fail; **faillir** *in the past tenses + inf.,* I nearly + past tense

faim, *f.* hunger; **avoir ——,** to be, feel, hungry

faire (*p.p.* **fait**), to make; to do; **vous feriez mieux de,** you would do better to; **en —— autant,** to do as much, the same; **—— + *noun*,** to pretend to be + *noun*; **ne —— que + *inf.*** to do nothing but...; **faire + *inf.* (*causative verb*) faites-lui comprendre que ...,** give him to understand that...; **se ——,** to become; **se —— à,** to get used, accustomed to; *impers.* **il fait beau (temps),** it is fine (weather)

fait, *m.* act, deed, feat, achievement; **prendre sur le ——,** to catch in the act, red-handed; fact; **—— accompli,** accomplished fact; **—— établi,** established fact; **prendre —— et cause pour,** to take up the cudgels (on someone's behalf): **être au —— de,** to know how things stand; **au ——, en ——,** as a matter of fact; **de ce ——,** thereby; on that account; **du —— de,**

because of; **tenir au ——,** to stem from the fact

fait-divers, *m.* news item; **faits-divers,** news in brief

faits-diversier, *m.* writer of news in brief

faîte, *f.* top, summit

faix, *m.* burden, load

fallacieu-x, -se, fallacious, deceptive, misleading

falloir (il faut), *v. impers.,* to be necessary; **il m'a fallu trois jours,** it took me three days

fameu-x, -se famous; **une fameuse erreur,** a rare mistake

familial, -e, family (life, ties)

famille, *f.* family; **—— nombreuse,** large family

fanatique, *a.* fanatic(al); *s.* fanatic; avid fan (customer)

fanfaron, -ne, *s.* braggart, boaster, swaggerer

fantaisie, *f.* imagination, fancy

faribole, *f.* idle tale; stuff and nonsense

farine, *f.* flour

fatigant, -e, tiring

fatiguer, to tire; to overwork

faufiler, *v.pr.* **se ——,** to thread one's way; **se —— dans un endroit, hors d'un endroit,** to edge into, out of, a place; to sneak in, out

fausse, *see* **faux**

faussement, falsely

fausser, to make false, falsify

faut, *see* **faillir** *and* **falloir**

faute, *f.* fault, mistake

fauteuil, *m.* armchair

fauti-f, -ve, faulty, incorrect

fauve, *a.* fawn-colored

faux, fausse, *a.* false

faux, *f.* scythe

faveur, *f.* favor; **en —— de,** in favor of

favorable, favorable, propitious

favori, -te, *a.* favorite

favoriser, to favor; **être favorisé par, de,** to be favored by

fédération, *f.* federation

feindre (*p.p.* **feint**), to feign, simulate, pretend

féliciter, to congratulate; **se —— de,** to be pleased with; to express satisfaction at

femelle, *f.* female

féminin, -e, *a.* feminine (gender)

femme, *f.* woman; wife; **—— d'intérieur,** homebody; **—— de tête,** levelheaded woman; **—— fatale,** vamp

fenêtre, *f.* window

fenouil, *m.* (*botany*) fennel

fer, *m.* iron

fer-blanc, *m.* tin

férié, -e: jour ——, holiday

ferme, *a.* firm, steady

ferme, *f.* farm

fermement, firmly

fermer, to close, shut

féroce, ferocious, fierce

ferraille, *f.* old iron, scrap iron

ferré, -e: voie ferrée, railway (line); **cheval —— à glace,** roughshod horse; **être —— en mathématiques,** to be well up in mathematics

ferrer: —— un cheval, to shoe a horse; **—— à glace,** to roughshoe, to calk

ferroni-er, -ère, *s.* ironworker, blacksmith

ferroviaire, pertaining to a railway

ferrugineu-x, -se, ferruginous

ferrure, *f.* piece of ironwork

fervent, -e, *a.* fervent

fessée, *f.* spanking

fête, *f.* feast, festival, holiday

fêter, to keep (day, etc.) as a holiday, as a festival

feu, *m.* fire

feuillage, *m.* foliage

feuille, *f.* leaf; **—— morte,** dead leaf

feuillée, *f.* foliage

février, *m.* February

fiacre, *m.* hackney carriage; cab

fiction, *f.* fiction

fidèle, *a.* faithful

fidèlement, faithfully

fi-er, -ère, proud

fier, to trust; **se —— à,** to trust (someone); to depend, rely on (someone)

fierté, *f.* pride

fièvre, *f.* fever

figé, -e, set, stereotyped

figer, to coagulate, congeal

figure, *f.* figure; geometrical figure; face, countenance·

figuré, -e, *a.* figurative (meaning); **au ——,** *adv.* in the figurative sense

figurer, to appear, figure; **se ——,** to imagine

fil, *m.* thread; **de —— en aiguille,** little by little, bit by bit; wire; **télégraphie sans ——,** wireless telegraphy

file, *f.* file, line

filer, *v.tr.* to spin; *v.i.* to run; **—— (en vitesse),** to cut and run; **—— à l'anglaise,** to take French leave

fille, *f.* daughter; little girl; **jeune ——,** girl, young woman

film, *m.* film

filon, *m.* vein, seam, lode (of metal); (*pop.*) cushy job; **il tient le ——, il a déniché le bon ——,** he has struck it rich; he has struck oil

fils, *m.* son

fin, *f.* end; **mettre —— à,** to put an end, a stop, to; aim, purpose, object

fin, -e, farthermost; fine; small; subtle

final, -e: proposition ——e, final clause

finalement, finally

financement, *m.* financing

financer, to finance

financi-er, -ère, *a. & s.* financial; financier

finir, to finish, end up; **—— de** (+ *inf.*), to finish, leave off, doing; **—— par faire,** to end in, by doing something

fissurer, to fissure, split

fixe: à prix ——, at fixed prices

flagrant, -e: pris en —— délit, *m.* caught in the act

flamand, -e, *a. & s.* Flemish

flamber, to singe (fowl, cloth)

flanc, *m.* flank, side; **attaquer de ——,** to attack on the flank

flâner, to stroll; to idle away one's time

fléau, *m.* scourge; plague, pest, bane

fléchir, to give way; to grow weaker

fleur, *f.* flower; **la fine —— de,** the flower of; **avoir les nerfs à —— de peau,** to be on edge

fleuri, -e, flowery (path, etc.)

fleuve, *m.* large river

flux *m.* **flux d'air rapide à haute altitude,** jet stream

focal, -e, focal

foi, *f.* faith; **mauvaise ——,** dishonesty, insincerity

foie, *m.* liver

foire, *f.* fair

fois, *f.* time, occasion; **une ——,** once; **encore une ——,** once more, once again; **à la ——,** at one and the same time

foisonnement, *m.,* superabundance

foisonner, to abound

folie, *f.* madness; **faire des ——s,** to act irrationally; **—— des grandeurs,** megalomania, delusion(s) of grandeur

foncer, to rush, charge

fonction, *f.* function, office; **faire —— de,** to serve, act as; **remplir les ——s de,** to assume the function of; **en —— de,** in terms of

fonctionnaire, *m.* official; civil servant

fonctionner, to function, work

fond, *m.* bottom; **à ——,** thoroughly; foundation; **au ——, dans le ——,** fundamentally; at bottom; back; *pl.,* old stock

fond, *see* **fondre**

fonda-teur, -trice, *s.* founder

fondation, *f.* (fund for) endowment; (endowed) establishment, institution

fonder, to found, lay the foundations of; **se —— sur,** to build upon

fondé, -e, founded, justified

fondre, to smelt; to melt

fonds, *m.* **—— de terre,** estate; funds; means, resources; **—— d'État, —— publics,** Government stock(s)

font, *see* **faire**

forain, -e, *a. & s.* itinerant; peddler; stall-keeper (at a fair, etc.)

force, *f.* strength; *a. inv.*, many, plenty of; **à — de,** by dint of

forcer, to compel; to do violence to; **se —,** to do violence to one's feelings

forer, to drill, bore

forêt, *f.* forest

foreuse, *f.* drilling machine

formaliser: se — de, to take offense at

forme, *f.* form, shape; *pl.* manners; **la — venant,** in practice

former, to form

fors, *prep.* except

fort, -e, *a.* strong; large

fort, *adv.* very, extremely

fort, *m.* stronghold

fortement, strongly

fortification, *f.* fortification; defense work(s)

fortune, *f.* fortune; **avoir de la —,** to be well off

fosse, *f.* pit, hole; grave

fossoyeur, *m.* grave digger

fou, (fol), folle, *a.* mad, insane; crazy; *s.* madman, madwoman; lunatic

foudre, *f.* lightning; **coup de —,** thunderbolt; love at first sight

foudroyant, -e, striking (down)

foudroyer, to blast

foulard, *m.* scarf

foule, *f.* crowd

fourche, *f.* fork; **— à foin,** hayfork, pitchfork; **arbre, chemin, qui fait la —,** tree, road, that branches, forks; **passer sous les — Caudines,** to accept humiliating conditions (*the expression alludes to the Battle of Caudium in 321 B.C. in which the triumphant General Pontius Herennius sent a whole Roman army under the yoke.*)

fourcher, (of roads, etc.) to fork, divide, branch

fourchetée, *f.* **manger quelques —s,** to have a few bites

fourchette, *f.* fork, dinner fork; **repas à la —,** knife-and-fork meal; **c'est une bonne, belle —,** he is a good trencherman, a gourmet

fourchu, -e: pied —, cloven hoof

fourniture, *f.* *pl.* supplies; **—s pour chapeaux,** hat trimmings

fourrure, *f.* fur

foyer, *m.* fire (place), hearth, grate; home

fragile, fragile, frail

frais, fraîche, *a.* fresh; *m.* **prendre le —,** to take the air

frais, *m.pl.* expenses, cost; **menus —,** petty expenses; pocket money; **faire les — de,** to bear the cost of; **faire ses —,** to cover one's expenses; **faire les — de la conversation,** to contribute a large share of the talk; **à grands —, à peu de —,** at great, at little, cost; **se mettre en —,** to go to expense; **faire des —,** to lay oneself out to please; **j'en suis pour mes —,** I've had all my trouble for nothing; **exempt de —,** free of charge; **aux — de la princesse,** (*fam.*) at government expense; **— de déplacement,** traveling expenses; **faux —,** minor expenses

framboise, *f.* raspberry

franc, *m.* frank (*French currency*)

français, -e, *a. & s.* French; Frenchman, Frenchwoman; *m.* French (language)

franchement, frankly; really, quite

franchir, to clear (obstacle); to jump; to run past

frapper, to strike, hit; —— **à la porte,** to knock at the door

fraternel, -le, fraternal

fraternité, *f.* fraternity

frayer, to scrape, rub; **se —— un passage,** to clear a way; —— **la voie à quelqu'un,** to clear the way for someone; —— **avec,** to consort with, associate with

fredonner, to hum (tune, song)

frein, *m.* brake

freiner, to brake, apply the brake(s) to, a wheel; to put on the brakes; to check, restrain

frémir, to tremble, shake, quiver

fréquemment, frequently

fréquence, *f.* frequency

fréquent, -e, frequent

fréquenter, to visit; **endroit très fréquenté,** place of great resort; —— **quelqu'un,** to associate with someone

frère, *m.* brother

fret, *m.* freight

frétiller, to wriggle

friand, -e (de), fond (of something); —— **de sucreries,** fond of sweets

frire, (*p.p.* **frit**), to fry

frissonner, to shiver, shudder

frivolité, *f.* frivolity; shallowness

froid, -e, cold; **il n'a pas —— aux yeux,** he has plenty of pluck; he has plenty of cheek; **prendre ——,** to catch a chill

froisser, to give offense to; to hurt

fromage, *m.* cheese

front, *m.* forehead

frontière, *f.* frontier (line); border

frottement, *m.* rubbing

fruit, *m.* fruit; **avec ——,** to good purpose

fuir, to flee, fly, run away; to shun, avoid

fumant, -e, fuming

fume-cigarette, *m.* cigarette-holder

fumée, *f.* smoke

fumer, to smoke; to steam

furieu-x, -se, furious, raging

fusil, *m.* rifle; —— **de chasse,** sporting gun

fusiller, to shoot (down) (men); to execute (by shooting)

fustiger, to thrash, beat, punish

futilité, *f.* futility

futur, -e, *a. & m.* future (tense)

fuyant, -e, fleeing

G

gabarit, *m.* gauge

gagner, to earn; to win; to reach; to gain

gai, -e, gay

gala, *m.* festivity, fête, gala

galerie, *f.* gallery or long room

galette, *f.* griddlecake

galeu-x, -se, mangy; **brebis —— se,** black sheep

gallicisme, *m.* French turn or phrase

gallomane, *m.* gallomaniac

gallomanie, *f.* excessive or obsessive francophilia

galon, *m.* braid, galloon

gamin, -e, *s.* little boy, girl

gant, *m.* glove; **relever le ——,** to take up the gauntlet

garage, *m.* garage

garagiste, *m.* garage owner

garantir, to warrant, guarantee

garçon, *m.* boy, lad, fellow; son; young man

garde, *f.* custody; watch; **en ——!** On guard! **prendre —— à,** to beware of; **monter la ——,** to mount guard; **la ——,** the guards

garder, to keep; to retain; **—— rancune à,** to harbor resentment against

gardian, *m.* one who looks after the herds of wild cattle in the Camargue region of France

gardianne, prepared in the manner of the "gardians"

gare, *f.* (railway) station

garer, to park

gargote, *f.* low-class eating house

garnement, *m.* scamp, rogue

gars, gas, *m.* young fellow; lad

gaspillage, *m.* wasting

gaspiller, to waste, squander

gastronomique, gastronomical

gâteau, *m.* cake

gâter, to spoil

gauche, *a.* left; *adv.* **à ——,** on the left, to the left

gausser: *v.pr.,* **se —— de,** to poke fun at

gaver: se —— de, to gorge

gaz, *m.* gas

gazon, *m.* lawn, green

géant, -e, *s.* giant(ess)

gelé, -e, frozen

gémir, to groan, moan

gémonies, *f.pl.* (*in ancient Rome: a stairway leading up to the Capitoline Hill where the bodies of the tortured were exposed*); **traîner aux ——,** to pillory

gêné, -e, embarrassed: ill at ease; uneasy

gêner, to hinder

général, -e: en ——, in general, generally

généralement, generally

généra-teur, -trice, *a. & s.* generative (force, organ); productive

génération, *f.* generation

génial, -e, inspired; full of genius

génie, *m.* genius; spirit, daemon

genre, *m.* kind, short; gender

gens, *m.pl.* people, men and women; **jeunes ——,** young people, young folk; young men; **—— de bien,** socially prominent people

gentilhomme, *m.* gentleman

gentillesse, *f.* graciousness

géographie, *f.* geography

géographique, geographic(al)

géranium, *m.* geranium

gérondif, *m.* gerund

geste, *m.* gesture, motion, movement

geste, *f.* medieval verse chronicle (of heroic exploits)

gigolo, *m.* chap, guy, fellow

gilet, *m.* vest; **—— de tricot,** cardigan

glace, *f.* ice; mirror

glacier, *m.* glacier

glisser: se —— entre, to glide, creep, steal (between)

global, -e, total

gloire, *f.* glory

gonfler, to become inflated

gorge, *f.* throat, neck; (*fam.*) **faire des ——s chaudes de,** to gloat over

gorge-de-pigeon, *a.inv.* dove-colored (silk, etc)

gosier, *m.* throat

gosse, *m. & f.* (*fam.*) kid

gourde, *f.* flask

gourer (*fam.*)**: se ——,** to be mistaken

gourmet, *m.* gourmet, epicure

goût, *m.* taste

goûter, to taste (food); to enjoy, appreciate, relish; **—— de,** to try

gouvernement, *m.* government; —— **monarchique,** monarchical government

grâce, *f.* grace; **entrer dans les bonnes —— s de,** to get into favor with, get into someone's good graces; (act of) grace; **coup de ——,** finishing stroke; **demander ——, crier ——,** to cry for mercy; *prep.,* —— **à,** thanks to, owing to

grade, *m.* grade; degree

grammaire, *f.* grammar

grand, -e, large, big; high; wide; **en ——,** on a large scale; great (of worth, rank, fame); **les —— s hommes,** great men

Grande-Bretagne, *f.* Great Britain

grandeur, *f.* **avoir la folie des —— s,** to suffer from megalomania

grandir, to grow up; to increase

grand'mère, *f.* grandmother

grand-père, *m.* grandfather

graphologue, *m.* graphologist

gratin, *m.* **au ——,** (cooked) with breadcrumbs and grated cheese

gratte-ciel, *m.inv.* skyscraper

gratter, to scratch; (*fam.*) —— **un concurrent,** to overtake, pass, a competitor

grave, important, weighty

gravement, gravely

graver, to engrave

gravier, *m.* gravel

gravité, *f.* seriousness

gravure, *f.* picture

gré, *m.* taste, liking; **à mon ——,** to my liking; **de —— ou de force,** willingly or unwillingly; whether one likes it or not

grec, grecque, *a. & s.* Greek; *m.* Greek (language)

Grèce, *f.* Greece

greffe (1), *f.* graft

greffe (2), *m.* office of the clerk of the court

grève, *f.* strike (of workmen)

griller, to grill, broil; to burn

gris, -e, grey

griser, to make tipsy; **grisé par le succès,** intoxicated by success; **grisé par la liberté,** intoxicated by freedom

grive, *f.* thrush

gronder, to scold

gros, -se, big, bulky

grouillement, *m.* swarming (of people)

grouiller, to swarm

groupe, *m.* group; —— **sanguin,** blood group

groupement, *m.* group

grouper, to group; **se ——,** to bunch (together)

guère, *adv.* (*always with neg. expressed or understood*) not much; **il n'y a ——,** not long ago

guérir, to cure, heal

guerre, *f.* war

gueule, *f.* mouth (of carnivorous animals, of dog)

guichet, *m.* turnstile; box office (window)

guide, *m.* guide (book)

guider, to guide, direct, lead

guillemets, *m.pl.* quotation marks

guise, *f.* **faire, agir à sa ——,** to do as one pleases; **en —— de,** by way of; instead of

gynécologue, *m.* gynecologist

H

habile, clever, able

habiller, to dress; **s'——,** to dress

habitant, -e, *s.* inhabitant; resident

habitation, *f.* residence

habiter, *v.tr.* to inhabit, dwell, live in; *v.i.* to live, reside, dwell

habitude, *f.* habit, practice; **prendre l'—— de** (+ *inf.*), to grow, get, into the habit of (doing something); **avoir l'——** (**de**), to be in the habit of; **d'——,** usually, ordinarily

habitué, -e, *s.* regular customer

habituer, to accustom; **s'——** (**à**), to get used, accustomed; (to)

*****haie,** *f.* hedge; **—— vive,** quickset hedge

*****haine,** *f.* hatred

*****hâlé, -e,** sunburned, tanned

*****hâler,** to tan

*****haleter,** to pant

*****halte,** *f.* stop, halt

*****hamac,** *m.* hammock

*****hanche,** *f.* hip

*****handicap,** *m.* handicap

*****handicaper,** to handicap

*****hardi, -e,** bold; daring; fearless

*****haricot,** *m.* bean (*may also be aspirated*)

harmonie, *f.* harmony

*****haro,** *m.* outcry; hue and cry, **crier —— sur,** to raise a hue and cry against

*****hasard,** *m.* chance, luck; **par ——,** by accident, by chance

*****hasarder,** to rish, venture, **se ——,** to venture

*****hâte,** *f.* haste, hurry

*****hausse,** *f.* rise; **—— des prix,** advance, inflation, of prices

*****haut, -e,** *a.* high; tall; loud; **——e mode,** high fashion

*****haut,** *adv.* high; **plus ——,** above

*****haut,** *m.* height

*****hautain, -e,** haughty

*****haut-de-forme,** *m.* top hat

*****hauteur,** *f.* height; haughtiness, arrogance

*****haut-parleur,** *m.* amplifier; loudspeaker

hebdomadaire, *a.* weekly

héberger, to lodge

hébr-eu, -aïque, *a. & s.* Hebrew

hectare, *m.* hectare (= 2.47 acres)

hémisphère, *m.* hemisphere

*****hérisser,** to bristle

hériter: —— d'une fortune, to inherit, succeed to, come into, a fortune

héri-tier, -ère, *s.* heir, heiress

hermétique, hermetic

hermétiquement, hermetically

héroïne, *f.* heroine

*****héros,** *m.* hero

hésitation, *f.* hesitation

hésiter, to hesitate, waver; **—— à, pour** (+ *inf.*), to hesitate, be reluctant to do something; to hold back

hétérogène, heterogeneous, dissimilar

*****hêtraie,** *f.* beech grove

*****hêtre,** *m.* beech

heure, *f.* hour; **à toutes ——s,** at all hours; **à l'——,** an hour; per hour; **—— d'été,** summer time; **quelle —— est-il?** what is the time?; **livre d'——s,** prayer book; **l'—— du dîner,** dinner time; **être à l'——,** to be punctual, on time; **une —— où ...,** a time when...; **de bonne ——,** early, betimes, in good time; **sur l'——,** at once; **à tout à l'——!** so long, see you later! **à la bonne ——!** well done! **à toute ——,** anytime; **à cette —— même,** right now; **à l'——actuelle,** at the present time; **aux petites ——s,** in the small hours of the morning; **à une —— indue,** at a disgraceful time of night

heureusement, fortunately; **——que,** it is a good thing that

heureu-x, -se, happy; **c'est —— que,** it is lucky, it is a good thing that

***heurt,** *m.* shock, blow

***heurter,** to shock, offend; **se —— à,** to come up against

hier, yesterday

hilare, hilarious, mirthful

hirondelle, *f.* swallow

histoire, *f.* history; story

historiographe, *m.* historiographer

historique, historic(al)

hiver, *m.* winter; **en ——,** in winter

***hollandais, -e,** *a. & s.* Dutch

holocauste, *m.* burnt offering

***homard,** *m.* lobster

hommage, *m.* homage

homme, *m.* man

homogène, homogeneous

homonyme, *a. & m.* homonymous; homonym

honnête, honest, upright

honneur, *m.* honor

honorer, to honor; to respect

***honte,** (sense of) shame; **avoir ——,** to be ashamed

***honteu-x, -se,** ashamed; bashful, shamefaced, sheepish; shameful

hôpital, *m.* hospital

horaire, *a. & m.* per hour, timetable; schedule

***horde,** *f.* horde

horizon, *m.* horizon, skyline; perspective

horizontal, -e, horizontal

horloge, *f.* clock

horreur, *f.* horror; **avoir en ——, avoir —— de,** to have a horror of; to hate, abhor

***hors,** *prep.* out of, outside; **—— de,** out of, outside (of); **être —— de soi,** to be beside oneself (with rage)

***hors-d'œuvre,** *m. inv.* hors-d'œuvre, side-dish

hospitali-er, -ère, *a.* hospitable; pertaining to hospices, poorhouses or hospitals

hôte, hôtesse, *s.* host, hostess; guest, visitor

hôtel, *m.* mansion; hotel

hôtellerie, *f.* **l'——,** the hotel trade

***houx,** *m.* holly

huile, *f.* oil

huis, *m.* door; **à —— clos,** behind closed doors

huissier, *m.* usher; process server

***huit,** eight

huître, *f.* oyster

humain, -e, *a.* human

humaniste, *m.* humanist

humanité, *f.* humanity; mankind; **toute une ——,** a whole big crowd

humble, humble

humeur, *f.* mood, **mauvaise ——,** ill humor

humiliation, *f.* humiliation, mortification

***hurler,** to yell

***hutte,** *f.* hut, shed, shanty

hymne, *m.* song (of praise); **——national,** national anthem; *f.* hymn

hypocrite, hypocritical

hypothèque, *f.* mortgage

hypothèse, *f.* hypothesis, assumption

hypothétique, hypothetical

I

ici, here; **d'——,** from today, henceforth; **d'——** (**à**) **lundi,** between now and Monday; **d' —— là,** between now and then; by that time; **d'—— peu,** before long

idéal, -e, *a. & m.* ideal

idée, *f.* idea; notion; **se faire des ——s,** to imagine things; **—— maîtresse,** guiding thought

identification, *f.* identification

identique, identical

identité, *f.* identity

idéologique, ideologic(al)

idiomatique, idiomatic(al)

ignoble, ignoble, base (person)

ignorer, not to know; to be unaware of

île, *f.* island

illusion, *f.* illusion; **se faire des ——s,** to cherish illusions, to dream empty dreams; **se faire ——,** to labor under a delusion

illusoire, illusory; illusive

illustre, illustrious, famous, renowned

îlot, *m.* islet, small island; small block (of houses)

image, *f.* image; mental picture, idea; **se faire une —— de,** to visualize

imaginable, imaginable

imagination, *f.* imagination

imaginer, to imagine

imbécile, *a.* idiotic

imitation, *f.* imitation

imiter, to imitate, copy

immatriculer: s'——, to enrol

immédiat, -e, without delay

immédiatement, immediately

immense, immense

immerger, to immerse; to lay (a cable)

immeuble, *m.* house, mansion

immobile, motionless

impair, *m.* blunder

impatiemment, impatiently

impatience, *f.* impatience

imperceptible, imperceptible, undiscernible

impérieu-x, -se, imperious, imperative

impliquer, to involve

importance, *f.* importance

important, -e, *a.* important; *m.* busybody

importer (1), *v.tr.* to import (goods)

importer (2), *v. impers.* to matter; **il—— peu que..., peu——que...,** it matters little whether...; **n'——, qu'——,** no matter; **n'—— quel,** any; **n'—— qui,** anyone (at all); no matter who; **n'—— quoi,** no matter what

imposer (1), *v.tr.* to impose, prescribe; **s'——,** to assert oneself; to be indispensable; **en —— à,** to impose on, bluff (someone)

imposer (2), *v.i.* **—— à,** to inspire respect, awe

impossibilité, *f.* impossibility

imprégner (**de**), to impregnate (with)

impression, *f.* (mental) impression

impressionner, to impress; to make an impression upon (someone)

imprévisible, unforeseeable

imprévu, *m.* unforeseen obstacle; emergency

imprimer, to print

impuissant, —e, powerless

inabordable, unapproachable

inaccessible, inaccessible

inactivité, *f.* inactivity
inaperçu, -e, unnoticed, unremarked
inapprochable, unapprochable
inaugurer, to inaugurate; to open
incarnat, -e *a.* rosy, pink; flesh-colored
incidence, *f.* angle d'——, angle of incidence
incident, *m.* incident
incise, *f.* interpolated clause, incidental clause
inciter, to incite; to urge; —— quelqu'un à (+ *inf.*), to incite, prompt, someone (to do something)
inclément, -e, severe
incliner: s'—— devant les arguments de qn, to bow, yield, to (someone's) arguments
incomber, —— à, to devolve upon, be incumbent on, behave; to fall on; il nous incombe à tous de..., it behooves us all to...
incomparablement, incomparably
inconciliable, incompatible
inconnu, -e, unknown
inconstant, -e, inconstant, fickle
inconvénient, *m.* disadvantage, drawback
incorrect, -e, incorrect; wrong
incorrigible, incorrigible; irremediable; irreclaimable
inculte, waste (land)
Inde, *f.* India
indécis, -e, unsettled; irresolute
indéfini, -e, indefinite; pronom ——, indefinite pronoun
indépendance, *f.* independence
indépendant, -e, independent; free; self-reliant
indéterminé, -e, undetermined, indefinite

indicatif, *m.* indicative (mood)
indication, *f.* indicating, pointing out; (piece of) information
indifférence, *f.* indifference; apathy
indigène, *a.* native
indigner, to rouse to indignation
indiquer, to indicate, point out
indiscret, indiscrète, indiscreet, imprudent, unguarded
indispensable, absolutely necessary
indistinct, -e, indistinct
indistinctement, indistinctly
individu, *m.* individual; person, fellow
individuel, -le, individual; personal; private
indu, -e, undue; unwarranted
induire, to lead; —— en erreur, to mislead
induit, *m.* induction coil
indulgence, *f.* indulgence, leniency
industrie, *f.* industry, trade, manufacture
industriel, -le, industrial
inégalable, that cannot be equalled
inégalité, *f.* inequality
inertie, *f.* inertia
inévitable, unavoidable
inévitablement, inevitably
infanticide, *m. & f.* infanticide, childmurderer
infantile, *a.* infantile (disease, etc.)
infantilisme, *m.* childishness
inférieur, -e, *a.* inferior, lower
infériorité, *f.* inferiority
infernal, -e, infernal
infiltrer, *v.pr.* s'——, to trickle in, filter in, soak in
infinitif, *m.* infinitive (mood)
infirmi-er, -ère, *s.* (*hospital*) nurse
infliger, to inflict
influence, *f.* influence

influencer, to influence
informer, to fashion; to shape
ingénieur, *m.* engineer
initial, -e, *a.* initial; starting (price)
initiative, *f.* initiative
injuste, unjust, unfair
injustice, *f.* injustice
inné, -e, innate, inborn
innocence, *f.* innocence
innocent, -e, *a.* innocent; guiltless
innovation, *f.* innovation
innover, to innovate; to introduce changes, innovations
inopportun, -e, ill-timed
inorganique, inorganic
inouï, -e, extraordinary
inquiéter: s'——, to become anxious, to worry
inquiétude, *f.* anxiety, uneasiness
insalubre, insanitary
inscription, *f.* notice
inscrire: s'——, to register, enrol
inscrit, -e, registered, enrolled
insensé, -e, *a.* mad, insane; foolish; extravagant; harebrained (scheme)
insensible imperceptible; —— à indifferent to
insensiblement, imperceptibly
insipide, insipid
insister, to insist
insolence, *f.* impertinence; impudence
insolite, unusual
insonoriser, to insulate; silence (the studio, etc.); to make soundproof
insouciance, *f.* unconcern, insouciance; thoughtlessness
inspecter, to examine
inspec-teur, -trice, *s.* inspector, inspectress
inspiration, *f.* suggestion

inspirer, to inspire; s'—— de, to take, draw, one's inspiration from
instabilité, *f.* uncertainty
installation, *f.* installation; setting up
installer, to install; to set up, equip; s'——, to install oneself; to settle (down); to make up one's abode
instant, *m.* moment, instant; à l'——, a moment ago; immediately, at once
instantané, -e, instantaneous
instantanément, instantaneously
instar *prep.* à l'—— de, after the fashion, manner, of; like
instaurer, to set up
instigation, *f.* à l'—— de, at, on (someone's) instigation
institu-teur, -trice, *s.* elementary (school) teacher
institution, *f.* institution
instrument, *m.* instrument; tool; ——s à vent, wind instruments (wood winds and brasses)
insu, *m.* à mon ——, without my knowledge
insuccès, *m.* failure
insuffisance, *f.* inadequacy
insupportable, unbearable
intégral, -e, integral, entire, whole
intégralement, wholly, entirely, fully
intégrant, -e: faire partie ——e de, to be part and parcel of
intégrer, to integrate
intégrité, *f.* integrity
intellectuel, -le, *a.* intellectual; *s.* brainworker; (*fam.*) highbrow; professional man, woman
intellectuellement, intellectually
intelligence, *f.* intelligence

intelligent, -e, intelligent; sharp, clever; **il est ——,** he has brains

intense, high

intensité, *f.* intensity

intenter: —— **un procès à quelqu'-un,** to bring, enter, an action against someone

intention, *f.* intention

intentionnellement, intentionally

interdiction, *f.* forbidding

interdire, to forbid, prohibit

intéressant, -e, interesting

intéresser, to interest; **s'—— à,** to take, feel, an interest in, become interested in

intérêt, *m.* interest, stake; (feeling of) interest; **prendre un —— à,** to take an interest (in)

intérieur, -e, inner; *m.* **à l'——,** inside

interlocu-teur, -trice, *s.* interlocutor, interlocutress; speaker (engaged in conversation)

intermédiaire, *a.* intermediate; *m.* go-between, **par l'—— de,** through the instrumentality of, through (someone)

international, -e, international

interne, *a.* internal; inner; interior; *m.* resident medical student (in hospital)

interpolation, *f.* interpolation

interprétation, *f.* interpreting

interpréter, to interpret; to explain

interrogati-f, -ve, interrogative

interroger, to interrogate

intervalle, *m.* distance, gap, space

intervenir (*p.p.* **intervenu**), to intervene; to step in; to break in; to interfere

interviewer, to interview

intime, *a.* intimate, lose

intituler, to entitle, give a title to (book, person); **intitulé...,** headed...

intransigeance, *f.* intransigence; uncompromisingness; strictness

intransigeant, -e, intransigent

intrépide, intrepid, undaunted

intrépidité, *f.* intrepidity, fearlessness, boldness

introduction, *f.* introduction

introduire (*p.p.* **introduit**), to introduce

introuvable, undiscoverable

inutile, useless, unprofitable; vain

invariable, invariable

inventer, to invent

inventeur, *m.* inventor

invention, *f.* invention

inverse, *a.* inverse; **en sens —— de,** in the opposite direction to

inversion, *f.* inversion

invertir, to invert

investir, to invest

investissement, *m.* investment

invité, -e, *s.* guest

inviter, to invite

invoquer, to call upon, invoke; **—— un motif,** to set forth a reason

irascible, irascible, irritable

ironie, *f.* irony

ironique, ironic(al)

irréguli-er, -ère, irregular

irréprochable, irreprochable; faultless

isolé, -e, isolated

issue, *f.* issue, end, conclusion

Italie, *f.* Italy

italien, -ne, *a. & s.* Italian

italique, *a.* italic (type); *m.* italics

ivoire, *m.* ivory

J

jadis, formerly; **de ——,** yesteryear

jalou-x, -se, zealous, careful

jamais, ever; **à ——,** forever; never

jambe, *f.* leg; **il s'enfuit à toutes ——s,** he ran off as fast as his legs could carry him, at full speed

janvier, *m.* January

Japon, *m.* Japan

jardin, *m.* garden; **—— zoologique,** zoo

jardini-er, -ère, *s.* gardener

jaugeage, *m.* gauging; measuring

jaune, *a. & m.* yellow

Jeanne, —— d'Arc, Joan of Arc

jérémiade, *f.* lamentation, wailing

jeter, to throw, fling, cast; **—— quelqu'un hors de lui,** to put someone out of sorts, to anger someone

jeu, *m.* play; **—— de mots,** play on words; pun; game; **—— de quilles,** bowling; **mettre en ——,** to bring into play; to risk, endanger

jeune, *a.* young; *m.pl.* **——s gens,** young men, folks, people

jeunesse, *f.* youth; boyhood, girlhood

joie, *f.* joy; delight

joindre (*p.p.* **joint**), to join; **se ——,** to join, unite; to join (with)

joli, -e, pretty; good-looking; nice

jouer, to play; **—— aux cartes,** to play cards; **—— du piano,** to play the piano; **—— un rôle,** to play a part

joueu-r, -se, *s.* player (of game)

joug, *m.* yoke

jouir de, to enjoy

jour, *m.* day; **au —— le ——,** daily; **un ——,** some time; **sous un autre ——,** from another vantage point;

huit ——s, a week; **attenter aux ——s de quelqu'un,** to make an attempt on someone's life; **attenter à ses ——s,** to attempt suicide

journal, *m.* newspaper

journali-er, ère, *a.* daily

journaliste, *m. & f.* reporter

journée, *f.* day; the whole day; day's work

juge, *m.* judge

jugement, *m.* judgment

juger, to judge; to deem

juin, *m.* June

jupe, *f.* (woman's) skirt

jurer, to pledge one's word

jus, *m.* juice

jusque, *prep.* as far as; till, until; **jusqu'à présent,** up to now

juste, *a.* just, fair; **c'est tout —— s'il ne me frappa pas,** he all but struck me; **échapper tout ——,** to escape by the skin of one's teeth; *adv.* **au ——,** exactly

justification, *f.* proof

justifier, to justify; to give proof of

juxtaposition, *f.* juxtaposition

K

kilogramme, *m.* kilogram (2.2 lbs.)

kilomètre, *m.* kilometre (0.624 miles)

klaxon, *m.* klaxon, hooter, horn

klaxonner, to hoot, honk

L

la, *m.inv.* the musical note A

là, there

là-bas, (over) there, yonder

labeur, *m.* labor, hard work

laborieu-x, -se, laborious, hardworking

lac, *m.* lake

lâcheté, *f.* cowardice, cowardliness

lacune, *f.* gap

laid, -e, unsightly; plain; plain faced (person)

laine, *f.* wool

laisser, to let, allow; to leave; **cela laisse à désirer,** it leaves much to be desired

lait, *m.* milk

Lakmé, *opera by Delibes, 1883*

lambris, *m.* panelling

lamentable, deplorable; pitiful

lamentablement, pitifully

lancer, to start; to initiate, set; —— **une marchandise,** to put an article on the market; **se —— dans,** to launch out into

langage, *m.* language; speech (*of the individual, as opposed to the common language of a whole people or a group;* **le langage de la France,** the language and voice of France

langue, *f.* language; **la —— lui a fourché,** he made a slip of the tongue

langueur, *f.* languor, languishing look

lapin, *m.* rabbit

large, *a.* broad, wide; *m.* large; **prendre le ——,** to put to sea; (*fam.*) to decamp

largeur, *f.* breadth, width

larme, *f.* tear

larmoyant, -e, tearful

laryngite, *f.* laryngitis

las, -se, tired, weary

lasser, to tire; to exhaust (someone's patience); **se —— de,** to get tired of

lassitude, *f.* lassitude, tiredness, weariness

latin, *m.* latin

lauréat, -e, *s.* laureate; (prize) winner

laver, to wash

leçon, *f.* lesson; **faire la —— à,** to sermonize

lec-teur, -trice, *s.* reader

lecture, *f.* reading

lég-er, -ère, light; slight

légèrement, lightly, slightly

légitime, lawful, rightful

légitimer, to justify

légume, *m.* vegetable

lendemain, *m.* next day

lent, -e, slow

lentement, slowly

lenteur, *f.* slowness; dilatoriness; **les ——s de l'administration,** the delays, dilatoriness, of the government departments

lequel, laquelle, (*pl.*) **lesquels, lesquelles,** (**auquel, auxquel(le)s, duquel, desquel(le)s** *rel. pron.* who, whom; which

léser, to wrong; to wound, injure

lettre, *f.* letter; **écrire en toutes ——s,** to write out in full; *pl.* literature, letters, humanities

leur, leurs, *poss.a.* their

leur, *pers. pron.* (to) them

leurre, *m.* decoy; bait

leurrer, to bait; to decoy; to entice

lever: se ——, to get up (from bed)

levier, *m.* lever; —— **de commande,** control lever

lexicologue, *m.* lexicologist

liaison, *f.* joining; intercommunication

libération, *f.* liberation, freeing

libérer, to free

liberté, *f.* liberty, freedom

librairie, *f.* book shop; publishing house; **ouvrages en ——,** published books

libre, free

licence, *f.* —— **ès lettres, ès sciences, en droit,** degree in arts, in science, in law

lie, *f.* lees, dregs; **boire le calice jusqu'à la ——,** to drain the cup (of sorrow, etc.) to the dregs; —— **de vin,** purplish red

lien, *m.* tie, bond; —— **d'amitié,** bond of friendship

lier, to bind, tie, tie up; to join; to connect

lierre, *m.* ivy

lieu, *m.* place; **en premier ——,** in the first place, first of all, firstly; **en dernier ——,** last of all, lastly; **sur les ——x,** on the premises; **avoir ——,** to take place; **s'il y a ——,** if need be; **donner —— à,** to give rise to; **tenir —— de,** to take the place of; **au —— de,** instead of

ligne, *f.* line; —— **de pêche,** fishing-line; **auto qui a de la ——,** car with clean lines; line of writing; —— **de chemin de fer,** railway line; **dans ses grandes ——s,** in its broad outline

limite, *f.* boundary (of field, etc); limit (of power)

limiter, to limit; to restrict

limitrophe, bordering (on)

limousin, -e, *a. & s.* of Limoges, of the ancient province of Limousin

liquide, *a.* liquid; *m.* liquid

liquider, to liquidate; to sell off

lire (*p.p.* lu), to read

lisse, *a.* smooth

liste, *f.* list, roll, register; **dresser une ——,** to draw up a list; —— **des vérifications,** check list

lit, *m.* bed; **se mettre au ——,** to get into bed

litige, *m.* litigation

littéraire, *a.* literary; *m. & f.* student of humanities

littéral, -e, literal

livre, *f.* pound

livre, *m.* book

livrer, to deliver

local, -e, *a.* local; *m.* premises, building

localité, *f.* place, spot

locataire, *m. & f.* tenant, lodger, lessee

locati-f, -ve: valeur ——, rental (value); prix ——, rent; **réparations ——s,** repairs incumbent upon the tenant

locatif, *m.* locative (case)

location, *f.* reservation (of seats); **bureau de ——,** box office, booking office

locution, *f.* expression, phrase

loger, *v.i.* to lodge, live; *v.tr.* to house

logique, *a.* logical

loi, *f.* law

loin, *adv.* far; **plus ——,** farther (on); **être —— de** (+ *inf.*), to be far from doing (something); *m.* **au ——,** in the distance

lointain, -e, *a.* distant; *m.* **dans le ——,** in the distance

loisir, *m.* leisure; spare time; **les ——s,** spare-time activities

Londres, *usu. f.* London

long, -ue, *a.* long; **à la ——,** in the course of time; in the long run; *m.* **de ——,** long, in length; **le —— de,** along

longtemps, long; a long time; **aussi** —— **que,** as long as

longuement, for a long time

longueur, *f.* length

lors: —— **de,** at the time of

lorsque, when

louer (1), to rent

louer (2), to praise, laud

Louis, Louis; *m.* ——**(-d'or),** twenty-franc piece (*out of circulation*)

loup, *m.* wolf

lourd, -e, heavy; ponderous

lourdement, heavily

lucide, lucid

lucidité, *f.* clairvoyance

lueur, *f.* gleam; flash

lunaire, *a.* lunar

lunatique, *a., m. & f.* whimsical, capricious

lundi, *m.* Monday

lune, *m.* moon; **pleine** ——, full moon; **clair de (la)** ——, moonlight; **au clair de la** ——, by moonlight; —— **rousse,** April moon; —— **de miel,** honeymoon; **demander la** ——, to ask for the moon and stars; **vouloir prendre la** —— **avec les dents,** to reach out for the moon

luné, -e: être bien, mal ——, to be in a good, bad, mood

lunetier, *m.* optician

lunette, *f.* telescope, field glass; *pl.* spectacles, eyeglasses

lunetterie, *f.* making of optical instruments

lutte, *f.* struggle

lutter, to struggle, fight, compete

luxe, *m.* luxury; **se payer le** —— **(de),** to indulge in the luxury (of)

lycée, *m.* State-supported secondary school in France

M

macaron, *m.* macaroon

mâcher, to chew

machine, *f.* machine; —— **à calculer,** adding machine; —— **rotative,** rotary printing press

maçon, *m.* bricklayer

madame (*pl.* **mesdames**), Mrs.; Madam

mademoiselle (*pl.* **mesdemoiselles**), Miss

magasin, *m.* (large) shop; store

magazine, *m.* (illustrated) magazine

magister, *m.* schoolmaster

magistral, -e, magisterial, authoritative; (*fam.*) pompous; masterful (manner); masterly (work)

magistrat, *m.* magistrate, justice, judge

magistrature, *f.* magistrature; magistrateship; magistracy

magnétophone, *m.* tape recorder

mai, *m.* May

maigre, *a.* thin, skinny, lean

maigrir, to lose weight

main, *f.* hand; **prendre en** ——, to take in hand; **gagner haut la** ——, to win easily, hands down

maint, -e, many a

maintenant, now; henceforth; from now on

maintenir, to maintain; **se** ——, to last well

maire, *m.* mayor

mais, but

maison, *f.* house; —— **d'édition,** publishing house; —— **de couture,** dress shop, fashion designer's salon

maître, -sse, *s.* master, mistress; governing master; **idée maîtresse,** governing idea

maîtrisable, that can be mastered, controllable

maîtrise, *f.* mastership

maîtriser, to master; to subdue

majeur, -e, major; **la —e partie de,** most of

majorité, *f.* majority; **décision prise à la —** (**des voix**), decision taken by a majority

majuscule, *f.* (large) capital (letter)

mal (*pl.* **maux**), *m.* evil; hurt, harm; **faire du — à,** to do (someone) harm; disorder; malady, disease; **avoir —,** to ache; *adv.* badly

malade, *a.* ill, sick

maladie, *f.* illness, sickness

malaise, *m.* uneasy feeling

malchance, *f.* bad luck

malfaisant, -e, harmful

malgré, *prep.* in spite of; **— moi,** against my will

malheur, *m.* misfortune

malheureusement, unfortunately

malheureu-x, -se, *a. & s.* unfortunate, unhappy, wretched

mali-n, -gne, *a.* malignant; sharp; *m.* (*fam.*) smart Alec; **faire le —, faire son —,** to try to be smart

malsain, -e, unhealthy; unwholesome

manche (1), *f.* sleeve; **La Manche,** the (English) Channel

manche (2), *m.* handle (of hammer, whip)

manger, to eat

maniaque, *a. & s.* maniac, finical, faddy (person); faddist

manie, *f.* mania

maniement, *m.* handling

manier, to feel (cloth, etc.); to handle manipulate (tool, rope, etc.); to handle (affair); to manage, control

manière, *f.* manner, way; **de (telle) — que,** so that; (+ *ind.*, result); (+ *subj.*, purpose); *pl.* manners

manifeste, *a.* evident, obvious

manifestement, obviously

manifester, to show; **se —,** to appear; to show itself

manigancer, to scheme, plot

manille, *f.* manilla (French game of cards)

manipulation, *f.* handling

mannequin, *m.* manikin; dummy

manœuvre, *f.* working, managing, driving (of machine); tactical exercise; *m.* (unskilled) laborer

manœuvrer, to maneuver, handle

manque, *m.* lack

manquer, *v.i.* **— de,** to lack, want, be short of; to be missing, wanting, deficient; *impers.* **il manque,** to be lacking, missing; **— à quelqu'un,** to be missed by someone

mansarde, *f.* attic

manteau, *m.* wrap; overcoat

maquette, *f.* clay model; scale model

maraîcher, -ère, *s.* market gardener; *a.* **produits —s,** market garden produce

marbre, *m.* marble

marchand, -e, *s.* dealer, shopkeeper, merchant

marchandise, *f.* merchandise, goods, wares; **train de —s,** freight train

marche, *f.* step, walking; **se mettre en —,** to set out, start off; running; **en —,** under way, running, going, working, in motion

marché, *m.* market; **faire son —,** to do one's shopping; bargain; **bon —,** cheapness; **acheter, vendre à bon —,** to buy, sell cheap; **articles bon —,** low-priced goods

marcher, to walk; to move, travel, go; (of machine) to work, run, go

marcheu-r, -se, *s.* walker

mardi, *m.* Tuesday

marécage, *m.* swamp

marécageu-x, -se, marshy, swampy

maréchal, *m.* — **ferrant,** smith who shoes horses

marge, *f.* margin

mari, *m.* husband

mariage, *m.* marriage; wedding, nuptials

marié, -e, *a.* married

marier, to marry

marin, *m.* sailor

maritime, maritime

marmaille, *f.* (*fam.*) children (*coll.*)

marmite, *f.* (cooking) pot, boiling pot

marmot, *m.* child, brat

marquant, -e, prominent

marque, *f.* mark

marquer, to mark; to indicate, show; to point

marrant, —e, (*fam.*) funny

marron, *a. inv.* maroon, brown

marxiste, *a.* Marxian, Marxist

masculin, -e, *a. & m.* masculine

masse, *f.* mass; crowd; the mob; fund, stock

masser, to massage

mât, *m.* mast

match, *m.* — **de football,** soccer game

matérialiste, *a.* materialistic; *m. & f.* materialist

matériaux, *m.pl.* materials

matériel, -le, *a.* material

mathématicien, -ne, *s.* mathematician

mathématique, *f. usu. pl.* mathematics

matière, *f.* material

matin, *m.* morning

matinal, -e, morning; early hour

matinée, *f.* morning

maudit, -e, *a.* cursed

maussade, peevish

mauvais, -e, *a. & adv.* bad

mauve, *a. & m.* mauve, purple

maximum, *m.* maximum

mécanicien, -ne, *s.* mechanic

mécanique, *a.* mechanical; *f.* (science of) mechanics

mécanisme, *m.* mechanism, machinery

méchamment, disagreeably, wickedly

méchant, -e, *a. & s.* disagreeable; naughty, mischievous (child)

mécompte, *m.* disappointment

méconnaissable, hardly recognizable

mécontent, -e, *a.* displeased; *s.* malcontent

mécontentement, *m.* dissatisfaction

mécontenter, to dissatisfy, annoy

médecin, *m.* doctor, physician; **femme —,** lady doctor

méditer, to meditate

méfiance, *f.* distrust

méfier, *v.pr.* **se — de,** to distrust

mégarde, *f.* **par —,** inadvertently

meilleur, -e, better

mélange, *m.* mixture

mêler, to mix; **se — à,** to mix, blend; to mingle (with)

mélodie, *f.* melody, tune

mélomane, *a. & s.* melomaniac

mélomanie, *f.* melomania

membre, *m.* member; constituent part

même, *a.* same; self; *adv.* even; faire de ——, to do likewise; to do the same; il en est de —— pour, the same holds true, holds good, in respect of; être à —— de (+ *inf.*), to be able to (do something)

mémoire *f.* memory

mémoire *m.* dissertation, thesis

menaçant, -e, menacing, threatening

menace, *f.* threat, menace

ménage, *m.* household; faire bon ——, to live happily together

ménag-er, -ère, *a.* thrifty, sparing; *f.* housekeeper, housewife

mener, to lead; —— à bonne fin, à bien, to bring to a (successful) end

mensonge, *m.* lie, untruth, falsehood; débiter des ——s, to tell lies

mensuel, -le, *a.* monthly

mentalité, *f.* mentality

mentionner, to mention

mentir, to lie; to fib

menton, *m.* chin

menu, -e, *a.* small; *m.* menu (of a meal)

menuisier, *m.* carpenter

mépris, *m.* contempt, scorn

mer, *f.* sea

merci, *adv.* thank you

mercredi, *m.* Wednesday

mère, *f.* mother; —— de famille, mother of a family

mère-patrie, *f.* parent state (of colonies); metropolis

méridien, -ne, *a.* meridian, meridional; midday

méridional, -e, *a. & s.* meridional, pertaining to the Midi

mérite, *m.* merit

mériter, to deserve, merit

merveille, *f.* marvel, wonder; à ——, excellently, wonderfully well

merveilleu-x, -se, *a. & s.* marvelous, wonderful

mesquinerie, *f.* meanness, pettiness

messager, *m.* messenger

mesure, *f.* measure; prendre des ——s, to take action, adopt measures; être en —— de (+ *inf.*), to be in a position to (do something)

mesurer, to measure; to assess

métallurgique, *a.* metallurgic(al); usine ——, ironworks

métamorphoser, to transform

métaphore, *f.* metaphor; figure of speech

méthode, *f.* method, system

méticuleu-x, -se, meticulous, scrupulously careful

métier, *m.* trade, profession

mètre, *m.* meter (3.281 ft.)

Métro, *m.* (*fam.*) = Métropolitain, (the underground railway) in Paris; subway

métropolitain, -e, *a. & m.* metropolitan

mets, *m.* (article of prepared) food; viand; dish (of food)

mettre (*p.p.* mis), to put; —— en occasion, to enable; to put into a position; —— en commun, to unify, pool; —— à sec, to drain; —— en valeur, to emphasize; —— du temps à (+ *inf.*), to take time over; —— son argent en fonds de terre, to invest one's money in real estate; se —— à (+ *inf.*), to set about, begin to (do something)

meuble, *m.* piece of furniture

meurtri-er, -ère, *a.* murderous; deadly; *s.* murderer

Meuse, *f.* (the river) Meuse, Maas

mi, *adv.* half, mid, semi-

mi-carême, *f.* Mid-Lent

midi, *m.* midday, noon, twelve o'clock; south; **le Midi,** the South of France

midinette, *f.* (*fam.*) working girl, esp. young milliner or dressmaker (who goes home to lunch at midday)

mie, *f.* crumb (of loaf, as opposed to crust)

mieux, *adv.* better; **faire quelque chose à qui —— ——,** to vie with one another in doing something; **faire de son ——,** to do one's best

milieu, *m.* middle; **au —— de,** in the middle of; surroundings, environment; (social) sphere, circle; social classes; mean

militaire, *a.* military

militer (en faveur de), to militate (in favor of)

mille (1), *a. & m.* thousand

mille (2), *m.* mile (1609 metres)

milliard, *m.* milliard; one thousand million(s), billion

milliardaire, *a. & s.* multi-millionaire

millier, *m.* about a thousand

million, *m.* million

millionième, *a. & s.* millionth

mince, *a.* thin, slender

mine, *f.* appearance, look, mien

miniature, *f.* miniature, small scale

minime, *a.* small

ministère, *m.* agency; ministry; government department

minuit, *m.* midnight

minute, *f.* minute

minutieu-x, -se, thorough

miraculeu-x, -se, miraculous

mis, -e, *see* **mettre**

mise, *f.* placing; putting; —— **en relief,** emphasis; —— **en valeur,** development; —— **en vente,** putting on the market; offering for sale; **être de ——,** to be in fashion; dress, attire; staking or stake

miser, to stake, bid

misérable, *a.* miserable, unfortunate

misère, *f.* misery

mission, *f.* mission

miteu-x, -se, shabby

mixte, composite

mode, *f.* fashion; **lancer la ——,** to bring into fashion; **être à la ——,** to be in fashion, in vogue; **(articles de) ——s,** millinery; **haute ——,** high fashion

mode *m.* mode, mood; method

modèle, *m.* model, pattern; —— **déposé,** registered pattern

moderne, modern

modernisa-teur, -trice, *a.* modernizing

moderniser, to modernize

modifier, to modify; to alter, change

modiste, *f.* milliner

mœurs, *f.pl.* morals or manners; customs

moi, *stressed pers. pron.* (subject) I; (object) me

moindre, *a.* less(er); **le, la ——,** the least

moineau, *m.* sparrow

moins, *adv.* less; **de —— en ——,** less and less; **à —— de,** unless, barring; **à —— que** + *subj.,* unless; **du ——,** at least; *prep.* minus, less

mois, *m.* month

moitié, *f.* half; **à ——,** half

mollesse, *f.* lack of vigor

molosse, *m.* watchdog, mastiff

moment, *m.* moment; **en ce ——,** at the moment, just now, at present; **au —— où,** when, while; **au —— de,** on the point of

momentané, -e, momentary

momentanément, momentarily

monarchique, monarchic(al)

monde, *m.* world; **mettre au ——,** to bring into the world; to give birth to; **du ——,** many people; **tout le ——,** everybody, everyone

mondial, -e, world-wide; **guerre ——e,** world war

monétaire, monetary; **unité —— d'un pays,** currency of a country

monopole, *m.* monopoly

monsieur, *m.* (pl. **messieurs**), sir; gentleman

mont, *m.* mountain

montagne, *f.* mountain

montant, -e, *a.* rising; new; *m.* amount (of account)

monter, to climb; to climb on, into; **se —— à,** to amount to; **—— à Paris** (*fam.*) to go to Paris

montre, *f.* show, display; **faire —— de,** to display; watch

montrer, to show; **se ——,** to prove to be; to behave as

monument, *m.* monument, memorial; public or historic building

moquer, *v.pr.* **se —— de,** to mock, make fun of, make game of

moqueu-r, -se, *a.* mocking, derisive

moral, -e, *a.* moral

morale, *f.* morals; ethics; moral science

moralement, morally

moralité, *f.* morality; moral conduct

morceler, —— une propriété, to break up an estate

mordre, to bite

moribond, -e, at death's door

morphinomane, *a.*, *m. & f.* morphi(n)omaniac; morphine addict; (*fam.*) drug fiend

morphinomanie, *f.* morphinomania

mort, -e, *a.* dead

mort, *f.* death

mortel, -le, mortal; **coup ——,** mortal blow, death blow

mot, *m.* word; **prendre quelqu'un au ——,** to take someone at his word; **sans —— dire,** without (saying) a word; **ne pas souffler —— de,** not to breathe a word about; **souffler un —— à quelqu'un de,** to let someone in on a secret; **à ces ——s,...** so saying...,

mo-teur, -trice, *a.* propulsive, driving; *m.* motor, engine

moti-f, -ve, *a.* motive; *m.* motive, inventive; reason; design, pattern, motif; theme, motto, figure

motiver, to motivate (an action)

motocyclette, *f.* motor(bi)cycle

mou, (mol), molle, soft

mouche, *f.* fly; **prendre la ——,** to fly into a temper; to take offense; **c'est une fine ——,** she's a sly minx

mouchoir, *m.* handkerchief; **—— de tête,** kerchief

mourir (*p.p.* **mort**), to die; **se ——,** to be dying (*thus used only in the present and imperfect indicative*)

moutarde, *f.* mustard

mouton, *m.* sheep

mouvement, *m.* movement; motion; **se mettre en ——,** to start off, move off; **suivre le ——,** to follow the trend; **—— rotatoire,** rotating mouvement

mouvementé, -e, animated; **vie ——e,** eventful life

moyen, -ne *a.* middle; **le —— âge,** the Middle Ages; *f.* average speed

moyen *m.* means; **au —— de,** by means of

mulet (1), *m.* (he-)mule

mulet (2), *m.* grey mullet

muleta, *f.* cape (used in bullfighting)

multiple, *a.* manifold

multiplier, to multiply; **se ——,** to multiply, increase

munir, to equip, provide

mur, *m.* wall

mûr, -e, mature

murer, to wall up, brick up

murmurer, to grumble, complain; to murmur, whisper

muscle, *m.* **—— rotateur,** rotator muscle

Muse, *f.* Muse; **invoquer la ——,** to call on one's Muse

musée, *m.* museum

musicien, -ne, *a. & s.* musical; musician

musique, *f.* music

mutuel, -le, mutual

mutuellement, mutually

mythomane, *m. & f.* compulsive liar

mythomanie, *f.* mythomania (compulsion to tell lies)

N

nager, to swim

naguère, *adv.* a short time ago

naï-f, -ve, *a.* naïve

naissance, *f.* birth; **donner —— à,** to give rise to

naître (*p.p.* **né**), to be born; to come into the world, into existence

naïvement, naïvely

napoléonien, -ne, Napoleonic

narration, *f.* narrative, account (of event)

natal, -e, native

natalité, *f.* birth rate

nation, *f.* nation

national, -e, *a.* national

nature, *f.* nature; kind

naturel, -le, *a.* natural

naturellement, naturally

navette, *f.* shuttle; **faire la —— entre deux endroits,** (*of vehicle*) to ply (to and fro) between two places; **ligne de chemin de fer exploitée en ——,** railway line over which a shuttle service is run

nécessaire, *a. & m.* necessary

nécessité, *f.* necessity

nécessiter, to necessitate, entail

nécrologue, *m.* writer of obituaries

néfaste, baleful, baneful

négati-f, -ve, *a.* negative

négligé, -e, *a.* careless, slovenly (dress, appearance)

négliger, to neglect

nègre, négresse, *s.* negro; **tête de ——,** *a.inv.* nigger-brown

néologisme, *m.* neologism

nerf, *m.* nerve

nerveusement, irritably

nerveu-x, -se, nervous

net, -te, *a. & adv.* clear(ly)

nettement, clearly

neuf (1), *a. & m.* nine

neu-f, -ve (2), *a. & m.* new

neutre, *a. & m.* neuter

ni: *conj.* **ni...ni,** neither...nor

niçois, -e, *a. & s.* (native) of Nice

niveau, *m.* level; **le —— de la mer,** the level of the sea; **—— de vie,** standard of living

nivellement, *m.* levelling

noblesse, *f.* nobility

Noël, *m.* Christmas

noir, -e, *a. & s.* black; **misère ——e,** dire poverty

noirâtre, blackish, darkish

noisette, *f.* hazel-nut; *a. inv.* nut-brown

nom, *m.* name; noun, substantive

nombre, *m.* number; **—— de...,** a good many...; **au —— de,** in number

nombreu-x, -se, numerous

nomination, *f.* nomination for an appointment

nommer, to name; to appoint; to nominate

non, *adv.* no

nonchalant, -e, nonchalant, unconcerned

non-sens, *m.* meaningless sentence, translation, or action

nord, *a. inv. & m.* north, northern

normal, -e, *a.* normal

normalement, normally

normand, -e, *a. & s.* Norman; of Normandy

notaire, *m.* notary

note, *f.* note, bill; (musical) note

noter, to note; to take notice of

notion, *f.* notion, idea

notre, nos, *poss.a.,* our

nôtre, *poss.pron.,* ours; **vous serez des ——s,** you will join our party

nouer, to bind, knot; **—— une amitié,** to form a friendship

nourrir, to cherish, entertain (hope)

nouv-eau, -el, -elle, new; recent, fresh; **de ——,** again

nouveau-né, -née, *a. & s.* newborn

nouveauté, *f.* novelty; change, innovation

nouvelle, *f.* (piece of) news; *pl.* **vous m'en direz des ——s,** you will be astonished at it, delighted with it; novelette; short story

nouvellement, newly, lately, recently

nouvelliste, *m.* short-story writer

nova-teur, -trice, *s.* innovator

novembre, *m.* November

novice, *m. & f.* novice (in convent); probationer; fresh hand; *a.* new

noviciat, *m.* period of probation (of professing nun or monk); apprenticeship

noyau, *m.* cell; stem; core; stone

nu, -e, *a.* naked

nuance, *f.* slight difference of meaning

nuire (*p.p.* **nui**), to be injurious, prejudicial

nuit, *f.* night

nul, -le, *indef. a.* (*with* **ne**) no; *indef. pron.* not one; no one; nobody

nullement, not at all

numéral, -e, *a. & m.* numeral

numéro, *m.* number

O

obéir, to obey

objecti—f, -ve, *a.* objective; *m.* aim

objection, *f.* objection

objectivité, *f.* objectivity

objet, *m.* object; (*gram.*) object, complement; subject (matter)

obligation, *f.* (moral) obligation; bond, debenture, redeemable stock; obligation

obligatoire, obligatory; compulsory

obligeance, *f.* obligingness; **ayez, veuillez avoir, l'—— de...,** be good enough to..., be so kind as to...

obligé, -e, *a.* grateful

obliger, to compel, oblige

observation, *f.* observation

obstacle, *m.* obstacle; impediment

obtenir, to obtain, get

occasion, *f.* opportunity; **mettre en —— de,** to put (someone) into a position of; **saisir l'——,** to seize the opportunity

occidental, -e, west(ern)

occupation, *f.* occupation; work; pursuit

occupé, -e, busy, engaged; taken

occuper, to occupy; to hold; to give occupation to; to employ; **s'——,** to keep oneself busy; **s'—— de,** to attend to; to mind

occurrence: en l'——, in, under, the circumstances

océan, *m.* ocean

ocre, *f.* ochre; —— **jaune,** brown hematite

octobre, *m.* October; **en ——,** in October

octroyer, to grant, concede, allow

ode, *f.* ode

odeur, *f.* scent

œil, (*pl.* **yeux**), *m.* eye; **je n'ai pas fermé l'——,** I didn't sleep a wink; **l'—— du maître,** the watchful eye of the master; **fermer les —— sur,** to wink, connive, at; **ouvrir de grands ——,** to open one's eyes wide; to stare; **ouvrir les —— à quelqu'un,** to open someone's eyes, enlighten; **pour les beaux —— de,** for love; **chose qui saute aux ——,** thing that leaps to the eye; **cela saute aux ——,** it is obvious; **fermer les —— à,** to close (someone's) eyes (in death); **voyager à**

l'——, to travel free, without paying (lawfully or not); **il n'a pas les —— dans sa poche,** he keeps his eyes peeled, skinned, **aux —— de,** in the sight of, in the eye of; **sous les ——,** before one's eyes; **à l'——,** free, gratis; **avoir l'—— sur,** to keep an eye on; **ayez l'—— ouvert,** keep your eyes peeled, skinned; **à vue d'——,** visibly; **jeter un coup d'—— sur le journal,** to have a look at the paper; **regarder d'un mauvais ——,** to look unfavorably upon; **avoir les —— plus grands que le ventre,** to have eyes larger than one's stomach; **être tout yeux,** to be all eyes

œuf, (*pl.* **œufs**), *m.* egg

œuvre, *f.* work; **mettre en ——,** to use, avail oneself of

office, *m.* bureau, office

officiel, -le, *a.* official

officier, *v.i.* to officiate

officier, *m.* officer

officieu-x, -se, semi-official; unofficial

offrir (*p.p.* **offert**), to offer; **s'——,** to offer itself, to present itself

oh, *int.* Oh! O!

oiseau, *m.* bird

Olympe, *m.* (Mount) Olympus

ombilical, -e, umbilical

ombrage, *m.* shade (of trees)

ombragé, -e, shaded, shady (path, spot)

ombre, *f.* shadow; shade

omettre (*p.p.* **omis**), to omit, pass over

omission, *f.* omission

omnipotence, *f.* omnipotence

omnivore, *a.* omnivorous

on, *indef. pron.,* one

onde, *f.* wave

onéreu-x, -se, onerous; burdensome (tax); heavy (expenditure)

onze, *a. & m.* eleven

opéra, *m.* opera house

opération, *f.* operation

opérer: s'——, to take place

opinion, *f.* opinion; view

opportun, -e, opportune, timely

opportunément, opportunely

opposer, to oppose; s'—— à to be opposed to

opposition, *f.* opposition

opprobre, *m.* disgrace; **couvrir d'**——, to heap shame on

opter: —— **entre deux choses,** to choose, decide, between two things; —— **pour,** to decide in favor of

optimisme, *m.* optimism

optimiste, *a., m. & f.* optimistic, optimist

opulence, *f.* opulence; **nager dans l'**——, to be rolling in wealth

or, *m.* gold

or, *conj.* now

oracle, *m.* oracle

orage, *m.* (thunder)storm

oraison, *f.* —— **funèbre,** funeral oration

oral, -e, *a.* oral

orange, *f.* orange

orateur, *m.* speaker

ordinaire, *a.* ordinary, common; *m.* **d'**——, usually, as a rule; **qui sort de l'**——, uncommon

ordinairement, ordinarily, generally

ordonnance, *f.* arrangement (of building)

ordonna-teur, -trice, *s.* director, arranger; organizer (of festivities)

ordonner, to order, command

ordre, *m.* order; **mettre de l'**—— **dans,** to set in order; class, division, category; **de l'**—— **de...,** ranging about...

oreille, *f.* ear; **être tout** ——**s,** to be all ears, all attention; **(son) qui écorche l'**——, (sound) that grates on the ear

oreiller, *m.* pillow

ores, now; **d'**—— **et déjà,** here and now, from now on

organdi, *m.* organdy; gauze-like muslin used to strengthen the binding of a book

organique, organic

organisation, *f.* organization

organiser, to organize

orgueil, *m.* pride, arrogance

orienter, to direct, guide

originaire (de), native (of)

original, -e, original (style, idea); inventive (genius); novel, fresh; *m.* odd, queer, eccentric; **c'est un** ——, he's a character

origine, *f.* origin; **à l'**——, originally, in the beginning; **à l'**—— **de,** at the source of

originel, -le, primordial, original; **péché** ——, original sin; **tache originelle,** inherited taint

orner, to adorn, decorate

orthographe, *f.* orthography, spelling

orthographier, to spell

os, [os, *pl.* o], *m.* bone

oser, to dare, venture

ôter, to remove, take away; to take off

ou, or; (often strengthened with **bien**) **ou bien,** or else

où, *interr.* where? **d'**——? where...

lxvi

from ? *rel.*, where, when; **d'——**, from which, in which

oublier, to forget

ouest, *m.* west; *a. inv.* **côté ——,** western, west, side

oui, yes

ours, -e, *s.* bear; a somewhat bearish person

outre, *prep.* beyond; **—— mesure,** beyond measure; *adv.* **en ——,** besides, moreover; further(more)

outre-Atlantique, on the other side of the ocean

outre-Manche, on the other side of the Channel

outremer, *m.* lapis, lazuli; ultramarine (blue)

outre-mer, *adv.* beyond the sea(s); oversea(s)

outrepasser, to go beyond

ouvertement, openly, frankly; avowedly

ouverture, *f.* opening (of door, session, etc.)

ouvrable: jour ——, working day

ouvrage, *m.* work; (something to do); **se mettre à l'——,** to set to work; workmanship; piece of work; product; **les gros ——s,** fortifications; **——s de dames,** ladies' fancy-work; **panier à ——;** workbasket

ouvri-er, -ère, *a. & s.* worker; workman; workwoman; craftsman; mechanic; seamstress; **—— plombier,** plumber; **les classes ouvrières,** the working classes

ouvrir (*p.p.* **ouvert**), to open; **s'——,** to open; **la porte s'ouvrit en coup de vent,** the door flew open; **s'—— à quelqu'un,** to talk, freely to someone

P

page, *f.* page

paille, *f.* straw; **—— de fer,** iron shavings

pain, *m.* bread; **petit ——,** (French) roll

pair, -e, *a.* equal; **marcher de —— avec,** to keep pace with; even; *m.* equal, peer

paire, *f.* pair

paisible, peaceful

paître, to graze; **je l'ai envoyé ——,** I sent him packing

paix, *f.* peace

palais (1), *m.* palace

palais (2), *m.* palate

paléologue, *m.* paleologist

palet, *m.* games: quoit; **jouer aux ——s,** to play at quoits

panacée, *f.* panacea

panier, *m.* basket

panne, *f.* breakdown, mishap; failure (of electric light)

panser, to groom

pantalon, *m.* trousers; **—— de coutil,** blue jeans

paon, *m.* peacock

papillon, *m.* butterfly; (*pop.*) ticket

papotage, *m.* idle talk; chatter

pâque, *f.* Passover; **Pâques,** *m.pl.* Easter

paquebot, *m.* liner; steamer

paquet, *m.* parcel

par, by

parade, *f.* parade

paradis, *m.* paradise

paradoxe, *m.* paradox

paragraphe, *m.* paragraph

paraître (*p.p.* **paru**), to appear, be published; **faire —— un livre,** to publish, bring out, a book; to seem, look

parallèle, *a. & f. (geometry)* parallel; *m.* parallel, comparison; *(geography)* parallel (of latitude)

parallèlement, in a parallel direction

parapluie, *m.* umbrella

parasol, *m.* parasol, sunshade

parc, *m.* park; —— **pour autos, de stationnement,** parking place, lot

parce que, because

parcimonieu-x, -se, parsimonious; stingy, sparing (of)

parcours, *m.* distance covered; route (omnibus)

pardessus, *m.* overcoat

pare-brise, *m.* wind-shield

pareil, -le, similar; same; such; **en —— cas,** in any such emergency; in such cases; **en pareilles circonstances,** under such circumstances

parenthèse, *f.* parenthesis; **entre ——s,** in parentheses; by the way

parents, *m. pl.* parents; father and mother

parer (1), to prepare, to adorn

parer (2), to avoid, ward off

paresse, *f.* laziness; **flatter sa ——,** to humor his laziness

paresseu-x, -se, *a.* lazy

parfaire, to perfect; to round off

parfait, -e, perfect; **c'est ——!** excellent!

parfois, sometimes, at times, occasionally

parfum, *m.* perfume

parfumer, to scent

parier, to bet, wager

parisien, -ne, *a. & s.* Parisian

parler, *v.i.* to speak, talk

parler, *m.* language

parleur, *m.* speaker; **haut-parleur,** loudspeaker

parmi, among, amid

parodie, *f.* parody; skit

parodier, to parody

paroisse, *f.* parish

parole, *f.* (spoken) word; utterance; **ma ——!** my word! **adresser la —— à,** to speak to, address

paronyme, *m.* paronym

parrain, *m.* godfather

parrainage, *m.* sponsorship

parsemer (de), to intersperse with

part, *f.* share; **pour ma ——...,** as for me...; **de —— et d'autre,** on both sides; **d'autre ——,** on the other hand; **à ——,** besides; except for; **pour une large ——,** largely, primarily

partage, *m.* share; **échoir en —— à,** to fall to (one's) share

partager, to divide; to share out

partenaire, *m.* partner

parterre, *m.* flower bed

parti, *m.* **prendre (un) ——,** to come to a decision; to make up one's mind

participe, *m.* participle

participer, to participate, have a share, an interest in

participial, -e, *a.* participial

particuli-er, -ère, *a.* particular, special; *m.* **en ——,** particularly

particulièrement, particularly, especially

partie, *f.* part; **en ——,** partly; in part; **en grande ——,** largely, to a great extent; **faire —— de,** to be or form a part of

partiellement, partially, partly, in part

partir, to depart, leave, start; **à —— de,** from (now) on

partisan, -e, *s.* supporter

partout, *adv.* everywhere

parure, *f.* ornament(ing), adornment

parution, *f.* appearance, publication (of book)

parvenir, to arrive at, reach; to attain; to succeed; —— à + *inf.*, to manage to (do something)

parvenu, -e, *s.* a newly rich (person)

pas *m.* step; **faire un grand** ——, to take a long step forward; **d'un —— alerte,** at a quick pace, quick step; **au —— pressé,** in a hurry; **franchir le dernier** ——, to overcome the last obstacle; **le —— de Calais,** the Straits of Dover; **se tirer d'un mauvais** ——, to extricate oneself from a fix; to escape

pas, *adv.* not

passage, *m.* passage; passing over, through, across; going past (a place); **donner à** ——, to allow to pass

passag-er, -ère, *a.* momentary

passe, *f.* passing, passage; permit; pass; fairway

passé, -e, *a.* past; **la semaine ——e,** last week; *m.* (*gram.*) **verbe au** ——, verb in the past tense; —— **composé,** present perfect

passer, *v.i.* to pass; —— **voir,** to call on (someone); —— **pour,** to have a name for, to be said to; *v.tr.* to pass; to hand to; to spend; to exceed; to strain; **se** ——, to happen; to take place; **se —— de,** to do without, dispense with

passi-f, -ve, *a.* passive

passion, *f.* passion, passionate love

passionnant, -e, entrancing, thrilling

passionné, -e, *a.* passionate; impassioned, ardent, fond of

pastis, *m.* aniseed aperitif

pâté, *m.* (meat or fish) pie

patenté, -e, *s.* licensee; licensed dealer; *a.* licensed

pâtir, to suffer

pâtisserie, *f.* pastry

patrimoine, *m.* patrimony, heritage

patron, -ne, *s.* chief, head; *m.* pattern; model

pauvre, *a. & m.* poor; unfortunate (man); **le —— homme!** poor fellow!

pauvreté, *f.* poverty, indigence

paver, to pave

pavillon, *m.* pavilion; detached building

payement, *m.* payment

payer, to pay

pays, *m.* country; land; native land

paysage, *m.* landscape; scenery

paysan, -ne, *a. & s.* peasant

peau, *f.* skin; **avoir les nerfs à fleur de** ——, to be on edge

pêche, *f.* fishing

pécuniaire, pecuniary; financial

pédagogique, pedagogic(al)

pédestre, pedestrian

pédestrement, on foot

peine, *f.*, sorrow, affliction; **errer comme une âme en** ——, to wander about like a lost soul; **faire de la —— à,** to grieve, vex, distress; **cela fait —— à voir,** it is painful to behold; **être en —— de,** to be uneasy, anxious, about (someone); **être dans la** ——, to be in want, in trouble, in distress; **prendre, se donner la —— de** (+ *inf.*), to take trouble, take pains, to do (something); **c'est —— perdue,** it is labor lost; **cela vaut la —— d'essayer,** it is worth trying; **cela n'en vaut pas la ——,** it is not worth the trouble; **c'était bien la —— de venir!** we might as well have stayed at home! **homme de ——,** common laborer; **j'ai eu toutes les ——s du monde à le trouver,** I had the utmost difficulty in finding it; **j'ai —— à ...,** it is difficult for me to ...; **avec ——,** with difficulty; **à ——,** hardly; **c'est à —— si je...,** I hardly...

peiner, to grieve; to distress

peintre, *m.* painter

peinture, *f.* painting; picture; **—— au pistolet,** spraygun painting

péjorati-f, -ve, *a. & m.* pejorative; disparaging

péjorativement, disparagingly, in a pejorative manner

pelé, -e, bald; bare, hairless

pelouse, *f.* lawn

penché, -e, *a.* leaning

pendant, *m.* match; **ces deux tableaux (se) font ——,** these two pictures make a pair

pendant, *prep.* during; **—— que,** while

pendule *m.* pendulum

pendule *f.* clock

pénible, hard; painful, distressing

pénicilline, *f.* penicillin

pénitencier, *m.* reformatory prison

pensée, *f.* thought

penser, to think; **—— à,** to think of, about; **faire —— à,** to remind (one) of; **—— de,** to think of, have an opinion of

penseur, *m.* thinker

pensi-f, -ve, pensive

pension, *f.* allowance; payment for board (and lodging)

pente, *f.* slope

pépère, *m.* (*pop.*) quiet old fellow; *a.* comfortable, pleasant

perçant, -e, shrill (voice)

percement, *m.* drilling, piercing

perception, *f.* perception

percer, to pierce; **—— un tunnel dans une montagne,** to drive a tunnel through a mountain

percevoir, to perceive

perclus, -e, stiff-jointed; **—— de rhumatismes,** crippled with rheumatism

perdre, to lose

perdreau, *m.* young partridge

père, *m.* father; **—— de famille,** paterfamilias; **nos ——s,** our forefathers

péremptoire, peremptory (tone); decisive (argument)

perfection, *f.* perfection

périgourdin, -e, *a. & s.* of Périgord

périlleu-x, -se, perilous

périmé, -e, out-of-date

période, *f.* period; age, era

périphrase, *f.* periphrasis, periphrase

périr, to perish; **faire ——,** to kill, put to death

permanent, -e, *a.* continuous

permettre, to permit, allow; **se permettre de** (+ *inf.*), to make bold to (do something)

péroraison, *f.* peroration

pers, -e, sea-green or grey

persécution, *f.* persecution

persévérance, *f.* perseverance

persévérer, to persevere

persister à (+ *inf.*) to persist in

personnage, *m.* personnage; person of rank, of distinction; person, individual; **c'est un triste ——,** he is a sad character; **les ——s,** the dramatis personae

personnalité, *f.* personality; individuality; individual characteristics; person, personage; **les ——s,** the big, important people

personne, *f. pron. indef.* person; (*with* **ne** *expressed or understood*) no one; nobody

personnel, -le, *a.* personal; *m.* personnel, staff

personnellement, personally

perspective, *f.* perspective; outlook, prospect

perte, *f.* loss

pervers, -e, *a.* perverse; vicious

pesant, -e, *a.* heavy, weighty

peser, to weigh

pessimisme, *m.* pessimism

pessimiste, *a.* pessimistic

peste, *f.* plague

pétarader, to emit a succession of bangs

petit, -e, *a.* small, little; **—— à ——,** little by little

petite-fille, *f.* granddaughter

petit-fils, *m.* grandson

peu, *adv.* little; few; *m.* **un ——!** rather!

peuple, *m.* people; common people, the lower classes

peur, *f.* fear, fright, dread; **avoir ——,** to be, feel, frightened; **prendre ——,** to take fright; **faire —— à,** to frighten; **être laide à faire ——,** to be frightfully ugly; **de —— de,** for fear of (something); **de —— que... (ne)** + *subj.*, lest; for fear that

peut-être, perhaps, maybe, possibly

Pharaon, *m.* Pharaon

phare, *m.* headlight

phénicien, -ne, *a. & s.* Phoenician

phénix, *m.* phoenix; person of high excellence (sarcastic)

phénomène, *m.* phenomenon

philologue, *m.* philologist

philosophe, *m. & f.* philosopher

philosophie, *f.* philosophy

phonétique, *a.* phonetic

phrase, *f.* sentence

physiologie, *f.* physiology

physique, *f.* physics; *m.* physique

physiquement, physically, materially

piaffer, to prance

pièce, *f.* piece; room; **—— de théâtre,** play

pied, *m.* foot; **avoir bon ——, bon œil,** to be hale and hearty; **aller à ——,** to walk; **prendre ——,** to get a footing, a foothold; **Achille au —— léger,** light-footed Achilles; base (of mountain); **—— carré,** square foot

piège, *m.* trap, snare

piémontais, -e, *a. & s.* of Piedmont (Italy)

pierraille, *f.* broken stones; rubble;

pierre, *f.* stone; **—— de touche,** touchstone; **—— d'achoppement,** stumbling block

pierreries, *f.pl.* precious stones, jewels, gems

piétiner: —— sur place, to mark time

piéton, *m.* pedestrian

piètre, paltry, poor, wretched

piètrement, wretchedly

pilastre, *m.* pilaster

pin, *m.* pine (tree)

pinacle, *m.* pinnacle; **porter au ——, mettre sur le ——,** to extol, praise to the skies

pinacothèque, *f.* picture gallery

pinède, *f.* (in southern France) pine-tract, pine land

pionnier, *m.* pioneer

pique-nique, *m.* picnic

pire, *a.* worse; **il n'est —— eau que l'eau qui dort,** still waters run deep

pis, *adv.*, (*comparative*) worse; **de —— en ——,** worse and worse; **aller de mal en ——,** to go from bad to worse; **ce qui est ——,** what is worse; **et qui —— est,** and what is worse; **rien de ——,** nothing worse; **ce qu'il y a de ——,** what is worse; **au —— aller,** if worse comes to worse; **tant ——,** too bad

pisciculture, *f.* pisciculture (fish culture)

pisciforme, fish-shaped

piscine, *f.* public baths; pool

piscivore, *a.* piscivorous

pistolet, *m.* pistol, gun

piteu-x, -se, piteous, woeful

pitié, *f.* pity; **sans ——,** pitiless(ly), merciless(ly), ruthless(ly)

pitoyable, pitiable, pitiful

place, *f.* place; position; **rester en ——,** to keep still; stead; **à la —— de,** instead of; **faire —— à,** to give place to; **—— assise,** *f.* seat; **—— publique,** public square, market place; **faire —— nette,** to clean up; **faire du sur ——,** to mark time; **prendre ——,** to take place

placer, to place; to put, set

plafond, *m.* ceiling

plage, *f.* beach, shore

plaid, *m.* plea

plaie, *f.* wound; affliction, evil

plaindre (*p.p.* **plaint**), to pity; **se—— de,** to complain of, about; to find fault with

plaine, *f.* plain; flat open country

plainte, *f.* complaint

plaire (*p.p.* **plu**), to please; to be agreeable to; **se ——,** to take pleasure; to be pleased

plaisanterie, *f.* joke; **entendre la ——,** to know how to take a joke

plaisir, *m.* pleasure; amusement, enjoyment; **faire ——,** to please

plaît, *see* **plaire**

plan, -e, *a.* (1) even, plane, level; plane; *m.* **reléguer au second ——,** to put into the background; **sur le —— de,** concerning

plan (2), *m.* draft (of construction); plan, outline

planche, *f.* board

plancher, *m.* floor

planétaire, planetary

plantation, *f.* plantation, grove

plante, *f.* plant

plaque, *f.* plate; license plate (automobile)

plat, *m.* dish (container or contents)

plein, -e, full; **en —— air,** in the open; **faire le —— d'essence,** to fill up with gasoline

pleinement, fully, entirely, quite

pléonasme, *m.* pleonasm

pleur, *m.* (*usually pl.*) tear; **être tout en ——s,** to be bathed in tears

pleurer, to weep, shed tears, cry

pleuvoir (*p.p.* **plu**), to rain

plier, to bend; **se —— (à),** to yield, bow, submit (to)

plombier, *m.* plumber

plonger, *v.i.* to plunge; to dive; *v.tr.* to immerse

plu, *see* **plaire** *and* **pleuvoir**

pluie, *f.* rain

plumage, *m.* plumage, feathers

plume, *f.* feather

plumer, to pluck

plupart, la ——, the most; the greatest or greater part or number; most of

pluriel, -le, *a.* plural; *m.* au ——, in the plural

plus, *adv.* more; **et qui —— est...,** and what is more...; **ne...——,** no more, no longer; **non ——,** either; **de ——,** moreover, besides; **de —— en ——,** more and more; **en ——,** in addition, over and above

plusieurs, *a. & pron. pl.* several

plutôt, rather, sooner; **—— que,** rather than

pneu, *m.* tire; **—— de rechange,** spare tire

poche, *f.* pocket

poêle, (1) *f.* frying pan

poêle, (2) *m.* (funeral)pall

poêle, (3), *m.* stove

poème, *m.* poem

poète, *m.* poet

poids, *m.* weight; **—— et mesures,** weights and measures; **—— mort,** dead weight, dead load

poignée, *f.* handful; **—— de main,** handshake; handle

poilu, *m.* French soldier

poindre (*p.p.* **point**), to come into sight, appear on the horizon

poing, *m.* fist

point, *m.* hole (in strap); dot; stitch; point; **—— de départ,** starting point; **—— de vue,** point of view; **—— d'appui,** base of operations, starting point; **mettre au ——,** to put into shape; to clarify; **au —— que...,** to such a pass, so much so that...; **à quel ——,** to what extent

point, *adv.* = **pas** (*often with an affectation of archaism*), not at all

pointe, *f.* point; **heures de ——,** peak hours, busy hours, rush hours; **—— de vitesse,** spurt, sprint

pointilleu-x, -se, particular; finical

pointu, -e, sharp-pointed

pointure, *f.* size

pois, *m.* ·pea

poison, *m.* poison

poisson, *m.* fish

poissonnerie, *f.* fish market or fish store

poissonneu-x, -se, (of river) .full of fish, abounding with fish

poissonni-er, -ère, *s.* fishmonger, fishwife

poix, *f.* pitch

police, *f.* police

polici-er, -ère, *a.* of the police; **roman ——,** detective novel

politesse, *f.* politeness; courtesy, urbanity

politique, *a.* political; *f.* policy; politics

pomme, *f.* apple

pomper, to pump

ponctuation, *f.* punctuation

ponctuel, -le, punctual

pont, *m.* bridge

populaire, vulgar

porche, *m.* porch

port, *m.* harbor

porte, *f.* gateway, gates of a town; door

portée, *f.* scope; **d'une grande ——,** far-reaching

porter, to carry; to bear; to wear

portrait, *m.* portrait; image

poser, to pose; **—— une question (à),** to put, propound, a question (to); to put up; **se ——,** to settle; to land; **se —— comme,** to set oneself up as

position, *f.* situation; appointment; posture; condition, circumstances; —— **sociale,** social standing

positivisme, *m.* positivism

posséder, to possess, own

possessi-f, -ve, *a. & m.* possessive (*gram.*) case

possession, *f.* possession

possibilité, *f.* possibility

possible, *a.* possible

poste, *f.* post, relay; **courir la ——,** to go posthaste; post office

poste, *m.* post, station; —— **de T.S.F.,** wireless set; —— **de télévision,** television set; ——**d'essence,** service station; place, position

postface, *f.* afterword, postscript

pot, *m.* pot, jug, can, jar; —— **de chambre,** chamber pot

potasse, *f.* potassium

pouce, *m.* thumb; **manger sur le ——,** to take a snack

poule, *f.* hen; —— **mouillée,** a faint-hearted timorous person, one who is "chicken"

poulet, *m.* chicken

poumon, *m.* lung

poupée, *f.* doll

pour, *prep.* for; —— + *inf.*, (in order) to; *conj.* —— **que** + *subj.*, in order that

pour, *m.* le —— **et le contre,** the pros and cons

pour-cent, *m.* percentage; cent

pourcentage, *m.* percentage

pourpre, *f.* purple; *a.* crimson

pourquoi, why

poursuite, *f.* pursuit

poursuivre (*p.p.* **poursuivi**), to pursue; to chase; to go on with

pourtat, nevertheless, however

pourvoir (*p.p.* **pourvu**), to provide; to supply, provide, furnish

pourvu -e, *a.* **mieux ——,** better off

pourvu que, *conj.* + *subj.* provided (that); so long as

pousser, to push; —— **à** (+ *inf.*), to egg on, induce

poussière, *f.* dust

pouvoir, *v.* to be able; "can"; **n'en plus ——,** to be tired out, exhausted; **il se peut** + *subj.* it may be, it is quite possible

pouvoir, *m.* power

pragmatique, pragmatic

pratique, *a.* practical

pratique, *f. pl.* observances

pratiquement, practically

préalable (**à**), previous (to)

préambule, *m.* preamble

précaution, *f.* precaution; caution; care

précédent, -e, *a.* preceding; *m.* precedent

précéder, to precede

précieu-x, -se, *a.* precious; affected, mannered (style)

précipiter, to precipitate

précis, -e, *a.* precise, exact, accurate

préciser, to specify

préconiser, to (re)commend; to advocate

précurseur, *m.* forerunner

prédilection, *f.* partiality, fondness

prédire, to predict, foretell

prédominer, to prevail

préfecture, *f.* prefecture; **la —— de police,** the headquarters of the (Paris) police

préférable, preferable

préféré, -e, *a. & s.* favorite

préférence, *f.* preference; **de ——,** preferably

préférer (à), to prefer (to)

préfet, *m.* (*French administration*) prefect

préfixe, *m.* prefix

préjudice, *m.* detriment; injury; wrong, damage

préjugé, *m.* prejudice

premi-er, -ère, *a.* first; **à —— vue,** at first sight

prendre (*p.p.* **pris**), to take; —— **place,** to take place; **se laisser ——,** to let oneself be caught; **on ne m'y prendra pas !** I know better ! —— **de l'âge,** to be getting on in years; —— **le large,** to take to the open sea; **s'en —— à,** to attack, blame; **s'y prendre: il sait comment ——,** he knows how to go about it, how to set about it, how to manage it

préoccupation, *f.* concern

préoccuper: se —— de, to attend, see, to a matter

préparatoire, preparatory

préparer, to prepare; **se —— (à),** to get ready (for)

prépositi-f, -ve, prepositional (phrase)

préposition, *f.* preposition

prérogative, *f.* prerogative; privilege

près, *adv.* near; close by; *prep.* —— **de,** nearly

présage, *m.* foreboding; omen

présence, *f.* presence

présent, -e, (1) *a.* present; *m.* **à ——,** just now; **jusqu'à ——,** up to the present; as yet; present (tense)

présent (2), *m.* present, gift

présentement, at present

présenter, to present; **se ——,** to occur; to turn up; to appear

préserver, to preserve; to protect

président, -e, *s.* president

présider (à), to preside (at, over)

presque, almost, nearly

pressentiment, *m.* foreboding

pressé, -e, in a hurry

presser: se ——, to hurry

prêt, -e, *a.* ready

prêt, *m.* loan

prétendre, to claim; to require; to maintain, assert; to aspire to; to firmly intend to

prétentieu-x, -se, pretentious, showy; highfalutin

prêter, to lend; to attribute, ascribe; **se —— à,** to lend oneself to; to indulge in

prétexte, *m.* excuse; **sous —— de...,** on pretext of...

prêtre, *m.* priest

preuve, *f.* proof

prévenir (*p.p.* **prévenu**), to inform, apprise, forewarn

prévoir (*p.p.* **prévu**), to foresee, forecast

prier, to pray; to ask, beg, request

primauté, *f.* primacy; priority; lead (at cards)

prime, *f.* premium; **faire ——,** to be first, to dominate

primordial, -e, of prime importance

princesse, *f.* princess; **aux frais de la ——,** at the expense of the State

principal, -e, *a.* principal

principalement, principally

principe, *m.* principle; **en ——...,** as a rule..., theoretically...

printemps, *m.* spring

priorité, *f.* priority; **droits de ——,** priority rights

pris, *see* **prendre**

prise, *f.* hold, grasp, grip; **avoir ——— sur,** to have a hold on; **donner ——— à,** to give a handle to, to lay oneself open to; **——— de conscience,** self-appraisal

priser (1), to snuff up

priser (2), to appraise, value (goods); to set a (high) value on; to prize, value

prison, *f.* prison, jail

prisonni-er, -ère, *s.* prisoner

privation, *f.* privation; want

privé, -e, *a.* private (individual)

priver: ——— de, to deprive of; **se ———,** to do without; to deny oneself (something)

privilège, *m.* privilege; licence, grant

privilégié, -e, privileged

prix, *m.* value, worth, cost; **à tout ———,** at all costs; **au ——— de,** at the price of; **attacher beaucoup de ——— à,** to set a high value up(on); **——— fixe,** set price; **au ——— coûtant, au ——— de revient,** at cost price; reward, prize; **le ——— Nobel,** the Nobel Prize

probabilité, *f.* probability

probable, probable

probablement, probably

probatoire, probationary

problème, *m.* problem

procédé, *m.* process; method (of working)

processus, *m.* method, process; **le ——— est toujours le même,** the method of operation is always the same

prochain, -e, *a.* next

proche *a. & adv.* near

procurer, to get; to find

prodigalité, *f.* prodigality, lavishness

prodigue, *a.* prodigal, wasteful, spendthrift

prodiguer, to waste, squander; **——— quelque chose à** to lavish something on (someone)

production, *f.* production; producing; generation (of electricity, etc.); **ralentir la ———,** to slow down production, to reduce the output; product; yield (of mine); output (of factory)

productivité, *f.* productivity, productiveness; productive capacity

produire (*p.p.* **produit**), to produce; to bring about; to cause; **se ———,** to happen, occur

produit, *m.* product

profane, *s.* uninitiated person, layman

professer, to profess; to teach

professeur, *m.* professor (at a university); teacher, master or mistress (in a Lycée or Collège)

profession, *f.* **——— de foi,** profession of faith; occupation

professionnel, -le, *a.* professional

profilé, -e, streamlined; **bien ———,** well-conditioned

profit, *m.* profit, benefit; **tirer ——— de,** to reap advantage from

profiter: ——— de, to take advantage of; to turn; to account

profond, -e, *a.* deep; profound

profondément, deeply; profoundly

profondeur, *f.* depth

programme, *m.* program

progrès, *m.* progress

progresser, to progress; to advance

projet, *m.* project

prolixe, prolix, verbose, wordy

prolongé, -e, prolonged, extended

prolonger, to prolong; to protract, extend; to draw out, spin out (discourse, etc.); **se ——,** to be prolonged; to continue, extend

promenade, *f.* walking; stroll; **faire une ——,** to go for a walk

promener: se ——, to walk; to go for a walk; **mener——les enfants,** to take the children out for a walk; **envoyer —— quelqu'un,** to send someone packing

promettre (*p.p.* **promis**), to promise

prompt, -e, prompt, quick

promulguer, to promulgate

pronom, *m.* pronoun

prononcé, -e, *a.* marked

prononcer, to pronounce; to utter

prononciation, *f.* delivery (of speech); pronunciation

propédeutique, *f.* a year of supplementary study in the humanities following the baccalaureate that prepares for admission to a number of graduate schools

prophétique, prophetic

proportion, *f.* proportion, ratio; **en —— de,** in proportion, proportionately (to)

propos, *m.* purpose; subject, matter; **à tout ——,** at every turn; **à ——,** to the purpose; timely, opportunely; by the way; **de —— délibéré,** on purpose; **mal à ——,** at the wrong moment, inopportunely; **hors de ——,** ill-timed, out of place; **à —— de,** with regard to, in connection with; utterance, remark; *pl.* talk, gossip, tittle-tattle

proposer, to propose

proposition, *f.* proposition; proposal; motion; clause

propre *a.* proper; **sens —— d'un mot,** proper meaning of a word; peculiar (to); own; **—— à,** adapted, suited, to, for; **—— à rien,** good for nothing; *m.* characteristic

proprement, properly, well

propriétaire, *m.* owner, landowner; landlord

propriété, *f.* estate

proroger, to prorogue, adjourn (parliament); to extend (time limit)

prospère, prosperous, thriving

prouesse, *f.* deeds, exploit

prouver, to prove (fact)

provençal, -e, *a. & s.* of Provence

provenir de, to result, come, from

province, *f.* province; **la ——,** the provinces, the country

provincial, -e, *a. & s.* provincial

provocant, -e, provocative

provoquer, to provoke

proximité, *f.* **à ——,** near at hand; **à —— de...,** close to...

prudemment, prudently

prudence, *f.* prudence, carefulness

prudent, -e, prudent

prunelle, *f.* pupil, apple (of the eye)

psychique, psychic(al)

psychiquement, psychically

psychologue, *m.* psychologist

public, -que, *a.* public; *m.* **le ——,** the public, the people

publicitaire, pertaining to publicity, to advertising

publicité, *f.* publicity

publier, to publish; to proclaim

puis, then, afterwards, next; **et ——,** and then

puiser, to draw, derive

puisque, since
puissance, *f.* power
puissant, -e, *a.* powerful, mighty
punir, to punish; to avenge
punition, *f.* punishment
pur, -e, pure; simple, plain
purement, simply; purely
pureté, *f.* purity
puriste, *m.* purist
pythie, *f.* pythoness (priestess of Apollo at Delphi, etc.)

Q

quai, *m.* platform
qualificati-f, -ve, *a. & m.* qualifying, qualificative
qualifier, to style, call, qualify; to designate
qualité, *f.* quality; **en —— de,** in one's capacity (as)
quand, when; **—— (bien) même,** even if, even though, although
quant: —— à, as for, as regards, with respect to; **—— à moi,** for my part, as for me
quantité, *f.* quantity; **—— de,** a lot of
quarante, *a. & m.* forty
quart, *m.* quarter, fourth part; **passer un mauvais —— d'heure,** to have a trying moment; **trois ——s,** three quarters
quartier, *m.* quarter; district; ward; neighborhood
quasi, almost
quatorze, *a. & m.* fourteen; **Louis ——,** Louis the Fourteenth
quatre, *a. & m.* four
quatre-vingt-dix, *a. & m.* ninety
quatre-vingt-quinze, *a. & m.* ninety-five

quatre-vingts, *a. & m.* (*omits the final s when followed by another num. a. or when used as an ordinal*) eighty
quatrième, *a.,* fourth
que, *conj.* (in comparison) than
quel, -le, *a. & pron.* what, which
quelconque, any (whatever)
quelque, *a.* some, any; a few; **—— temps,** some time
quelque chose, *pron. indef.* something
quelquefois, sometimes
quelques-uns, -unes, *see* quelqu'un
quelqu'un, quelqu'une, *pron. indef.* one; a few; *m.* someone, somebody
quenelle, *f.* fish ball
quereller: se ——, to quarrel, wrangle
question, *f.* question, query; matter, point, issue; **poser une ——,** to state a question, an issue; **une —— de,** a matter of
questionnaire, *m.* list, set, of questions
questionner, to question; to ask questions
quête, *f.* quest, search; **être en —— de,** to be in quest of
quiconque, who(so)ever; anyone who
quille, *f.* bowling pin
quinze, *a. & m.* fifteen
quitter, to leave, quit (place, person)
quoi, (1) *pron. rel.* what; **de ——, il a —— vivre,** he has enough to live on; **—— qu'il en soit,** however that may be; **—— que ce soit,** anything (whatever)
quoi (2), *pron. interr.* what?
quoique, *usu.* + *subj.,* though
quotidien, -ne, *a.* daily
quotidiennement, daily

R

rabattre, to fold back
rabot, *m.* plane
racé, -e, (of horse, dog, etc.) thoroughbred
racisme, *m.* racial discrimination, prejudice
raclée, *f.* licking, drubbing
racontar, *m.* gossip
radical, *m.* radical; root, stem; —— **savant,** stem derived from classical Latin; —— **populaire,** stem derived from Vulgar Latin
radio, *f.* wireless telegraphy or telephony; "wireless"; radio
radiologie, *f.* X-ray treatment; radiology
radiologue, *m.* radiologist
rage, *f.* madness
rageu-r, -se, choleric
raide, *a.* steep
rail, *m.* rail; railway
raisin, *m.* grapes
raison, *f.* reason, motive, ground; **pour —— de,** on account of; **à plus forte ——,** with greater reason, all the more; object, explanation; reason (= faculty of reasoning); justification; **avoir ——,** to be right; satisfaction, reparation; **demander —— d'un affront,** to demand satisfaction for an insult; —— **sociale,** name, style (of a firm); trade name; —— **géométrique, arithmétique,** geometrical ratio, arithmetical ratio; **le poids est en —— directe du volume,** the weight is directly proportional to the volume; **à —— de,** at the rate of

raisonnable, reasonable, sensible
raisonnement, *m.* reasoning
raisonner, to reason; **se ——,** to listen to reason
raisonneu-r, -se, *a.* rational
rajeunir, *v.tr.* to rejuvenate; to make young again; to make younger; to renovate; to revive; *v.i.* to grow young again; to get younger
ralenti, *m.* throttle
ralentir, —— l'allure, to slacken the pace
ramifier: se ramifier to branch out
rampant, -e, *a.* rampant; *m.* (*fam.*) ground crew member
rancart, *m.* **mettre au ——,** to cast aside
rancune, *f.* rancor; grudge; **garder —— à, avoir de la —— contre,** to harbor resentment against, bear a grudge (against someone)
randonnée, *f.* outing, excursion
rangée, *f.* row
ranger: se —— (de côté), to get out of the way
ranimer, to revive
râpeu-x, -se, raspy, grating
rapide, *a.* rapid, swift, fast
rapidité, *f.* swiftness; speed
rappeler, to recall, to call back (on the phone); —— **quelque chose à quelqu'un,** to recall something to someone
rapport (1), report; *m.* **maison de ——,** block of flats; tenement
rapport (2), *m.* relation; **par —— à,** with regard, respect to, in relation to, in comparison with, compared with; **sous le —— de,** with regard, respect to; (*usu. pl.*) relations, intercourse (between persons)

rapporter, to bring back; **se —— à,** to refer, to have reference to; **s'en —— à,** to rely on

rapprocher, to bring nearer, closer together; **se —— de,** to draw near(er) to; to approximate to

rare, rare; seldom

rarement, rarely

raseu-r, -se, *s.* (*fam.*) bore

rassemblement, *m.* gathering

rassurer, to reassure

raté, *m.* misfire (of engine)

rater: —— son train, to miss one's train

ratifier, to ratify; to confirm

rationaliste, *a.* rationalistic

rattacher: se —— à, to be connected with

rattraper, to catch (someone) again

rauque, rough, harsh

ravage, *m. usu.pl.* devastation; **faire des ——s,** to wreak havoc

ravir, to ravish; **à ——,** ravishingly

ravissant, -e, ravishing, delightful

ravitaillement, *m.* provisioning

rayon, *m.* ray (of light)

rayonner, to radiate; to beam

réagir, to react

réalisable, realizable; workable

réalisation, *f.* realization; carrying out

réaliser, to realize; to achieve, attain; to carry out, work out (plan); **se ——,** to be realized; to materialize; to come true

réaliste, *a. m. & f.* realistic; realist

réalité, *f.* reality; **en ——,** in reality, really, actually, as a matter of fact

rebours, *m.* wrong way; contrary, reverse; **à, au —— de,** contrary to

rebrousser, to turn up; **—— chemin,** to retrace one's steps, to turn back

recaler, to plough, pluck (someone in an examination), refuse (someone) to an examination

récemment, recently

récent, -e, recent, late,

réception, *f.* reception; **accuser —— de,** to acknowledge receipt of

recette, *f.* receipts, returns; recipe

recevoir (*p.p.* **reçu**), to receive; to welcome

rechange, *m.* replacement; **pièces de ——,** spare parts, spares

réchapper: —— d'un péril, d'une maladie, to escape from a peril; to recover from, get over, a dangerous illness

réchaud, *m.* small portable stove (gas or electric)

recherche, *f.* research; **être à la —— de,** to be in search of

rechercher, to seek, try to obtain

rechigner (**à faire quelque chose**), to jib at, balk at (doing something)

réciproque, *a.* reciprocal

récit, *m.* account

réciter, to recite

réclamation, *f.* complaint; claim

réclame, *f.* advertising; publicity; advertisement

réclamer, to demand; to call for; to require

récolte, *f.* harvesting; harvest; **rentrer la ——,** to gather the harvest, the crops

recommandation, *f.* recommendation; advice

recommander, to (re)commend

recommencer, to begin, start, (over) again

récompenser, to reward

reconnaître (*p.p.* **reconnu**), to recognize, acknowledge

reconstruction, *f.* rebuilding

record, *m.* record

recouper: se ——, to cross each other; to overlap

recourir à, to have recourse (to)

recours, *m.* recourse, resort; **avoir —— à,** to have recourse to

recouvrer, to recover, to retrieve

recouvrir (*p.p.* **recouvert**), to cover

recroqueviller, *v.pr.* **se ——,** to curl up; to cockle; to withdraw

recruter, to recruit

recueil, *m.* collection, compilation (of poems, laws, etc.)

recueillir, to collect, gather

recul, *m.* setback; **mouvement de ——,** backward movement; **être en ——,** to be behind

reculer, to move back

rédaction, *f.* editorial staff, newspaper office(s)

redépasser, to overtake again

redevenir, to become...again

redoutable, redoutable, formidable; **—— à** dangerous to

redouter, to dread, fear

réduire (*p.p.* **réduit**), to reduce

réel, -le, *a.* real, actual

réellement, really

référer: se —— à, to refer to

refermer: se —— sur soi-même, to withdraw from the world

réfléchi, -e, (*gram.*) reflexive

réfléchir, to consider, weigh; to think well

reflet, *m.* reflection

refléter, to reflect

réflexe, *m.* reflex

réflexion, *f.* reflection, thought; result of thinking; **faire des ——s,** to say things, make remarks

réforme, *f.* reform

réformer: se ——, to mend one's ways

réfractaire, *a.* unwilling to accept

refrain, *m.* refrain (of a song)

réfrigérateur, *m.* refrigerator

refroidir, to cool, chill

réfugié, -e, *s.* refugee

refuser, to refuse, decline

régaler: se ——, to treat oneself

regard, *m.* look

regarder, to look at; to watch; **se ——,** to look at oneself

régime, *m.* form of government; regime; organization; **marié(e) sous le —— ...,** married under the ... system; **l'ancien ——,** the old regime (*the system of government in France before 1789*); flow, regime (of watercourse); regimen, diet; bunch, cluster (of dates); stem (of bananas)

région, *f.* region; area

régional, -e, *a.* local

régisseur, *m.* manager

réglage, *m.* regulating, adjusting; **—— de la vitesse,** speed control

règle, *f.* rule; **en —— générale,** as a general rule

réglementation, *f.* regulating, regulation

régler, to regulate

régner, to reign, rule; to prevail

régression, *f.* drop

regret, *m.* regret

regrettable, regrettable; unfortunate

regretter, to regret; to miss

réguli-er, -ère, *a.* regular

régulièrement, regularly

reine, *f.* queen

rejeter, to throw, fling; to reject; to refuse to acknowledge réjoui, -e, *a.* cheerful

réjouir: se —— (de), to rejoice; to be delighted (at)

relai(s), *m.* relay; relay station

relancer, to start again

relati-f, -ve, relative; **questions re-latives à un sujet,** questions relating to, connected with, a matter

relation, *f.* relation; **nouer des ——s avec,** to enter into relations with; **belles ——s,** influential friends

relativement, relatively

relevé, -e, *a.* noble; highly-seasoned (sauce)

relever, *v.tr.* to raise; to set on one's feet again; to rebuild; to pick up (from the ground); —— **le gant,** to pick up the gauntlet; to accept the challenge; to raise; to turn up (one's collar); —— **la tête,** to look up; to rise up in revolt; —— **les salaires,** to increase wages; to call attention to; —— **les fautes d'un ouvrage,** to point out the defects of a work; **à ——,** ... to note; —— **une affirmation,** to challenge a statement; to set off (color); to season; to relieve (troops); —— **de ses vœux,** to release from (one's vows); —— **de ses fonctions,** to relieve (someone) of his office; to read; to revive; *v.i.* —— **de maladie,** to recover from an illness

relief, *m.* relief; **mettre en ——, donner du —— à,** to throw into relief; to set off (beauty, etc.)

relier, to connect, bind, join; to bind (book)

religieux, -se, *a.* religious

religion, *f.* **entrer en ——,** to enter into religion, take the vows

relire (*p.p.* **relu**), to reread

remanier, to reshape, alter

remarier: se ——, to remarry; to marry again

remarquable, noteworthy

remarque, *f.* remark

remarquer, to remark, notice; **faire —— à,** to point out to

rembourser, to repay, refund (expenses, etc.); to pay off

remède, *m.* remedy, cure

remédier: —— **à,** to remedy (something)

remercier: —— **de,** to thank for

remettre (*p.p.* **remis**), to deliver, hand; —— **de l'argent à,** to remit money to; to postpone

remise, *f.* delivery (of letter); remitting (of money); remittance; discount, allowance; postponement; coach house, shed; awarding (of prize, cup, etc.)

remiser, to put up (vehicle); to put (vehicle) in the coach-house; to put (engine) in the shed; **aller ——,** to go back to the stables, to the garage (for the night)

remplaçant, -e, *s.* substitute

remplacer, to replace

remplir, to fill up; —— **les fonctions de...,** to serve in the capacity of...

remuer, to stir; to move, stir, budge

rémunéra-teur, -trice, *a.* profitable

rémunération, *f.* payment

renaissance, *f.* rebirth

renaître (*p.p.* **rené,** *seldom used*), to reappear; to spring up again; to revive

rencontre, *f.* meeting, encounter

rencontrer, to meet; to run across; to encounter; **se ——,** to meet; to occur

rendez-vous, *m.inv.* **donner —— à,** to make, fix, an appointment with

rendre, to give back, to return; to render, express; to make; —— **public,** to make public; **se ——,** to proceed, to go to (a place); to be expressed

rêne, *usu. f. pl.* rein; **prendre les ——s,** to hold the reins

renforcer, to reinforce; to strengthen

rengaine, *f.* old refrain

renier, to disown (friend); to abjure

renommé, -e, *a.* renowned, famed

renommée, *f.* renown, fame; good name; reputation

renoncer à, to renounce, give up, forgo

renouveau, *m.* renewal

renouveler, to renew; to renovate;

renouvellement, *m.* renovation

rénova-teur,- trice, *a.* renovating; *s.* renovator

rénovation, *f.* renovation; revival; renewal

rénover, to renovate; to renew

renseignement, *m.* information

rentable, profit-earning

rente, *f.* revenue, rent; *usually pl.* (unearned) income

rentrée, *f.* return

rentrer, to return home

renvoyer, to send back; to return (something)

répandre, to spread, diffuse; **se ——,** to gain ground

reparaître (*p.p.* **reparu**), to reappear

réparation, *f.* repairing; **être en ——,** to be under repair; **route en ——,** road under repair

réparer, to repair; to mend

repartir, (*aux.* **être**) to set out again, go off again, start (out) again; (*aux.* **avoir**) to retort, reply

répartir (entre), to distribute, divide, share out (amongst); to apportion, assess (taxes); to allot, allocate (shares)

repas, *m.* meal, repast; —— **léger,** snack; quick lunch

repentir, *v.pr.* **se ——,** to repent

répéter, to repeat; **se ——,** to repeat oneself

répliquer, to answer back

répondant, *m.* guarantor; sponsor

répondre, to answer, answer back; to respond; —— **à,** to correspond (to); —— **à l'attente de,** to come up to (someone's) expectations

réponse, *f.* answer, reply

reportage, *m.* running commentary

reporter: **se —— à,** to refer to

reposer (sur), to lie, rest (on); **se ——,** to rest

repousser, to push back; to throw out; to reject

reprendre (*p.p.* **repris**), to take again; to resume; to take up again

représentant, -e, *s.* agent; traveller

représentati-f, -ve, representative

représentation, *f.* representation

représenter, to represent; to perform, act

réprimander, to reprimand

reprise, *f.* **à plusieurs ——,** repeatedly; on several occasions

reproche, *m.* reproach

reprocher, to reproach, upbraid

reproduire (*p.p.* **reproduit**), to reproduce

réprouver, to reprobate; to reject (doctrine); to disapprove of

république, *f.* republic

répugnance, *f.* reluctance

réputé, -e, well-known

requérir (*p.p.* **requis**), to ask for; to demand; to require

requête, *f.* request, petition

rescapé, -e, *a. & s.* (person) rescued; survivor (of disaster)

réseau, *m.* network, system (of roads)

réserver, to reserve; to keep in store

réservoir, *m.* tank; —— **d'essence,** gasoline tank

résidence, *f.* **lieu de** ——, place of abode; dwelling place

résider, to reside, dwell

résineu-x, -se, resinous

résistance, *f.* opposition

résister, to resist

résoudre (*p.p.* **résolu**), to solve; to work out; to decide upon

respect, *m.* respect

respecter, to respect

respecti-f, -ve, respective

respectivement, respectively

respectueu-x, -se, respectful

responsabilité, *f.* responsibility

responsable, responsible

ressemblance, *f.* resemblance, likeness

ressembler (**à**), to resemble, to be like, to look like; **se** ——, to be (a)like

ressentiment, *m.* resentment

ressort, *m.* elasticity, springiness; spring

ressortir, to come out; to stand out; to be evident; **faire** —— **un fait,** to emphasize a fact

ressortissant, *m.* **les** ——**s d'un pays,** the nationals of a country

ressource, *f. pl.* resources, means

ressusciter, to revive

restant, -e, *a.* remaining; *m.* rest

restaurant, *m.* restaurant

reste, *m.* rest, remainder; **du, (au)** ——, besides, moreover

rester, to remain; to be left; **il me reste,** I have left; **(il) reste à,...** it remains to...; **en** —— **là,** to stop at that point

restreint, -e, restricted, limited

résultat, *m.* result, outcome

résulter (**de**), to result (from)

résumé, *m.* summary; **en** ——, in short, to sum up, in brief

rétablissement, *m.* recovery

retard, *m.* delay; **être en** ——, to be late

retarder, to delay

retenir, (*p.p.* **retenu**), to retain; to reserve; **se** ——, to cling to

retentissant, -e, resounding, loud

retirer, to pull, draw out; **se** ——, to retire, withdraw

retomber, to fall (back)

rétorquer, to retort

retour, *m.* return

retourner, to return; to go back; **se** ——, to turn (round); to look round, to look back

retracer, to retrace

retrait, *m.* **être en** —— **sur,** be behind (schedule)

retraite, *f.* retirement

retransmission, *f.* prerecording, prerecorded (broadcasting) program

retrouver, to find; **se** ——, to meet again

rétroviseur, *m.* rear-view mirror

réunion, *f.* assembly, gathering, meeting

réussir: —— (**dans**), to succeed, be successful (at); —— **à,** (+ *inf.*), to succeed in (doing something)

réussite, *f.* issue, result; success

revanche, *f.* revenge; **en —,** on the other hand

rêve, *m.* dream

réveiller, to awake, awaken; to wake (someone) up; **se —,** to awake; to wake (up)

révélation, *f.* revelation, disclosure

révéler: se —, to reveal oneself

revendication, *f.* claim

revenir, (*p.p.* **revenu**), to return; to come back again; **— sur une décision,** to go back on a decision; **— à,** to return, come back, to; to be due to; to belong to; to amount; **cela revient à (dire),** it amounts, comes to (to saying)

revenu, *m.* income

rêver, to dream

rêverie, *f.* reverie; dreaming

revers, *m.* setback; reverse; **subir un —,** to suffer a reverse, a setback

revient, *m.* **prix de —,** cost price, prime cost

revision, *f.* revision

revivre (*p.p.* **revécu**), to come to life again

révocation, *f.* repeal

revoir, to see again; *m.* **au —,** good-bye (for the present)

révolter: se —, to revolt, rebel

révolu, -e, completed; **avoir quarante ans —s,** to have completed one's fortieth year

révolution, *f.* revolution

revolver, *m.* revolver, gun

revue, *f.* review, magazine

riche, rich

richement, richly

richesse, *f.* wealth

rideau, *m.* curtain

ridicule, *a.* ridiculous, laughable

rien *pron. indef.* nothing

rien, *m.* trifle; **un —,** the slightest thing; **en un — de temps,** in a hurry, in a jiffy

rigide, rigid

rigorisme, *m.* strictness

rigoriste, *a.* rigorous; strict (code of morals)

rigoureu-x, -se, severe, hard; strict; precise

rigueur, *f.* harshness, severity; **de —,** obligatory; **être de —,** to be indispensable; **à la —,** if need be, if really necessary

rire (*p.p.* **ri**), to laugh; **— jaune,** to give a sickly smile; **se — de,** to laugh at, mock (someone); to make light of (something)

risque, *m.* risk; **au — de,** at the risk, peril, of

risquer, to risk, venture

ritournelle, *f.* ritornelle

rivage, *m.* bank, side (of) shore

rivaliser: — avec, to rival; to compete, vie, with

riverain, -e, *a.* bordering on (rives), *s.* borderer (upon a road, river, etc.)

rivière, *f.* river, stream

robe, *f.* dress, gown

rocaille, *f.* rock

rognon, *m.* kidney

roi, *m.* king

rôle, *m.* part; **assumer un —,** to play a role, assume a function; **jouer un —** to play a part

romain, -e, *a. & s.,* Roman

roman (1), *m.* novel; **— policier,** detective novel

roman, -e (2), *a. & m.* Romance, Romanic (linguistics)

romance, *f.* (sentimental) song, drawing room ballad

romanci-er, -ère, *s.* novelist

romantisme, *m.* romanticism

romarin, *m.* (*botany*) rosemary

Rome, *f.* Rome

rompre, to break; to disrupt

rompu, -e: être —— de fatigue, to be worn-out, tired out

rond, -e, *a.* round; *m.* **en ——,** in a ring

ronde, *f.* round (dance)

rond-point, *m.* circular junction (where several roads meet)

ronger, to nibble; **se —— le cœur,** to eat, fret, one's heart out; **être rongé de chagrin,** to be consumed, tormented, with grief

rose, *f.* rose; *a.* pink

rosier, *m.* rose bush

rossée, *f.* beating, thrashing

rota-teur, -trice, rotary, rotating

rotati-f, -ve, *a.* rotary; rotative, *f.* rotary printing press

rotatoire, rotatory; rotative

rouage, *m.* wheelwork

roue, *f.* wheel; **cinquième —— à un carrosse,** entirely useless person or thing; **—— de rechange,** spare wheel; **pousser à la ——,** to put one's shoulder to the wheel; **sans ——s,** wheelless; **faire la ——,** (of peacock, etc.) to spread (out) its tail; to strut, swagger; **—— de la fortune,** wheel of fortune

roué, -e, *a. & s.* profligate; rake; sly person

rouerie, *f.* piece of trickery

rouet, *m.* spinning wheel

rouge, *a.* red

rougir, to blush

rouille, *f.* rust

rouiller, to rust

rouler: —— en voiture, to drive; **auto qui —— bien,** car that runs well

roulotte, *f.* house on wheels; caravan; *esp.* gypsies' caravan

route, *f.* road; **grande ——, —— nationale,** highway; **faire de la ——,** to drive (long distances)

routi-er, -ère, *a. & s.* pertaining to the road; **carte routière,** road map

routine, *f.* routine; sheer habit

royal, -e, royal, regal

royauté, *f.,* royalty; kingship

ruban, *m.* ribbon, band

rude, uncouth, primitive; hard, arduous

rue, *f.* street; **grand'rue,** main street

ruée, *f.* rush

ruiner, to ruin; **se ——,** to ruin oneself

ruineu-x, -se, ruinous

rupture, *f.* breaking

russe, *a. & s.* Russian

Russie, *f.* Russia

rythme, *m.* rhythm

rythmique, rhythmic(al)

S

sablonneu-x, -se, sandy

sac, *m.* bag

sacré, -e, holy; sacred; *usu. before noun* "confounded"; "cursed"

sacrifier, to sacrifice

sacro-saint, -e, sacrosanct

sage, *a.* wise

saigner, to bleed

saillant, -e, *a.* salient, outstanding

sain, -e, healthy, hale; sound

saint, -e, *a.* holy; *s.* saint
saisie, *f.* seizure
saisir, to seize, grasp; to discern, apprehend; **je ne saisis pas,** I don't quite get the idea; **se —— de,** to seize upon, lay hands on
saison, *f.* season; **la belle ——,** the summer months
salaire, *m.* wage(s)
salaud, -e, *s.* (*fam.*) dirty fellow, slut
sale, dirty
saler, to salt
salle, *f.* hall; (large) room; **—— à manger,** dining room; **—— d'eau,** bath room; **—— de séjour,** living room
salon, *m.* drawing room
saluer, to bow to; to greet
salutation, *f.* salutation, greeting
samedi, *m.* Saturday
sang, *m.* blood
sangsue, *f.* leech
sanguin, -e, *a.* **groupe ——,** blood-group
sans, *prep.* without; *conj.* **—— que +** *subj.,* without + *gerund;* **—— que nous le sachions,** without our knowing it
santé, *f.* health; well-being
sapin, *m.* fir(tree)
sapinière, *f.* fir plantation
sarabande, *f.* saraband
sarcastique, sarcastic
sarcastiquement, sarcastically
satisfaction, *f.* satisfaction; gratification
satisfaire, to satisfy; to content; **—— à,** to satisfy (honor); to answer, meet (condition, objection); to fulfil, carry out (duty)
satisfait, -e, satisfied
sauce, *f.* sauce; gravy

sauf, *prep.* save, but, except
saugrenu, -e, absurd, preposterous, ridiculous
saumon, *m.* salmon
saut, *m.* leap, jump, **—— en hauteur,** high jump
sauté, -e, sauté, jumped
sauter, to jump
sauvage, -sse, *a.* savage; wild; *s.* unsociable person
sauvegarder, to protect
sauver: se ——, to escape, make one's escape; **sauve qui peut!** every man for himself!
sauveur, *m.* saver; **Le Sauveur,** the Saviour
savant, -e, *a.* learned; *s.* scientist; scholar
saveur, *f.* taste
savoir (*p.p.* **su**), to know; **je sais bien!** I know! **je n'en sais trop rien,** I am not very sure; to know how
savourer, to relish, enjoy
savoureu-x, -se, savory, racy
scabreu-x, -se, risky, ticklish
sceau, *m.* seal
scénariste, *m.* script-writer
scepticisme, *m.* scepticism
sceptique, *a.* sceptical
scie, *f.* saw; catch-phrase (of comic song)
scientifique, scientific
scintillant, -e, sparkling
scolaire: année ——, school year, academic year
séance, *f.* meeting
séant, *m.* one's behind
seau, *m.* pail, bucket
sec, sèche, dry; **à ——,** dried up
sécante, *f.* secant
sécateur, *m.* pruning-scissors, shears

second, -e, *a.* second; *f.* second (of time)

secondaire, *a.* secondary; of minor importance

secouer, to shake

secours, *m.* help

secret, *m.* secret

secrétaire, *m. & f.* secretary

secteur, *m.* district, area

section, *f.* section

sectionner, to divide into sections; to cut (cake) into pieces

séculaire, century-old

séculi-er, -ère, *a.* secular (clergy)

séduc-teur, -trice, *s.* seducer

séduire (*p.p.* **séduit**), to lead astray; to fascinate, allure

sein, *m.* breast, bosom; **au —— de,** in the midst of

seize, *a. & m.* sixteen

séjour, *m.* stay, sojourn

séjourner, to stay, sojourn, reside

sel, *m.* salt

selle, *f.* seat, stool; saddle

seller, to saddle (horse)

selon, *prep.* according to; *conj.* —— **que + ind.,** according as

semaine, *f.* week

semblable, *a.* alike; similar

sembler, to seem

semelle, *f.* sole

semer, to sow, to spread; (*fam.*) —— **un concurrent,** to leave a rival behind

séminaire, *m.* seminary; **grand ——,** training college (for the priesthood); **petit ——,** secondary school (staffed by priests); training centre

semi, *prefix* half

sens, *m.* sense; **les cinq ——,** the five senses; **perdre, reprendre, ses ——,** to lose, regain, consciousness;

—— **moral,** moral sense; judgment; understanding; **bon ——,** common sense; **agir en dépit du —— commun,** to act against all sense; meaning; **s'exprimer, parler, dans le même ——,** to express oneself to the same effect; direction, way; **dans le (bon) ——,** in the right direction; **en —— inverse,** in a contrary direction, in the opposite direction; **rue à deux ——,** street with two-way traffic; **rue à —— unique,** one-way street; "**—— interdit,**" 'no entry'; ——**dessus dessous,** upside down; **en tout ——,** il all directions; **au —— figuré,** in the figurative sense; —— **intime,** self-awareness

sensé, -e, *a.* sensible

sentence, *f.* maxim

sentiment, *m.* feeling

sentimental, -e, sentimental

sentir, *v.tr.* to feel; **se faire ——,** to make itself felt; *v.i.* to taste of, smell of; **se ——, je me sens fatigué,** I feel tired

séparation, *f.* separation

séparer, to separate; **se —— (de),** to separate (from)

sept, *a. & m.* seven

septembre, *m.* September

septentrional, -e, *a.* northern

série, *f.* series; range, line

sérieu-x, -se, *a.* serious

serpent, *m.* snake; —— **de mer,** sea serpent

serre, *f.* greenhouse

serre-livres, *m.* book ends

serrer, to put away; to press, squeeze, clasp; to tighten; to close, close up

servante, *f.* (maid)servant, servant girl

service, *m.* service; **rendre (un)** —— **à,** to do a service, a good turn; —— **de table,** dinner service, dinner set

servir, *v.i.* to serve; to be useful; —— **à,** to be useful for, (for doing something); —— **de,** to serve as, be used as; *v.tr.* to serve, wait on, attend to; to serve up; to serve out; **se** —— **de,** to use, make use of

seul, -e, *a.* only, sole, single, alone; *s.* only one

seulement, only; **non** ——..., **mais aussi...,** not only..., but also...

sévère, severe; hard, harsh; strict, rigid

sévir, to rage

sexe, *m.* sex

si, *conj.* if

si, *adv.* so; so much

si *m.* the musical note B; **en** —— **bémol,** in B flat

siècle, *m.* century

siège, *m.* seat, center; offices; chair

sien, -ne, *poss. a.* his, hers, its, one's

siffler, to whistle

signal, *m.* **signaux lumineux,** traffic lights

signaler, to point out

signe, *m.* sign; symbol, mark; **faire** —— **à,** to motion to

signer, to sign; **se** ——, to cross oneself

significati-f, -ve, significant

signification, *f.* meaning; sense

signifier, to mean, signify

silence, *m.* silence

silencieu-x, -se, silent

silhouette, *f.* silhouette

sillonner, to furrow; to plough

similaire, similar; **objets** ——**s,** like objects

simple, simple; plain; unpretentious

simplement, simply

simplification, *f.* simplification

simultané, -e, simultaneous

simultanément, simultaneously

sincère, sincere

sincérité, *f.* sincerity, genuineness

singulier, *m.* **au** ——, in the singular

sinistre, *a.* **sourire** ——, sinister smile

sinon, otherwise, if not; except

siroter, to sip

sitôt, *adv.* —— **que** + *ind.*, as soon as

situation, *f.* situation, position, site; state, condition

situer, to place, situate, locate

six, six

ski, *m.* —— **nautique,** water skiing

social, -e, social

socialisme, *m.* socialism

socialiste, *a. m. & f.* socialistic, socialist

société, *f.* society; company; circle; company

sociologue, *m.*, sociologist

sœur, *f.* sister

soi, *pers. pron.* oneself; himself, herself, itself, etc.; —— **-même,** oneself

soie, *f.* silk

soif, *f.* thirst

soigné, -e, carefully done; **repas** ——, carefully cooked meal

soigneusement, carefully

soigneu-x, -se, careful

soin, *m.* care; **avoir** —— **de,** to look after; **confier aux** ——**s de,** to place under the care of; **avoir** —— **de** (+ *inf.*), to take (good) care to (do something)

soir, *m.* evening

soirée, *f.* (duration of) evening

soit, that is to say; suppose; *conj.* —— ... ——, either ... or

soixante, *a. & m.* sixty

soixante-dix, *a. & m.* seventy

soldat, *m.* soldier

solécisme, *m.* solecism (a violation of grammatical rules or of the approved idiomatic use of language)

soleil, *m.* sun; **coucher du ——,** sunset; **—— couchant,** setting sun

solennel, -le, solemn

solide, *a.* solid; sound

solitude, *f.* solitude

solliciter, to solicit

solution, *f.* solution

sombrer, (of ship) to founder (in bad weather); to go down; to sink

somme (1) *f.* sum, amount; sum of money; **—— toute,** when all is said and done; **en ——,** in short

somme (2), *f.* packsaddle

somme (3), *m.* nap

sommeil, *m.* sleep; **je tombe de ——,** I am dying with sleep

sommer, to summon; to call on (someone to do something)

sommes, *1st person pl. pres. ind. of* être

sommet, *m.* top, summit; zenith (of power, fame)

son (**sa, ses**), (1) *poss. a.*, his, her, its, one's

son (2), *m.* sound

son (3), *m.* bran

sondage, *m.* sounding; poll; **faire des ——s,** to take soundings

songer, to dream; **—— à,** to think of; to remember, bear in mind

sonner, to sound (of clock); to ring; **—— la garde,** to call up the guard

sonore, sonorous; resonant

sort, *m.* destiny, fate

sorte, *f.* manner, way; **de la ——,** like that; **en quelque ——,** as it were, in a way, in a manner; sort, kind; *conj.* **de —— que** + *ind.*, so that (*result*); **de —— que** + *subj.*, so that (*goal*)

sortie, *f.* departure, exit; **à la —— des ateliers,** when the men leave work

sortir, to go or come out; to leave the room or the house; to spring, issue, descend (from a family)

sot, -te, *s.* fool, dolt, blockhead

sottise, *f.* silliness, foolishness

sou, *m.* (*in familiar, but no longer official use*) sou (= five centimes)

souci, *m.* care

soucier: se ——, to trouble oneself; to mind

souffler, to pant; to puff; **—— comme un bœuf,** to blow like a grampus

souffrance, *f.* suffering, pain

souffrir (*p.p.* **souffert**), to suffer

souhaitable, *a.* desirable

souhaiter, to wish

soûl, *m.* **boire tout son ——,** to drink one's fill

soulever, to raise

soulier, *m.* shoe

souligner, to underline; to emphasize, lay stress on (word, fact)

soumettre (*p.p.* **soumis**), to submit, put (question, etc.)

soumis, -e, *a.* subject, ameanable (to law, authority, etc.) obedient

soupape, *f.* valve; **—— de réglage,** throttle valve

soupçon, *m.* suspicion, surmise

souriant, -e, smiling

sourire (*p.p.* **souri**), to smile; *m.* smile

sous, under, beneath

sous-alimentation, *f.* malnutrition

sous-développé, -e, underdeveloped

sous-entendre, to understand (tacitly)

sous-entendu, -e, *a.* understood; *m.* something silently understood

sous-marin, -e, *a.* submarine

soustraire (*p.p.* **soustrait**), to take away, withdraw

soutenir, to hold up, stand by, stand up for; to back; to maintain, uphold (opinion); to affirm

souvenir, *v. pr.* **se** ——, to remember

souvenir, *m.* remembrance, recollection, memory; ——**s de ma jeunesse,** memories of my youth

souvent, often

souveraineté, *f.* supreme authority

soviétique, *a.* Soviet (organization)

spécial, -e, special

spécialement, specially

spécialiser: se ——, to specialize

spécialiste, *m.* expert

spécialité, *f.* speciality

spectaculaire, spectacular

spirale, *f.* spiral; *adv.* **en** ——, in a spiral, spirally

splendide, *a.* splendid, gorgeous

spontané, -e, spontaneous

spontanément, spontaneously

sport, *m.* sports

sporti-f, -ve, *a.* sport; *s.* devotee of outdoor games; athlete

stabilité, *f.* stability

stable, firm, steady; balanced

stade, *m.* stage, period

stage, *m.* period of probation, of instruction

standardisation, *f.* standardization

standardiste, *m. & f.,* switchboard operator

station-service, *f.* service station; repair station

stationnement, *m.* stopping; parking

stationner, to park (in street)

stellaire, *a.* stellar

stéréotyper, to stereotype

stérile, unproductive (land)

stimuler, to stimulate

strapontin, *m.* flap seat, folding seat

stratagème, *m.* stratagem; artifice of war

strict, -e, exact; rigid

strictement, exactly

structure, *f.* structure

studieu-x, -se, studious

studio, *m.* film studio; study

stylistique, *f.* stylistics

stylo, *m.,* fountain pen; —— **à bille,** ballpoint pen

su, *see* **savoir**

subir, to undergo; to suffer, sustain

subit, -e, sudden

subjonctif, *m.* subjunctive (mood)

subordonnée, *f.* subordinate, dependent (clause)

subordonner, to subordinate

subreptice, surreptitious; clandestin

subrepticement, clandestinely

substance, *f.* substance; matter

substantif, *m.* substantive, noun

substituer (**à**), to substitute (for); **se** —— **à,** to take the place of

suburbain, -e, *s.* (*anglicism for* **banlieusard, -e**), suburbanite

subvenir, —— **aux besoins de,** to supply, provide for, the needs of

subvention, *f.* subsidy, subvention, grant (of money)

succéder, to succeed, follow

succès, *m.* favorable issue, result; success

successeur, *m.* successor

successi-f, -ve, successive

sucrerie, *f. pl.* sweets

sud, *a. & m.* south, southern

suédois, -e, *a. & s.* Swedish; Swede

suer, to sweat

suffire (*p.p.* **suffi**), to suffice; to be sufficient; —— **à,** to be equal, adequate (to do something, to something)

suffisamment, adequately

suffisant, -e, sufficient, adequate

suffocant, -e, suffocating, stifling

suffoquer, to suffocate

suggérer, to suggest

Suisse, *f.* Switzerland

suisse, *a. & m.* Swiss

suite, *f.* continuation; succession; **tout de** ——, at once, immediately; series, consequence, result; **par** —— **de,** in consequence of

suivant, *prep.* according to

suivant, -e, *a.* following

suivre (*p.p.* **suivi**), to follow; to attend; **comme suit,** as follows

sujet, -te (**à**), *a.* subject (to)

sujet, *m.* subject; **au** —— **de,** concerning, about; subject matter; —— **du verbe,** subject, nominative of the verb

superbe, *a.* haughty; *f.* pride

superbement, superbly, haughtily

supercarburant, *m.* high-grade gasoline

superflu, -e, *a.* superfluous; unnecessary

supérieur, -e, *a.* upper; higher; *s.* superior

supériorité, *f.* superiority

superposer, to superpose

suppléer, *v. tr.* to supply, make up; to supplement; to take the place

of; *v.i.* —— **à,** to make up for, supply the deficiency of

supplétif, *m.* in Paris, member of auxiliary police

supplier, to beseech, implore

supporter, to endure, suffer, bear

supposer, to suppose; to assume; to imply; **à** —— **que** + *subj.*, supposing that

supprimer, to suppress

sur, *prep.* on, upon

sur, -e, sour

sûr, -e, sure; safe; certain; **bien** ——! surely!

surcharge, *f.* overload

surchauffer, to overheat

surcroît, *m.* addition, increase; **un** —— **de besogne,** additional work; overtime

sûrement, surely, certainly

sûreté, *f.* safety, security

surface, *f.* surface; area

surgir, to appear suddenly

surmonter, to surmount; to overcome; to get over

surpasser, to overtop

surprendre (*p.p.* **surpris**), to surprise; to catch

surpris, -e, surprised

surprise, *f.* surprise

surtout, *adv.* above all

surveiller, to observe

survie, *f.* survival

survivance, *f.* survival

survivant, -e, *a.* surviving; *s.* survivor

survivre à (*p.p.* **survécu**), to survive, outlive

syllabe, *f.* syllable

symbole, *m.* symbol

symétrique, symmetrical

symétriquement, symmetrically

sympathique, *a.* likable
symptomatique, symptomatic
synchronisé, -e, synchronized
syndicalisme, *m.* syndicalism; trade unionism
synonyme, *a.* synonymous; *m.* synonym
système, *m.* system

T

tabac, *m.* tobacco
table, *f.* table; board
tableau, *m.* picture, painting
tabou, *m.* taboo
tâche, *f.* task
tâcher, to try, endeavor
tactique, *f.* tactics
taille, *f.* stature, height; waist
tailler, to cut; to prune (tree); to trim; — sur, to fashion after
tailleu-r, -se, *s.* tailor; *m.* tailor-made costume
taire (*p.p.* tu), to say nothing about, to keep, hide, conceal; se —, to hold one's tongue; to be silent
talonner, to follow closely; to spur on
tancer, to scold
tandis que, *conj.* whereas; while
tant, *adv.* so much; so many; en — que, in so far as; — mieux, so much the better; — que, as long, as far (as)
tante, *f.* aunt
tantôt: — ..., — ..., at one time ..., at another time ...; sometimes ..., sometimes ...; now ..., now ...
taper, to tap, strike, hit; — une lettre (à la machine), to type (write) a letter
tapis, *m.* carpet
tapisserie, *f.* tapestry-work, tapestry

taquiner, to tease
tarabiscoté, -e, (*fam.*) over-elaborate
tard, *adv.* late; plus —, later on
tarder, to delay; sans —, without delay
tare, *f.* depreciation, loss in value; (physical, moral) defect, blemish; — héréditaire, taint (of insanity, etc.); tare allowance for weight; faire la —, to allow for the tare
targuer *v. pr.* se — de, to pride oneself on (something, doing something)
tarir, to dry up
tarmac, *m.* tarmac, runway
tartufe, *m.* Tartuf(f)e; sanctimonious hypocrite (from Molière's *Le Tartufe*)
tas, *m.* heap, pile
tasse, *f.* cup; — de café, de thé, cup of coffee, of tea
taureau, *m.* bull; Le —, Taurus, the Bull (sign of the zodiac)
tauromachie, *f.* the art of bullfighting
taux, *m.* rate
technicien, *m.* technician
technique, *a* technical; *f.* technique
teinter, to tint
teinture, *f.* dyeing
tel, --le, *a.* such; —que, such as, like
télégraphe, *m.* telegraph
télégraphie, *f.* telegraphy; — sans fil, wireless
téléguider, to radio-control
téléindicateur, *m.* (gauge of) telemeter
télémètre, *m.* telemeter, range finder
téléphérique, *m.* cable car
téléphone, *m.* telephone
téléphoner, to telephone; to ring up
télérécepteur, *m.* television set

téléspecta-teur, -trice, *s.* one who watches a television show

téléviseur, *m.* *see* **télérécepteur**

télévision, *f.* television

tellement, *adv.* so

témérité, *f.* recklessness

témoignage, *m.* testimony

témoigner, to show; —— **de,** to bear witness

témoin, *m.* witness

temporel, -le, temporal; of time

temps, *m.* time; **de —— en ——,** now and then, now and again; from time to time; **en même ——,** at the same time; **pendant quelque ——,** for a short while; **dans le ——,** in the long run; **à ——,** on time; **en un rien de ——,** in no time at all; **prendre son ——,** to take one's time; weather; **quel —— fait-il?** how is the weather? (*gram.*) tense; —— **primitifs,** principal parts (of the verb); —— **premier,** primary tense; —— **secondaire,** secondary tense;

tenacité, *f.* tenacity; stubbornness (of will)

tenant, -e, *s.* champion, supporter (of); user

tendance, *f.* tendency; **avoir —— à,** to be inclined to

tendre, *v. tr.* to stretch; *v.i.* to tend, lead

tendresse, *f.* **avec ——,** fondly, lovingly

tenir (*p.p.* **tenu**), *v. tr.* to hold; **tenez votre gauche,** keep to the left; *v.i.* to hold; **avoir de qui ——,** to be of good stock; —— **pour,** to hold for; —— **à,** to value; —— **à** + (inf.) to be bent on, desire; **se ——,** to keep, be remain, stand

tentati-f, -ve, *a.* tentative; *f.* attempt, endeavour

tente, *f.* tent

tenter, to tempt; to be tempted; to attempt, try; —— **de** (+ *inf.*), to try, endeavor, to (do something)

tenture, *f.* drape

ter, *adv.* three times

tergiverser, to beat about the bush

terme (1), *m.* term, end, limit

terme (2), *m.* term, expression; words; **en d'autres ——s,** in other words

terminaison, *f.* termination, ending

terminer, to end, finish; to complete; **se ——,** to end; to come to an end

terminus, *m.* (railway)terminus; terminal point (of bus line)

terrain, *m.* plot of land; land; **gagner du ——,** to gain ground

terrasse, *f.* terrace; pavement (in front of a café); —— **de café,** sidewalk café

terre, *f.* earth; the world; ground, land

terrer, to earth up; to warp (field)

terrestre, terrestrial

terrible, terrible

territoire, *m.* territory

testament, *m.* will, legacy

tête, *f.* head; **la —— me tourne,** I am dizzy; **tenir —— à,** to resist to; **femme de ——,** capable, level-headed woman; **en ——,** at the beginning; head, top (of book)

texte, *m.* text

thé, *m.* tea

théâtre, *m.* theatre

théoricien, -ne, *s.* theoretician, theorist

théorique, theoretic(al)

théoriquement, theoretically
thermal, -e, *a.* **station ——e,** spa
thermes, *m. pl.* thermal baths
thèse, *f.* thesis
tian: —— **à la provençale,** a vegetable dish au gratin (made with grated cheese and breadcrumbs) served in southern France (Provence)
tien, -ne, *poss. pron.* yours; thine
tiens, *int.* to be sure! **tiens, tiens!** indeed? well, well!
tiers, tierce, *a.* third; *m.* third
timide, timid; timorous
timidement, timidly
tirage, *m.* drawing (of lottery, of bonds); printing, number printed; **à gros ——,** with a wide circulation; **il y a du ——** **entre eux,** there is friction between them
tire-au-flanc, *m.* (*fam.*) malingerer, lazy fellow
tire-bouchon, *m.* corkscrew
tire-d'aile *adv.* **s'envoler à ——,** to fly swiftly away
tiré, -e, *a.* drawn, worn-out, haggard (features)
tirer, *v. tr.* to pull out; to extract; **—— plaisir de,** to derive pleasure from; to draw (line); to shoot, fire; *v.i.* **—— à sa fin,** to be drawing to its close; **se —— d'un mauvais pas,** to extricate oneself from a fix; to escape; **se —— d'affaire,** to tide (oneself) over a difficulty; to manage
tiret, *m.* hyphen; dash
tireu-r, -se, *s.* drawer; *f.* **tireuse de cartes,** fortuneteller
tiroir, *m.* drawer (of table, etc.)
tissu, *m.* fabric
titre, *m.* title (of nobility, book)

toile, *f.* linen; **—— de fond,** back cloth, background
toit, *m.* roof
tôle, *f.* sheet metal
tolérer, to tolerate
tombe, *f.* tomb, grave
tomber, to fall; **laisser ——,** to drop; **—— malade,** to fall ill
ton (ta, tes) *a. poss.* your
ton, *m.* tone; **le bon ——,** good form; **donner le ——,** to set, lead, the fashion; tint, color
tonalité, *f.* tonality
tondeu-r, -se, *s.* clipper (of dogs); *f.* lawnmower
tondre, to shear; **—— le gazon,** to mow the lawn
tonitruant, -e, stentorian (voice)
toréador, *m.* toreador, bullfighter
tort, *m.* wrong; **avoir ——,** to be wrong; **employer à —— et à travers,** to use in a haphazard way
torturer, to torture; to strain
tôt, *adv.* soon; **le plus —— possible,** as soon as possible; **—— ou tard,** sooner or later
total, -e, total, complete, entire, whole; *m.* total; whole
touche, *f.* touch; manner (of painter)
toucher, to touch; **—— à,** to be in touch, in contact, with; **—— à sa fin,** to be drawing to a close
touffe, *f.* wisp
toujours, always, ever; still
tour *f.* tower
tour *m.* circumference, circuit; turn (of phrase); revolution; rotation; **à qui le ——?** whose turn is it? **à son ——,** in (his) turn; **faire le —— du propriétaire,** to take a walk round one's

estate; **faire demi-** —— to turn back; —— **de pigne** (*archaïque*), spanking

tourbillon, *m.* whirlwind; giddy round (of pleasures, etc.)

tourisme, *m.* travel for pleasure; **bureau, office de** ——, travel agency

touristique, touristic

tournant, -e, *a.* turning; *m.* turning point, curve, bend

tournedos, *m.* filet steak

tourner, to turn; to revolve

tournevis, *m.* screwdriver

tournoi, *m.* tournament

tournure, *f.* expression

tout, -e, (*pl.*) **tous, toutes,** *a.* whole, all; *pron.* (*pl.* **tous**), all; *m.* (*pl.* **tous**), the whole, everything; **pas du** ——, **du** ——, not at all; **avant** ——, above all; **après** ——, after all; *adv.* quite; —— **à fait,** quite, entirely, completely; —— **au plus,** at the very most; —— **aussi...que,** as...as; —— **en...,** while...

Tout-Paris, *m.* (*fam.*) the Paris-that-matters; fashionable Paris

toux *f.* cough

tracasser, to bother (someone)

tracer, to trace; to draw

traction, *f.* **une** —— **avant,** a car with front-wheel drive

traditionnel, -le, traditional

traduction, *f.* translation

traduire (*p.p.* **traduit**), to translate

trafic, *m.* traffic

tragédie, *f.* tragedy

train, *m.* train; —— **de voyageurs,** passenger train; —— **de marchandises,** freight train; **mettre en** ——, to start, set going; **être en** —— **de**

(+ *inf.*), to be engaged in, busy (doing something); **se mettre en** ——, to get going

traîner, to drag; **un boulet à** ——, a millstone around one's neck

train-train, *m.* (*fam.*) round, routine

trait, *m.* arrow, dart; flash; gulp; stroke, mark, line, streak, bar; **à grands** ——**s,** broadly outlined; —— **d'union,** hyphen; feature, lineament (of face); **avoir les** ——**s tirés,** to look haggard; trait (of character); act, deed; **avoir** —— **à,** to have reference, refer to

traitement, *m.* treatment

traiter, to treat; —— **quelqu'un de,** to call someone ...; to discuss, handle; to treat of, deal with, a subject

trajet, *m.* (length of) ride, drive, flight, etc.; passage

tranche, *f.* slice, portion

trancher, to decide, settle, solve (question)

tranquille, calm, quiet, peaceful

tranquillement, calmly

transaction, *f.* dealings, deal

transbordement, *m.* transfer from one train to another

transcription, *f.* transcription, transcribing

transférer, to transfer; to convey

transformation, *f.* transformation

transformer, to change; **se** —— **(en),** to be transformed, change (into)

transiti-f, -ve, (*gram.*) transitive

translucide, translucent

transparence, *f.* transparency

transparent, -e, *a.* transparent

transplanter, to transplant

transport, *m.* transport, conveyance, carriage

transposer, to transpose
transversal, -e, transverse; *f.* cross section
travail, *m.* work
travailler, to work
travaill-eur, -euse, *s.* worker
traverse, *f.* **chemin de ——,** crossroad, short cut
traverser, to cross
travestir, to disguise
treize, *a. & m.* thirteen
treizième, *a. & m.* thirteenth
trembler, to tremble, shake
trente, *a. & m.* thirty
trépidant, -e, agitated
très, very
tribunal, *m.* court of justice
tricot, *m.* knitted jersey
trimer, to work hard
triomphal, -e, triumphal
tripette, *f.* (*fam.*) **ne pas valoir ——,** to be utterly worthless
triple, *a. & m.* treble, threefold
triptyque, *m.* triptych
triste, sad
tristement, sadly
Troie, *f.* Troy
trois, *a. & m.* three
troisième, *a. & m. & f.* third
trombe, *f.* **en ——,** at full speed
trombone, *m.*, wire paper clip
tromper, to deceive; to cheat; **se ——,** to be mistaken
trompeu-r, -se, *a.* deceptive
trop, *adv.* too; too much
tropique, *m.* tropic
trottoir, *m.* sidewalk
troupe, *f.* troop, band; (theatrical) company
trouver, to find; to think; **se ——,** to be; to feel; to happen
truisme, *m.* truism

truite, *f.* trout
T.S.F.,f. = *télégraphie sans fil,* wireless telegraphy
tu, *see* **taire**
tube, *m.* tube, pipe
tuer, to kill; to slay
tue-tête, *adv.* **à ——,** at the top of one's voice
tufeau, *m.*, micaceous chalk (*the "tufeau de Touraine" is used in construction work in France*)
tulle, *m.* tulle; net (fabric)
tunnel, *m.* tunnel
Turquie, *f.* Turkey
tu-teur, -trice, *s.* guardian; tutor
type (1), *m.* kind, type
type (2), *m.* (*fam.*) fellow; chap
typique, typical; true to type

U

un, -e, *a. & s.* one
unification, *f.* unification; standardization
unifier, to unify (ideas); to consolidate (loans); to standardize; to amalgamate (industries)
uniformité, *f.* uniformity
unilatéral, -e, one-sided
union, *f.* union; society, association; **—— douanière,** customs union
uniprix, *a. inv.* **magasin ——,** one-price store
unique, sole, only, single; that stands alone; unique
uniquement, solely
unir, to unite, join; **faits étroitement unis,** facts closely linked together; **être uni par le mariage à,** to be joined in wedlock to; **s'——,** to unite, join
unité, *f.* unit

universel, -le, universal
universitaire, *m. & f.* university student
université, *f.* university
urbain, -e, *a.* urban
urbaniste, *m.* city planner
U.R.S.S., Ursse, *f.* U.S.S.R.
us, *m. pl.* usages, (*still used in*) les
— et coutumes d'un pays, the ways and customs of a country
usage, *m.* use; usage; faire — de, to use, make use of; à l'— de, for the personal use of
usagé, -e, article that has been used or worn; second-hand (car, etc.)
usag-er, -ère, *s.* user; les —s de la route, those who use the road
user, to use (up), consume; to wear out
usine, *f.* factory
ustensile, utensil, implement, tool; — de ménage, household utensil
usuel, -le, usual, customary
utile, *a.* useful, serviceable
utilisation, *f.* utilization
utiliser, to utilize; to make use of; to turn to account
utilité, *f.* useful purpose
utopique, utopian

V

vacance, *f.* vacancy; *pl.* vacation
vacant, -e, vacant, unoccupied
vache, *f.* cow; — laitière, — à lait, milk cow
vague, *f.* wave
vague, *a.* vague, indefinite
vain, -e, vain; sham, unreal, empty (title, etc.); useless; *adv.* en —, in vain; vainly

vaincre (*p.p.* vaincu), to vanquish, conquer, defeat; to overcome
vainqueur, *m.* conqueror; winner
valable, valid, good
valet, *m.* manservant
valetaille, *f.* (*coll.*) flunkeys, menials
valeur, *f.* value; asset; securities
valoir (*p.p.* valu), to be worth; il vaut mieux, il vaudrait mieux, it is, would be, better to; — quelque chose à quelqu'un, to bring in, yield, (so much) to someone; vaille que vaille, whatever it may be worth; at all costs, come what may; to obtain, win, gain; cette action lui a valu la croix, this act won him the cross
van, *m.* winnowing basket; sieve; winnowing machine; fan
vanter: se —, to boast, brag
vapeur, *f.* cheval —, horsepower
vaquer, (of situation) to be vacant; — à, to attend to; to be occupied with
varié, -e, varied
varier, *v. tr.* to vary; *v. i.* to change
vase, *m.* vase, vessel
vaste, vast, spacious
veau, *m.* calf
vécu, *see* vivre
vedette, *f.* — de l'écran, movie star
véhémence, *f.* avec —, vehemently
véhément, -e, vehement, violent
véhicule, *m.*, vehicle
veille, *f.* eve; preceding day; la — de Noël, Christmas Eve; être à la — de, to be on the brink, on the verge, of; just before
veiller, *v. i.* to watch; to watch over; to see to (something); — à ce que quelque chose se fasse, to.

see to it that something is done;
v. tr. to look after, watch over,
attend to (sick person, etc.)
velours, *m.* velvet
vendéen, -ne, *a. & s.* Vendean; of
Vendée
vendeu-r, -se, *s.* salesman, sales-
woman
vendre, to sell
vendredi, *m.* Friday
vénérer, to worship
venger: se —— sur, to revenge oneself on
venir (*p.p.* **venu**), to come; ——
chercher, to come and get, to
call for; —— **de** + *inf.* to have
(only) just (done something) (*used
in the present and imperfect only*);
—— **à** + *inf.*, to happen to, chance
to (do something); **en —— à** +
inf., to come to, come to the point
(of something, of doing something)
vent, *m.* wind; **tourner à tous les
——s,** to be a weathercock; **donner —— à,** to give vent to
vente, *f.* sale; —— **aux enchères,**
sale by auction; **mettre en ——,**
to offer for sale
ventilation, *f.* ventilation
ventre, *m.* abdomen, belly
venu, -e, *s.* comer; **les nouveaux
——s,** the newcomers
verbe, *m.* verb
verdâtre, greenish
véridique, veracious (person, account)
vérifier, to verify; to check
véritable, true; real, genuine
véritablement, truly
vérité, *f.* truth; **en ——,** really,
actually; fact, sincerity

vernissage, *m.* varnishing day (*day
before official opening of an art
exhibit*)
verre, *m.* glass
vers, *m.* verse, line
vers, *prep.* toward; about
versé, -e, versed, experienced, prac-
ticed, well up
verser, to overturn, upset (vehicle);
(of wind, etc.) to lodge, lay
(crops); to pour (out) (liquid, etc.)
vert, -e, *a. & m.* green
**vertement: reprimander, tancer
——,** to reprimand sharply
vertu, *f.* virtue, valour
veste, *f.* (short) jacket (as worn by
waiters, pages, bellboys, etc.)
vêtement, *m.* garment, *pl.* clothes
viable, capable of living
viande, *f.* meat
vice-président, *m.* vice-president
victime, *f.* victim
victoire, *f.* victory
victorieu-x, -se, victorious
vider, to empty; to clear out (room,
drawer); to drain (cask, glass)
vie, *f.* life; **être en ——,** to be alive;
niveau de ——, standard of living;
—— intérieure, inner life
vieil, vieille, *see* **vieux**
vieillard, *m.* old man, greybeard
vieillir, to grow old; to become
obsolete
vierge, *f.* virgin; **La (Sainte) Vierge,** the Blessed Virgin (Mary)
vieux, (vieil), vieille, old
vi-f, -ve, *a.* lively, animated; fast;
quick
vigoureu-x, -se, vigorous, strong
vilain, -e, *a.* ugly; shabby
villa, *f.* suburban residence
ville, *f.* town; city

villégiature, *f.* stay in the country

vin, *m.* wine

vingt, *a. & m.* twenty; **——-deux,** twenty-two

vingtième, *a. & m.* twentieth

vint, *past definite of* **venir**

violemment, violently

violence, *f.* violence, force

violent, -e, violent

vipère, *f.* viper

virage, *m.* turn, bend

virgule, *f.* comma

virtuose, *m. & f.* virtuoso

visage, *m.* face; visage; aspect

visée, *f.* aim

visible, visible

visiblement, visibly

visite, *f.* visit; **faire, rendre —— à, faire une — à,** to visit, call on; caller, visitor

visiter, to inspect, examine

visser, to screw, screw on

vite, *a.* swift; *adv.* quickly; **au plus ——,** as quickly as possible

vitesse, *f.* speed, swiftness, rapidity; **à la —— de,** at the rate of, **à toute ——,** at full speed; **prendre de la ——,** to pick up speed

vivant, -e, *a.* alive

vive, *a., see* **vif**

vive, *int., see* **vivre**

vivement, briskly, sharply; (of feelings) keenly, deeply

vivre (*p.p.* **vécu),** to live; **vive le roi!** long live the King!

vivre, *m.* living; food; **les ——s,** supplies, victuals

vocabulaire, *m.* vocabulary

vocation, *f.* vocation; (divine) call; calling, inclination

vœu, *m.* vow

vogue, *f.* fashion; **être en ——,** to be popular, in vogue

voie, *f.* way; route; track

voilà, *prep.* there is, are; **—— 50 dollars,** here are 50 dollars; **nous y ——,** here we are

voile *f.* sail

voile *m.* veil

voiler, to veil; to dim, obscure; **se ——,** to become overcast, to cloud over

voir (*p.p.* **vu),** to see

voire, *adv.* even

voisin, -e, *s.* neighbor

voiture, *f.* vehicle, carriage, automobile, motor car; hackney carriage; cab; taxi; **—— à carrosserie canadienne,** station wagon

voix, *f.* voice; vote; (*gram.*) à la **—— active, passive,** in the active voice, in the passive (voice)

vol, *m.* theft; robbery

volant, -e, *a.* flying

volant, *m.* steering wheel

volcan, *m.* volcano

voler (1), *v. i.,* to fly

voler (2), *v. tr.* to steal

vol-eur, -euse, *s.* thief, robber, burglar

volontaire, voluntary

volontairement, voluntarily

volonté, *f.* will; **à ——,** at will, at pleasure

volontiers, *adv.* willingly, gladly, with pleasure

voter, to vote

votre, vos, *poss. a.,* your

vôtre, *poss. pron.,* yours; *m.* your own

vouer, to dedicate; **se —— à,** to dedicate one's life to

vouloir (*p.p.* **voulu),** to want; to wish; to desire; **en —— à,** to bear ill will, a grudge; to will, require, demand; to mean; — **bien** (+ *inf.*), to consent, be willing, to

voûte, *f.* vault

voyage, *m.* journey, trip; **aimer les** —**s,** to be fond of travel

voyager, to travel; to make a journey

voyageu-r, -se, *s.* traveller

voyelle, *f.* vowel

voyou,- te, *s.* loafer

vrai, -e, *a.* true, truthful; real; *adv.* **à** — **dire,** as a matter of fact; *m.* **être dans le** —, to be right

vraiment, really, truly, indeed

vraisemblable, *a.* probable, likely

vrombir, to buzz

vrombissement, *m.* buzzing

vu, *prep.* considering, seeing

vue, *f.* sight; **perdre de** —, to lose sight of; **en** —, in the public eye; **à** — **d'œil,** visibly; **à première** —, at first view, sight; **très en** —, prominent; intention, purpose; view; **en** — **de,** with a view to

W

wagon, *m.* carriage; wagon; railway car

w.-c. = **water-closet,** *m.* water-closet

Y

yeux, *see* **œil**

Yougoslavie, *f.* Yugoslavia, Jugoslavia

Z

zéro, *m.* zero; not one (*fam.*)

zone, *f.* area, zone; girdle; belt; area where the "zoniers" dwell

zoniers, *m. pl.* dregs of the population about Paris